近代中国の総商会制度

繋がる華人の世界

陳 來幸 著

目　次

序　章

はじめに

第九回世界華商会議（大会）が二〇〇七年九月に神戸・大阪で開催されたことはまだ記憶に新しい。世界各地の華僑華人が共通の目的をもって一堂に集うこの華商会議は、中国の改革開放政策の進展に足並みをあわせ、一九九一年にシンガポール中華総商会が第一回大会を招集したことに始まる。これまで、隔年ごとに世界各地で開催されてきた。(1) 全体の運営を与る華商大会の事務局は、シンガポール中華総商会、香港中華総商会、バンコク中華総商会の三者が輪番で担当している。いずれも本書で扱う海外の中華商務総会（総商会）の後身である。中国本国においてではなく、海外に在住する中国系華商からまきおこったこの華僑華人ネットワーク強化の試みが世界の注目を集めるようになり、四半世紀になろうとしている。本書はこの華商ネットワークの起点を清代末にまでさかのぼり、近代の中国社会において商会が持った独特の役割を析出するとともに、現代に至るも重要な役割を演じ続ける中華総商会の機能と特色を明らかにし、全体として中国の商会制度そのものの歴史的展開の意義を問うことを目的としている。

商会とは日本や欧米の商業会議所に倣い、二〇世紀初頭に清朝政府によって中国に導入された新しい商人組織である。清朝末期には商務総会あるいは商務分会と呼ばれたが、辛亥革命を経た中華民国の時代には、総商会あるいは県商会などと呼ばれるようになった。北伐ののち、南京国民政府によって商会法（一九二九年）が新たに公布されたことにより、総商会と商会は他の商人組織とともに再編され、市商会、県商会へと呼称に再度の変更が加えられた。海外華商の商会も、同時期に清朝政府の呼びかけに基づいて設立が促進された。清末時期に中華商務総会と呼ばれたものが民国初期の商会法によって中華総商会と改称され、今日に至るものが多い。

清朝最末年、つまり光緒末期から宣統年間にかけての二〇世紀初頭の約一〇年間は、専制王朝体制のもとで社会の抜本的改革が試みられた新政の時期として知られている。中央における商部の設置と、それを通した民間商会の普及策は、商工業の振興という明確な目的意識のもとで実行に移されたものであった。外来の商業会議所に範を取りながらも、中国の実情に即して確立された独自の商会制度は、伝統的な専制王朝の統治原理のもとで中国全土の津々浦々にまで普及が徹底し、共和制の時代にいっそうの発展を見た。そして、一九二〇年代の末期、中国国民党が政権を掌握して以降、商会の役割は質的な変化を伴いながらもさらなる発展を遂げた。一九四九年に中国共産党の政権掌握によって中華人民共和国が成立すると、一九五三年から工商業に対する社会主義的改造が着手され、民間企業はほぼ公有あるいは国有化された。社会主義体制の計画経済のもとで、市商会や県商会は解散を強いられ、代わりに官製組織としての工商業聯合会が組織され、公務員の派遣によって運営される組織となった。「文革」中に空白の一時期があったものの、一九八〇年代には改革開放政策のもとで企業活動が復活すると、工商業聯合会は活動を再開した。一九八八年一二月に開催された中華全国工商業聯合会第六回大会は、自らを「人民団体」であると同時に「内外に向けた民間商会」である、と再定義して今日に至る(2)。

世界華商大会の隔年開催が始まる一九九〇年代に入ると、中国各地の工商業聯合会は「市商会」という二枚目の看板を新たに掲げるようになり、(3) 世界華商大会への積極的な参加主体となっていった。そして、二〇〇一年に第六回世界華商大会を初めて中国国内の南京に誘致し、二〇一三年には第一二回大会を成都で開催するに至った。現在、工商業聯合会（通称「商会」）は、中国の経済発展を支える企業家たちが会員として参画する組織となり、商会法制定という課題が提起されている。しかしながら、大学や地方政府と同様、組織内部に行政と共産党の二重の指揮系統が存在し、執政党である中国共産党の直接の指導を受ける機関であることに変わりない。法整備による商会の独自性の確保が求められている。(4) これらの新たな動き、つまり工商業聯合会の民間商会への換骨奪胎は、海外の中華総商会を発信源とする世界華商大会の開催という外部情勢の変化に応じて生じてきた変化であるといいかえることができる。欧米や日本の商業（工）会議所には見られない、このようなダイナミズムを備えた中国の商会制度の原点を振り返ることは、今日的諸問題の理解にも繋がるであろう。

汕頭市総商会と広東省総商会の二枚看板（2001 年筆者撮影）

研究史の整理

中国の商会研究に先鞭を付けたのは、根岸佶[5]、仁井田陞[6]、今堀誠二[7]ら諸氏のギルド研究の基礎を持つ日本であった。戦後期の華僑研究の第一任者であった内田直作は、一九七〇年代にタイの中華総商会を対象とする研究を切り拓き[8]、同じ時期、中国近代史の領域でも曽田三郎、倉橋正直らによって商会制度そのものを対象とする先駆的な研究が現れたが[9]、これら先行研究を引き継ぐ研究者層は決して厚いとはいえなかった。近年になり、後述する筆者の一連の研究や、横浜中華総商会の前身となる商業会議所の成立を論じた伊藤泉美の研究[10]、東北地区の商会を分析対象とした松重充浩や上田貴子の研究[11]、華北の高陽県商会を論じたリンダ・グローブの研究[12]、シンガポール・マレーの中華総商会を対象とした篠崎香織などの歴史分野の研究が出てきた[13]。波形昭一、須永徳武は日本統治期台湾の商工会議所内における華商（台湾人商人）の問題を、大野太幹は満鉄附属地の華商組織に着目している[14]。経営学や社会学の領域からは、現存する中華総商会を対象とする守政毅や松島宣広らによる研究がある[15]。華商会議の日本開催を実現する推進力となった新華僑を中心とする日本中華総商会については廖赤陽の研究がある[16]。

筆者が商会研究に着手したのは一九八〇年代の終わり頃からで、それらを『中国近代における商会の研究』（二〇〇三年）[17]として学位論文にまとめた。そこで意識したのは国際比較の視点を取り入れ、中国の商会制度全体の固有の特色を抽出することと、海外に延伸する中華総商会の役割についての見解を提示することであった。

欧米では、戦前のパーセル（V. Purcell）、バージェス（J. S. Burgess）たちのギルド研究に引き継ぎ、スキナー（G. W. Skinner）が市場論とマクロリージョン論で欧米、とくに米国を中心とする近代中国の社会経済史研究を牽引してきた。スキナーには中華総商会や中華会館、華僑学校を中心とするタイ華僑の研究がある。[18]しかしながら、後述するように、一九二〇年代後期の国民政府の成立期をめぐる、国民党政府と商人団体との確執に焦点が集中するも、中国本土の商会を対象とした研究が欧米の中国研究の重要な一角を占めることはなかった。

一方中国では、一九八〇年代以降各地の商会檔案の発掘と整理が進み、天津、蘇州、上海、保定、厦門、無錫などの商会および関連の史料集が逐次公刊されるようになった。[19]それらをもとに、徐鼎新・銭小明『上海総商会史（一九〇二－一九二九）』（一九九一年）、朱英・馬敏『伝統與近代的二重奏――晩清蘇州商会個案研究』（一九九三年）、虞和平『商会與中国早期現代化』（一九九三年）、宋美雲『近代天津商会』（二〇〇二年）、応莉雅『天津商会組織網路研究（一九〇三－一九二八）』（二〇〇六年）、朱英『近代中国商会、行会及商団新論』（二〇〇八年）、張学軍『直隷商会與直隷社会変遷（一九〇三－一九二八）』（二〇一〇年）、馬敏『辛亥時期蘇州商会研究』（二〇一一年）、陳海忠『近代商会與地方金融――以汕頭為中心的研究』（二〇一一年）など、近代の商会を対象とする本格的な専門書のほか、先に引用した『中華全国工商業聯合会五〇年大事記』や程紅主編『北京市工商業聯合会簡史』などの現在の工商業聯合会史に関する書物の刊行も相次ぎ、商会研究はめざましい成果を挙げている。[20]また、劉華光、張鉄軍等による商会の性質についての専著も見られる。[21]商会の機能については、商事仲裁の機能と同業組織との関連性についての議論が盛んになっている。[22]

近代の商会に関しては今までのところ、清末民国初期の三大都市天津、上海、蘇州の商会に研究が集中し、沿海大都市以外の商会研究は手薄であったが、近年、汕頭、杭州、漢口、福州、直隷、青島、成都、紹興、広西、保定、新疆など内地を含む各地の商会研究が盛んになり始め、[23]商会研究の「本土化（ローカライゼション／現地化）」が始まっている。つまるところ、商会の性質やその地域社会と政府との関係は、地域により時代により多種多様であったという、議論の拡散の傾向が見られているといえるであろう。

国民政府時期については手堅い成果も出始めているが、論点は政府（国民党）と社会（商会）との相互関係に集中している。[24]国民党が行った商人団体に対する強制的改編をどのように評価するかをめぐり欧米では従来から二通りの見解が存在していた。イーストマン（Lloyd E. Eastman）[25]と同様の見解に立つコーブル（Parks M. Coble Jr.）[26]は国民党の上からの独裁による党国体制が上海の資本家たちに大きな打撃を与えたとみる。これに対してヒュースミス（Joseph Fewsmith）[27]は、むしろ両者の協力関係に注目し、コーポラティズムの概念を持ち込んだ。国家（政党）と社会（商人団体）の両者の関係を対抗関係と見るのか、協同の関係と見るのかが分岐点となっている。この時代の欧米における人文社会科学研究のメインストリームを反映し、市民社会論や公共領域の枠組みが持ち込まれた。[28]商会に集まる近代の中国商人は公共領域を形成し得たのかどうか。しかしながら、自律性や言論の自由を問題にするハバーマス（J. Habermas）の枠組みをそのまま中国社会の研究に持ち込むことには慎重にならざるをえない。このような傾向に対して、商民運動の研究が中国本土で近年積極的に進められ、欧米の議論とは異なる評価が生まれつつある。[29]

全般的にみて、清末民初時期と、各種商民団体や商民協会など商民運動を含む国民革命時期から国民政府成立時期の商会研究と比べると、日本占領期と戦後期についてはまだまだ研究が手薄である。[30]香港では近年李培徳編著になる二部作が出版され、香港に存在したさまざまな商会の特色や中国の国内商会の地域的ネットワーク、海外との商会ネットワークの実態などを論じた論文が収録され、朱英・鄭成林主編『商会與近代中国』とともに商会研究の新しい方向性を示している。[31]

一方、台湾では明清時代の公所、会館との連続性のなかで商会の発生を論じた邱澎生の研究[32]、上海総商会を扱った張桓忠、上海商人の政治的動向を全面的に扱った李達嘉の一連の研究がある(33)。一般的な傾向としては、張存武、李恩涵、李達嘉などに代表されるように、海外華商を含む商人の政治的力量を積極的に評価しようとする論調が強い(34)。趙祐志は日本時代の台湾における商工会を扱い(35)、前述した波形昭一、須永徳武、柳沢遊など日本史研究者による在外日本人経済団体の研究(36)と同様、中国の商会を含む商業会議所の国際比較研究に、貴重な分析の視点と検討の材料を提供している。

本書のねらい

以上、約二〇年にわたる内外における商会研究の動向を整理しておいた。概してこれまでの研究の多くは大都市総商会もしくは主要商会を対象としており、裾野に広がる県や鎮の商会ないしは商人に関わる制度全般を視野にいれているものは少ない。商会は中国の津々浦々に至る地域でその社会に根を下ろした。それゆえに、それがたとえ近代的な外来の装いで始まったものであったとしても、それぞれの時代に中国社会が必要とした伝統と近代とが綯い交ぜになり、何色もの糸が交錯して織りなすかのようにして、中国独特の商会風土が形作られたと考える。それではその固有の商会風土、つまりそこに貫かれる倫理や規範とはどのようなものであったのだろうか。本書の第一のねらいはこの点、つまり中国の商会制度にみる、中国社会の特色の描出に注意を払うことである。

また、これまでの研究に外国の商業会議制度との比較の視点は充分ではなく、海外に展開する中華総商会が本国の商会や商務主管省庁に繋がる制度の側面については、上記の商会研究で本格的には分析されていない。

「準行政的な」色彩を持つこの中華総商会の特徴を掘り下げることが、本書の論点の第二の柱となろう。[37]

さて、シンガポールや香港、マニラ、マラッカなどの主要な中華総商会は、区切りの年に記念特刊を出版し、自組織の会史を自らの言葉で記録している。[38]その他、古くは宋旺相『新加坡華人百年史』(一九二三年)、林天佑『三宝壟歴史(一四一六－一九三一)』(一九三三年)、『泰国華僑社団史集』(一九六〇年)など、[39]地域固有の歴史的文脈のなかで華商の団体を位置付けた、資料性が豊富な現地言語からなる歴史的記述も残され、華僑華人史の領域ではそれなりの研究蓄積がある。内田直作やスキナーに続き、近年では袁丁が本国清朝政府との関係を中心にタイの中華総商会を論じ、劉宏はネットワーク論の文脈でシンガポール中華総商会と周辺東南アジア諸国の中華総商会との関連を論じている。[40]また、マニラやシンガポールにおける個別の中華総商会についても専門書が世に出るようになった。[41]しかしながら、いずれにおいても叙述の重点は戦後にあり、清末に立ち上がった中国の商会制度の外延としての起点をもつ中華総商会を総体的な枠組みのなかで捉える視点は皆無に等しい。

中国国内の華僑華人研究は祖国中国への〝貢献〟の目線での愛国主義を問うエキセントリックな中国中心史観に陥る危険性を含む一方、海外のそれは個別の地域研究に収斂していく運命を背負っている。しかしながら、異なる地に住む華僑華人が制度によってゆるやかに繋がり、相互に連帯意識を共有した時代も存在する。商会制度が中国国内外に普及した清末民初の時期がそれに当たる。このような商会制度が構築され、ネットワークの機能が働いたそのメカニズムの本源に立ち戻り、それゆえにまた各地の華僑華人社会に共通する華人社会の規範について論を進めることに重点を置きたい。長年取り組んできた華僑社会の研究から得られた知見を、商会研究に反映することが筆者の責務の一つであると考えている。

ここでは、中国の商会制度に見られるいくつかの特徴のうち、とくに海外の中華総商会がもつ「準行政的な」機能に注目し、ネットワークの視点からその歴史的発展を跡付けたい。華商ネットワークにはさまざまな分析視覚が存在するが、筆者が注目するのは、法整備によって構築された公共財としての中華総商会制度のしなやかさである。海外各地の中華総商会には情報が集約され、さまざまな便宜が会員の華商に提供され、中華総商会はその権威によって各種団体間の調整を行い、華商の紛争を解決に導き、商秩序はこうして維持された。中国政府は中華総商会網を整備することを通し、海外に拠点を持つ華商が安心して商行為を遂行できるよう、活動の場を保証したのである。

本書の第三のねらいは、中国と関連諸外国、なかでも日本との関わりを、交易の実態とナショナリズムとに関連付けて描くことである。海外の中華総商会のうち、具体的には日本の華商、とくにアジアの中心港として台頭してきた神戸と大阪の華商の活動の拠点であった中華総商会の役割を取り上げて議論を進めていく。周知の通り、日清戦争で日本に敗北した清国ではあったが、清朝再末期の一〇年は起死回生の新政が実行に移された。多くの日本人教習（顧問）が中国の部（省庁）に迎え入れられ、清朝政府は明治維新で近代国家への道を歩み始めた東方の強国日本に学ぼうとした。商会制度そのものが日本の商業会議所制度を直接の手本として発足したのである。また、国内外の総商会ネットワークの起点に続く活動のピーク期と考えられるのは、商部が成立した直後の一九〇四年以降から辛亥革命を経た二〇世紀初頭にかけての三〇年ほどであるが、この時期はアジア間貿易(42)の胎動の時期と一致する。東アジア海域では日本の対中国貿易が質と量の両面で一気に拡大し、前世紀末の日本から清国への単方向の貿易から相互貿易の様相を呈した時期である。綿製品に注目すればインド製機械製綿糸に替わって日本製綿糸が中国市場を席巻し、日本からは伝統的な海産物に加えて、半近代的な軽工業産品としてのマッチや傘、石鹸などとともに、綿布などの製品輸出が急増し、中国からは綿花や柞蚕糸、肥料としての大豆粕などが輸入された。いずれも日本の絹織物業と日本の農業にとって欠くべからざる第一次産品としての物産であった。このような貿易の活況が沿岸地区の多くの華商を日本の開港場へと引き付け、華僑社会が発展したのである。

本書はこのような時代背景のなかで華商間取引のインセンティブを引き出す前提となった、制度の根幹としての中華総商会ネットワークを論じる。つまり、第二の論点である中華総商会を包摂する近代中国の商会制度全体の特性を分析するには、商会に参加する商人が関わる政治・社会・経済の事象をできるだけ実証的に検証する必要がある。華商ネットワークを単にファミリービジネスの問題や濃密な個人間の信頼関係の問題に帰結させるのではなく、この時代の歴史性のなかで論じる必要があると考えてのことである。換言すれば、中国の商人世界の結節点としての商会を描く本書の第三のねらいは、①メカニズム構築の原動力となったナショナリズムの問題を押さえつつ、②相互依存と競合という濃密な二国間関係にあった日中間の近親性と複雑性を、中華総商会の活動を通して明らかにしてゆくことである。これまで顧みられることの少なかったこのような分析の手法により、商会研究に新しい見地が広がることを期待している。

章の構成

本書の第一部「商会制度の成立」では、内と外から、近代中国における商会制度の特色を析出することに重点をおくこととする。第一章「清末民初の商会制度」では清末から民国初期までに確立された商会システムの原型を素描するとともに比較の視点を取り入れ、中国の商会制度における機構と組織面での特色を提示した。政府官印である「関防」の使用や用いられる公文書の形式など、権威付けが重要な要素となっていることを問題にする。第二章「中華総商会ネットワークの起点とその展開」は、海外華商社会へと伸長してゆく商会ネットワーク構築の起点について分析を加え、辛亥革命直前、国民意識の形成とともに澎湃《ほうはい》として沸き起こってきた相互連携意識の高まりについて論じる。第三章「対米・対日ボイコット運動と辛亥前夜の神阪華商」は、アメリカの華人排斥法案を契機に巻き起こった一九〇五年の対米ボイコット運動と第二辰丸事件が惹起した一九〇八年の対日ボコット運動を取り上げ、それぞれに対する在日華商の対応を見る。後者の影響が甚大であった在日華商にとって、政治的には無力な出身地別の同業公所ではなく統合組織としての中華総商会の出現が希求されたことを論証する。第四章は、「中華民国の成立と中華総商会秩序の再編」を論じる。専制君主体制から共和制へと本国の統治体制が変わったことにより、神戸・大阪の中華総商会と本国官僚（領事）との関係にはどのような変化が生じたのであろうか。他国の駐日在外公館との比較の視点を取り入れた分析を行うとともに、中華総商会を通じた中国の官民関係の特色を見る。

第二部「商会と華人社会」(43)では、長江下流と華南地域という異なる地域を対象に、商会の地域的特色を分析するとともに、商会のもつ時代性の分析にも重点をおく。同じ商会法で規定されていたとはいえ、中国の商会は地域ごとにその特色をもつ。長江下流、華南、華北、東北地域についての地域色が念頭にあるが、本書では紙幅の関係上前二者を取り上げた。縦の時間軸に対して横の空間軸の変数をも分析要素とするのが第二部のスタンスである。第五章「長江デルタの商会と地域社会」は、商会先進地としての長江デルタの商会に対し、都市と農村という視点から、大都市に限らず規模の小さい県商会や鎮商会についての分析を行う。ミクロなアプローチを進めることで、清末民国初期の商会が果たした地域社会における具体的な役割について論じる。第六章「広東における商人団体の再編」は、対象を華南地域にしぼり、広州市商会を主な分析対象とする。一九二〇年代以降の商会の役割変化をとくに論じ、商民協会や商民運動の流れを踏まえ、中小商人からなる商人組織と商会・総商会との離合集散の実態を追跡することで、党国体制下の政府と商人との関係について、本書なりの分析視角を提示したい。さらに、華南地域は華僑の故郷としての面貌を持つ。故郷の商会と海外の中華総商会との関係についても論及する。

第七章「海外中華総商会の機能と役割」では、第二章の議論を引き継ぎ、海外各地の中華総商会成立の背景を検証し、そのなかでも、とくに「商照（商人通行証）」の発行に見る商会による商人保護のメカニズムやパスポートの代理発行のほか、故郷との民事事件仲介の窓口など、行政代行機能の問題を論じる。ついで、中華総商会の法的根拠の問題を扱い、本国の法的枠組みにゆるやかながらも縛られる各地華僑社会の共通性と一定の規範について論じることとしたい。

注

（1） リー・クァンユー（李光耀）シンガポール元首相の発議のもと、一九九一年のシンガポールでの開催に始まり、二年ごとに開催されてきた。これまでに、香港、バンコク、バンクーバー、メルボルン、南京、クアラルンプール、ソウル、神戸、マニラ、シンガポール、成都（二〇一一年）で一一回の大会が開かれている。二〇〇七年の第九回日本会議（神戸・大阪）の誘致には日本中華総商会の結成が大きな意味を持った。その実現に向け、一九九九年九月に在日新華僑と老華僑が共同で日本中華総商会を新たに発足させ、この動きに積極的に関わったのである。

（2） 栄毅仁「継往開来、団結奮進――在全国工商聯成立三五周年紀年会上的講話（一九八八年一一月三日）」中華全国工商業聯合会『中国工商』一九八九年一期（総三七期）。成立五〇年を記念して黄孟復主編『中華全国工商業聯合会五〇年大事記（一九五三―二〇〇三）』（中華工商聯合出版社、二〇〇三年）を刊行するなど、工商業聯合会も半世紀以上の歴史を刻んでいる。

（3） この点については、小島淑男「二〇世紀初期企業経営者層の結集と経済改革の模索」（日本大学経済学部経済科学研究所『紀要』二一号、一九九六年）が詳しく論じている。

（4）中華人民共和国成立以後、未だに商会法は発布されていない。工商業聯合会の法的拠り所は、一九五二年八月に政務院によって制定・公布された「工商業聯合会組織通則」という規則レベルの通則である（陳建華「論商会的法律性質」『安徽広播電視大学学報』二〇〇九年第一期、何敬芳「中国商会之立法初探」『消費導刊』二〇〇九年一五期、范鋭敏・劉凱「論我国商会的法律地位」『社会科学』二〇〇二年第四期）。

（5）根岸佶の代表的な著作に『支那ギルドの研究』（斯文書院、一九三二年）、『中国社会に於ける指導層——中国耆老紳士の研究』（平和書房、一九四七年）、『上海のギルド』（日本評論社一九五一年）がある。

（6）仁井田陞の代表作に『中国の社会とギルド』（岩波書店、一九五一年）、『中国の農村家族』（東京大学出版会、一九五二年）、『中国法制史』（岩波書店、一九五二年）がある。戦前華北農村と北京工商ギルド調査に従事し、蒐集された資料は東京大学東洋文化研究所附属東洋学文献センター『仁井田陞博士輯北京工商ギルド資料集』一～六（東洋学文献センター叢刊二三、二五、二八、三〇、三八、三九輯）（一九七五、七六、七六、七九、八〇、八三年）として後進の利用するところとなっている。

（7）今堀誠二『中国封建社会の構造——その歴史と革命前夜の現実』（日本学術振興会、一九七八年）。

（8）内田直作「バンコックにおける華僑社会の構造——泰国中華総商会について（一）（二）（三）」（『成城大学経済研究』第四一、四二、四六号、一九七三～七四年）。内田直作には古典的名著『日本華僑社会の研究』（同文館、一九四九年）に引き続き、一連の東南アジア関連の著作をまとめた『東南アジア華僑の社会と経済』（千倉書房、一九八二年）がある。「幇（出身地により形成される同郷人グループ）」の概念に基づき、泰国中華総商会とシンガポール中華総商会の構造分析を行っている。

（9）曽田三郎「商会の設立」（『歴史学研究』四二二号、一九七五年）、倉橋正直「清末の商会とブルジョアジー」（『歴史学研究』別冊、一九七六年）、倉橋正直「清末商部の実業振興について」（『歴史学研究』四三二号、一九七六年）などが代表的。

（10）伊藤泉美「横浜における中国人商業会議所の設立をめぐって」『横浜と上海——近代都市形成史比較研究』横浜開港資料館、一九九五年。

（11）松重充浩「国民革命期における東北在地有力者層のナショナリズム——奉天総商会の動向を中心に」（『史学研究』二一六号、一九九七年）、上田貴子「東北における商会——奉天総商会を中心に」（『現代中国研究』第二三号、二〇〇八年）、同『近代中国東北地域に於ける華人商工業資本の研究』（大阪外国語大学博士論文、二〇〇三年）。

（12）リンダ・グローブ「（大会抄録）地方の商会と在来産業の発展——河北省高陽県一九〇六－一九二七年」（『東洋史研究』第六一巻第三号、二〇〇二年）、Linda Grove, *A Chinese Economic Revolution: Rural Entrepreneurship in the*

Twentieth Century, Rowman & Littlefield Pub Inc. 2006（顧琳著、王玉茹・張瑋・李進霞訳『中国的経済革命――二〇世紀的郷村工業（中国語版）』江蘇人民出版社、二〇〇九年）所収第五章。

(13) 篠崎香織「シンガポール華人商業会議所の設立（一九〇六年）とその背景――移民による出身国での安全確保と出身国の関係強化」（『アジア研究』第五〇巻第四号、二〇〇四年）、同「ペナン華人商業会議所の設立（一九〇三年）とその背景――前国民国家期における越境する人々と国家との関係」（『アジア経済』第四六巻四号、二〇〇五年）。

(14) 須永徳武「植民地期台湾の商工会議所と植民地性」（『アジア太平洋討究』第二二号、二〇一四年）、波形昭一「台湾における経済団体の形成と商業会議所設立問題」（同編著『近代アジアの日本人経済団体』同文舘、一九九七年）、同「台北商工会議所の設立と展開過程」（柳沢遊・木村健二編著『戦時下アジアの日本経済団体』日本経済評論社、二〇〇四年）、大野太幹「満鉄附属地華商商務会の活動――開原と長春を例として」（『アジア経済』第四五巻第一〇期、二〇〇四年）、同「満鉄附属地華商商務会――日本行政支配下の商会」（『現代中国研究』二三号、二〇〇八年）。

(15) 守政毅「華人ネットワーク組織のブリッジ機能と華人企業の経営ダイナミズム――シンガポール中華総商会（SCCCI）をめぐって」（『九州経済学会年報』四二号、二〇〇四年）、同「華人ビジネスネットワークの連結機能――香港中華総商会を中心に」（『立命館経営学』第五〇巻第六号、二〇一二年）、松島宣広「フィリピンにおける中国人社会――中華総商会の役割を中心として」（『ソシオロジカ』第三五巻第一・二号合併号、二〇一一年）。

(16) 廖赤陽「以〝新華僑〟為主体的日本中華総商会」（『華僑華人歴史研究』二〇一二年第四期）、廖赤陽編『跨超疆界――留学生与新華僑』（社会科学文献出版社、二〇一五年）。

(17) 陳來幸『中国近代における商会の研究』神戸大学博士論文（二〇〇二年九月提出）。以下七本の既刊論文を加筆修正の上収録した。①「中華民国初期における全国商会連合会について」（『富山国際大学紀要』第二巻、一九九二年）、②「一九一五年商会法の成立について――近代中国ブルジョアジー評価への一視角」同第三巻（一九九三年）、③「清末民初の商会と中国社会」（『現代中国』第七〇号、一九九六年）、④「民国初期における商会の改組と商民統合」（『人文論集』第三三巻第四号、一九九八年）、⑤「長江デルタにおける商会と地域社会」（森時彦編『中国近代の都市と農村』京都大学人文科学研究所、二〇〇一年）、⑥「辛亥革命時期華商会網絡的起点与其作用（中文）」（中国史学会編『辛亥革命与二〇世紀的中国（中）』中央文献出版社、二〇〇二年）、⑦「広東における商人団体の再編について――広州市商会を中心として」（『東洋史研究』第六一巻第二号、二〇〇二年）。

(18) ウィリアム・スキナー『タイ国における華僑社会――その指導力と権力』[G.W. Skinner, *Leadership and Power in the Chinese Community of Thailand*, Cornel University Press, 1958 の翻訳]（アジア経済研究所、一九六一年）、同（山本一訳）『東南アジアの華僑社会――タイにおける進出・適応の歴史』（東洋書店、一九九五年）。

(19) 天津市檔案館・天津社会科学院歴史研究所・天津市工商業聯合会編『天津商会檔案匯編』一九〇三～一九一一、一九一二～一九二八、一九二八～一九三七、一九三七～一九四五、一九四五～一九四九、全一〇冊（天津人民出版社、一九八九～一九九八年）、華中師範大学歴史研究所・蘇州市檔案館合編『蘇州商会檔案叢編』第一輯（一九〇五～一九一一）、第二輯（一九一二～一九一九）、第三輯（一九一九～一九二七）、第四輯（一九二八～一九三七）、第五輯（一九三八～一九四五）、第六輯（一九四五～一九四九）（華中師範大学出版社、一九九一～二〇〇四年）、呉景平主編、上海市工商業聯合会・復旦大学歴史系編『上海総商会組織史資料匯編』上・下（上海古籍出版社、二〇〇四年）、上海市工商業聯合会編『上海総商会議事録』（上海古籍出版社、二〇〇六年）、姜錫東、許平洲、梁松濤主編『保定商會檔案彙編』八巻二〇冊（河北大学出版社、二〇一二年）などがある。選集という形式ながら、厦門市档案館・厦門総商会編『厦門商会史料檔案選編』（鷺江出版社、一九九三年）、無錫市工商業聯合会・無錫市档案館・無錫市比較研究諮詢事務所編『近代無錫商会資料選編（一九〇五－一九四九）』（二〇〇五年）も刊行されている。

(20) 商会研究の動向を詳細にまとめたものとして、葛宝森・李昌「中国商会史研究新進展述評」（『理論月刊』二〇一一年第二期）、馬敏・付海晏「近二〇年来的中国商会史研究（一九九〇－二〇〇九）」（『近代史研究』二〇一〇年第二期）、応莉雅「近十年来国内商会史研究的突破和反思」（『中国社会経済史研究』二〇〇四年第三期）、馮筱才「中国商会史研究之回顧與反思」（『歴史研究』二〇〇一年第五期）がある。程紅主編・北京市工商業聯合会編『北京市工商業聯合会簡史』（北京出版社、二〇一一年）は一九四九年以前の歴史に関する記述もあるが、重点は工商業の社会主義改造以降にある。

(21) 劉華光『商会的性質、演変與制度安排』（中国社会科学出版社、二〇〇九年）、張鉄軍・景君学・楊国昌『当代中国商会研究』（甘粛文化出版社、二〇〇六年）。

(22) 馬敏「商事裁判与商会——論晩清蘇州商事糾紛的調処」『歴史研究』一九九六年第一期、付海晏「民初商事公断処：商事裁判與調処——以蘇州商事公断処為個案研究」二〇〇一年華中師範大学修士論文、彭南生『行会制度的近代命運』（人民出版社、二〇〇三年）、魏文享『民国時期的工商同業公会研究（一九一八－一九四九）』二〇〇四年華中師範大学博士論文など。

(23) 陳海忠「民国商人、商会與政権力量——基於汕頭商会檔案中一個商人與商会訴訟案例的討論」『汕頭大学学報（人文社会科学版）』（第二七巻第三期、二〇一一年）、馮筱才「近世中国商会的常態與変態——以一九二〇年代的杭州総商会為例」（『浙江社会科学』二〇〇三年第五期）ほか、若手を中心に、鄧晶「近代漢口総商会研究（一九一六－一九三一）」二〇一二年華中師範大学修士論文、鄒明貴「近代福州商会研究」福建師範大学二〇〇八年修士論文、金婷「北洋政府時期的青島商会研究（一九二二－一九二九）」二〇一三年中国海洋大学修士論文、孫利霞「成都市商会研究」二〇〇四年四川大学修士論文、蒋霞「近代広西商会述論」二〇〇〇年広西師範大学修士論文、葛宝森『保定商会研究（一九〇七－一九四

五)』二〇一一年河北大学博士論文、夏晨茹「清末民国時期新疆商会研究」二〇〇七年新疆大学修士論文など、新しい傾向の論文が出ている。

(24) 鄭成林「〝九・一八〟事変後上海市商会的民主抗日動向——兼談商会與国民政府的関係」(『華中師範大学学報』第三八巻第四期、一九九九年)、張志東「近代中国商会與政府関係的研究——角度、模式與問題的再探討」(『天津社会科学』一九九八年第六期)、朱英「再論国民党対商会的整頓改組」(『華中師範大学学報(人文社会科学版)』第四二巻第五期、二〇〇三年)、張暁輝・楊茂玲「民族資産階級歴史転折期的官商関係回顧」(『商業時代』二〇〇六年第一三期)。

(25) Lloyd E. Eastman, *The Abortive Revolution: China Under Nationalist Rule, 1927-1937*, Harvard University Press, 1974.

(26) Parks M. Coble Jr., *The Shanghai Capitalists and the Nationalist Government, 1927-1937*, Harvard University Press, 1980.

(27) Joseph Fewsmith, *Party, State, and Local Elites in Republican China: Merchant Organizations and Politics in Shanghai, 1890-1930*. University of Hawaii Press, 1985.

(28) エシュリック(Joseph W. Esherick)やランキン(Mary Backus Rankin)の*Chinese Local Elites and Patterns of Dominance* (Berkeley, University of California Press, 1990)、ロウ(William Rowe)の*Hankow : conflict and community in a Chinese city, 1796-1895*, (Stanford University Press, 1989)に現れている。

(29) 馮筱才『北伐前後的商民運動(一九二四-一九三〇)』(台湾商務印書館、二〇〇四年)、朱英『商民運動研究(一九二四-一九三〇)』(北京大学出版社、二〇一一年)が代表的な著作。彭南生「二〇世紀二〇年代上海馬路商界聯合会的組織生態」華中師范大学学報(人文社会科学版)二〇一〇年〇六期など。

(30) 日本占領期の研究には陳雪芳「淪陥時期的天津商会」華中師範大学二〇〇九年修士論文、左海軍「淪陥時期的保定商会」二〇一一年河北大学修士論文、李銀麗「試論淪陥時期的漢口市商会」二〇〇八年華中師範大学修士論文などがある。戦後期のものには、楊茂玲「戦後広州市商会研究(一九四六-一九四九)」暨南大學二〇〇六年修士論文、趙婧「杭州市商会研究(一九四五-一九四九)」二〇一三年杭州師範大学修士論文がある。

(31) 朱英・鄭成林主編『商会與近代中国』(華中師範大学、二〇〇五年)、李培徳編著『商会與近代中国政治変遷』(香港大学出版社、二〇〇九年)、同『近代中国的商会網路及社会功能』(香港大学出版社、二〇〇九年)の姉妹著作。後者に拙文陳來幸「海外中華総商会的社会功能與其網絡作用——以日本神阪地区中華総商会為例」も収録されているので、参照されたい。

(32) 邱澎生『十八、十九世紀蘇州城的新興工商業団体』(国立台湾大学文史叢刊之八六、国立台湾大学出版委員会、一九九〇年）、邱澎生『商人団体與社会変遷：清代蘇州的会館公所與商会』一九九五年台湾大学博士論文、同「公産與法人：綜論會館・公所與商会的制度変遷」（朱・鄭編前掲『商会與近代中国』所収）。

(33) 張桓忠『上海総商会研究（一九〇二－一九二九）』（知書房出版、一九九六年）、李達嘉には『商人與政治――以上海為中心的探討（一八九五－一九一四）』一九九四年台湾大学博士論文のほか、商人組織を扱ったものとして「上海商會領導層更迭問題的再思考」（『中央研究院近代史研究所集刊』第四九期、二〇〇五年）、「上海的中小商人組織――馬路商界聯合会」（『新史學』第一九巻第三期、二〇〇八年）がある。このほか、中央の商務主管官庁の組織的変遷を追った阮忠仁『清末民初農工商機構的設立――政府與経済現代化関係之検討（一九〇三－一九一六）』（国立台湾師範大学歴史研究所専刊一九、一九八八年）などの研究もでている。

(34) 張存武『光緒卅一年中美工約風潮』（台湾商務印書館、一九六五年）、李恩涵「中美收回粤漢鉄路権交渉――晩清收回鐵路利権運動的研究之一」（『中央研究院近代史研究所集刊』第一期、一九六九年）、李達嘉「上海商人的政治意識和政治参與」（『中央研究院近代史研究所集刊』第二二期、上冊、一九九三年）、同「国権與商利――晩清上海商人的民族意識」（『世変、群体與個人』第一届全国歴史学学術討論会論文集』一九九五年）等は、このような視点に立ってなされた研究である。

(35) 趙祐志著、林満紅主編、翁佳音副主編『日拠時期台湾商工会的発展（一八九五－一九三七）』（稲郷出版社、一九九八年）。

(36) 波形昭一前掲『近代アジアの日本人経済団体』、柳沢遊『日本人の植民地経験――大連日本人商工業者の歴史』（青木書店、一九九九年）、柳沢遊・木村健二前掲『戦時下アジアの日本経済団体』。拙文「〔書評〕波形昭一『近代アジアの日本人経済団体』」（『日本史研究』第四三八号、一九九九年）において、中国商会の研究者からの提言としていくつかの論点を提示している。

(37) 注（17）で示した博士論文の一部と、本書に収録したいくつかの論文を合わせ、陳來幸『中華総商会ネットワークの史的展開に関する研究』（平成一五～一七年度科学研究費補助金基盤研究C課題番号 15520432 研究報告書［非公刊］）としてまとめた。そのうちの一部を修正のうえ本書に収録している。

(38) たとえば『香港中華総商会九十週年特刊』（一九九五年）や『新加坡中華総商会八十周年紀年特刊』（一九八六年）、『馬六甲中華総商会慶祝成立七十五週年鑽禧紀念特刊』（一九九〇年）、『暹羅中華総商会紀年刊』（一九二九年）、『菲律賓岷里拉中華商会三十周年紀念刊』（一九三五年）、など約五年あるいは一〇年ごとに発行されている記念誌があり、黄昆福『馬華商会史』（馬来西亜商会聯合会、一九七四年）のような本格的な組織史がある。なかには資料価値がきわめて高いものがある。収集しえた会史類は巻末文献目録の資料に挙げている。

(39) 宋旺相（Song Ong Siang）著・葉書徳訳『新加坡華人百年史』（新加坡中華総商会出版、一九九三年。英文原著：*One Hundred Years' History of the Chinese in Singapore*の出版は一九二三年）、林天佑（Liem Thain Joe）著・李学民・陳翼華共訳『三宝壟歴史──自三保時代至華人公館的撤銷（一四一六－一九三一）』（曁南大学華僑研究所、一九八四年。原著：*Riwajat Semarang: Dari djamannja Sam Po sampe terhapoesnja Kong Koan, 1416-1931* の出版は一九三三年）など。戦後に出版された『泰国華僑社団史集』（中興文化出版社、一九六〇年）は中国語で書かれている。

(40) 袁丁「清政府與泰国中華総商会」（『東南亜』二〇〇〇年第二期）、劉宏「新加坡中華総商会與亜洲華商網絡的制度化」（『歴史研究』二〇〇〇年第一期）、Hong Liu, "Chinese Commercial organizations in Singapore and transnational connections with Malaysia" in M.J. Armstrong, R.W. Armstrong, K. Mulliner eds., *Chinese Populations in Contemporary Southeast Asian Societies,* (Curzon Press, 2001) などがある。

(41) 朱東芹『衝突與融合──菲華商聯総会與戦後菲華社会的発展』（廈門大學出版社、二〇〇五年）とTheresa Chong Carino, *Chinese Big Business in the Philippines : Political Leadership and Change,* (Singapore: Times Academic Press, 1998) は松島前掲論文と同様、戦後のマニラ中華総商会の改組と菲華商聯総会の成立以降の冷戦およびポスト冷戦期を扱う。台湾では張存武・王国璋「菲華商聯総会的功能與発展（一九五四－一九九八）」（『漢学研究通訊』第一九巻第二期、二〇〇〇年）が発表されている。シンガポールについてはSikko Visscher, *The Business of Politics and Ethnicity : a History of the Singapore Chinese Chamber of Commerce and Industry* (Singapore : NUS Press ; International Institute for Asian Studies, 2007) がある。

(42) 杉原薫『アジア間貿易の形成と構造』（ミネルヴァ書房、一九九六年）。

(43) 華人という用語の使い方には狭義と広義の二種が存在する。居住国の国籍を取得せずに中国籍のまま外国に仮住まいを続ける「華僑」に対して、現地国籍を取得して居住し続ける中国血統の「華人」として使われるのが狭義の華人である。一方、たとえば、中国国内租界で展開された華人運動や、アメリカの華人排斥運動などという文脈では、広く華僑を含めた清国人・中国人一般を指す。これが広義の「華人」である。本論では、場合に応じて広義の意味で用いることもある。ここは広義の意味であることを断っておく。

第一部　商会制度の成立

第一章　清末民初の商会制度

——原型素描

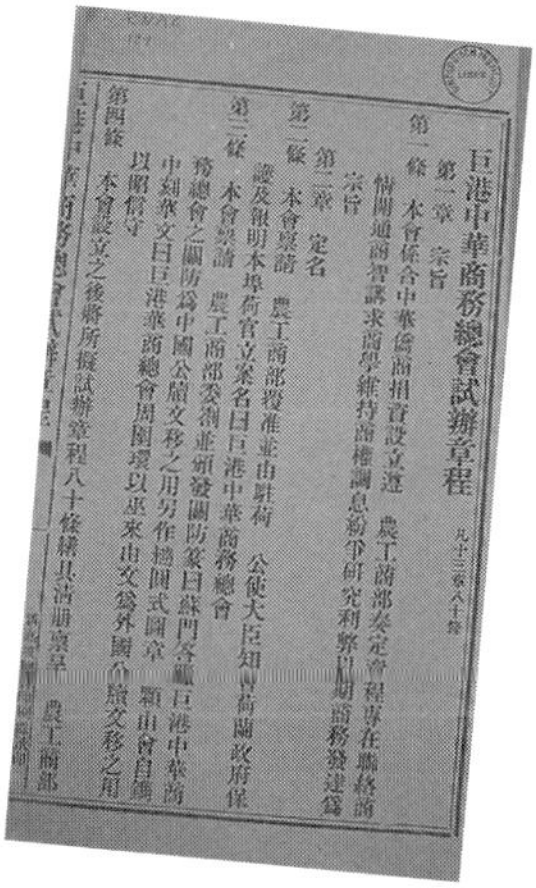

巨港中華商務總會試辦章程

第一章　宗旨

第一條　本會係合中華僑商捐資設立遵　農工商部奏定章程專在聯絡商情開通商智講求商學維持商權調息紛爭研究利弊以期商務發達爲宗旨

第二章　定名

第二條　本會稟請　農工商部核准並由駐荷　公使大臣知照荷蘭政府保護及聲明本埠荷官立案名曰巨港中華商務總會

第三條　本會稟請　農工商部委劄並頒發關防篆曰蘇門答臘巨港中華商務總會之關防爲中國公牘文移之用另作橢圓式圖章　類由會自鐫中刻華文曰巨港華商總會周圍環以巫來由文爲外國公牘文移之用以昭信守

第四條　本會設立之後將所擬試辦章程八十條繕具清摺稟呈　農工商部

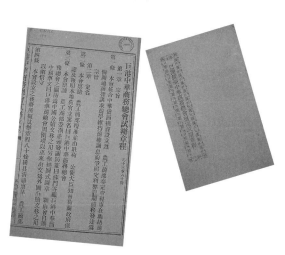

中華商務総会試辦章程（バタビアとパレンバン）
（ライデン大学図書館所蔵）

はじめに

商会とは日本や欧米の商業会議所制度に倣い、二〇世紀初頭清朝政府によって中国に導入された新しい商人組織である。中国の知識人が外国の進んだ知識や制度から身をもって本格的な衝撃を受けたのは一九世紀の中頃のアヘン戦争敗北による五港開港以降のことである。外国人商人の来港によって租界が徐々に拡張されるに従い、前線に立つ商人によって「商戦」が意識され始めた。政府主体の洋務運動が推進されはしたが、農本主義に立つ王朝政府が、商務を主管する専門省庁を史上初めて創設するのは光緒の新政が軌道に乗った一九〇三年のことであった。商業の振興と商人の保護を目的とした商部の成立が画期となった。その翌年に発布された商会簡明章程によって、商務盛んな地点に商務総会を、次に重要なところに商務分会を設立するよう全国の商界（商人世界）に号令がかけられた。こうして中国の県制が敷かれるところには津々浦々にまで商務総会あるいは商務分会と称する、商人たちが集う場所が形成されていった。

中華民国が成立すると、あらゆる分野で法の整備が進んだ。清末の商会簡明章程の公布から一一年後の一九一五年には、前年の一九一四年商会法を大幅に修正して修正商会法が公布された。こうして新しい商会法に基づき、商務総会と商務分会は、総商会あるいは県商会と呼ばれるようになり、さらにその下には分所や分事務所が数多く存在する体制となった。中国の商会制度のユニークな点は、歴代王朝が臣民に対する「教化」を基本としてきた点に由来するといえるであろう。このような属人的な支配は近代的な国境の概念を超え、海を越えて異郷の地に定着した華商のいるところすべてに皇帝の教化と支配が及ぶと考えられた。商会簡明章程は、華商が集うところ、すなわち華僑社会が形成されている海外の地にも商務総会を設置するよう呼びかけた。国籍法もなかった時代のことである。数世代にわたり華僑社会の歴史が刻まれた場所であっても、故郷の中国語を使いこなし、中国との交易を生業とする新しい移民たちが中心となり、中華商務総会が結成されていったと考えられる。海外の商会には、商会簡明章程で設置が促進された中華商務総会が、一九一五年の修正商会法公布以降に中華総商会と改称されて今日に至るものが多い。

本章では、商会の普及がある程度進み、比較的完全な統計が残されている民国初期の一九一八年段階における全国の商会の分布状況を先に紹介したうえで、さまざまな角度から中国の商会制度の全体像を示し、地域の特色について簡単な整理を試みる。(1)

第一節　分布状況

1　国内分布

まずは、全国の商会分布の実態について大まかな理解を得ておくこととしよう。清末の全国への波及促進期に始まり、乱立に制限をかける附則六条の公布（一九〇六年）などの紆余曲折を経て、普及が一段落した一九一八年段階における全国各省および特別区ごとの商会分布の実態はどのようであったか。表１－１は一九一二年と一九一八年時の商会総数を示したものである。

一九一八年を一〇〇としたときの一九一二年における各省商会の達成度は、統計が不完全な南方諸省等を除く一七省の平均をとると、四六・五％となる。一七省の商会総数合計は一九一八年で一〇六七会。それに対す

表 1-1　1912 年と 1918 年における全国商会省区別総数

省　区	1912 年商会数（会）	1918 年商会数（会）	1918 年を 100 とした 1912 年の割合（%）
黒龍江	2	29	7
吉林	26	38	68
奉天	64	66	97
直隷	61	99	62
京兆	（13 年）*6	15	*40
熱河	（13 年）*4	16	*25
察哈爾	（14 年）*6	5	*120
山東	47	101	47
山西	28	104	27
河南	51	86	59
陝西	4	42	10
甘粛	7	43	16
綏遠	1	9	11
新疆	1	5	20
江蘇	72	76	95
浙江	76	91	84
福建	35	61	57
安徽	17	65	26
江西	61	78	78
湖北	19	74	26
湖南	15	（17 年）*34	*44
四川	96	（15 年）*134	*72
広東	63	（17 年）*70	*90
広西	36	（16 年）*31	*116
雲南	8	（14 年）*5	*160
貴州	5	（16 年）*17	*30
合計（*を含まない）	795	1,103	46.5
（*を含む）	811	1,394	

資料　『中国年鑑（第一回）』（1924 年）1539-1543 頁に拠り作成．

注記　1912 年時点で京兆地方，熱河，察哈爾特別区は未設置．また，1918 年時点の湖南，四川以下南方諸省の統計は不十分であるため，別年度の数字を参考に挙げている．それらの数字には*印をつけた．パーセンテージ合計欄には*印がついた 9 省区を除く 17 省の平均値を挙げた．ただし，次表（表 1-2）で典拠とした，1918 年時点で農商部に届けられた「各省商会詳表」（1544-1570 頁）に記載された設置年代から計算した 1912 年度の商会数とは，必ずしも一致しない箇所がある．

る一九一二年の総数は五七二会で、全体数の対一九一八年比は五三・六％であった。後述する改組統合指導によって総数でのピーク期を過ぎ、県を単位に飽和に近い分布を達成した一九一八年の商会のうち、その約半数は民国年間に入ってから設置されたことがわかる。

そのうち、比率がきわめて高い奉天（九七％）、江蘇（九五％）に次ぎ、浙江（八四％）、江西（七八％）などは、清末の早い時期に急速に商会が分布したことがわかる。奉天は清末新政のショーウィンドウとでもいうべき地方である。中央の政策を忠実に実施した点に普及の速さの理由が求められるであろう。また、開発の最先端を歩んできた長江デルタの早熟傾向も明瞭である。と同時に、吉林から山東、福建・広東に至る沿海諸省が、四川省を除く内陸諸省に比べ、相対的に速やかな普及を示していることも見て取れる。

一方、三〇％に満たないような黒龍江、山西、安徽、湖北、陝西、甘粛などにおいては、民国期以降中央の商務政策の波及効果が急速に広まったとみて差し支えないであろう。さらに、商会の絶対数が少なく分布が浸透しない省は、経済後進地であると同時に、少数民族社会を広範に抱えるところである。下位行政単位に目を移すと、少数民族の行政単位である雲南や広西の「土司（土県、土州も含む）」、四川西部からチベット地区の「宗」や内蒙古や東三省の「旗」では商会の設置は見られない。あくまでも県政府の役所のある、中華的支配様式を直接受け容れてきた地域においてのみ商会が設置されたのである。

表１－２は、一九一八年段階で農商部に届けられ、商会名が明らかな二〇省区すべての商会一覧表に基づき、商会が設置されていない無商会県数と複数商会設置県数を析出し、さらに商会の設置時期を光緒期、宣統期、民国期に分類してその数を掲げたものである。

統計が不備な南方諸省を除く二〇省区の有商会率の平均は七七・三％となる。全体的に見ると、県制が敷かれて間もなくのところを除けば、ほとんどの県に分布が行きわたっていた点が注目される。さらに、われわれ

表 1－2　1918 年省区県別商会分布表

省及び特別区	県総数	商会総数	無商会県総数	有商会県（%）	内総商会数	総商会名称	複数商会所在県数[a]	各年間設置商会数		
								光緒	宣統	民国
京兆	20	15	6	70	1	京師	1	1	7	7
直隷	119	99	26	78	4	天津・張家口・保定・山海関	6	12	39	[b] 47
奉天	56	66	8	86	3	奉天・営口・安東	[c] 15(3)	44	14	8
吉林	39	38	6	85	3	吉林・長春・哈爾濱	[c] 4(1)	14	16	8
黒龍江	32	29	8	75	1	黒龍江	4(1)	6	12	11
山東	107	101	19	82	3	済南・烟台・青島	11(2)	15	18	68
河南	107	86	24	78	1	開封	3	22	30	34
山西	105	[e] 94	12	89	1	太原	1	14	27	53
江蘇	60	76	0	100	4	上海・南京・蘇州・通崇海泰	12(4)	53	11	12
安徽	60	65	4	93	4	安徽省城・蕪湖・銅陵大通・寿県正陽関	8(1)	16	20	[h] 28
江西	81	78	10	88	1	南昌	[c] 7	19	30	29
福建	63	61	7	89	1	福州	[c] 4	22	23	16
浙江	75	91	9	88	2	杭州・寧波	[c] 21(2＋1)	42	31	18
湖北	69	74	17	75	1	漢口	20(2)	7	25	42
陜西	90	42	48	47	1	長安	0	3	7	32
甘粛	76	43	35	54	1	甘粛	2	1	2	40
新疆	40	[d] 5	[d] 36	10	1	新疆	0	0	[d] 3	2
熱河	15	16	0	100	1	熱河	1	5	7	4
綏遠	8	9	1	88	1	綏遠	2	2	0	7
察哈爾	7	5	2	71	0	—	0	1	1	3
合計	1,229	1,093	278	77.3	35		122(16＋1)	299	323	469

注記

(a)（　）内の数字は 1 県に 3 商会存在する県数．浙江の場合 2 つの県で 3 商会，1 県は 4 商会．

(b) 設置年不詳の商会が 1 つある．

(c) 奉天省鳳城県，吉林省徳恵県，浙江省定海県，江西省万年県ではいずれも設置年と会長が相違する同名の県商会が 2 つ登場する．すべて 1 県 2 商会として算出した．福建省には実在しない県名が 1 つあったので，不明 1 として処理した．

(d) 宣統 2 年に伊犁商会設置とあるが，イリは当時ロシア領である．商会数には算入してある．

(e) 山西省の商会総数は表 1－1 で準拠した表には 104 と明記されているが，「各省商会詳表」には 94 の商会数しか挙がっていないので，それに基づいた数字を挙げておく．

資料　「各省商会詳表（拠第 7 次農商統計表）」『中国年鑑（第一回）』（1924 年）1544-1570 頁，張在普『中国近現代政区沿革表』（福建省地図出版，1987 年）に拠り作成．

はこの分布情況から商会の地域的な特徴を読みとることができる。長江下流の江蘇・浙江・安徽・江西各省においては、それぞれ最低でも八八％以上の県に商会があり、江蘇では全県に最低一つの商会が分布していた。また、浙江では全県の二八％の県で二つ以上の商会が濃密度に分布していたことがわかる。また、長江下流域四省や福建等に次いで、八六％という高い有商会率を示す奉天は、表1－1でも見てきたように、江蘇と並びきわめて早い光緒新政の時期に商会が全県域に迅速に広がっていた。これらの地域は商会先進地域と称してよいだろう。

県総数自体は多くないものの、吉林や黒龍江も奉天と並び高い有商会率を示した。黒龍江省で商会が設置されていない八県を見てみると、半数の四県は民国初期に局が設置され、一九一七年五月に県制が敷かれたばかりで、二県は清末に設置された直隷庁が一九一三年三月に県に昇格したばかりであった。これらを除けば商会の分布度は江蘇や奉天などの先進県なみに高くなる。しかも、省内の有商会県においては、県制が敷かれるやいなやすぐさま商会が設置されたところがほとんどで、新たに開発が進む東北地域への速やかな商会の普及が窺える。また、同様に中央政府の影響が強く反映される京兆地方以下、熱河・綏遠・察哈爾などの特別区では、遊牧地を後背地に持ちながらも、甘粛や陝西などの西北内陸部に比べ、高い商会分布率を示している。

華南や華西諸省に関しては、統計数字の不備が否めないものの、その他の史料から総合的に判断すれば、早期の速やかな分布において顕著であった四川と広東が、湖北と並び、有商会率の面でも充実した地域であったことが窺い知れる(2)。

図1－1は、後述する初期の全国商会聯合会の開催費用と、常設の総事務所経常費を、会員商会からどのように徴収していたかを示す等級分布図である。全国商会聯合会は全国の各省区を甲～丙の三等級に分け、それぞれ四対三対二の割合で経費の分担比を決めていた(3)。表1－2に示した各省の商会数と対比すると、等級の基

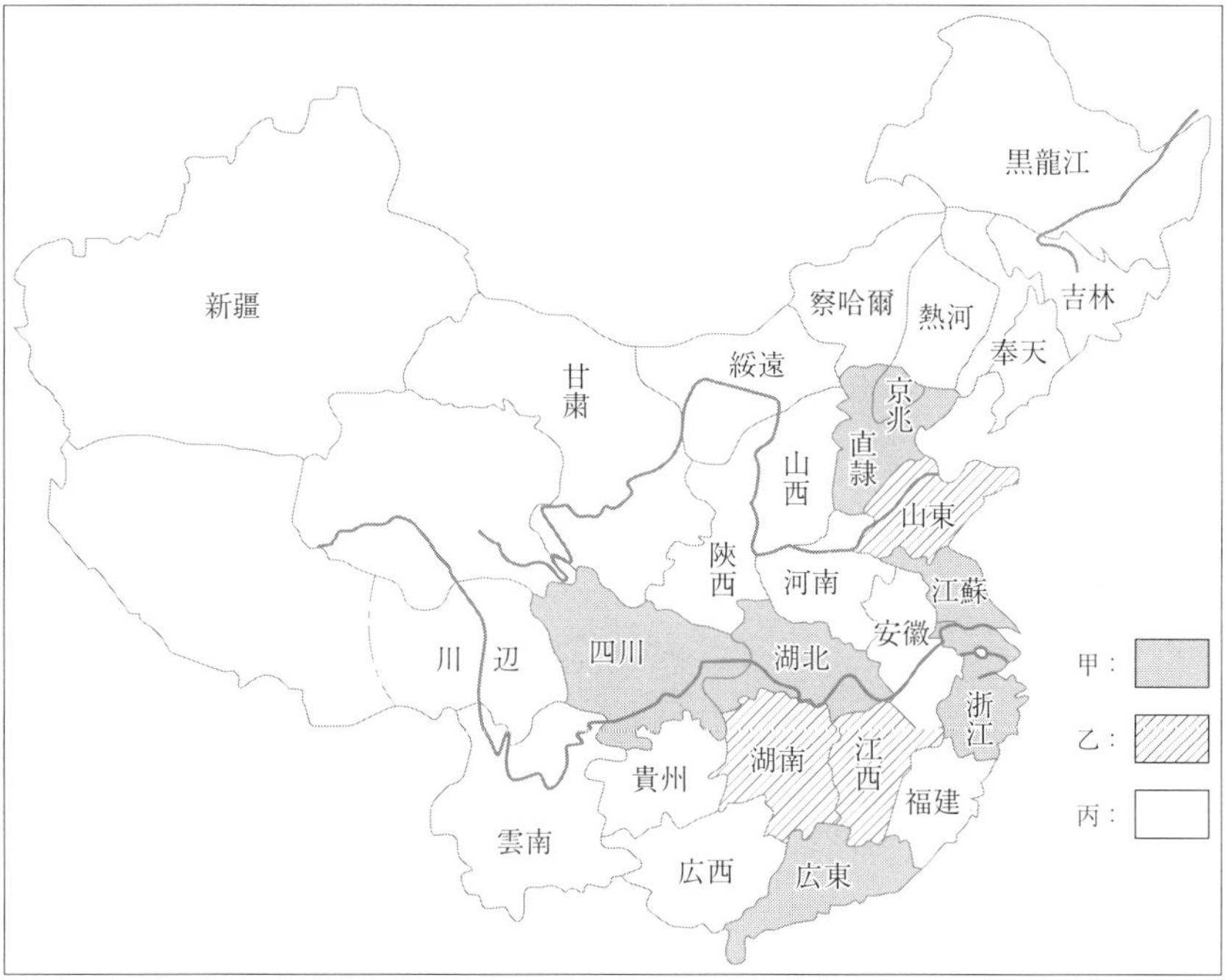

図 1－1　商会各省等級図（1916-1917 年）

注記　地図の大略は東亜同文会『中国省別全誌』（1988 年南天書局復刻版，原名『支那省別全誌』1920 年）各巻，譚其驤主編『中国歴史地図集（8）』（地図出版，1987 年），前掲『天津商会檔案彙編 1912-1928（1）』553 頁に拠った．

準が商会総数にあったわけではなさそうである。その一方で、省相応の発言力の差がこの等級に現れていると考えるのが妥当であろう。沿海と長江沿いの諸省に甲・乙級の有力省が集中している。ここでは、両水系の結節点にある上海を中心とする江浙両省地域、首都圏としての京兆地方と直隷省、漢口を中心とする華中の湖北省、華西の四川省、および広東省地域を、甲級諸省からなる五つの商会圏として措定しよう。それらを乙級の山東、江西、湖南省が取り結ぶ格好である[4]。一九二〇年代に入ると、関外（東北地域）への移民数の絶対的な増大と奉天軍閥の中央政界への進出の結果、奉天地域の活躍が目立ち、一九二五年の第五回全国商会聯合会大会では奉天総商会から会長を当選させるに至った。

以上の数値と分析が示すところは、準「官製秩序」として清末から民国初期に張り巡らされた中国商会の国内ネットワークとは、平面的にはさほどの濃密の差なく、県制が敷かれた全土津々浦々にまで波及したが、現実には市場規模の大小に従い地域ごとに発言力と実力の差が歴然と存在したということである。市場活動に裏打ちされて蓄積された有形無形の力に加え、裾野にひろがる分事務所の数量の差が商会活力の地域差をもたらしたと考えるべきであろう。このことについては第二節で論じることとする。

さらに、ここで図1－1に関して付言しておくべきは、①山東―河南―陝西以北、直隷と山西を加えた「北」五省の結束で表れた工商会議（一九一二年一一月開催）における北部対南部という対抗の図式(5)は、上海と漢口を中心とする長江中下流域（＝「南」）を意識してのものであったということ、②南洋への出入口として、移民を海外に向けて送出し続けた広東省や福建省の主要商会の重要度も看過されてはならないこと、③おおよそ以上のような地域色の存在に注意を払う必要があるということであろう。

2　海外分布

図1－2、図1－3は一九一八年における国内各省区ごとの商会総数および、海外の中華総商会の分布概念図である。『中国年鑑（第一回）』（一九二四年）が根拠とした農商統計は、おそらくは求めに応じて資料を提供した中華総商会名のみを列挙したものとみえ、マニラ、バンクーバー、メキシコ、パナマ等明らかに他の史料で存在が確認できるいくつかの中華総商会がこの「外洋各埠中華商会詳表」にリストアップされていないことを断っておく。それらを差っ引いたとしても、そこには、東海以北に、日本四、ロシア沿海州五、日本統治下朝鮮七、アメリカ大陸四、以南には、暹羅一、蘭領東インド諸島一七、英領香港一・ポルトガル領マカオ一・

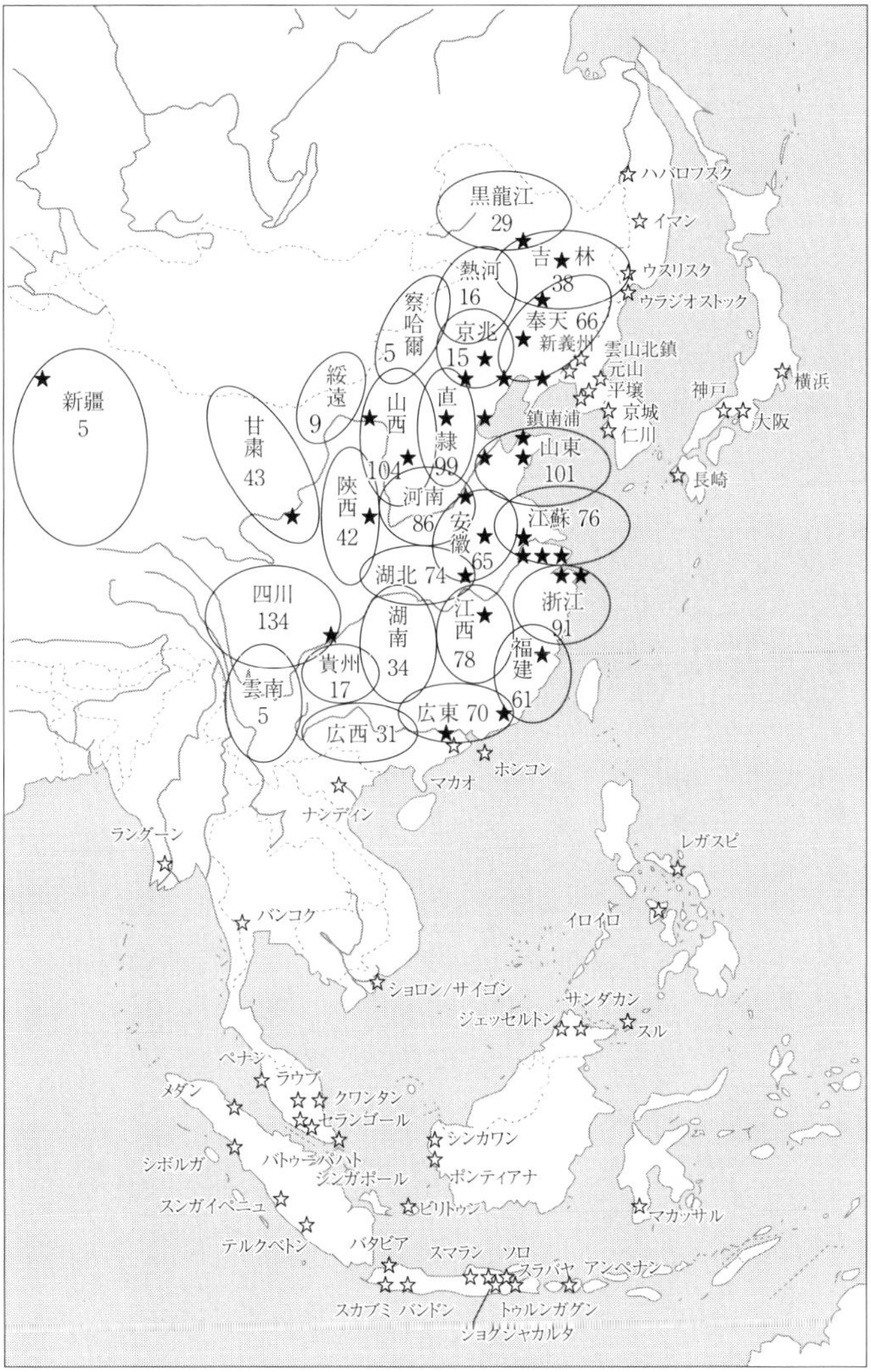

図 1－2　アジアにおける中華総商会分布図（1918 年）

注記　☆は中華総商会，★は総商会所在地．数字は国内各省ごとの商会・総商会総数．ただし，湖南・広東は 1917 年，貴州・広西は 1916 年，四川は 1915 年，雲南は 1914 年の数字を転載している．ただし，地図上の国境線は現在のもの．

出所　『中国年鑑（第一回）』（1924 年）1544-1574 頁などより作成．

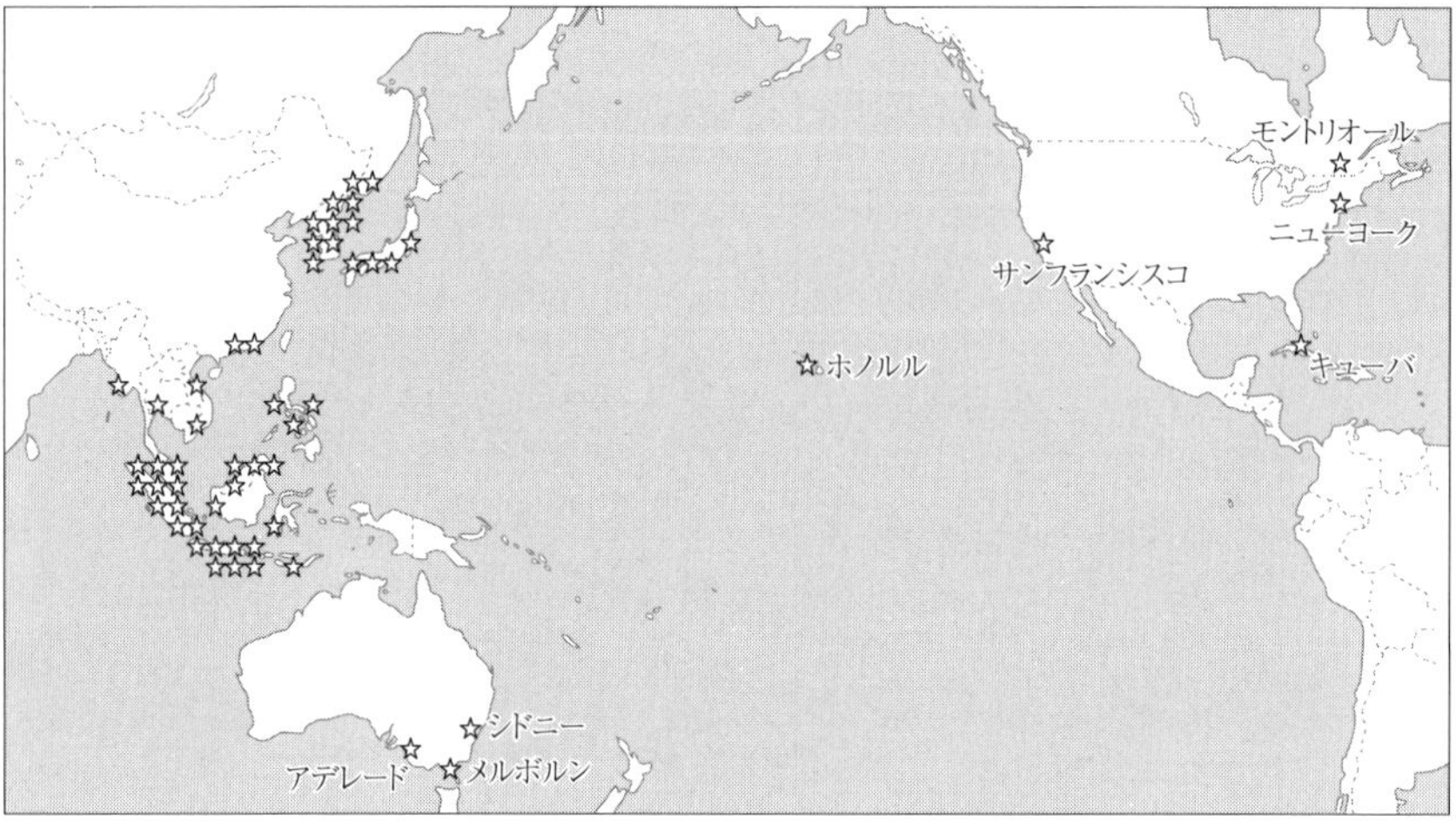

図 1-3　環太平洋地域中華総商会分布図（1918 年）

出所　図 1-2 に同じ.

オーストラリア三・英領マラヤ等一〇、アフリカ東岸東方の仏領島ルユニオン一（図には入ってない）、米領ホノルルとフィリピンで計四、合計五八ヵ所の中華総商会の状況が記載されている。(6)図に挙げたのは、五八ヵ所のうち地図で位置が確定できて図の範囲におさまる五五ヵ所である。中華総商会は華僑が集住する環太平洋を中心とする島嶼部と大陸沿海の交易諸都市に分布していたことがわかる。つまり、漢族の伝統的移住パターンが連鎖的に拡張した結果、世界各地に成立していった華僑社会には中華総商会が存在する。つまり、国内の少数民族地域には商会が設置されなかったことの裏返し現象を見出すことができるのである。

ここで、読者にはお気づきであろうが、日本統治下朝鮮には華商による中華総商会が存在したが、台湾には存在しなかった。台湾は対岸の閩南（泉州漳州など福建南部）地区や福建・広東両省の客家地域から移民してきた漢族主流の社会が存在し、日本統治の初めに、両岸を行き来する大陸商人には期限を切って、日本臣民になる意思があるかどうかの選択をさせた。朝鮮併合の時には、日本政府はそのような選択権を住民に与えず、日本は朝鮮を領有したのである。清朝の商会設置普及策推進時には台湾がすでに日本の統治下にあったことが一つの理由でもある。また、華商としての台湾商人は台湾全土で日本商人を数の上でも、時に勢力の上でも圧倒していたため、日本が台湾に商工会議所制度を普及させるには長年躊躇があり、台湾商工会議所令の発令は一九三六年一〇月まで待たねばならなかった。[7] 一方、日本の朝鮮領有時にはすでに仁川など各地の清国租界には清末商部の指導を受けて成立した外国人としての華商組織が先に存在していた。この違いが大きい。

さて、これら中華総商会の設立経緯を見ると、亡命中の保皇派の強い影響の見られるところあり、[8] 清朝の外務官僚や特派大臣に勧められて設立したところあり、[9] とさまざまであるが、海外の中華総商会は発足当初から国内の商会と緊密なネットワークを形成した。清朝の出先機関である外務官僚がなかなか把握しきれなかった在外華商の世界がそこにはあった。領事の人事や領事館の建物さえをも現地の華僑社会から動員し、協力を得ていた時代の話である。商会という民間組織の結集力を恃みとし、在外華商の有力層を取り込んだ点に、支配者側の商会設置論理があったといえる。

海外各地にも商務総会が徐々に成立しつつあった一九〇七年一一月、予備立憲公会と上海商務総会、商学公会の三団体の発起によって、史上はじめて中国内外の商工業者が一堂に会し商法草案を討議する会が上海で開催された。海外からの六地域（長崎・シンガポール・ジョグジャカルタ・スマラン・ペラ・ウラジオストック）の中華商務総会代表を含む数百人が参加し、華商自らが自衛のために無法状態からの脱却を目指して商法について討議を重ねた。この場で上海商務総会の発議に基づき、商法会議に参加した八十数商会の名義で各地商会の連合組織「華商聯合会」を結成することが決議された。[10] 華商聯合会はその後機関紙を備えた実体として一九〇九年に立ち現れた。つまり、商法草案会議における華商連合の決議は、中華民国成立後の一九一二年一一月の工商会議

表 1-3　全国商会聯合会における海外中華総商会参加代表

	1912年 発足会議	1914年 第1回大会	1915年 臨時大会	1916年 第2回大会	1918年 第3回大会	1925年 第5回大会
代表総数	64	160	82	101	50	128
海外代表	6 （神戸1，ハバロフスク2，パダン1，ウラジオストック1，ペラ1）	1 （シンガポール1）	1 （シンガポール1）	0	1 （大阪1）	3（5）*1 （神戸1，朝鮮2*2）
代表者	神戸：馬席珍 ハバロフスク：孫国浩・孫嘉夢 パダン：白蘋洲 ウラジオストック：王懐霖 ペラ：区濂	李厥孫	李厥孫	——	賀英偉	神戸：陳伯藩 京城：孫学仕 仁川：虞和徳

注記

＊1　駐哈旅俄華僑商聯会会長・副会長の徐程九と王会卿がロシアの代表として参加したが，議決権は与えられなかった．『申報』（1925年4月25日）によると，あるいは正式代表ではないのか，その他に蘭領印度の華商1名の参加も確認できる．それを含めると，最低華僑6人となる．

＊2　名簿上朝鮮の中華総商会代表は孫と虞の名前になっている．孫学仕は当時京師総商会会長，虞和徳は上海総商会会長．ただし，神戸代表の陳伯藩は神戸三江幇華商合昌号陳源来の子息．

資料　1912年については「中華全国商会聯合会第一次代表大会（上）」『歴史檔案』1982年第4期．1914年と1916年の代表者名簿は『中華全国商会聯合会会報』第1年第9期と第3年第11期12期合併号，1915年・1918年・1925年の代表者名簿は前掲『天津商会檔案彙編 1912-1928（1）』534-537頁，569頁，590-96頁に拠った．

を機に発足した全国商会聯合会の前身ともいえる連合組織の誕生を告げる一こまであった。北京政府下の全国商会聯合会は一九一四年、一九一六年、一九一八年、一九二二年、一九二五年に、あいだに数回の臨時大会を挟んで合計五回の大会を定期的に継続開催することとなる[11]。

清末の商会簡明章程は海外の商務総会や分会をゆるやかながらも国内の連続として一体のものとしてとらえたが、一九〇九年の国籍法制定を経た一九一五年の商会法（第六条）では、会員の要件として中華民国の男子であることが求められ、海外の中華総商会についても翌年、その旨が施行細則（第一七条）に明文化された[12]。そのようなかで、海外の総商会はいかほどの発言権を確保していたのであろうか。

表1-3の通り、代表者名簿の確認が

できる六回分の全国商会聯合会大会の出席情況をみると、一九一二年の発足会議には海外商会から六名（工商会議への参加者は一三名）が参加したものの、一九一四年の第一回大会にはシンガポールから一代表のみで、一九一六年の二回大会は海外からの参加者はゼロであった。それゆえもあってか、前述の経費の負担については、華僑代表は計算外に置かれていたが、選挙権については二年ごとに開かれる会長選挙の行方をめぐる南北の政治的なかけひきのなかで紆余曲折を経る。北部主導の一九一八年大会時には、当初華僑は日本、アメリカ、南洋、欧州の四地域にわけ、それぞれ一〇権という案が出されたが[13]、最終的に制定された選挙規則では、第三条で定められた各省一〇権とならび、第四条で海外華僑は各国一〇権（各商会一権）と定められた[14]。

概していえることは、華商聯合会結成発議の当初から共和制発足直後までの時期は確かに海外華商に一定の発言権があったが、内部の権力闘争にあけくれ、政権との離合集散を繰り返す全国商会聯合会の組織中枢そのものに、海外の商会がそれら主導権をめぐる争いに直接関与した形跡は認められない。

一九二五年の会議に至ってようやく名目上五名の海外華商代表が参加した。開会第一日目に挨拶に立った蘭領東インドの華僑は、政府の保護を求めようにも政争と軍事衝突が繰り返され、「華商が顧みられなくなった」不幸を嘆き訴えた。彼の以下の言葉に海外華商の立場が象徴的に現れている。「政府と人民が華商に注意を向ければ、海外の商権を推し広めることは難しいことではない。海外華商の多くは中国国内の商人との提携を願い、祖国の実業の発展に寄与したいのだ」と。五名のうち旧ロシア地区から参加した代表二名も含まれるが、中華民国の諸団体を認めない共産国の商会代表だからという理由で、彼らには選挙権は与えられず、参加だけに止まった。ロシア華僑の一人は、革命の勃発で財産を没収された自らの経験について発言を行い、中ソ交渉の過程で華商の不利にならぬよう政府への対応を強く求めたのである[15]。

中華総商会は、このように全国商会聯合会においては徐々にその発言力を弱小化させていったといわざるをえない。しかしながら、総体としての中国商会が果たした役割および商会が中国と近隣諸国との諸関係において機能したであろうその存在意義を問うとき、海外に連なるネットワークのしくみとしての中華総商会網には看過されてはならない重要な機能があった。本書の第七章ではこの点について議論を展開している。

以上、一九一八年時点における海外をも含めたおおよその商会分布の実態と地域別の力のバランス状況をみてきた。さらにこれらに各地域特有のさまざまな背景を加味することで、商会の生成とその履歴および社会的機能など諸側面についての地域的特色を見出すことが可能である。これらについては第五章と六章で詳しい分析を加えることとなろう。

第二節　組　織

1　総商会と商会

一九〇四年の商部の商会簡明章程は、「商業を保護し、商情を開通させる（商況を良くする）（第一款）」目的で、各地の県城や商埠に商会を設立するように、という商会設置促進策を示した。さらに章程は、「商務盛んなところは省城、県城、商埠を問わず商務総会、やや之に次ぐ地には商務分会を設置する（第三款）」とした[16]。つまり、中国の商会制度は、創設の時点からレベルの違う総会、分会、さらに分所（後述）の別を設けたのである。

江蘇省では、実力のある鎮が単独で、ときに県城に先んじて、争って商会を設立していった。一つの県下に、三つも四つもの「やや之に次ぐ地」と自認する鎮から商務分会設置の申請が相次いで出されたのである。混乱の収拾のため、二年そこそこで「附則六条」（一九〇六年四月）が発布された。「分会は各府の州と県に設立すべき」で、一つの州あるいは県下に複数の分会を設置しようとするところは、「その州や県で商務がもっとも盛んな地」「ただ一会」をもって認可すると定め、実力が比肩する二地がある場合は、両者ともに「水陸の要衝地」にあって「商品が輻輳する」地点であるときに限り、一県二会までは認める、とした(17)。つまり、商会簡明章程附則六条は、江蘇のような乱立気味の地域の商会設置運動に、一定の制限を加え、秩序をもたせようとしたのである。

しかしながら、全国いたるところ必ずしも江蘇のような設置申請の方法がとられたわけではない。直隷の商会は、当初、行政区分が県より一レベル上位の「府」単位で、グループをなして設立される傾向にあったが、のちに江蘇省のように県あるいは鎮単位の方式に変わっている。たとえば、一九〇九年六月、永平（年）府属七県は「永郡の商会は郡全体の公共の会である」という趣旨を掲げて「永七総会」を設立したが、のちに江蘇方式を踏襲して、それぞれの県が分会を申請して永七総会は解消している(18)。その後、宣統年間から民国初頭に入ると、商会法の法制化に向けて、しばらくのあいだ商会の設立申請に対しては「暫緩」というペンディングの姿勢がとられた(19)。

さて、民国初頭の一九一四年九月に公布された最初の商会法の内容とは、清末簡明章程の方針から一転し、総商会を撤廃して一律商会とし、代わりに省に一つずつの商会聯合会を組織するというものであった。総商会を撤廃しようとしたこの方針転換に対し、商会は猛反撃を行うこととなる。商会は、総商会とは隷属関係にあるわけではなく、日頃頼りにするところが大きい絶妙な関係にある、と商人たちは考えた。事実として存在している総商会の役割を重視して政府は法律を定めるべきで、大きな金銭的負担をわれわれに強いる、実態のない省ごとの商会聯合会を設置するなど、もってのほかである、と商会側は主張した(20)。一九一五年五月に農商部に提出した「修正商会法案理由書」の言を借りれば、総商会と商会とは、「人力で為すことのできない」「自然な関係」にあって、総商会を廃せば、商会同士も、中央と商会の間も「風通しが悪くなり、溝が生じる恐れがある」というのである。[21]

一方、政府はどのように主張したであろうか。既存の組織とはいえ、総商会は「たかが一〇年ほどの歴史しかもたない新しい組織」である。「連絡の便宜を図ってやろうとせっかく省商会聯合会の設立をとくに認めたのに、負担が重いというなら必ずしも設立することもない」、と高飛車に言ってのける有り様であった。そして、「商会の本来の任務は研究、調査、維持、仲裁という商業界の公益に関わることのみに限定されるべきで、決してなんらの政治機関ではありえない」と強く釘を刺すに至る。[22] ここに、総商会がもつにいたった隠然たる政治的影響力に対する為政者側の警戒心がみてとれるのである。紆余曲折の末、商会の論理はついに政府の側から譲歩を勝ち取り、商会側の主張を全面的に受け入れた修正商会法（一九一五年一二月）が公布されることとなった。[23]

江蘇省のケースを例にとり、この間の総商会と商会の設立形態がどのようなものであったかを見てみよう。清末の江蘇省下八府二州には、上海・蘇州・江寧（南京）・通崇海花業の四つの商務総会が成立していたが、通州・崇明・海門県下の花業分会を通崇海花業総会が管轄したのを除けば、江寧・淮安・揚州・徐州と通州・海州・海門庁の四府二州一庁は、江寧商務総会の管轄。蘇州・松江・常州・鎮江の江南四府と太倉州は蘇州か上海商務総会の管轄、という具合に、暗黙の守備範囲が決まっていた。商会の設立以前から存在した商務行政機構である江寧商務局と蘇州商務局の管轄範囲を商務総会は踏襲していたことになる。ところが、鎮江商務分会が「江寧総会の管轄下に入りたい」といってきたことに対して商部は、もともと総会分会は商務の繁・簡で決まるのであり、「体制をもって論じるのではない」。その実は「連絡にあって」「統括になく」、「隷属関係にある地方行政組織と比べてはいけない」との理由で、それぞれの地の判断で柔軟に対応するよう求め、[24] 鎮江の所望通り、江寧総会に属するようとりはかられた。

このように、清末における商会の組織化過程において、行政に都合の良い合理的な上下支配よりも、経済と社会の実態に即した、有機的な自己結合の原理が優先されていたことが指摘できる。通崇海（泰）商会は花業に特化した商務総会で、上海はいわば急速に肥大化しつつある大国際消費都市という特殊な顔をもつ。そして、長きにわたり行政の中心であり続けた江寧と蘇州の二ヵ所が加わり、自然の成り行きで、清末にこの四地点に商務総会（＝総商会）ができていった。

当初の民国政府のいう通り、かりに省都に省商会聯合会が設置され、そこの一商務総会に他の総会が隷属するなどという事態が発生すれば、いかんともしがたい抵抗と憤懣が噴きあがるであろう。かといってほぼ全県にできあがりつつあった商会がすべて機会平等に農商部に直結しては、事務の煩雑さに閉口してしまう。つまるところ、修正商会法において、総商会は、商会と同等な法的地位に甘んじながらも、商会全般の発言力を最大限に保持させることに落ちついた。つまり、総商会名義を残すとともに、管轄下の商会から上がってくる実務処理に際する取捨選択権を行使して主管官庁とのチャネルを確保し、それなりの威厳を維持した。総商会にとってみれば、この一連の譲歩と抵抗の過程は、現実的な生き残り策でもあったのである。

2　分所と分事務所

一九〇六年四月に簡明章程附則六条が出された後、制約にひっかかり分会の申請が受理されなかった多くの郷鎮商会については、分所として活動するよう指示が出された(25)。たとえば蘇州府下崑山県では東郷商会が、呉江県では震沢商会が分所に甘んじざるをえなかった。商務総会と商務分会の総理には県知事と同等の公文書様式の使用が許され、中央の商部に意見を具申するルートが確保されたが、分所においてはその道は閉ざされていたし、公印も格下のものの使用しか許されなかった。

これに加え、一九一四年の商会法は一県一商会へと制限を強化し、多くの近隣鎮商会を合併して〇〇県商会へと改称させた。ところが、改組に着手しないまま傍観を決める商会もあり、各地の実状を無視したこの一県一商会への強制は、全国商会聯合会臨時大会における主要な反駁点の一つとなり、一九一五年の修正商会法は一県二商会（第四条）を認めて簡明章程附則六条のレベルにまで譲歩したうえ、商会側の主張を聞き入れて複数行政地域にまたがる跨地域鎮を加えた一県最高三商会までを認めることとなった。(26)

ところが、一九一四年商会法ですでに改組をすませていた商会の多くが、一九一五年法に準拠して再び県商会を解体して複数の鎮分会に分化しようとしたところ、北京政府はこのような風潮に対し、「前清の成案を尊重して、民国の法令をないがしろにする」などという逆行現象はもってのほか、と警鐘を鳴らし、商人のモラルに訴えざるをえない事態にさえ陥った。(27)政府と商会の間のこのような綱引きの結果、ほぼ一県一商会（例外的に二〜三商会）という農商部の意図に近いところで、商会の設置状況が落ちついていった。今日われわれの見る一九一八年の統計は改組を経たあとの商会数の統計であって、改組直前の江蘇などでは、清末の一県三商会を堅持するところも多く、一九一五年の史料では商会数一〇〇に達してさえいる。(28)それが改組後には七六となり、かなりの減少を見た。ここにおいて、清末の分所とは違った組織形態で再び相当量の分事務所が創出されたのである。

一九一〇年代に各省の県城や鎮に足を踏み入れた東亜同文会の報告の多くは、戸数一千内外、人口三千から五千程度の小さなまちで、数少ない目に付く立派な建物として、小学校や役所、廟、郵便局にならんで商会を挙げている。(29)たとえば、もとより分会としての商会の設置が見られなかった人口二千に満たない揚州府江都県瓜州鎮について、「市街は城壁なく運河に沿う一帯の街路より成り、南北十二町、東西一町内外にして市況寂寞を極む、建物は平屋多く二階建は稀に見る処なり、県分署、郵便局、厘金局、商会及び定武軍営処、小学校、汽船会社等を主なるものとす、［中略］商家の稍大なるものに雑穀商七軒、酒造業二軒及び雑貨商三軒あるのみ」と報告している(30)。また、松江府青浦県練塘鎮での商工業者への最近の聞き取り調査から、統計上分会としての商会の設置を見なかった練塘鎮にも、鎮居民の記憶のなかに確かに、城隍廟を公所とする商会が存在していたことが確認される(31)。その他、次に詳説する呉江県下の同里鎮や震沢鎮のように、史料で存在が確認できるものは枚挙にいとまがないほどである。つまり、商会のさらに低位層にある分所あるいは分事務所が、地域の鎮居民によって商会と認知された、実態をもつ商会の最末端であった。

分事務所の設置が確認される、県城ではないいくつかの鎮をみていくと、練塘鎮は一九一四年時で約一六〇〇戸（約六五〇〇人）、同里鎮は解放前二千戸、直隷省大名県龍王鎮は人口三千内外。ほぼスキナーのいうところの、「中間市場圏」の中心に位置する鎮（＝中間市場町の所在地）のレベルに相当し、注（29）で列挙した小県城と規模が匹敵する。そこでは、小集と大集の二種類の定期市が立ち、行商人や、歯医者・代書人などの巡回労務提供者が居住し、常設商店がある程度軒を連ね、地域エリートの日常の用が足せるようなサービスが存在していた(32)。そして、そこは商工業者に何らかの合議が必要とされるところであった。

分事務所の存立形態は地域によってさまざまであるが、一般的にいって県城から遠い鎮分所の商工業者は、日常業務につき、地の利を得ない不便を被ったし(33)、かりにときどきは県城に赴いたとしても自鎮の分事務所を日常の場としたであろう。全国各地津々浦々に遍在した商会組織の最末端として、統計には現れない鎮の商会分事務所が、日常商務の合議の場として日夜息づいていた事実を看過してはならない。商会という語を使用するときには、これ以後、各鎮に散在した県商会分事務所をまで範囲に含めることにする。

3　商民捕捉率の地域差

以上、商会が立地した点と点を結ぶ全国的なネットワークの概容と、商会には総会、分会、分（事務）所のランクが存在したことを指摘した。ここでは、ひとつに、商民がどのような意識のもとで商会に離合集散したかという行動様式の問題について、ひとつに、商会が鎮内に平面的に広がるさまざまな商民をどの程度捕捉していたかということに焦点を移してみたい。

檔案史料によって、鎮の分所や分事務所の様子まで比較的明らかにできる江蘇省呉江県についてみてゆくことにしよう。[34] 清朝期江蘇省蘇州府下の呉江・震沢の二県は、一九一二年に呉江県へと併合される。それに先立ち、商会先進地であった当地では、早くも一九〇六年には呉江震沢両県所属の平望鎮商務分会（光緒三二年四月認可）と呉江県所属の盛沢鎮商務分会（光緒三二年九月認可）が設立された。

米を中心とする物流の拠点であった平望鎮商会は、城隍廟を会所に一鎮単位で成立。[35] 一九一〇年の会員一四名の内訳は、米桟業三、米行業二、醤園業二、木業二、銀楼業二、銭業一、綢業一、南北貨業一。米の集散とその関連業種で約半数近くが占められている。[36] 跨地域鎮平望の商務分会は、いわば米に特化した、鎮内の商家のみが参加するタイプの商会であった。

家内製絹織物の集散地であった盛沢鎮では、従前から綢業と米業に公所（同業ギルド）が存在していた。盛沢鎮商務分会試辦章程は、両公所の日常業務は旧来通りこれらがあたり、特別な事態が生じたときには、張益源綢荘を事務所とする（一五条）商会が対応し（一〇条）、公所とは職務上の境界線を明確にした。設立当初の総理一、議董八、会員一六計二五名の内、糸業と綢業で一六名を占め、米行業は三名を占める。[37] 盛沢鎮商会は、その地の産業構造を如実に反映した、ギルドの枠を超えた一鎮単位の商会であったことがわかる。

両県下のその他の市鎮（県城一つと鎮一二ヵ所）を統括する目的で、この二鎮の商会が認可された直後に、県城に江震商務分会の設置（光緒三二年一〇月認可）が認められた。一九〇八年の入会商家五二八の内訳は表1－4の通りである。江震分会は各鎮に分事務所を設け、会員は年会費洋六元を四季に分けて分納し、うち二元を江震分会に納め、四元は鎮事務所に残した。鎮の商家に関わる日常の問題は分事務所が独自に処理し、全体に関わる特別な事情があるときや鎮と鎮との交渉が必要なときは、県城に集まって協議し、さらに重要な事項に関しては蘇州商務総会と協力していくこと（八条）が決められている[38]。

呉江県と県城を共有していた震沢県域は呉江と合併して呉江県となることが決まっていたので、跨地域鎮の実態をもつ江震（呉江・震沢）分会の設立申請は受理されたのである。以上が、民国初頭に各地商会の増設申請が出される際に「先例あり」として口実とされた、一県三商会という例外的なケースの創出過程である。四〇華里（一華里約〇・五キロメートル）にも満たないところに三つの商会が、分を守りながら一応網羅的に設立されたのである。網羅的とはいえ、二つが守備範囲の狭い一鎮商会であるのに対して、江震商会だけが、県全域にネットワークをもつ存立形態となった。

表 1－4　江震分会および所属事務所入会商号統計（1908 年）

在　城	28戸
周　荘	37戸
梅　堰	30戸
蘆　墟	20戸
平　望	8戸
同　里	94戸
横　扇	30戸
北　厙	18戸
震　沢	111戸
東　山	7戸
南　麻	25戸
莘　塔	10戸
黎　里	77戸
北　坼	26戸
練　塘	17戸
合　計	528《マ》戸《マ》

資料　前掲『蘇州商会檔案叢編（第1輯）』110-111 頁.

ところが、このように他県の商会と比較して相当濃密度の商会設置パターンであったにもかかわらず、江震分会下の震沢鎮事務所は独自に分会を願い出るという挙にでた。もとの震沢県域の住民の間に不満が鬱積していた様子が如実に見て取れる。県下でも指折りの米と生糸の集散地であった震沢鎮の分離独立過程に入る前に、もう一度江震商会の職員構成を振り返ってみよう。設立時の議董、会員等四七名中、呉江県人が三四名を占め、震沢県人は八名にすぎなかった[39]。「江震分会は専ら呉江一県の為に設けられたもので、震沢県の分会はいまだ欠如したままである」を大義名分に、一九〇八年春、震沢分事務所は江震分会から独立を宣言し、分会への格上げを願い出た。震沢鎮には一二〇の商家があって、生糸関連商品を商うものが五〇軒を越える。上海販路の外国向け生糸は一千万、蘇州販路の国内向け生糸は五〇〇～六〇〇万の取引高をもつゆえ、われわれは直接上級官庁とチャネルをもつだけの理由がある。盛沢の絹織物、平望の米に比べてわが鎮のほうが、数段交易活動が盛んである。これが彼らの主張であった[40]。しかし、この震沢鎮の分会への昇格の申請は、一県四会となるゆえもあって、却下されるに終わった。震沢鎮は、黎里鎮、同里鎮とならんで、県内有数の商業集積地であった。県城に立地する江震商務分会の主導権が、商業活動実績には乏しいが伝統的な官僚機構の牙城であった県城の一握りの人々に握られていたことに対して、大きな不満が存在していたことが、一連の分離運動の一因であった[41]。

さて、このような背景をもつ震沢鎮では、自称一二〇商家のうち、江震商務分会設立時には一一〇の、震沢分会分離運動時には一〇六の商家が商会に会員として参加していた。九〇%を越える組織率である。会費は前述の通り年六元。格付けと秩序を買うにはさほど高い額ともいえまい。中小を問わず、店舗を構えて営業する、商人通例にいう商人のほとんどが商会に参加していたといえそうである。

必ずしも決まった会費を決めずに「毎年酌量輸助〔事情に応じて適度な支援金の徴収〕」を課せられたり、章程に「不願捐者聴」と定めて、議決権はないが入会資格を得る道を残したりと、形態はさまざまではあるが、小さな県城や鎮の商会については、入会が容易である場合が多く、会員非会員の境界がかなり緩やかに設定されていた。いいかえると、一般の商人にとって地域の商会は決して特別敷居の高い存在ではなかったのである。

同じく商会という名を冠していたとはいえ、大都市の総商会と人口二千ほどの鎮商会（分事務所）とではおのずと機能も違ってこよう。たとえば天津では、一九一八年現在の総商会会員数は一五九二人。納入する会費（四～三六元）に基づいて、会員資格は六等級に分けられ、商会の歳入の九割近くを会費が占めていた。一九二五年時点の会長の発言によれば、天津の全商家数約三万余り（総人口の二～三％に相当）のうち、商会に入会しているものは二〇％に満たなかったという(42)。

上海総商会にいたっては、当初は一人につき会費三〇〇両で、三人を限度として各同郷同業公所（ギルド）から推挙でき、三〇〇両に満たないものは「会友」資格しか得られず、被選挙権はなかった。一九一二年の改革でギルド会費は一人につき一〇〇両（計一〇人を限度）に下げられ、零細商家の主人や経理人（マネージャー）も個人会員として入会でき、三〇両（会友）、五〇両、一〇〇両の三等級の会員に分けられた。それによって、この年の上海総商会の会員数は、ギルド会員一〇〇、個人会員八九、会友一四、特別会友一五人となり、清末商務総会時の会員総数の五倍になったという(43)。同じ年の天津商会の会員数一三二〇人の二〇％にも満たないレベルである。一九二〇年代初期の改革を経て会員資格は再緩和されたが、それでも、一九二六年段階の上海総商会会員数は五四〇人余り(44)。軍費確保の目的で商会加入運動を実施する前の天津総商会と比較しても、その三割ほどの会員数に止まっている。都市人口の総数は上海が天津を上回っていたことを考えると、上海総商会の「高等華人」ぶりは突出していたのかもしれない。

次に、蘇州総商会では、一九一八年時点で人口総数約二～三倍(45)の天津と、ほぼ同規模の会員数一五三〇人を擁し、歳入は天津の四四％。一会員あたりの負担会費が単純計算でほぼ半分弱。歳入はともかくとして、商会による商家捕捉率は、上海とは比較すべくもなく、天津よりも数段優れていたといえる。

以上でみてきた通り、上海、天津、蘇州の総商会から、呉江県江震商会、震沢分所へと大都市から農村部へと踏みゆくにつれ、商会の果たす商界での役割の差が歴然となろう。清末の江震商会と上海総商会の会費は六元と三〇〇両で、八〇倍ほどの開きがある。商会によっても違うが、一般的に大都市では商会は少数の有力企業や同業組織（ギルド）のための貴族的な組織になりやすく、それに参加できない大量の中小商人層が存在していたが、地方の県や鎮にいたっては、商会は地域の商人にとって、仲間入りのしやすい相当身近な公の場であったといえそうである。

第三節　商会の性質

1　公印の権威と公文書の形式

商会はまちの住民にとってどのような存在であったのだろうか。官の権威に即して、商会のもつ意味について考えてゆきたい。商会設立当時の中国社会において、商会が法律上の存在根拠を与えられたことは画期的なことがらであったに違いないが、地域住民にこの事実が視角的に認識されるのは、各種の公印によってであった。

清末、商務総会総理には、商部から図1－4のような「関防」という長方形で金属の縁取りのある木製の政府公印が直接頒布された。「関防」とは、各省庁の長官である部長（＝大臣）が使う最高レベルの公印である。一方、商務分会には分会用の公印としての「図記」の仕様サンプルが配られただけで、これを参考に各分会が自商会の名を篆刻し、「図記」として使用に供した。分会に隷属する分所にいたっては、上位の総会や分会から、それぞれが考案した公印「戳記」の図案が配布され、分所がそれに倣って刻印して使用し、形式も大小もまったく各地各様バラバラであった(46)。公印ひとつをとっても、商会のランクによってこれだけの権威と信用度の差が存在したわけである。最高ランクの政府公印としての「関防」は、まさに政府の威厳に裏打ちされた魔力を持っていたのである。

ところが、一九一四年の商会法施行細則第六条では、各商会は内務部所定の公印仕様に従うこととし、一律縦・横長さ営造尺一寸五分、周辺幅一分の印を使い、「某某商会」と刻印し、「印」の字や「関防」という文字を入れてはいけないと定められた(47)。この措置にたいする各地商会の反発はすさまじい調子のものであった。漢口総商会が全国商会聯合会上海総事務所に宛てた手紙にその激昂ぶりが表れている。清朝以来の商会組織は「秩序整然」としていたのに、こんなことではとんでもない。関防の廃止と公印の統一様式にいたっては、「簡単で粗略なこと甚だしく」、「体面まるつぶれ」だし、「こんな会ならないほうがましである」といわんばかりの有り様であった(48)。各地の商会からも同様の意見が出され、一九一六年二月に公布された新商会法施行細則一八条では、古い「関防」・「図記」と引き替えに、総商会と全国商会聯合会には「関防」、商会には「鈐記」を農商部が一律に頒布することに落ちついた(49)。

図 1－4　小呂宋中華総商会関防

商会は各行政部局とやりとりする公文書の形式についても自らの位置づけに執拗にこだわった。商会と県知事との文書交換は上級官庁との形式と同様「呈（商会→知事）」・「令（知事→商会）」を使用しなければならない、と定めた袁世凱による大総統令は商会の強硬な反対に遭い、清末と同様、対等形式の「公函」の使用へと譲歩させられた。この「行文程式（公文書の交換形式」」の争いも、上述の公印をめぐるやりとりと同様、新たな商務行政の確立を目指した中華民国新政府の商会統治策が、清末に確立された商会の強い自負心によって改変を迫られた一例であろう。

権威に依拠した住民による商会認知のパターンは、公印や行文程式の件に限らない。商会に正式登録した商号は登録番号と会員証明書を受け取ったし、遠方に商談にいく商家には申請に基づき、身分を証明する「商会護照（通行証・身分証）」を商会が一定の決まりに基づいて発行した。(50) 戦乱が相次ぐ時代にはこの通行証が大きな役割を果たしたのである。

商務行政を「補助」する役割を国家から「委託」されつつも、民間による「義務（ボランティア）団体」を自認した商会(51)は、権威という衣をまとい、相応の格付けにこだわることで体面を保ち、中央―省（商会聯合会）―県（商会）という上からの強権的支配を嫌いながらも、自らの組織内では厳然としたヒエラルキー秩序を求めた。

商工業者層の自己統合の過程で、一定の秩序と会員・非会員の峻別を求める傾向は、ひとり中国に限ったことではなく、日本や欧米諸国の商工会議所に代表される社会団体においてもみられる、ある意味で普遍的なことである。ではあるが、専制時代の朝廷が使用してきた「関防」そのものにこだわった中国の商工業者層の所作に、中国社会の特殊性をみるように思う。科挙制度の廃止に象徴されるように、社会を支えてきたシステムの瓦解と新しいしくみの創成が同時進行しつつあったこの時期、人々の意識構造もダイナミックな自己変革を余儀なくされたであろう。商工業者の「格付け」や「秩序」への志向は、後ろ向きの専制支配の名残とみるのではなく、意識変革を伴った「自己統合」と自律に向けての、前向きの、伝統の総結集とみるのが妥当ではなかろうか。一方で国家の強権的支配に抵抗し、一方で伝統的支配の方法に依拠して自律を試みた商会の行動様式は、中国社会の変革過程における民による自己確立の一局面であったといえよう。

2　中国商会の特質——日本との比較

朱英は、当時の外国の商会関連記事を分析するという手法で、その機構、組織および政府との関係等について中国の商会と外国の商業会議所との比較を行った(52)。商会設立期の中国はすでに半植民地化されていたという特殊な歴史的背景を持ち、官民双方に、この民族の危機を乗り切るためには富国興商、利権の挽回、そして帝国主義諸国による経済的侵略への防衛、という共通の社会的要請が存在し、それが商会設立の目的の一つであったと指摘する。しかも、中国商人の力は西欧諸国に比してはるかに「弱小」であったので、やむなく官側の「支援」を得て商会を発足させたが、成立後も西欧諸国のようには国家政策に影響を及ぼすほどの発言力を有することはなく、西欧の商会が商工業者自身の利益の保護と商業発展のために自発的に成立していったのに対し、中国の商会は政府の支持を相当にとりつけたうえで発足したものとする。同時に朱英は全国の津々浦々まで商会が存在した点をも指摘し、それが他国と比べた際の中国商会の特徴である、としている。

果たして中国の商会は商工業者が結集する組織として強力な力を持っていたのか否か。この問いに対して、諸外国の商業会議所との比較を綿密に行うことによってある程度の答えが出せるであろう。そして、朱英も指摘するように、広範囲にわたる商会の存在という事実は何によってもたらされたのか。商工業者が弱小であったがゆえに政府の支援を必要としたという解釈では充分には説明ができないのではないか。

ここでは、中国の商会が設立の際に手本とし、中国の特殊性に類似した歴史的背景をもつ、日本の商業会議所の設立背景やその機構、およびそれが準拠した商業会議所法とを比較検討することによって、中国商会の特徴を考えてみたい。

商業会議所の歴史は一五九九年のフランスのマルセイユに始まるといわれている。当地の商人が共通の利益を擁護するために任意の私設団体として発足させた。この形式の商業会議所はのちに植民地時代のニューヨーク、続いてグラスゴーを始めとするイギリス本国各地に波及した。一方、フランス本国では、商工業者のための法的代表機関でありかつ政府の諮問機関、商工業を奨励振興するための施設機関、としてさまざまな任務を合わせ持つ官製官営の商業会議所が定着し、これが欧州大陸に広まった。要するに商業会議所は、会員制で加入任意の私法団体である英米系と、議員制で公法団体である大陸系の二類型に分類される。

一八七八（明治一一）年の東京（同年大阪と神戸にも発足）商法会議所に始まる日本の会議所ははじめ、ごく少数の有力者からなる英米系統の任意団体として発足した。一二年後、一八九〇年の商業会議所条例の発布で法人格が付与（一六条）され、地域経済団体（一三条）として再定義されると同時に、翌一八九一年に商業会議所と改名し、任意加入任意脱退の私法的民間団体から大陸系統の法人団体へと変貌した。

この間の事情は単純ではない。明治維新後の行政機構と法の整備が進むなか、一八八一年には農商務省が設立され、政府は既存の商法会議所の存在を無視する形で、府県には「農商工諮問会」を、各地区町村には官立の諮問機関である「農商工議会」を設置しようとした。民間団体である商法会議所と役所としての商工議会が並存したことにより、商工業者と政府との間で各種紛糾事件が繰り返されたすえ、政府は農商工議会を廃止し、商法会議所は「商工会」へと改編することで両者の衝突は決着した。これによって新たに多くの地区で商工会が誕生した。これら商工会を母体として、商業会議所が政府の諮問機関としての任務を引き受けるとともに法的根拠とさらなる自治の権限とを与えられて、歴史に登場したのである(53)。

一方、中国では、日清戦争後に設置された清朝政府の商務行政機関である商務局が大した役割を果たすことなく消滅し、商会簡明章程の発布によって、集成ギルドの面貌をもった各地の民間商人団体の連合体が商務総（分）会へと再編されるか、あるいは新たに商務総（分）会が成立していった。ついで、商会法の公布によってそれらの法人格が明確にされて商会と呼ばれるようになった。中国商会の成立の経緯はまさに日本の歩んだ道と酷似している。

開国直後の日本は、朝野を問わず治外法権の撤廃と関税自主権の確立による自主独立国家の立国を国是としていた。東京商工会議所の初代会頭渋沢栄一は、イギリスとの条約改正に当たり、商界世論の醸成の必要性を痛感した大隈重信から、日本における商業会議所設立についての相談があったと後年回想している。さらに渋沢は、士農工商という江戸時代以来の差別的身分観や、日本人が伝統的にもつ、実業に対する蔑視の気風を改変させたいとの思いから、大隈の提案を実業家の地位向上の好機と捉えたといわれている[54]。

日本の商業会議所設立の背景には、このような国際的国内的な諸条件が存在していた。直接の目的が条約改正に備えた世論聴取にあって、盛宣懐が当地の紳商に設立を働きかけたといわれる上海商業会議公所誕生のいきさつと、ほとんど軌を一にしている。列強の侵略に対する防衛と実業振興という全社会的要求、加えて国内商工業界結束の必要という条件は、ひとり中国の特殊性ではなく、日中に共通した背景であった。さらに日本の会議所は、中世封建体制下のギルドマーチャントの崩壊によって自由主義体制下に誕生した西欧の商業会議所と同様、同業組合（ギルド）である「座」や「株仲間（江戸時代の官許の同業組合）」の流れを汲む。一方で、たとえば江戸町会所から東京営繕会議所、東京会議所、そして東京商法会議所へと発展的に改組されてきたように、都市の自治的機関としての「傍系的」流れをも汲んでいる[55]。この点も中国商会の源流と相通じるところである。

試みに中国の商会法と日本の商業会議所法とを比較してみる[56]。清末の商会簡明章程は商務総分会の設置を促進するという意味合いが強く、体裁が整ったものではないが、一九一五年の商会法に至ってはほぼ日本の一八九〇年（九五年一部改正）の商業会議所条例と、それに基づく一九〇二年の商業会議所法に則ったものであるといえる。構成については、たとえば日本の一八九〇年条例第九条では一五から五〇の会員数を規定し、一七条では会員定数五分の一以内の特別会員をおくことができる、とする。これに対し、商会簡明章程第五条では総商会は二〇から五〇（一九一五年法第八条では三〇から六〇に変更）の会董数を規定し、一九〇四年の商会簡明章程には記載がないが、一九一五年法では日本の条例と同様に、会董数五分の一以内の特別会董の設置を規定する。さらに、日中の商会は同じく官庁の諮問機関としての職務が求められる一方で、商事紛争の仲裁等の自治的な事務権限（商業会議所条例第四条、商会法第一六条）をも保持し、ともに商会法によって権威ある組織となったわけである。

日本の条例は作製にあたって主にフランスとベルギーの長所を採用したといわれるが、ほぼそれに等しい枠組みをもった中国の商会法と、それによって法人化された中国の商会は、日本と同様、欧州大陸の法人組織系統に属する。ただし、中国の商会は、大陸系統に属するとはいえ、一施設機関としての官製組織とは一線を画する民間組織である。日本では私設団体であった初期の商法会議所でさえ、年間一千円にのぼる政府補助金を得ていた(57)。中国の商会のほとんどが国庫の補助を受けなかった点を顧みれば、中国商会がより純粋な意味における「商弁」、すなわち民間の法人組織であったといえる。

国情の異なる両国の商会法には当然ながら相違点が多々存在するが、とくに以下のいくつかの点が留意されるべきであろう。ひとつは、日本の商業会議所法では規定がないが、中国の商会法では「総商会」と「商会」（商会簡明章程では商務総会、商務分会、商務分所との区別あり）の区別を設けた点である。しかも、この商会間の等級とは、前述したように、商工業者自らが要求したものであって、区別を排除して一律に「商会」としようとした政府側の意向が、彼らの抵抗に遇って潰されたいきさつがある。

第二に、中国では全国レベルの連合組織が速やかにできあがった点が挙げられる。法人格をもつ商会に限って比較しても、中国商会の設立は日本に比べて十数年のおくれをとっているにもかかわらず、中国では一九一二年、中華民国建国の年の一一月に中華全国商会聯合会の設立が動議され、年末の政府の批准によって正式に発足している。しかも、その動きは一九〇七年の華商聯合会の発起と一九〇九年『華商聯合報』の刊行にさかのぼることができる。一方、一八七八年にはすでに局地的に活動を開始していた日本各地の商業会議所が全国的な連合組織を実質的に発足させるのは、国際商業会議所に加入した翌一九二二年の、常任機構および事務局の設置においてであったし、全国組織としての日本商工会議所を法定化するのも一九二八年の商工会議所法を待たねばならなかった。

両国の商会法の比較によってクローズアップされた二つの相違点に加え、第一節で指摘した通り、海外の中華総商会とのネットワークを求心的に集約するしくみもまた、中国商会制度の特質を説明する第三の重要な特徴として挙げておくべきであろう。

むすび

商会という組織は、上からの促進策によってであれ、外来の装いをもって導入されたものであれ、中国のまちというまちの商工業者によって商工業活動の発展と広域化に不可欠なシステムとして認知され、彼らの参画と尽力によって急速に普及をみた。この事実は、中国人の伝統的な意識が、環境の変化に伴ってどのように新しいシステムを受容し、どのようにそれらを自らの意識変革の手段へと転化させていったのかについて、われわれに示唆に富む事例を提供している。

経済的実力を増大させたいとの願望を胸に、縦横の連帯と、情報収集の必要性とを痛感した、中国国内の小さな鎮から海外諸都市に至る華人商工業者は、「官への依拠」という地域に息づく住民の社会通念に乗っかり、整然とした秩序を維持しつつ、商会という外来のシステムを我風に取り入れて自らを統合強化し、法治能力のきわめて脆弱であった北京政府のもとにあってもなお、最大限にその法制度のなかに身を委ね、自らの結束と発言力の増大を希求しようとした。

商会簡明章程の発布から、商会法の修正とその施行によって表出した中国商会は、（一）伝統的な師兄関係が貫徹した、総商会を頂点とする中国社会独特のヒエラルキーを存続させつつ「自己統合」[58]の論理を優先し、同時にその結束力によって上からの「統治」に対抗し、（二）全国商会聯合会を常設機関化させるとともに、そのしくみを通じ、（三）海外僑埠（華僑在住地）とのネットワーク機能を充実させた。これら三点をもって組織面での重要な特徴として指摘できよう。とりわけ後二者は、歴代の王朝が嫌った民による横のつながりを、瞬時にして海外華商にまで範囲を広げて現実のものとする勢いを伴うものであった。

注

（1）　地域別の分析は本書第二部「商会と華人社会」で行う。第五章長江下流域の、第六章では華南の商会について論じている。

（2）　『中華全国商会聯合会会報』第二年第一〇期、一九一五年九月、「本報特別啓事」に挙げた各省の会報費未納既納商会リストでは、四川一一八、広東八二、湖北六〇の商会名が列挙されている。

（3）　「全国商会公布各省商会応攤本年北京大会経費数目清単（一九一六年一〇月一九日）」天津市檔案館・天津社会科学院歴史研究所・天津市工商業聯合会編『天津商会檔案彙編一九一二－一九二八（一）』（天津人民出版社、一九九二年）五五三頁。

（4）　G・W・スキナーは地勢学的見地から相対的に独自性をもつ市場圏として九つのマクロリージョンを措定したが、東南沿岸部と西北部、雲貴を除き主要部分がほぼここで指摘した主要商会圏と重なる。スキナー理論の概略については、『くらしがわかるアジア読本――中国』（河出書房新社、一九九五年）三六～三七頁、『アジアの歴史と文化』（同朋舎、一九九五年）八八～八九頁を参照した。

（5）この点については拙稿「中華民国初期における全国商会連合会について」（『富山国際大学紀要』第一巻、一九九二年）で論じた。発足とともに工商会議で合意された「中華全国商会聯合会章程」第一九条は、「本会」（＝本部）は北京に、「総事務所」は上海に設け、そして各省各僑埠にもそれぞれに「事務所」を設けるとした。聯合会が圧倒的な勢力をもつ南部（上海、漢口）主導となるのを不服とした北五省と東三省の代表たちが事前に茶話会を開いて意見の一致をとりつけ、協同して政府の所在地である北京に本部を持って来ようと画策した結果の妥協案であった。こうして、商会の全国組織は本部―北京、総事務所―上海という線で発足することに落ち着いたのである。

（6）「外洋各埠中華商会累年比較表」と「外洋各埠中華商会詳表」『中国年鑑（第一回）』（一九二四年）一五七一～一五七四頁。

（7）波形昭一編著『近代アジアの日本人経済団体』（同文舘出版、一九九七年）第二章に詳しい。

（8）横浜のケースがこれに相当する。伊藤泉美「横浜における中国人商業会議所の設立をめぐって」（『横浜と上海――近代都市形成史比較研究』一九九五年三月）による。

（9）神戸の場合は領事によって勧められた。一九〇四年張振勳、一九〇七年楊士琦の考察外埠商務大臣としての派遣は、南洋各地に商会を設置することが目的の一つであったとされる（荘国土『中国封建政府的華僑政策』厦門大学出版、一九八九年、二九四～三〇四頁）。張振勳については篠崎香織「シンガポール華人商業会議所の設立（一九〇六年）とその背景」（『アジア研究』第五〇巻第四号、二〇〇四年）に詳しい。張振勳は周知の通り広東省大埔生まれの客家。蘭領バタビア、ついでスマトラ、ペナンで成功して富商となり、帰郷してインフラなどに投資して重用された。八九三年にはペナン副領事を、一八九四年にはシンガポール総領事を務めた。

（10）徐鼎新・銭小明前掲『上海総商会史（一九〇二‐一九二九）』（上海社会科学院出版社、一九九一年）九四～一〇〇頁、「中国民族資産階級完全形成和覚悟的標志――論一九〇七年的各省商会大会」（『史学月刊』一九九二年第五期）。

（11）前掲拙稿「中華民国初期における全国商会連合会について」で詳しく論じた。

（12）「商会法施行細則（一九一六年二月一日公布）」前掲『中国年鑑（第一回）』一五七八～一五七九頁。

（13）「天津商会聯合会開会十六誌」『申報』一九一八年五月一五日。

（14）「中華全国商会聯合会選挙規則」前掲『天津商会檔案彙編一九一二‐一九二八（一）』五八〇～五八一頁、「天津商会聯合会開会十八誌」『申報』一九一八年五月一八日。その他、特別区については京兆一〇、熱河五、察哈爾五、帰綏五、川辺二と定められ、第四条でモンゴル一〇、チベット五、青海五と定められた。

(15)「第五次商聯大会開幕紀」、「商聯会之招待会與予備会」『申報』一九二五年四月二五日、三〇日。
(16)「商会簡明章程」の全文は天津市檔案館・天津社会科学院歴史研究所・天津市工商業聯合会編『天津商会檔案彙編一九〇三―一九一一（上）』（天津人民出版社、一九八九年）二一～二八頁。
(17)「商部為明定分会章程札蘇商総会（一九〇六年四月二日）」、「附：商会章程附則六条」華中師範大学歴史研究所・蘇州市檔案館合編『蘇州商会檔案叢編（第一輯）』（華中師範大学出版社、一九九一年）七一～七二頁。
(18)前掲『天津商会檔案彙編一九〇三―一九一一（上）』二四二～二四五頁。
(19)「天津県転発工商部旧設商会速報総協理更迭日時並新設商会一律暫緩令」前掲『天津商会檔案彙編一九一二―一九二八（一）』二〇～二一頁。
(20)「漢口商務総会致上海総商会公函（一九一五年一月一六日）」『全国商会聯合会会報』第二年第八期、一九一五年七月、〈商会文牘〉三九頁。
(21)「修正商会法案理由書」前掲『天津商会檔案彙編一九一二―一九二八（一）』六九六～六九七頁。
(22)「直隷巡按使転発農商部関於滬津等地商会請求暫緩改組文並政事堂批」同右、二一四～二一七頁。
(23)この点については拙稿「一九一五年商会法の成立について――近代中国ブルジョアジー評価への一視角」（『富山国際大学紀要』第三巻、一九九三年）で論じた。政府が示した一九一四年商会法と商会の抵抗によって修正された一九一五年商会法の違いを比較対照し、上から下への統治に対抗して商会が自己統合の力によって政府案を変更させ、政府から譲歩を勝ち得た側面を見た。
(24)「商部為蘇省各分会隷属関係札蘇商総会（一九〇六年三月一二日）」前掲『蘇州商会檔案叢編（第一輯）』七〇頁。
(25)「商部為設商務分所札蘇商総会（一九〇六年一一月一五日）」同右、七二～七三頁、前掲『天津商会檔案彙編一九〇三―一九一一（上）』五八～六一頁。
(26)前掲「商会法（一九一五年一二月一四日公布）」『中国年鑑（第一回）』。
(27)「前清旧設之商会業経改併者未便一律准其復設咨行酌奪文」『中華全国商会聯合会会報』第四年第一期、一九一七年一月、〈法令〉一四～一五頁。
(28)「本報特別啓事」『中華全国商会聯合会会報』第二年第一〇期（一九一五年九月）は、発刊以来の会報費滞納状況を、省毎に「計開欠費各商会」と「計開已収下欠各商会」にわけて記載。参加商会を網羅し、参考になる。
(29)前掲『中国省別全誌』。たとえば江蘇省（第一五巻）海州（東海県城、戸数二〇〇〇内外）一八三頁、直隷省（第一八巻）高陽県城（戸数一〇〇〇）、豊寧県城（戸数八〇〇余）、大名県龍王鎮（戸数六〇〇、人口三〇〇〇内外）一七九、一九七、三〇六頁。

（30）前掲『中国省別全誌（第一五巻江蘇省）』一九九頁。戸数約二〇〇。人口一五〇〇内外。
（31）濱島敦俊、片山剛、高橋正『華中・南デルタ農村実地調査報告書』（大阪大学文学部紀要第三四巻、一九九四年）一一〇頁。
（32）G・W・スキナー『中国農村の市場・社会構造』（法律文化社、一九七九年）一三、三七〜四〇頁。
（33）たとえば長江河口の崇明県では、島内の内崇商会が県商会正事務所となり、対岸の外沙商会は取り消されて分事務所となった。歴史が古いのに分所に格下げになった外沙商会は「新商会会長因公私事繁兼相隔太遠照顧不及」と上海総事務所に、県商会に対する不満を吐露している（「崇明外沙商会分事務所来函」『中華全国商会聯合会会報』第三年第二期）。
（34）呉江県については民国期から八〇年代にいたる、費孝通による一連の社会学的調査の蓄積がある（『江南農村の工業化』研文出版、一九八八年、『中国農村の細密画』同、一九八五年）。小論では県下諸鎮の描写につき、その成果に負うところが大きい。また、小島淑男「辛亥革命期蘇州府呉江県の農村絹手工業」（小島淑男編『近代中国の経済と社会』汲古書院、一九九三年）は商会への言及を含め、この地域のある側面をわれわれに実証的に示してくれている。
（35）「平望商務分会試辦章程」は、「本会暫借平望鎮城隍廟為会所、俟経費有余、再議建築遷駐（一一条）」とある。前掲『蘇州商会檔案叢編（第一輯）』九〇〜九一頁。
（36）「己酉年会員履歴清冊」同右、九四〜九五頁。
（37）「呉江県盛沢鎮商務分会試辦章程抄稿」同右、一二〇〜一二一頁。鎮の東大通圩同仁堂を会所としていた。盛沢鎮の商家は入ってないが、平望は入会商家八とある。これについてはのちに平望分会から抗議がでて、実質一一鎮の管轄となる。
（38）「江震商務分会試辦章程」同右、一〇二〜一〇三頁。
（39）「光緒三二年職員清冊」同右、一一〇〜一一二頁。
（40）「湯之盤等為籌改分所為分会事稟蘇商総会」同右、一一五〜一一六頁。
（41）「江震衆商控告龐元潤稟」同右、一〇八〜一〇九頁。平望、盛沢は「安分守己、与人無害」だが、江震分会の総理は商会が選出したのでなく、当時の江震教育会会長金らが親戚筋にあたる龐元潤を推したのであって、二年で三万元余りもの収入を得ているにもかかわらず商界に役立つことをしていない、との不満が出されている。
（42）会費については、「天津総商会章程及辦事細則」（前掲『天津商会檔案彙編一九一二 - 一九二八（一）』四三〜五二頁）。一九二五年一二月、当局の軍務維持を支援するため、商会は督弁と協力して未入会商家を商会に入会させ、一〇万元の軍費をまかなおうとした。そのときの会長の発言はこの通りである（同七四頁）。しかし、別の史料からみると、会員数は一九一八年で一五九二人（納入会費七四業種一万一二九九元、歳入一万二七五二・七八元）、一九二一年で一三六二人

（歳入一万五五四二・六八元）（同八三、一一四頁）。
(43) 前掲徐鼎新・銭小明『上海総商会史』、一八四～一八五頁。
(44) 瞿秋白「上海買辦階級的威権與商民」（『嚮導』一六二期、一九二六年）。
(45) 前掲『中国省別全誌』によると天津は七二万足らず（第一八巻直隷省、四〇～四八頁）、蘇州は一七万（第一五巻江蘇省、一〇四頁）。ただし、『中国省別全誌』の人口推定はあてにならないことも多い。王樹槐『中国現代化的区域研究――江蘇省（一八六〇－一九一六）』（中央研究院近代史研究所専刊（四八）、一九八四年）は、蘇州市の人口について一九〇九年で二五万六千、一九三三年で三九万人という数字を出している（四八七、四八九頁）。
(46) 「蘇省農工商務局為分所関防図記刊発辦法照会蘇商総会（一九一〇年一一月）」前掲『蘇州商会檔案叢編（第一輯）』七四頁。
(47) 「大総統公布商会法施行細則令（一九一四年一一月二七日）」中国第二歴史檔案館編『中華民国史檔案資料彙編（第三輯農商二）』（江蘇古籍出版社、一九九一年）八一〇～八一二頁。
(48) 「漢口商務総会致上海総商会公函（一九一五年一月一六日）」『中華全国商会聯合会会報』第二年第八期、一九一五年七月、〈商会文牘〉三九頁。
(49) 「商会法施行細則（一九一六年二月一日公布）」『中国年鑑（第一回）』一五七八～一五七九頁。
(50) 総事務所為商会入会之商人請由商会発給護照以便保衛案通告各省各埠商会公函」『中華全国商会聯合会会報』第二年第五期、一九一五年二月、〈商会文牘〉三二頁。
(51) 「中華全国商会聯合会第一次代表大会（下）」『歴史檔案』一九八三年第一期（総九号）、四九頁。
(52) 朱英『辛亥革命時期新式商人社団的研究』（中国人民大学出版社、一九九一年）九八～一一三頁。
(53) 東京商工会議所『東京商工会議所百年史』（東京商工会議所、一九七九年）四九～五〇頁。東京商業会議所は、商工会であった一時期、意見活動や諮問調査の要求に応えるのにまったく忙殺される組織となったが、法人格の付与によって自治の権限が強化されたという。この東京商業会議所は一九二八年の商工会議所法によって東京商工会議所に移行し、長期間にわたって民間法人団体として存続する。第二次大戦期には一九四二年商工経済会法に基づいて人事任命の自治権すら消失し、会頭独裁制の政府の監督が徹底した東京商工経済会となったが、終戦後再び社団法人商工会議所へと変身し、一九五四年の新法に基づいてさらに特殊法人商工会議所に改組されて現在に至る。
(54) 日本商工会議所『商工業一〇〇』（日本商工会議所、一九七八年）一一～二三頁。
(55) 前掲『東京商工会議所百年史』九～二五頁。
(56) 日本の商業会議所関係については前掲『東京商工会議所百年史』を参考にし、商会簡明章程二六条については前掲『天津商会檔案彙編一九〇三－一九一一（上）』二一～二八頁、一九一五年商会法については『中国年鑑（第一回）』一五七五～一五八一頁に拠った。

(57) 前掲『東京商工会議所百年史』三八、五〇頁。東京商法会議所は内務省勧商局長への申請に基づき補助金年額一〇〇〇円を下付された。新家屋の建設費（三二七五円）の貸与については拒否されたが、のち東京府によって許可されている。

(58) 前掲拙稿「民国初期における商会の改組と商民統合」で商会の「自己統合」の側面を論じた。統治を上から下への商民統合といいかえると、全国商会聯合会への各地商会の自己結集とそれ自体が社会団体として修正商会法で正式に法人として認められたことは、彼らの発言力の増大と維持にとって大きな意味をもったと考える。

第二章　中華総商会ネットワークの起点とその展開

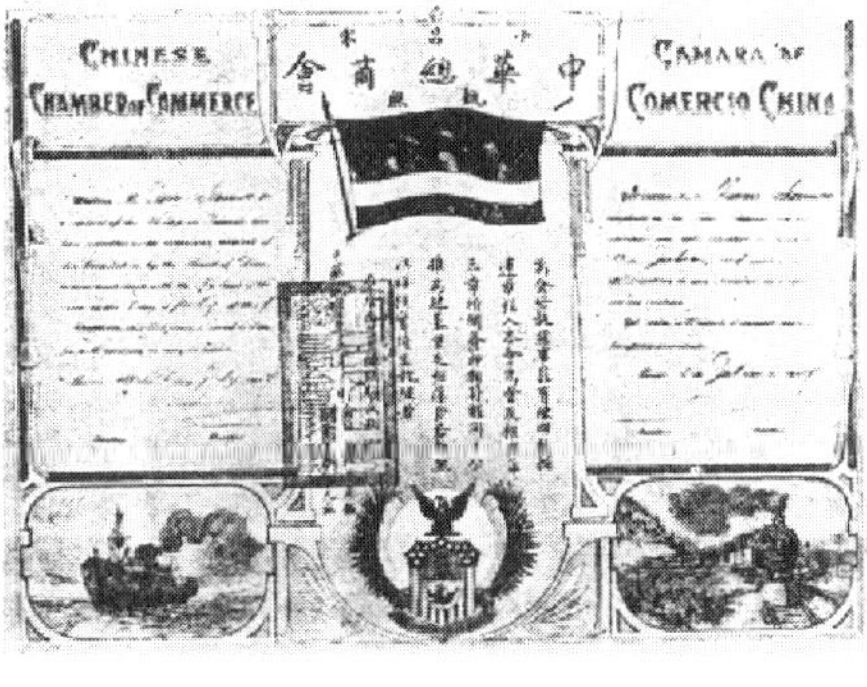

小呂宋中華総商会会員証（中華民国初頭）
『菲律賓岷里拉中華商会三十周年紀念刊』（1936 年）

はじめに

辛亥革命前夜清末光緒帝時期の新政は、新興商工業者の発展を支援するさまざまな条件を整備した。一九〇三年の「商部」成立につぐ「商会簡明章程」の公布は、各地の商工業者が従来の同業公所や同郷会館という同業同郷利益優先型旧組織の枠を突き破り、互いに連携して「商会」を組織し、共通の利益のために一致団結することの利点を意識させる契機となった。おりしも、長年立身出世の唯一のチャネルであった科挙による官僚選抜制度が一九〇五年には完全に廃止され、朝野を問わず社会変動の大きな波が押しよせていた。人々は中央官僚あるいは地方役人となって昇進すること以外で、社会的尊敬を受けうる第二、第三の新たな道を模索せざるをえなくなった。このような背景のもと、商会に参加し、そこで指導的な地位を確保することもまた、社会的上昇の新たなルートとして認知されるようになる。やがて、商会は各地の県城や商業都市に次々と成立してゆき、一九〇六年には政府はやむをえず「附則六条」を公布して商会の無節制な乱立に歯止めをかけざるをえなくなったことは第一章で説明した通りである。その理由はこの社会変動と大きく関係している。(1)

一九世紀半ば以降の比較的早い時期に発展した上海や天津、広州などの国際的な大都市では、そこに住む華商の多くが省内の他地域あるいは国内各地からやってきた外来者である。これらの都市は往々にして大小さまざまな移民社会の寄せ集めとして成り立っている。しかも、租界を伴うこれらの都市では中国人と外国人との「華洋雑居」が常態であったため、ここに住む知識人や意識の高い商工業者たちは、体制の変革なくして国家の存亡は危ういも同然ということを察知し、このような状況に対していち早く危機意識を持つとともに、民族意識が徐々に醸成されていった。さらに、外国に居留し、制度と社会の不平等の只中にあった海外華商の民族意識の高揚は時としていっそう激烈なものとならざるをえなかった。商会簡明章程は海外に住む華商をも明確にその適用対象としたので、商会長の資格と権限を通じ、海外華商は国内の華商と同等の地位と意見反映の手段を獲得することとなった。同時に、海外にまで拡張した清朝政府の商会制度は国内外の異なる商業都市に在住する華商間に相互連絡と相互交渉のための基本的なメカニズム、いいかえると、公共財としてのインフラストラクチャーを用意したといえる。辛亥革命前夜、民族意識が高まり、政治情勢が不安定なこの時期に動き始めた中国内外の商会間のネットワークシステムは、その後の中国世界の行方にとって無視できない役割を果たすこととなる。本章では、商会を通じた華商間ネットワークの起点について分析を加えたい。

第一節　華商連合の起点

1　国内外華商の中心としての上海

同郷および同業幇（「パン」＝グループ）がモザイク状に結合して成立する中国内外の多くの商業都市では、およそ一九世紀末から二〇世紀初頭の頃には華人社会に公議機構が成立していた。たとえば営口の公議会、広州の七十二行、潮州の万年豊、廈門同安の商会局、台南の三郊、重慶の八省首事、日本やアメリカ、南洋各地の華僑居住地の中華会館や中華公所など、いずれも同業公所や同郷会館の代表からなる自治的機能を備えた重要な社会経済組織であった。これらは、商工業に関わる事項ばかりでなく、通常は、教育から慈善、治安、消防など、公共的な領域に関わる重要事項をも討議決定する組織であった。一九〇四年の商会簡明章程は、一方であらゆる中小の県城や市鎮に共通する商会という新たなしくみを用意すると同時に、このような公議機構が存在する商業都市にはその基礎の上に別途商会を組織することを促したのである。

一九〇二年に成立した上海商業公議所もとはこのような公議機構であった。この商業公議所は、商会簡明章程の指示するところに基づき、速やかに上海商務総会として改組され、全国の商会の嚆矢となる。上海は内外の物流の集散地で、人と情報が集中的に交差する大都会でもあったので、内外に生じた矛盾や衝突については敏感に反応する土地柄であった。米国への華人移民の無期限禁止を決めたアメリカの国会決議と華人排斥をめぐり(2)、一九〇五年には中米両国間で国際摩擦(3)が発生し、大規模な対米ボイコットが巻き起こった。この米貨ボイコット運動のなかで、上海商務総会の第二期総理（会頭）を務めた曽少卿は頭角を顕し、重要な役割を演じた。自国民に対する外国の侮蔑的な扱いに対して商人が率先して抗議を行い、民族意識の発揚に一役買い、かつその行動が民衆の注目を集めた史上初のできごとであった。曽少卿は上海商務総会発足以来唯一の福建人議董（理事）でもあり、彼の一挙一動はとりわけ海外華僑の関心を集めることとなる(4)。

翌一九〇六年末、浙江鉄路公司の株主でもあった李雲書（浙江省寧波人）が第三期総理に当選した。李の任期終了間近の一九〇七年一一月（旧暦一〇月一四～一五日）、上海商務総会は全国予備立憲公会の要請により、市内の愚園で初めて全国の商会の代表者会議を招集し、上海商学公会と共同で商法の草案を討議する大会を開いた。集まった代表は、国内の商務総会二一ヵ所、海外の中華商務総会六ヵ所、商務分会、商学公会など八八団体で、参加者は数百人にものぼった。内外各地の商会代表が一堂に集まることは得難いことであった。彼らはその場で、八〇余の商会の名義で、商業界全体を統率しうる全国的な連合組織を発起しようという、上海商務総会の提案に賛同し、その会を「華商聯合会」と命名し、商会の最高リーダーシップを発揮する中心的な役割を担うこととした(5)。

一九〇九年三月に第一期が発行された『華商聯合報』(6)は、これら華商による初めての記念すべき共同事業となった。『華商聯合報』の主編は陳頤寿（君貽）と金賢寀（雪塍）。陳君貽の言葉を借りると、「華商を連合し、共に愛国の心を尽くし、つとめてわが国の富強をはかる」ために『華商聯合報』は発行された。彼らは南洋華商と議論を尽くしたうえで、「上海が内外交通要衝の地であるので、発行所を上海に選んだ」こと、さらに国「内外各地の商会、学堂、会館が、商学及び実業に関するそれぞれ現地の状況を、緩急分けて随時率先して報告する」ことで大方の合意を得たことを「聯合報序」で披露している。主宰者たちは、『華商聯合報』の発行によって「内外の情況が通じれば、国内の人は国外の敵を知り、国外の人もまた国内の事情を知ることができ、さらに利有れば共に栄え、弊があれば共に改める」ことができるよう、「相互の連携による知識の交換」を目標とした(7)。のみならず、これら創始者たちは『華商聯合報』を「（実際の）連携を調整し、補助的役割を担うもの」とみなし(8)、一歩進めて実益をもたらす連合事業を発展させようと考えた。

2　中国華商銀行株を売り歩く

華商聯合報館の成立は実は中国華商銀行設立の動きと密接な関わりがあった。以下にこの点を掘り下げてゆきたい。

さて、商法大会終了後、上海商務総会総理李雲書（厚祐）は任期満了で総理を退任したものの、引き続き協理（副会頭）に選出され、商会内部で指導的地位を維持していた。彼は弟の李徴五（厚禧）に、日本帰りの友人周熊甫と(9)、のちに『華商聯合報』の編集長となる陳君貽を引き連れ、一九〇八年五月から南洋一帯を訪問し、中国華商銀行創設のため、各地中華総務商会から出資金引き受けの承諾を得てくるようにという重要任務を託した。南洋各地の訪問をおおよそ終えた一九〇八年末、上海商務総会とシンガポール中華商務総会による中国華商銀行創設計画は、実際具体化に向けて動き出したのである。『華商聯合報』編集長陳君貽の一族の同輩の兄にあたる陳中翰（艮初）は李雲書の親友であった。陳君貽は遊説を終えて上海に帰国後、陳艮初及び李雲書・李徴五兄弟と相談し、資金を集めて四馬路小花園三号に華商聯合報館を創設し、友人の金賢寀や江義修（覚斎）等を編集員として参加させ、一九〇九年三月に創刊号を発行するに至る。

かつて具体的に華商による連携協力事業を討議する過程で、三つの業種、つまり、汽船業、保険業、銀行業が実効面で有益である、との主張があった[10]。これらはいずれも巨大な資本を必要とする近代型業種で、外資による独占状態が顕著で、国内資本が脆弱な部分であった。要するに、そのうち真っ先に着手されたのが中国華商銀行の協同創設事業であった。各地の商会は、近年銀流通量の支配権が外国銀行の手中にあると認識したうえで、その原因が「中国自らが巨大銀行を持たないことにある」として、銀行業界の現状に対して危機意識を持っていた。中国華商銀行への出資金募集の目標は、資本総額一〇〇〇万元、計二〇〇万株（一株五元）、中国人の出資を条件とすることが決められた[11]。上海商務総会はまず南洋一帯の中華商務総会と中華会館に対して出資金提供の約束を取り付けることから着手し、その後に国内の各商会に出資金募集を進めることとした。

発起者として最初に名乗りをあげたのは上海、広州、シンガポールの三つの商務総会であった。そのため、李徴五らが一九〇八年五月一四日に上海を出発ののち、直ちに広州に直行した。しかしながら、広州商務総会の総理はこの時不在で、一行は香港経由で先にシンガポールに向かい、広州商務総会の返事を待つこととした。にもかかわらず、結局広州商務総会から快諾の返事が得られず、やむなく上海とシンガポールの二ヵ所の商務総会が発起団体となった。広州が態度を保留した表面上の理由は、「水害と民営鉄道株の引き受け募集」が重なり、「暫く時間的余裕がない」ということであった。しかし、実のところ、態度を保留した理由の一つに、第二辰丸号事件によって惹起された華南を中心とする日貨ボイコット運動に対し、上海商務総会が同調しなかったことがあったものとも指摘されている[12]。

李徴五、周熊甫、陳君貽ら一行は「中国華商銀行股份有限公司集股章程（三〇条）」、「発起創辦辦事簡章（規約）（九条）」と上海商務総会が作成した「華商聯合会簡章」を携え、シンガポール中華商務総会の坐辦（専務理事）林竹斎とともに八月一八日にシンガポールを離れ、蘭領東インド各地への訪問旅行へと旅立った。前後してジャワ島のバタビア（Batavia）、慕月[13]、バンドン（Bandung）、ジョグジャカルタ（Yogyakarta）、ソロ（Surakarta）、スマラン（Semarang）、スラバヤ（Surabaya）、スラベシ島のマカッサル（Makassar）、ロンボク島アンペナン（Ampenan）、バリ島（Bali）等の諸都市を訪れた。陳君頤が先に帰国した後、李徴五らはさらに英領ビルマのラングーン（Rangoon）、マラヤのペナン（Penang）、ペラ（Perak）、クアラルンプール（Kuala Lumpur）、蘭領スマトラ島のデリ・メダン（Deli-Medan）、カリマンタンのポンティアナ（Pontianak）をめぐった後、一旦シンガポールに戻り、香港経由で上海に戻った。

李徴五はその年の旧暦一二月初旬と翌二月初旬に別途ルソン島と香港を訪れ、前後あわせて約三〇〇日、遊説地二〇都市をめぐり、合計五七〇元にのぼる出資金引き受けの確約を各地の中華商務総会から得たうえに、非正式ながら二〇〇万余のさらなる引き受けが見込まれた[14]。上海は当初より二〇〇万元の引き受けを決めていたので、これらを加えると、この時点で一〇〇〇万規模の出資金募集の第一ステップは基本的に達成したということができる（表2-1参照）。国内の商会には、当初の予定通り南洋華商への勧誘ののちに打診に回ったようで、日本では翌一九〇九年六月の新聞報道で、「漢口と上海香港の広東人と寧波人が各地の同郷人を聯合して華商銀行を設立しようとの計画あり」、「成るべく速やかに之を設立し大に我正金銀行の向を張らんと目下奔走中なり」と伝えられている[15]。

表 2-1　中国華商銀行出資金引き受け一覧表

中華商務総会名	（漢字名）	設立年月＊	引き受け額
シンガポール	（新嘉坡）	1906年　光緒32年　5月	100万元
バタビア	（巴達維亜）	1906年　光緒32年　11月	50万元
バンドン・プリアンガン	（萬隆渤良安）	1908年　光緒34年　3月	25万元
ジョグジャカルタ	（日惹）	1907年　光緒33年　5月	25万元
ソロ（スラカルタ）	（梭羅）	1907年　光緒33年　9月	25万元
スラバヤ	（泗水）	1907年　光緒33年　5月	100万元
スマラン	（三宝壟）	1908年　光緒34年　5月	50万元
マカッサル	（望加錫）	1907年　光緒33年　4月	30万元
アンペナン	（安班瀾）	1908年　光緒34年　7月	10万元
バリ	（峇釐陵）	1907年　光緒33年　12月	10万元
ポンティアナ	（坤甸）	1907年　光緒33年　9月	20万元
ビルマ・ラングーン	（緬甸仰光）	1907年　光緒33年　11月	50万元
マニラ	（小呂宋）	1906年　光緒32年　6月	100万元
ホンコン*	（香港）	——	100万元

注記

＊表中の数字は光緒年，旧暦月．

＊香港はこの時，まだ正式に商会を設立していなかった．商会単位の引き受けを原則としていたので，香港の数字は，確約ではないが望める出資額に含めて報告されている．

＊以上は資料で確認できた引き受け額と引き受け団体の名称のみ挙げている．

資料　引き受け額は「華商聯合報序目」『華商聯合報』第1期(1909年3月)，「総辦中国華商銀行上海商会代表李徴五報告南洋各埠認股情形書」同第11期（1909年7月），1-7頁，中華商務総会の成立年月は資料によってかなりばらつきがあるが，ここでは大橋一穂『支那経済事情』農商，第4編工商，外洋各埠商会表（2），163-164頁に拠った．

李徴五が訪問した地に必ずしもすでに商会が設立されていたとは限らない。たとえば、蔴月やチレボン（井里汶、Cirebon。李は人を派遣しただけで自ら赴きはしなかった）などは、商会が未設で中華会館しか存在しなかった。それにもかかわらず、両地の商人はバタビア中華商務総会の名義を借りてそれにぶら下がる形で株式の引き受けを承諾したのである。東方のロンボク島にあるアンペナンやバリ島などでは、商会が設立されたばかりではあったが、規模が小さかったため、同様にスラバヤ中華商務総会と

図 2-1　中国華商銀行発起人署名簿

資料　「中国華商銀行発起簽名冊」『華商聯合報』第6期，1909年4月，海内外図画影片，1-9頁より引用．

の共同形式で引き受けた。要するに、オランダ領ジャワ島とその北方のカリマンタンとスラベシ島、東部小スンダ列島ですでに中華商務総会が設立されていた一〇ヵ所の華僑居住地のすべてを、李徴五率いる上海団は駆けめぐったのである。

しかも、彼らが集めた「中国華商銀行発起署名簿」に各々の商務総会の関防がしっかりと押印されているのを、われわれは現在目にすることができる（図2-1参照）。しばらくののち、すでに中華商務総会が設立されていた小呂宋（米領フィリピンのマニラ）やラングーン（英領ビルマ）でも彼らの提案は積極的に受け入れられた。マレー半島のペナンとセランゴールの二ヵ所の中華商務総会だけが態度を保留して引き受けの回答をしなかったようである。[16] 安南（ベトナム）は政治混乱に見舞われていたため訪問は差し控えられ、暹羅（タイ）は当時ちょうど商会設立の真っ最中であったため、人を派遣するのみにとどまった。[17]

以上でみてきた通り、中国華商銀行の株主引き受けの勧誘活動と華商間の具体的な連携事業の手始めとしての『華商聯合報』の刊行との間には密接な因果関係が存在していた。広州が途中で手を退いたものの、中国華商銀行のそもそもの発起人は、李雲書を中心とする上海商務総会とシンガポール中華商務総会であった。彼らは商務総会の名分にこだわり、商務総会同士の横の連携を重視しつつ「世界最大銀行」を創出したいと考えた。

「関防」を使用する権限をもった（中華）商務総会を出資金の引き受け単位とする方式で、つまり官の色彩をもつ商務総会の名義を最大限に利用しながら、一般の民営銀行とは異なる中国華商銀行の特色を強調しようとしたのである。

一九〇八年八月以前に蘭領東インド地域に成立していた一〇ヵ所の商務総会は、すべて引き受けを承諾した。当時すでに海外に成立していた他地域の中華商務総会七ヵ所と合わせると合計一七ヵ所となり、そのうち最終的に引き受けを承諾したのは一三ヵ所にのぼる。よって蘭領東インド地区の中華商務総会が占める割合は五九％となる。(18) このことは、蘭領東インド地区の華商は中華商務総会の成立においてのみならず、華商銀行の出資金引き受けにおいてもきわめて積極的であったことを意味する。

3　『華商聯合報』の発行と情報の共有

陳君貽は「華商聯合報序目（まえがき）」のなかでこの雑誌の発行に至る縁起について次のように回想している。(19) 自分が南洋へ赴いたとき、華商との会合や歓談のなかで、「海外にいる我国の人同士であれ、国内にいる人同士であれ、連合して一体となることができなければ、他人の笑いものになる。まして、国内外の者同士は、距離もあるので、雑誌を刊行して連絡の機関とするのがよい」ということで互いに合意した、と。南洋遊説旅行から帰国して間もなく刊行された『華商聯合報』は毎号の巻末に海外の代理販売処（表2－2）一覧を掲げている。

そこから見えてくるのは、日本とフランスにいくつかの代理販売処があるほか、残りの販売処はすべて今回陳君貽が李徴五に伴って訪問した蘭領のジャワ島を中心とする華僑在住諸都市と、陳の帰国後に李徴五が単独で訪問したいくつかの英領諸都市であったという事実である。販売処は中華商務総会でなければ中華会館、さ

表 2－2　『華商聯合報』海外販売処一覧

シンガポール中華商務総会	スマラン中華商務総会
シンガポール道南学堂	スマラン中華学堂
シンガポール海通書局	セレベス島マカッサル中華商務総会
バタビア中華商務総会	バリ中華商務総会
バタビア中華会館	アンペナン中華商務総会
バタビア華商印局	ケディリ中華学堂
バタビア華僑書報社	ポンティアナ中華商務総会
バタビア華鐸報館	クアラルンプール中華商務総会
慕月中華会館	ラングーン中華商務総会
バンドンプリアンガン中華商務総会	マラン中華学堂
バンドン中華学堂	フランスパリ通運公司
ソロ中華商務総会	日本長崎中華商務総会
ソロ中華会館学堂	日本三餘号沈明久君
ジョグジャカルタ中華商務総会	日本横浜道勝銀行郭外峰君
ジョグジャカルタ中華学堂	日本東京築地王惕斎君
スラバヤ中華商務総会	日本神戸東源号李光泰君
スラバヤ学務総会	

資料　『華商聯合報』第 5 期，1909 年 4 月より作成．

もなければ中華学堂に設置された。さらに、出版社もしくは新聞や書籍が備えられた華僑コミュニティの拠点でも『華商聯合報』が提供されたことが見てとれる。中国語による国内外の共通の情報が識字層を中心に海外の華僑社会に同時に駆けめぐったのである。

　さて、シンガポール中華商務総会が上海の経済界と南洋華僑との仲介役として資金集めにきわめて重要な役割を演じる一方、華商聯合会のもう片方の主役は、寧波商人を中心とする長江下流域の出身者（海外では通常三江幇[20]と称する）からなる上海商務総会であった。浙江鉄道の主権に関わる抗争が惹起されて以来、上海の商・学界と留日の商・学界との関係は非常に緊密となり、当時の神戸華僑のリーダーであった呉錦堂はこの時期故郷寧波の慈渓県で錦堂学校の創設に関わっていた[21]。上海商界は日本の三江幇華僑を通じてすでに直接かつ独自にネットワークメカニズムを築きあげていたのである。この点に関連し、表2－2から、フランスパリ通運公司に続き、長崎、横浜、東京、神戸といった日本の主要な華僑居住地のほぼすべてに『華商聯合報』の販売処が設けられ、総数が五ヵ所にものぼっていたことの意味を考えてみたい。

かつて神戸で貿易業を営み、呉錦堂と並ぶ巨商といわれた周熊甫は李雲書の友人という縁から株式引き受けの南洋遊説旅行に参加した。おそらくは『華商聯合報』の日本での頒布と影響力の拡大に直接的かつ重要な役割を担ったであろう。当時神戸と横浜にはまだ中華商務総会が成立してはいなかったので、中華商務総会は長崎（一九〇七年設立）だけが挙がっている。次に列せられている三餘号は長崎の三江幇に属するリーダー格の商店で、第一期長崎商務総会の総理を務めた沈明久の屋号である。横浜道勝銀行の郭外峰は、横浜では少数派であった三江幇のリーダーの一人である。かねてより郭外峰は広東語のみによる教育を行っていた大同学校に対して不満を持っていたため、孔子を崇拝する儒教式教育方式に不満を持つキリスト教徒の華僑たちとともに学校を創設したとされる人物である[22]。一九〇五年、横浜三江知己総会二階に教師一名、学生三名の規模の塾が成立した。この学塾は、郭外峰や第六期横浜中華商務総会協理孔雲生らの尽力により五千円の資金が集められ、規模が完備した「三江啓蒙学校」へと改組され、一九一三年には校舎を新設してのちに「中華学校」（校長孫詠、幹事郭外峰ら一三名）と校名を改めた[23]。一九二三年の関東大震災まで続いたこの中華学校は寧波語の教育を行っていたといわれる[24]。東京の王惕斎（一八三九〜一九一二）も浙江出身の寧波商人である。東京築地で凌雲閣を営み、書籍や文房具、書や絵画、骨董、シルクなどの中国雑貨を販売し、一八七九年からは中華料理店永和斎を経営しており、日本在住四〇年に及んだ[25]。神戸東源号の主人李光泰も寧波人で、三江幇グループの華商であった。雑貨の輸出以外に客桟（倉庫業や運送業を兼営する旧式の旅館）を兼営していた。日本側の調査に拠ると、当時神戸で客桟を経営していた三江幇商号は二店しかなかった[26]。東源号はおそらくは日本国内外の三江幇華商のヒトと情報が神戸において集積される重要なネットワークの結節点として機能していたのであろう。

つまり、シンガポールを一つのコアとする南からさらに東に延びる南洋ネットワークとともに、上海を中心に、三江幇を通じて直接東に延びる日本ネットワークとの結びつきを強化するしくみとして『華商聯合報』が機能していたのである。

最後にパリ通運公司に説明を加えておきたい。通運公司は、中国同盟会以来の革命派人士、浙江財閥の指導者の一人として有名な張静江（人傑、一八七七～一九五〇、原籍安徽省）が経営する、フランスに開設された商店である。有名な生糸産地浙江省湖州府烏程県南潯鎮に生まれた張静江は一九〇三年に渡仏して通運公司を開き、シルクや茶、骨董品など中国雑貨の商いをしつつ、李石曽や呉稚暉、蔡元培と交わった。一九〇六年には孫文と知り合い、その後革命運動に対して金銭面の支援を行ったといわれている。要するに、崩壊寸前の清朝政府が用意した半制度的な商会ネットワークにぶらさがるかのように、後述する林文慶や白蘋洲などの進歩的な華僑知識人を含め、張静江などの革命派青年が繋がりを持っていたということである。このことが興味深い。商会の本質は官なのか民なのか。打倒される王朝側に立つ官の機構と見るべきなのか革命を掲げる進歩的民衆の結集の場と見るべきなのか。曖昧模糊とした性格を持ちながら、王朝の権威を身にまとった社会団体としての清末商会のハイブリット性を見てとることができる。

第二節　民族意識の高揚とネットワークの展開

1　キーパーソン

上海の重要人物は李雲書（浙江省寧波府鎮海県人）であろう。彼は浙江鉄路公司の株主の一人でもあった。上海商務総会の総理を務めていたとき、浙江鉄道の民営化を目指し、清朝政府に対して外国からの借款に頼る鉄道建設の反対闘争を繰り広げるにあたり、一貫してその反対運動の先頭に立っていた。同時に、彼は外資系生命保険会社である永年保寿総公司の中国人マネージャーをも務め、上海華通水火保険股份有限公司の上海総公司の役員（議董）でもあった。この保険会社は、北は大連、安東（現在の丹東）から南は廈門、福州に至るまで、一八の支店を有する相当規模のものであった(27)。李雲書個人の企業活動とは、当時流でいうならば、広域かつ近代型に属するものであった。しかも、彼は、外国人商人との日常の取引に際し、中外間の利権の衝突を常に意識する立場にあった。彼が海外華商の資力を利用して、共同して「絶大」規模の銀行の設立を構想したのもうなずけることである。彼の企業活動は、当時の上海経済界それ自体のグローバル化と経済圏の広域化とを象徴していた。商人の民族意識の高まりと予備立憲という政治の民主化の潮流を受けて、追い風に乗るかのように、各地の商会代表を上海に召集して共同で商法の草案作りに参画し、ついで国内外の商務総会商務分会からなる華商同士のネットワークの構築を通じて華商銀行の出資金募集を具体化しようと考えたのである。李雲書は当時すでに上海商務総会のリーダーとして相当の名声を博していた。しかしながら、南洋華商との間に信頼関係を打ち立てるには頼りになるパートナーが必要であった。そこで、この役割を担ったのがシンガポール中華商務総会であった。

シンガポールのキーパーソンは、一九〇七年李雲書が商務総会総理のときに上海に招かれて予備立憲の商法大会に参加した二人のシンガポール代表、林竹斎と林文慶である(28)。林竹斎はシンガポール道南学堂の副監督をしており(29)、一九〇九年初頭のシンガポール中華商務総会の改選で第四期商会専務理事（坐辦）となっている(30)。彼は上海で陳君貽と李雲書の知遇を得て以降、一貫して上海商務総会とシンガポール中華商務総会との間に立って重要な仲介役を果たした。もう一人の代表林文慶(31)（夢琴）は海峡華人のなかでもエリートとして英国留学の経歴を持つ医師であり、彼もまた道南学堂の創設者の一人であった。と同時に、彼は華人社会でも活躍が顕著で、辮髪切除活動を展開し、(32)辛亥革命を支持した進歩的知識人として後世にも名高く、孫文とは親しい旧知の間柄であった。(33)シンガポール中華商務総会が成立したとき、林文慶は議董（理事）として参加している。中華民国が成立してのち林文慶は臨時政府の内務部衛生司長に任じたこともあり、中華北京国民党駐シンガポール交通部（＊連絡部、一九一二年一二月登記）の正部長となった。シンガポールでは、国民党を支持する進歩的商人が商務総会とは別に新商会を設立し、一時両商会が闘争を繰り広げたことがあるが、彼は旧商務総会系にあって数少ない進歩的な国民党支持者であった。

国境を越え、中華商務総会を単位として大がかりな株式募集の方式をとろうとしたこの中国華商銀行設立の計画は、やがて上海が深刻な金融危機(34)に見舞われたため、実現することなく立ち消えとなってしまった。しかしながら、この時のキーパーソンの一人林文慶は一九一二年にシンガポールの福建系同郷人の李俊源、林庚祥とともに華商銀行を設立し、一九一九年には林義順(35)、邱国瓦とともに華僑銀行を設立した。一九三二年、この二つの銀行は別に一九一七年に成立していた和豊銀行と合併し、資本金四〇〇〇万元、実収資本一〇〇〇万元の規模の華僑銀行となった。(36)一九八五年、華僑銀行は四海銀行（一九〇七年成立）を買収して世界規模の大銀行華僑銀行ＯＣＢＣ（Oversea - Chinese Banking Corporation Limited）に成長し、寧波銀行や永亨銀行を配下におくなどして中国と香港にも業務展開し、現在に至っている。華僑銀行の支店は、第二次世界大戦以前にすでにマレー半島、蘭領東インド、ビルマ、タイ、ベトナム、香港、廈門、上海などの地に広がっていた。中国華商銀行の当初の構想をいわば現実のものとしたわけである。

もう一人のキーパーソンとしてバタビア華僑白蘋洲を挙げておきたい。一九〇九年五月、彼は当地の中華商務総会総理李興廉らとともに華僑に呼びかけ、バタビア華巫編訳社を結成して『華鐸報（*Hoa tok Po*）』を刊行し、華僑に対し積極的に華字新聞を購読するよう宣伝と普及に努めた。この新聞のモットーは、「華僑の独立、団結、尚武の精神と国家意識を培う」ことにあった。第一代主任編集員はバタビア同盟会の責任者であった陳白鵬と朱茂山で、一九一二年から白蘋洲と鍾公任が主任となる[37]。この白蘋洲と上海華商聯合報館との間にはきわめて密接な関係が認められ、『華商聯合報』に毎号掲載される蘭領東インドに関係する写真の大半は彼が提供したものである。第一章で言及した通り、中華民国成立後の一九一二年一一月一三日、北京で正式に設立が発起された中華民国全国商会聯合会は、一九一四年からおおよそ二年に一度全国大会を開催したが、白蘋洲は発起会議に参加した数少ない南洋華僑代表の一人でもあった[38]。つまり、辛亥革命以前に構築されていた華商間の信頼関係と、民国成立後のそれには明らかな連続性が認められるということを意味している。

白蘋洲や林文慶、陳君貽など民族意識旺盛な知識分子が華商ネットワークのなかで果たした役割は看過されてはならないであろう。また、先に指摘した横浜の郭外峰が亡命中の革命派と行動をともにした在日華僑の知識分子であることも周知のところである。海外の華僑居住地では、亡命中の革命派や立憲派の影響のもと民族意識に目覚めた在住華僑たちが、一方で反体制勢力に加担して理念を追いかけるとともに、一方では政府が提供した公共財としての商会システムの活動に参画し、外縁世界に身を置きつつも中華民族富強への道を国家とともに追い求めたのである。

2　国籍保存問題をめぐる民族意識の高揚

中国華商銀行の株式引き受けの活動が蘭領東インドで広範な華僑から支持を取り付けることができたのは、第一に、オランダ植民地政府の対華僑政策が現地華僑の民族意識に火をつけたことと無縁ではない。それまできわめてあいまいであった蘭領在住華僑の国籍について、一九〇七年に出されたオランダの同化法は帰化手続きによるオランダ国籍の取得を可能にする道を開いた。しかし、多くの華僑はオランダ籍に帰化することを潔しとしなかったため、オランダ当局は一九〇八年に蘭領地区在住の華僑を強制的にオランダ国籍に移す方針を示した。つまり、オランダは出生地主義に基づき、現地生まれの華僑はオランダ臣民とするべきであると主張した[39]。現地華僑は自らのアイデンティティに関わる重大な事態に直面したわけである。この問題が持ち上がったのは、ちょうど商会ネットワークの始動期に重なり、蘭領各地の華僑は「国籍保存問題」をめぐって議論紛々となった。

一九〇八年の日蘭通商条約によって日本が蘭領インドに領事館を設置したのみならず、日本人が従来の東洋外国人の地位から向上して欧米人待遇を受けることとなったことも現地の華僑には衝撃であった。一刻もはやく領事の着任を実現し、清朝政府に血統主義に基づいた国籍法を公布してもらうことが、自らの地位向上に向けて最善の方法であるという見解が大勢を占めた。これらの地区では領事と領事館設置の運動がいまだ結実しておらず、重要な問題はすべて駐オランダ清国公使を通してか、本国から臨時に派遣される官僚を通じて解決するしかすべがなかった。それゆえに、この地域の華僑にとって、本国が用意した商会システムの出現は渡りに船のタイミングであった。現地華僑は中華商務総会に結集し、北京の清朝政府に直結する公的なチャネルとそのネットワークシステムを通じて、自らの政治的要求をも反映しようと考えたのである。

一九〇八年一二月一日、華僑が在住する各都市の商会と全島の学（＝教育）会は代表をスラバヤに派遣した。彼らは、当地を訪問中の駐オランダ公使館参賛の王広圻とジャワ全島視学員である汪鳳翔を招いて大会を開き、「国籍保存会」を成立させるとともに、清朝政府に打電して蘭領華僑に対する保護を求めた。そして、新しく構築された中華商務総会の連絡網と『華商聯合報』を通じ、国内外の各界に支援を呼びかけた。一九〇九年二月、スラバヤ中華商務総会は上海商務総会や各新聞社に手紙を出し、彼らが外務部と農工商部に対して進めている華僑を保護するための領事館設置運動と、血統主義を採用した国籍法の早期制定要求を側面から支援するよう依頼し[40]、それを受けた国内各地商会でも、対応が図られた[41]。スラバヤで行われた特別大会に参加し、対応方法十ヵ条の決議に賛同したのは、スラバヤのほか、バタビア、スマラン、ジョクジャカルタ、ソロ、プリアンガン、バリ、アンペナン、マカッサル（代表派遣なし）、ポンティアナ（代表派遣なし）の中華商務総会代表と、ジャワ全島学務総会代表とケディリ中華学堂代表であった[42]。前述した白蘋洲は当日の通訳を務めた。彼らは闘争する目的と討議する問題を共有していたのである。このことは、蘭領各地の商会間の連絡を頻繁かつスムーズにさせたことであろう。設立準備途中の華商聯合会にとり、この地は相互連絡が活発で信頼すべき地域となったのである。

王広圻参賛のジャワ島訪問は結果として蘭領東インドの華僑社会に少なからぬ影響を及ぼした。ひとつは、各島全体の華僑を連合する組織として「中華総会（スラバヤ中華商務総会が総事務所となる）」を成立させたこと。さらに、募った寄付基金を通じ清朝政府の海軍拡充を支援する「海軍補助会」を成立させたこと。また、各地の中華商務総会と学堂の新たな成立を促進したこともまたその大きな成果として指摘することができよう[43]。これらはいずれも現地華僑の民族意識（ナショナリズム）の高揚と深く関わる象徴的なできごとであった。

次に、南洋地区の広範な華僑の民族意識の高揚に大きな役割を果たし、間接的には華商銀行の募金活動がこの地域で支持を得ることができた潜在的な誘因として、現地における華文教育の普及と熱気の高揚とを指摘しておくべきであろう。一八九八年の戊戌の変法運動は国内では挫折の憂き目に遭ったが、その維新政策の一つの柱であった新式学堂設立の動きは、海外の華僑社会において民族意識に目覚めた華商たちの努力のもとで継承されていった。一八九八年以降、日本の横浜、神戸、シンガポール、英領カナダのヴィクトリア等の地では華語教育を行う全日制の華僑学校が陸続と設立されたのである。

ジャワ島の四つの華僑集団（現地生まれのプラナカン［土生華人］、福建人、広東人、客家）は、一九〇〇年三月に連合してバタビア中華会館を組織した[44]。会館の勢力は、一九〇七年にはカリマンタン島とスマトラ島にまで広がり、あわせて一五の支部が設立された。会館設立の重要な目的の一つは、「孔教を尊重することを以って」「中華の礼節」と「言語文字」を導入し、華僑社会にそれらを浸透させることにあった。それゆえに、中華学堂を設立して華文教育を推進することが中華会館の主要な活動となった。蘭領東インドの華僑のリーダーたちは、華語の普及を通して、華僑に中国人としてのアイデンティティを回復させ、維持させようと考えたのである。

当地では一般的に華商が学堂を経営していた。表2－2で挙げた『華商聯合報』海外販売処の表は、商務総会が成立していない所では学堂もしくは中華会館が華僑社会を代表するということが華僑社会のいわば慣例であったことを示している。

華文教育の普及によって、それまで華語ではコミュニケーションがとれなかった現地生まれの二世以降のプラナカンも、自民族に対するアイデンティティを強く意識するようになった。前述した『華鐸報』は典型的な成果である。それまでバタビアで印刷された文書はほとんどが現地語で書かれ、華僑が経営する新聞も現地語を用いていた。しかし、発起者は、「近年来学務が発達し、人々が祖国の文字を重要視」するようになったと考え、華字新聞を発行することにしたのである[45]。

清末の新政が科挙制度を廃止したことで大きな社会変動が引き起こされた点はつとに指摘されているところである。各地のエリートたちは、ある者は新式学堂の設立に着手し、ある者は学（＝教育）会の運営に参加し、ある者は商会に参画するなどして、新しい社会的上昇のルートを探った。中国国内の学制の改革は同時に海外の華僑社会にも影響を与えたのである。そして、新政のもう一本の柱である華僑重視政策の一環として、一九〇六年に清朝政府によって南京（江寧）に曁南学堂が開設された。海外で華文教育を受けた華僑が帰国して引き続き学業を継続することを可能とするその受け皿であった。まさに始動を開始した国内外を結ぶ商会網は、帰国して学業を継続しようとする南洋華僑の学生に対し、支援の体制を提供することにもなったのである。植民地統治当局からすると、学堂や商会が次々と成立し、華僑が帰国して上級学校に進むことは、オランダ人の目には「嫉妬に堪えない」行為として映った。華僑の愛国精神は彼らの脅威となり、このために植民地政府は従来の政策を転換して荷華学校（Hollandsche Chineesche School）を開設し、広く華僑子弟を受け入れ、「あらゆる手段で知識のない人々を引き入れよう」と試みたのである。そして、統治者側のこのような政策はかえって現地華僑の民族意識を逆撫でするものであった。[46]

このような社会情勢のもと、中華総商会ネットワークというインフラを利用して創設された『華商聯合報』が果たした役割は注目に値する。華語で書かれた『華商聯合報』が海外の華僑居住地で流通し、各地の華僑が同じメディアを共有したことは、明確な民族意識を共有し始めた華僑が政治的アイデンティティをよりいっそう強化するのに役立った。聯合報は媒介の役割を演じたのである。彼らはこの『華商聯合報』から祖国の制度や政令に関する情報を入手したばかりでなく、国民の外縁として存在する他の地域に住む海外華僑とその居住地政府との間で発生した数々の摩擦や衝突事件に対して理解を深め、中国国民としての自らの存在を強く意識していった。まさしくベネディクト・アンダーソンがいうところの、「想像の共同体」意識としてのナショナリズムが速やかに形成されてゆき、[47]辛亥革命が海外の華僑団体の支持を得て、ついには成功へと導かれてゆく前提としての社会条件が用意されたのである。

3　総商会ネットワークの役割と機能

総商会ネットワークには活動が活発な時期も沈滞の時期もあり、甚だしきは中断する時期もあったろうが、一旦それが構築されると、結節点としての商会が存在する限り、その機能は継承されてゆく。相互の情報交換と情報の共有という点では、この商会ネットワークは幾度かの活動ピーク時を経験している。一度目はこの辛亥革命前夜、中国内外で民族主義が高揚し、『華商聯合報』とその後身の『華商聯合会報』が出現した時期である。二度目は中華民国成立間もなく、全国商会聯合会が組織され、『中華全国商会聯合会会報』が国内外各地の商会に頒布された時期である。この時の全国商会聯合会は清末時期の華商聯合会とは異なり、法定団体の地位を獲得したがゆえに、むしろ内向きに力量を発揮した。本章でとりあげた前者の『華商聯合（会）報』時期の商会ネットワークがもつ歴史的意義についていえば、海外華商と本国の関係を、そして海外華商同士の関係を初めて取り結んだというこの一点をもって顕著な役割を果したとすることができる。しかも、この時期の海外華商は初めて政治舞台に登場し、それによって自己のアイデンティティを強めたのである。

海外の商会ネットワークの役割は、海外の中華総商会そのものの機能によって決定される。それゆえに、個々の中華総商会成立の背景と契機について分析を加えることもまた無意味ではあるまい。詳しくは第七章にて分析を加えるが、以下に海外の中華総商会における特徴的な機能について簡単に整理しておきたいと思う。

第一に、繰り返しになるが、総商会には最も権威のある公印としての「関防」を使用する特権と最高地方行政長官（海外では領事に相当する）と同等の公文書様式を使用する権限が付与された。つまり、このような中国の商会制度の構築は、海外華僑が中国国内の上級官庁に対する意見や要求を反映する方式を確立し、その力を強化したといえる。清末時期の中華商務総会は、商会制度が保障した上級官庁に直結するチャネルを利用して意見を具申することができたのみならず、彼らは横向きのネットワークを通じて海外の中華総商会や国内の商会の共感を呼び起こすことも可能となった。商会、とりわけ海外の中華総商会は新聞界や教育界に対して絶大な影響力を持っていたので、彼らは時に商会ネットワークを通じて世論をも動かした。蘭領統治下の華僑たちが、スラバヤ国籍保存会の成立から、商会網を利用して血統主義に基づく国籍法の早期制定を促すまでにいたった経緯から、われわれは中国全土と海外華僑を喚起しうるトランスナショナルな動員システムを、商会制度が海外華僑に提供した実例を見てとることができる。

とくに蘭領東インドのように領事館が設置されていない地区や、ロンボク島やバリ島、そしてフィリピン諸島のように、かりに領事館が設置されたとしても華僑が小さな島々に分散して集住しているような華僑社会では、住民にとって商会が中国社会とのほとんど唯一の接点であったであろうことはいうまでもない。たとえば、スマトラ島で初めて成立したパダン（把東）中華商務総会の設立契機は、「オランダ本国が華僑に入籍を強制する問題が発覚していっそう愛国の心が高ぶった」ため、彼らはすぐさま「商会を速やかに設立して華商と連合し、自存を図りたい」と考えたがためであった。(48)

第二に、海外では商会の機能が未分化で、全能的機能を保持する傾向があった点が顕著な特色として挙げられる。商会はさまざまな同業組織や同郷組織から成り立っており、南洋の華僑集落によっては、互いに「械闘（集団同士の対立）」が絶えなかった同郷幇が、商会設立をきっかけに長年の抗争を解決しようとした所もある。たとえば、マレーのペレ州は錫鉱山の開発で発展した場所であるが、福建幇と広東幇とは宿敵の間柄であったため、出身地を同じくしない人々同士が「化畛域而聯声気（分け隔てをなくして相互に連絡しあう）」を目的に中華商務総会が設立された。(49)

中国国内の大都市でも、多くの商会はもともと存在した公議機構から改組を経たうえ、役割と職務範囲を限定して商会を誕生させるという経緯を踏んでいる。海外の総商会と国内の総商会・商会とを比較すれば、海外商会の場合、機能と役割が商務専門に限定化せずに、公議の職能をもつ場合が多い。そのため、商会のリーダーが学校運営にも参画するなど、商会の指導層と中華会館のリーダーにも重複が見られる傾向が強い。中国国内の商会指導層と比較して、彼らが関わる社会領域は一般的により広範囲となる。それゆえに、この時期の商会ネットワークは、商業に関する事項のみならず、政治的あるいは社会的な主張や呼びかけにおいても指導的な役割を果たしたのである。たとえば、商会の総理が現地の中華学校の卒業生を引き連れて祖国に赴き、上海を経由して南京の曁南学堂に赴いた際、海外の中華商務商会が事前に上海商務総会と連絡をとり、帰国団の受け入れの段取りを任せる[50]などといった現象が見られたのである。

成立背景から見て、華僑社会の自治機関と見なしても差し支えのないような中華商務総会もあった。アンペナン商会はロンボク島にあり、ここには先住民が数多く居住していたが、福建と広東出身の華僑たちは入植後一貫して中国式の衣服を着用し、中国の貨幣である制銭を使用していた。この地が一八九三年にオランダの統治下に入って以降、植民地当局による現地の土官を介した間接統治が始まった。そのため、当地の華商は互いに「腹蔵なく話し合い、商会を設立して自治機関とする」こととした[51]という。

ここでは、中国国内の商務総会の一部でもかつて護照（旅券・パスポート）発行の事務を管轄していたことを想起されたい。廈門商務総会（一九〇四年）は、もともと道台が移民事務を管轄していた保商局が取り込まれ、商務総会に統合されて成立したという経緯をもつ。ややあって保商局は廈門商務総会から分離して福建曁南局（一九一二年）となり、旅券発行業務と華僑保護の業務を専門に管轄するようになったが、福建曁南局成立以前の廈門商務総会は、それを必要とする海外の中華商務総会に対して白紙の旅券を発行送付し、海外で出生した福建籍の華僑が居住地から本国へ帰国するときや、第三国に出国するときに、現地の中華商務総会に申請して旅券を受領するようなシステムであった[52]。海外の中華総商会は、時に国家に代わり現地の華僑の身分を保証し、領事館業務を代行していたのである。また、清朝末期のみならず民国時期に入ってもなお、海外の中華総商会もまた国内商会と同様、「商照（商人通行証）」というものを発行していた。

商照には持ち主の姓名、年齢、営業内容などが明記された。華商は商照を受領して帰国した後、現地の商会

◎校錄中華商務總會發給回僑回華商照文
爲發給商照事案據某商（某人）報稱現年若干歲係某省某府某縣人向在某某埠經營某某事業忝列會友迭次恭讀　諭旨招徠出洋華商着各直省督撫轉飭地方官認眞保護各等因感　聖恩之高厚念祖國之難忘茲欲附輪回籍遵照章程具保蓋戳簽號到會請領商照等情據此本總會查該商在洋貿易恪守商規應享商會一切之利益此次請領回華商照核與定章相符合行照章發給以憑呈驗而杜假冒須至商照者　右商照給某人收執
◎附商部批准發給回華商照通飭章程
（一）商照章程案經稟請　商部批准專備本會商人請領回華過埠呈請地方官驗明切實保護每屆年底彙到號數報部査考
（一）本總會係爲出洋華商聯絡聲氣通上下之情除隔膜之弊所有發給商照按照定章辦理不取照費
（一）本總會所發商照均由正副總理核准簽名以昭愼重
（一）商人請領商照務於五日前到本總會先領格式紙照格塡報以便派員査明確係會友并須有會員或商號兩人簽名蓋印擔保並無違背章程等事始准發給
（一）商人請領商照應交正身二寸半影相兩紙一存商會一貼商照以杜假冒
（一）商人請領商照如在洋有侵吞倒騙及一切犯法經官治罪監禁或被控在案而未訊結者概不准領
（一）商人領商照回華所過沿途關卡隨身行李不得夾帶違禁物件如有盤査胥役勒索刁難准將商照呈驗該管官吏應遵歷奉　諭旨認眞保護嚴懲蠹役以安商旅
（一）商人領商照回華後限一個月內自到該處商會掛號報到將商照呈驗並請蓋印爲憑
（一）商人領照回籍後遇有地方強紳惡棍蠹役籍端欺壓及無故株連等事准隨時持照請地方官商會驗明保護代伸寃抑而將其寃抑緣由具報本總會以便妥爲集議辦法
（一）領照商人如有違章冒報混領回籍以及冒名頂替情弊一經察覺本總會立即照會地方官勒令將商照追繳一面將擔保人公議罰款以充本總會經費
（一）本總會所發商照限一年註銷如該商回華辦理要事不能來洋應將原照寄到本總會批明展限
（一）凡曾爲本總會會員由洋回華者應由本總會備給特別商照并照會地方官及該處商會遇事保護此項特別商照不須擔保不註年限以示優異

図 2－2

資料　『華商聯合報』第 15 期（1909 年 8 月），海内外公牘，1-3 頁．

に出向いて到着の報告をし、その商照に官印を押してもらうのである。帰郷ののち、もし地方の土豪劣紳から脅迫行為や詐欺に遭うようなことがあった場合には、商照を持って随時地方官や商会に保護を求めることができた（図2－2参照）[53]。これらについても本書第七章で詳述することとしたい。

以上のように、海外の中華総商会が行使した職権とは、商照の発行、護照の代理発行、学生の引率帰国、国籍法早期公布の要求など、純粋な商業事項にとらわれない、華僑社会全般における自治行政機構としての、全能的な役割をもつものであった。とりわけ、領事館のない地域でこの傾向が顕著であったことはいうまでもない。このような側面をもって「準行政的」機能と呼ぶこととしたい。

第三に、海外の中華総商会は、華商と華商、華商と外商との間の商習慣の違いを調整する役割をも果たした。中国の各港、各業界にはそれぞれ異なる独特の商習慣が存在していたため、中国国内各地の商会でさえ、産地証明や営業証明書の発行、帳簿の統一、調停あるいは商事仲裁、官庁に対する会員の代理訴訟機能を持っていた。これらの機能は多くの外国の商業会議所にも共通する機能である。しかしながら、海外の中華総商会に至っては、彼らは日常から外国商人との間で発生する商事事件に関して調停あるいは仲裁に入り、会員に成り代わって代理訴訟を行うなどの必要があった。それゆえに、海外で発生した中国人と外国人との交渉事件に関する情報はきわめて重要であった。しかも、彼らは居住国内外の華商と取引を行い、海外華商同士の商取引の調停と商事仲裁に関わることも多々あった。そのため、彼らには各地の商業事情や各業界で遵守される規則、取引条件、金銀の相場などの情報もまた不可欠であった。『華商聯合報』は「本館告白」という紙面でこの点を強調し、毎号に必ず「海内外商情」「調査叢録」等を編入した。第七号以後は「華洋交渉案巻」が追加され、積極的に情報発信を行い、これをもって商法を研究し、商戦に備える手段と考えたのである。

第四に、この時期の商会ネットワークは、実業振興意識の啓発という点で少なからぬ役割が認められる。とくに日本の動向に注意が向けられ、日本に対する強烈な対抗意識があらわとなっている。『華商聯合報』の論調から、ロシアやアメリカ、オランダなど他の華僑居住国と中国政府との間で生じた国際問題についての報道ももちろん多々認められるが、日本を工商業振興の手本、あるいは競争相手とみなす論調が注意を引く。

たとえば、中国華商銀行の資金募集活動に際しては、日本は明治四（一八七一）年以前には銀行がなかったが、現在横浜正金銀行はすでに銀一千万を保有するに至る、と例に引いている[54]。南洋勧業会の準備段階でも日本の例を出し、日本は欧米のやり方に倣い、手始めに内国博覧会を二十数回開催したうえ、近々万国博覧会の開催を予定しており、その工商業の急速な発展は各国の驚嘆の的となっていると指摘している[55]。また、日本の東亜同文会が上海に創設した同文書院を例に挙げ、「商務の進歩を望むなら」、彼らのように「調査に重点を置く」べきであると強調している[56]。日本が一足先に近代国家への道を歩み始めた東方の隣国であったことが、関心を向けさせた理由の一つであろう。

『華商聯合報』の内容がとくに日本の動向に敏感であったことのいまひとつの理由は、前述したように、日本の三江幇華商と上海経済界との密接な関係に求めることができるであろう。その背景として、上海を一大拠点とした北東アジアにおける貿易量の増大が、日中間の文化交流や人的往来を盛んにしていたという事実が存在する[57]ことを指摘しておきたい。

神戸から上海に立ち戻った周熊甫が、華商聯合報館の成立に際し日本時代の人的資源を利用し、東方向へと華商聯合報館の販売ネットワークを展開したことは前述の通りである。中国華商銀行設立のための周熊甫の日本での活動については、確かな資料の裏付けはできないが、少なくとも中国華商銀行の日本支店は神戸に置き[58]、呉錦堂が責任者となる予定[59]という新聞報道が残されている。設立準備段階で尽力した周熊甫と、のちに中心的に関わった袁子荘（露清銀行買弁）のほか、留日華商として当時同様に神戸で活躍していた葉子衡などは、一九〇五年に、李雲書、王海帆、沈志賢、王一亭とともに上海曹家渡において、京都絹糸紡織会社の明渡知瑜太郎と共同して機器を購入し、日中合弁で上海絹糸股份有限公司を開設している。契約には総理、協理、坐辦（＝常任理事）の署名の後に、上海商務総会が保証する証しとして、関防が押印されている[60]。誠実に約束を履行するという保証が商務総会によって与えられる形式をとっているのである。これは、在日華商と知日派の上層商人が上海商務総会の権威と信用を借り、日中合弁事業を実現した一つの例といえるであろう。二〇世紀初頭の一〇年とは、三江幇を通じた日中間の交易と往来関係がこのように頻繁かつ緊密な時代であった。周熊甫、袁子荘、葉子衡など神戸で商業取引の経験のある華商と王一亭（一八六七～一九三八、王震。著名な書画家で上海の日清汽船会社買弁）ら知日派が果たした役割をも強調しておきたい。

南洋勧業会（一九一〇年、南京にて開催された大規模博覧会）を契機として、日中の商会間、具体的には上海総商会と東京商業会議所との間で「実業同方会」を設立する計画がもちあがったことがある。実業同方会の目的とは、「華日両国の実業家が連携し、両国の商業交流に関することを研究し、相互の利益増進を図ること」にあった。本部は東京と上海におき、会員に制限は設けなかった。ただし、中国側商会と日本の商業会議所の代表会員はそれぞれ二名から七名までを限度とし、会長二名（中国と日本から各一人）を置くこととした(61)。日中双方の近藤廉平男爵（一八四八〜一九二一、日本郵船第三代社長、当時では渋沢栄一に次ぐ財界の実力者）と李平書（一八五四〜一九二七、鐘珏。辛亥革命時滬軍都督府民政総長）が相互に訪問してその具体化に尽力するなど、一定の努力を行ったが、この計画はついには陽の目を見ることはなかった。しかしながら、この事実もまた、両国が商会（商業会議所）を通じて商人交流が行われた事跡として記憶されておくべきであろう。

むすび

一九〇七年一一月に設立の発起がなされた華商聯合会は、史上初めて中国内外の華商が共同して組織しようとした連合組織であった。結局華商聯合会そのものは正式に成立することはなく、民国成立後の新たな組織全国商会聯合会の発足を待つこととなった。しかしながら、華商聯合会準備処が置かれた華商聯合報館は、一九〇九年三月に『華商聯合報』（一年後『華商聯合会報』と改称）を発行し、海外の中華商務総会に対して積極的に情報の伝達と収集の活動を展開したことの意味は大きい。直前の一九〇八年五月には、李雲書、李徴五らを中心に、上海商務総会はシンガポール中華商務総会とともに「絶大」なる規模の中国華商銀行を組織するために、出資金引き受けの勧誘を目的に南洋一帯を巡った。合計三〇〇日をかけた遊説の結果、南洋諸都市の華商からおよそ六〇〇万元近くにも及ぶ引き受けの確約を得たのである。いいかえると、上海における『華商聯合報』の発行は、上海とシンガポールの志を同じくする人々が、中国華商銀行の設立、すなわち中国内外の華商からなる初めての連合事業の実現に向けて熱中したことによって実現したものといって差し支えない。

中国華商銀行は、「中国人」の出資からなる、中華商務総会を出資金募集単位とする独特の方式を採用した。シンガポールの華商と繋がりの深い蘭領東インドの華商はとりわけ引き受けに熱心であった。当時すでに成立していた一〇ヵ所の中華商務総会のすべてが例外なく出資に賛同し、連名で中国華商銀行を共同設立することに同意した。一方の拠点である上海商務総会は、同郷者の繋がりを頼りに日本の三江幇ネットワークを活用した。

当時の『華商聯合報』の報道から見えてくることは、南洋地区、とりわけ蘭領東インドの華僑社会では、ちょうど国籍保存の問題で華僑社会全体の民族意識が高揚し、アイデンティティの危機に面していたという事実である。そして、その高揚は各地で中華商務総会や学堂を次々と出現させた。これらの社会的条件が中国華商銀行の株式引き受けに積極的なプラス効果をもたらしたことは疑いのないことである。上海商務総会はシンガポール商務総会の協力を得て、南洋地区に対して中国華商銀行設立の必要性を宣伝し、彼らの声を取り込みつつも同時に商会のネットワークを拡げ、『華商聯合報』という共通の情報誌を共有することができた。一方、上海から直接東に伸びるネットワークも活性化に貢献した。このことは、清朝政府が商部を成立させ、積極的に商会の普及を促進させた政策が、結果として異なる華僑社会を結びつけるという顕著な効果をもたらしたということを意味する。中国華商銀行そのものの計画は、ついには夢破れることとなったのだが、この中華商務総会ネットワーク構築の実践を通じ、華商の相互連合という遠大な理念が、初めて多くの華商によって共有されたという画期的な事実は注目に値する。

注

（1）この点については第五章において、長江デルタの地域社会の状況に則した分析を行う。

（2）一八八二年に史上初めてとなる中国人排斥法案がアメリカで成立してのち、一八九四年は清米間の条約で一〇年間の移民禁止政策を進めた。アメリカは一九〇二年に移民禁止の無期限延長立法を行い、一〇年満期の一九〇四年を迎えても厳しい政策と罰則が施行されることとなり、反対運動が巻き起こった。

（3）張存武『光緒卅一年中美工約風潮』（台湾商務印書館、一九六五年）を参照。全国的な対米ボイコットに発展した。本書第三章では、このボイコットと一九〇八年の対日ボイコットに対する日本の華商の反応について分析している。

（4）「中国第一偉人曽少卿」『華商聯合報』第七期、一九〇九年六月、海内外図画影片、一九〇九年五月、一頁。

（5）徐鼎新・銭小明『上海総商会史（一九〇二～一九二九）』（上海社会科学院出版社、一九九一年）九四～一〇〇頁。大会に参加した海外代表はシンガポール、ジョグジャカルタ、ペラ、スマラン、長崎、ウラジオストックであった。

（6）一九〇九年三月創刊、半月刊、上海発行。華商聯合報館発行、陳頤壽（君貽）、金賢寀（雪塍）等主編。英名 *Chinese Federation Review*。翌年『華商聯合会報』と改名。

（7）君貽陳頤寿「華商聯合報序目」『華商聯合報』第一期、一九〇九年三月、序目、一～五頁。

（8）君貽陳頤寿「説聯合」同右第二期、一九〇九年三月、海内外時事社言、四～七頁。

（9）浙江鄞県人、一八五八年生まれ。一八九六年横浜の外国商社に雇われる。一八九九年、神戸のサッスーン洋行に移り、業務主任となり、一九〇〇年に興泰号を開設して貿易に従事する。上海への帰国時期は不詳。中華会館編『落地生根――神戸華僑と神阪中華会館の百年』（研文出版社、二〇〇〇年）六五～六六頁による。

（10）華商銀行の最初の発起人は徐景明だという説がある（「発起第一」『華商聯合報』第五期、一九〇九年五月、海内外時事社言、四頁）。が、いずれにせよ、徐景明は商会を動員したわけでもなく、そのネットワークを利用しうる立場にもなかった。のちに、徐は個人の名義で類似した銀行を発起している。

（11）「中国華商銀行股份有限公司集股啓」同右第一期、一九〇九年三月、海内外通信、三～七頁、「中国華商銀行股份有限公司集股章程」同、海内外実業、一～一二頁。

(12)「創辦中国華商銀行上海商会代表李徴五報告南洋各埠認股情形書」同右第一一期、一九〇九年七月、海内外通信、一～二頁。辰丸号事件と対日ボイコットについては次章で詳述する。

(13) 通常「茂物」と表記されるボゴール（Buitenzorg）ではないかと推察される。

(14)（注）12に同じ、一～七頁。香港商会「中国華商銀行香港招股啓」『南洋群島商業研究会雑誌』一三二～一三四頁によると、翌一九〇九年旧暦二月初旬の段階で八〇〇元の引き受けが決まっていたことがわかる。

(15)「華商銀行の計画」（『読売新聞』一九〇九年六月一七日）。この報道によると、この計画は資本一千万両。漢口百万、上海二百万、天津百万、その他各港百万、香港・新嘉坡・桑港在住の清国人の主なるものより五百万を集めるとある。本章の論証から判断すると、この記事の後半部分「桑港（サンフランシスコ）」の参加は疑わしい。シンガポール以外の南洋華僑の参加状況が把握されていなかったとはいえ、少なくとも出資金の半分は海外華商による、という点で報道は「当たらずと雖も遠からず」であったといえる。

(16) 当時フランス領の現ベトナム南部地区（サイゴンとショロン）は正式には商会が成立していなかった。ちょうど準備中であったことにもよるであろう（「越南華僑議立商会」『華商聯合報』第五期、一九〇九年五月、海内外商会紀事、一～二頁、「越南商会総会業稟商部」同第七期、一九〇九年六月、海内外商会紀事、三頁）。

(17) 暹羅（シャム）中華商務総会は宣統三（一九一一）年三月に正式に成立し、巨商馬順興が率先して組織した。暹羅中華商務総会についての詳細は内田直作『東南アジア華僑の社会と経済』（千倉書房、一九八二年）一一五～一六四頁を参照した。

(18) その他の七ヵ所とは、設立順に、マニラ、シンガポール、長崎、ペナン、セランゴール、ビルマ、ウラジオストック。

(19) 前掲陳君貽「華商聯合報序目」『華商聯合報』第一期、一九〇九年三月、序目、一～五頁。

(20) 三江の定義については諸説ある。比較的流布しているのは、省の名前を取り、江蘇、浙江、江西の三省を指すとする考え方。いまひとつは、清朝時代両江総督の管轄下にあった江蘇、江西、安徽に浙江を加え、四省を指すとする考え方である。明代に存在した江南省（安徽省と江蘇省域を管轄）に浙江省、江西省を合わせて四省とする説と同様の地区を指す。伝統的な徽州商人の出身省である安徽、寧波商人の出身省である浙江、世界市場に出回った景徳鎮の所在する江西、近世近代以降中国の商工業の揺籃の地江蘇を含み、国際商業都市として成長した上海を海外への雄飛の拠点と考えれば、後者の定義が妥当であると考える。ここでは三江とは、長江下流域の出身者をひとくくりにする概念としておく。

(21) 許瓊丰『十九世紀末至二十世紀初的神戸華僑研究——以呉錦堂為中心的考察』（中国文化大学史学研究所碩士論文、二〇〇〇年一二月）八八頁、墨悲編『江浙鉄路風潮』（中国国民党中央委員会党史史料編纂委員会、［一九〇七年刊行］影印本一九八三年）三六三～三七二頁。

(22)　馮自由「華僑革命開国史」『華僑與辛亥革命』（中国社会科学出版社、一九八一年）三四頁。

(23)　「横浜中華学校記」、「横浜之学校」（『中国実業雑誌』第六年第二期、第七年第一期、一九一五年、一九一六年）。

(24)　「横浜中華学校概況報告書」近代史研究所档案館所蔵外交部資料『日本僑校（一）』11-EAP-02121、七〇～九八頁。

(25)　呂順長『清末浙江与日本』（上海古籍出版社、二〇〇一年）一〇頁、王宝平「明治前期に渡日した浙江商人王惕斎の研究」（http://publications.nichibun.ac.jp/region/d/NSH/series/symp/2012-03-23/s005/s043/pdf/article.pdfよりダウンロード）に詳しい。

(26)　農商務省商務局『対清貿易の趨勢及び取引事情』（農商務省商務局、一九一〇年）、三〇～三四頁。

(27)　『華商聯合報』では毎号永年保寿総公司と上海華通火水保険股份有限公司の広告が掲載されている。

(28)　「上海会議商法草案提綱新嘉坡中華商務総会代表林竹斎林夢琴君」『華商聯合報』第一期、一九〇九年三月、海内外図画映片、四頁。

(29)　道南学堂は一九〇六年福建系華僑によって設立された。主任監督（総理）は呉寿珍（シンガポール中華商務総会が一九〇五年に成立したときの第一期総理）で、初代校長は馬徵祥（梁英明「新加坡道南学校」『華僑華人百科全書』教育科技巻、中国華僑出版社、一九九九年、三二〇～三二一頁、劉宏「道南学校八十五周年紀年特刊」同書、三六頁）。

(30)　林竹斎は福建厦門人。第四期シンガポール商務総会の総理は林維芳、協理は張善慶（「新嘉坡中華商会更挙総副理坐辦」『華商聯合報』第一期、一九〇九年三月、海内外紀聞、一一頁）。

(31)　福建省海澄人。一八六九年にシンガポールの華僑家庭に生まれる。イギリス式の教育を受けたが漢語に対しても深い造詣があった。一九二一年の厦門大学設立時には厦門大学校長として招聘され長年厦門に住んだが、晩年はシンガポールに帰った（中国社会科学院近代史研究所『民国人物伝』第三巻、中華書局、一九八一年、三八七～三九〇頁）。シンガポールの新旧両商会間の抗争については、楊進発論文「新旧中華総商会的対立――一九一二～一九一四年新加坡華人社会領導層的闘争」（『新加坡中華総商会八十周年紀年特刊』一九八六年）二八八～三九〇頁。

(32)　持田洋平「シンガポール華人社会の「近代」の始まりに関する一考察――林文慶と辮髪切除活動を中心に」（『華僑華人研究』第九号、二〇一二年）に詳しい。

(33)　陳錫祺編『孫中山年譜長編（上冊）』（中華書局、一九九一年）二一八頁。

(34)　一九〇八年のフォード社が売り出したT型車によって自動車の大量生産と大衆化に拍車がかかると、天然ゴムの需要が高まり、ゴム相場が高騰した。一九一〇年、国際金融の中心でもあり産地の南洋に近い上海では、行先に不安を感じた米国のゴム消費を制限する政策が六月に発表されると、ゴム相場が一気に下落し、多くの銭荘が破綻した。世にいう一九一一〇年のゴム恐慌である。

(35) 林義順（一八七九～一九三六）はシンガポール生まれ。青年時代に民族主義に心酔し、星洲同盟分会に参加する。孫文に追随してクアラルンプールやペナンなどで同盟会分会の設置に奔走する。終始中国の政治的動向に関心を寄せ、革命に対して支援を惜しまなかった（程光裕「林義順的革命志業」『辛亥革命與南洋華人研討会論文集』政治大学国際関係研究中心、一九八六年、一二三～一三二頁）。

(36) 林遠輝・張応龍『新加坡馬来西亜華僑史』（広東高等教育出版社、一九九一年）三一〇～三一二頁、「華商銀行」、「華僑銀行」（周南京主編『世界華僑華人詞典』北京大学出版社、一九九三年）二九一～二九二頁。

(37) 周南京「華鐸報」（前掲『華僑華人百科全書』新聞出版巻、一九九九年）一一一～一一二頁。

(38) 「中華全国商会聯合会第一次代表大会（上）」『歴史檔案』一九八二年第四期。

(39) 満鉄東亜経済調査局『インドネシアにおける華僑』（青史社復刻版［一九三〇年］、一九八六年）一四四～一四六頁。

(40) 「和蘭属地華僑国籍問題」『華商聯合報』第一期、一九〇九年三月、海内外紀聞、四～一〇頁、「爪哇全島華僑商学会為和蘭欲施新律収僑民入殖地民籍上農工商部稟」、「上海商務総会上農工商部稟」同、海内外公牘、一～六頁。

(41) 「和国欲収僑民入籍問題」（『申報』一九〇九年二月二〇日、二四日）。たとえば厦門では二月一五日に林文慶らが各界の代表を商務総会に集め、支援方法を議論し、代表を泗水に派遣して調査することと外務部、農工商部、閩浙総督に対し当地への領事派遣を側面から要請する決議を行った（「商務総会集議声援荷属東インド華僑正義挙動（原載『厦門日報』二月一七日）」、厦門市档案館、厦門総商会編『厦門商会檔案史料選編』鷺江出版社、一九九三年、四六一頁）。

(42) 「泗水特別大会全体会員姓名表」『華商聯合報』第一期、一九〇九年三月、海内外通信、九～一二頁。両広総督の派遣官員の指導によって一九〇六年にジャワ島の各中華学堂董事からなる学務総会が成立していた。広東学務処から派遣された汪鳳翔は蘭領華僑勧学処総董兼視学員となる。学務総会ははじめスマラン、次にバタビアに置かれたが、この時（一九〇八年）は輪番でスラバヤ中華会館に置かれていた（外務省欧亜局第三課『南洋と華僑』一九三九年、一八四～一九八頁）。

(43) 「王参賛游歴南洋之影響」『華商聯合報』第五期、一九〇九年四月、海内外紀聞、七頁。もともと学堂がなかったロンボク島やバリ島、セレベス島には学堂が成立し、もともと商会のなかったブリトゥン島やスマトラ島には中華商務総会が成立した。

(44) 「南洋荷属巴達維亜中華会館章程」同右第二期、一九〇九年三月、海内外公牘、四頁。

(45) 「巴達維亜華巫編訳社及華鐸報成立合誌」同右第一期、一九〇九年三月、海内外紀聞、一〇～一一頁。

(46) 前掲「和蘭属地華僑国籍問題」『華商聯合報』第一期、一九〇九年三月、四～一〇頁、「和国欲収僑民入籍問題」『申報』一九〇九年二月二〇日。

(47) ベネディクト・アンダーソン著、白石さや・白石隆訳『想像の共同体』（NTT出版、一九九七年）。
(48)「南洋蘇門答臘把東商会照准頒給関防」『華商聯合報』第四期、一九〇九年四月、海内外商会紀事、二～三頁。
(49)「和蘭霹靂（ペラ）中華商務総会准給関防」同右第七期、一九〇九年六月、海内外商会紀事、一～二頁。
(50) たとえば、ジョグジャカルタ商会の総理郭春秧は福建出身の現地学生とソロの学生六名を引率し、シンガポールから出発してまず厦門に帰郷し、次に上海を経由して留学先の南京曁南学堂へと連れていった（「新嘉坡中華商務総会致上海商務総会函」同右第三期、一九〇九年四月、海内外通信、九頁）。国内外各地の商務総会では彼等を歓迎し、接待している。
(51)「安班瀾（アンペラン）商会之奏准」同右第二期、一九〇九年三月、海内外紀聞、三三頁。
(52)「厦門商務総会に関し取調報告の件（一九一〇年）」（日本外務省外交資料館 3-3-5-5-4『各国商業会議所関係雑件（支那の部）』）、厦門華僑志編纂委員会編『厦門華僑志』（鷺江出版社、一九九一年）、二九四～二九六、三〇二～三〇三頁。
(53)「梭羅（ソロ）中華商務総会発給同僑回華商照文」、「附商部批准発給回華商照通飭章程」『華商聯合報』第一五期、一九〇九年八月、海内外公牘、一～三頁。
(54)「香港華商為中国華商銀行会議紀略」同右第二期、一九〇九年三月、海内外紀聞、三二～三三頁。
(55)「南洋商憲端会奏創辦南洋第一次勧業会摺」同右第三期、一九〇九年四月、海内外公牘、四～七頁。
(56)「記日本商学博士根岸氏回国」同右第四期、一九〇九年四月、海内外時事社言、九～一〇頁。
(57) この点については拙著「辛亥革命時期的日本華僑与日本経済史研究的新趨――東亜貿易結構与移民趨勢的変化向」（国務院僑務弁公室政法司編『海外華僑与辛亥革命』世界知識出版社、二〇一二年六月）で詳しく分析しておいた。
(58)「華商銀行新設（神戸）」『朝日新聞』一九〇八年六月一八日。
(59)「呉錦堂氏と華商銀行（神戸）」『朝日新聞』一九〇八年一二月一三日。日本での華商銀行設立の中心人物は周熊甫と袁子荘。二人がこの事業の全権を呉錦堂に託し、この段階では横浜にも支店を置く予定であると報道されている。
(60)「華日合弁契約底稿二十条」『華商聯合報』第四期、一九〇九年四月、海内外調査叢録、九～一三頁。
(61)『実業同方会章程草案』（機密第七号、一九一三年一月、上海総領事有吉明）（外務省外交資料館ファイル 3-4-1-14 に収録）。

第三章　対米・対日ボイコット運動と辛亥前夜の神阪華商

広州黄花崗七十二烈士公園紀功坊（筆者撮影）

はじめに

日清戦争で東方の新興国日本に破れ、清朝政府は欧米各国との間でさらなる不平等な条約を結ぶこととなった。それに続く世紀末の変法運動の試みとその失敗は対外関係での劣勢を決定づけるとともに、さらなる社会変動を促進させる内発的な誘引となった。しかしながら、もっとも重要な変化は人々の心の奥底でひそかに進行していた。民族存亡の危機に直面し、志を同じくする知識人たちは国家、国民、救亡（祖国の危急を救おうとする意識）といった新しい意識を共有するようになる。二〇世紀初頭、連続して発生した拒俄運動（一九〇三年）、対米ボイコット運動（一九〇五年）、対日ボイコット運動（一九〇八年）という一連の運動は人々に心の奥底の変化を促した。これらの愛国運動は怒濤の如く全国各地に押し寄せるとともに、それは海外の華僑社会にまで及ぶ勢いをもつものであった。

本章では神戸・大阪地区の華僑社会に焦点を当て、主に一九〇八年に発生した第二辰丸事件とそれが引き起こした史上初の日貨ボイコット運動の過程と結末、およびこの運動が華僑社会に与えた直接的間接的影響について検討を加えるものである[1]。さらに、この運動の真相に迫るため、一九〇五年に発生した対米ボイコット運動にも言及し、両者の比較を試みる。

対米ボイコット運動については張存武の研究[2]がある。このほか、黄賢強は海外の資料を発掘し、この運動に対するシンガポール・マレーシアの華僑社会の反応について論じた[3]。吉澤誠一郎は著書『愛国主義の創成』のなかで、この運動が愛国主義の形成に与えた歴史的意義と影響について論じている[4]。このように、歴史学者は概して対米ボイコット運動に対して高い関心を寄せてきた。

一九〇八年の第二辰丸事件については、菅野正[5]と松本武彦[6]が事件発生の背景として留日革命派と広東自治会の存在を指摘し、それらと留日華商との相互関係について分析を加えている。近年では黄賢強[7]や楊麗祝[8]など新しい視角からの研究もでているが、米貨ボイコット運動の研究と比べると、第二辰丸事件という日中間の外交問題が引き起こした日貨ボイコット運動についてはあまり重視されてこなかったといえる。一方、リーマー（C.F. Remer）[9]と菊池貴晴[10]はこの二度のボイコット運動に対してともに高い評価を与えている。菊池はこの対日運動に対し、「辰丸事件という一見大した問題でなさそうな事件の反対運動としては、驚くべき規模の広さと深さを示したものである」という論評を加えている[11]。

本章では、日本華商の立場からこの事件を再検討し、華商が国家とのチャネルが必要であると考えるに至った契機として、第二辰丸事件に新たな歴史的位置づけを与えてみたい。ここでは清朝政府の官報と外務部の史料、外務省外交文書や報告書、現地新聞の報道などを利用した。

第一節　米貨ボイコット運動（一九〇五年）と神阪華僑社会

1　なぜ神阪華僑社会か

本章が神戸と大阪の華僑社会を叙述対象とした理由は以下の四点に整理できる。

第一に、中国が日本にとって主要な貿易相手国に成長していたという事実による[12]。一九〇一年の日本の対華輸出総額は、対アメリカの二八・六％に次ぎ、一七％を占めるようになっていた。第三位の対香港の一六・

六％を加えればゆうにアメリカを凌ぐ数字である。一八九二年時（〇・七％）と比べ、その比率は年々増加の一途をたどった。一九〇一年の日本の（香港を含む）対華輸入総額（一五・三％）も、イギリス、印度、米国に次ぎ、第四位を占める。つまり、中国にとって日本は亡命政治家が身を隠す亡命の地、あるいは革命派留学生の揺籃の地として重要であったばかりでなく、才覚あふれる華商が沿岸貿易港に進出して経済活動を行い、日本と中国の間に立ち、両国の共存互恵関係を成り立たせる役割を果たすに至っていたのである。

第二に、神戸が当時すでに日中間貿易の中心地として不動の地位を獲得しており、隣接する大阪もこの時期からとくに輸出工業製品の分野で頭角を現してきていたからである。一九〇〇年の日本の対華輸出入貿易総額のうち、神戸港は六〇・七％を占め、第二位で一五・四％を占める横浜をその額においてはるかに凌駕していた。また、同年日本の対香港輸出貿易総額中、神戸港は四八・五％を占め、横浜は三二・二％を占めた(13)。二年後の一九〇二年の対華輸出総額のうち、大阪港が占める割合は神戸に次ぎ、一三％であった。大阪港のこの数字は二年前の〇・三％と比べると、明らかに大幅な増加であり、その総額は六倍近くとなる。

第三に、日本の華僑社会は日本政府の入国管理政策等が原因で、単純労働者がほとんど不在という特殊性をもち、華商が多数を占めていた。さらに、横浜と同様、貿易港として急速に台頭する神戸にも広東人商人が集中していたという点からである。このため、神阪地区の華僑、なかでも広東商人のボイコット運動への対応を分析することは、日貨排斥運動の本質がどのようなものであったのかを見据える手がかりとなる。

第四に、中華商務総会設立前夜の華商が困難に直面したときの対処の仕方と商会成立後の華商結集のありかたの違いを検証するためにも、辰丸事件の直接の被害者であった神戸華商を取り上げる理由がある。

前章のむすびを受け、なぜ当時の中国が日本を意識したのか、そのなかでもなぜ神阪地区の華商が重要なのかを、改めてこの章で説明するものとなろう。これまでの中国近代史あるいはこの時期の日本華僑史の研究では、神阪華商の動向を充分に分析したものはなかった。それは、一つには留日華僑それ自体の人数が多くはなかったからであり、また、一つには東京や横浜地区に集中していた亡命政治家や留学生の活躍がことのほか顕著であったことによる。政治家や学生の活動と彼らに対する日本当局の対応の分析に、研究が偏ってきたように思う。

2　運動の発生

やや時代がさかのぼるが、米貨ボイコット運動が巻き起こった一九〇五年の時代背景について説明をしておこう。第一に、一九〇五年は日露戦争に日本がついに勝利した年でもある。[14]日本はこれ以後ロシアの中国東北地区における経済利権を引き継いだばかりでなく、中国の瓜分〔分割占領〕を進める列強陣営の側に本格的に加わることとなった。東方の小国の強大化は一般の中国民衆に危機意識を再度覚醒させることとなる。第二に、新政の改革が各界に浸透し、とくに商工業の振興に関しては、商部の創設から商会の普及等にいたる一連の施策が実際的な効果をもたらしてきた。と同時に、実業振興のための諸政策は、各地の政官界や経済界の有力者に、とりわけ海外華僑に対しては、本国への投資に有利な条件を準備した。商工業保護の政策を推し進めたことによって、中国内外の華僑たちは、国家主権は断固奪回すべき、との意識を強くもつようになる。前章でも指摘した通り、米国の華人入国禁止条例に対して広範に展開された一九〇五年の反対運動も、愛国心を高揚させる運動であった。

次に当時の神阪地区の留日華僑の置かれた時代背景を説明しておきたい。一八六八年から外国人が居住できる居留地を設けて開港場となった神戸港では、おおよそ一八七〇年代から、長江下流域、福建省南部地域、広東省出身の貿易商人によって構成される三江公所、福建公所と広業公所といった同郷同業の幇「(=パン)」組織が成立する[15]。一八九三年、現地の華商は理事（＝領事）の指導のもと、三つの商業公所を基礎に、一歩進んで各幇を統括する神阪中華会館が組織され、大規模な廟宇建築の会館を建設した。一九〇四年は一〇年にわたる幇同士の連携が実を結び、三つの幇がそれぞれ代表を立て、正式に現地の兵庫県政府に対して中華会館を社団法人として登記した年である。ほぼ同時に日露戦争が発生した。在日華僑を取り巻いたのは、日本に対して忠誠心を示さざるをえないという雰囲気であった。この間、麦少彭、呉錦堂、復興号（王敬祥　敬済）、葉子衡、徳記（李寅生）、利興成（黄文珊）、同孚泰、裕貞祥（黄煜南）、同豊泰（周子卿）など有力神戸華商は積極的に軍債を引き受け、軍資、恤兵金の献納も行っている[16]。

米貨ボイコット運動のニュースが日本に伝わったとき、ちょうど登記手続きを完了したばかりの社団法人神阪中華会館では、落成してまだ日が浅い会館建物に神戸と大阪から百名余りの華商を召集し、領事館館員傅少連を会長に据え、この問題に対応するための臨時大会を開催した。そこで、八月一日から以下の通り、一斉に米貨排斥を実行することが決議された[17]。

一、米国銀行とは取引を拒絶する事
一、保険は米国商会以外に於てする事
一、米国船には貨物を委託せざる事及米国船には乗らざる事
一、米国の物品は一切購買せざる事
一、若し此規約に背く者ある時は罰金に処し其店名氏名等を発表する事
一、若し米国商人と取引ある者あるを密告せし者には其罰金の三分一を贈与する事

会場では、「米国人がいかに恫喝しようともわが同胞は努めてこれに抵抗することをモットーとし、外国人からわが同胞が団結心がないとの誹りを受けないようにしなければならない」という議論が展開されたという。[18] 神戸華商は、ナショナリズムの色彩を濃厚にもったこの広汎な米貨ボイコット運動を頑なに支持したかのようである。長崎華商も同じくアメリカ船に商品を積載しないことや、アメリカ船の貨物は一切受け取らない、以前の契約は一切無効とするなどの決議を行っている。[19] 横浜華商も同様に積極的にこの対米運動には参加している。

実際、各地の華商は米国の華僑入国排斥問題に対しておしなべて断固反対を表明する立場をとっていた。しかし、たとえば神戸の袁子荘のように、一部の在日華商のなかには、清国商人が「付和雷同して斯る行々《ぎょうぎょう》しき決議を為し」、「好んで米人の感情を害すべき必要なかるべし」との立場をとる者もいた。[20] 神戸華商はそれまで必ずしも米国商人と直接の取引関係があったわけではない。華商が利用していた商船もほとんどがイギリスあるいは日本のものであった。ただ、一部投機的にアメリカ綿花を商う華商がいた程度であった。それゆえに両者の関係は、「利害の関係甚だ浅薄」なものであった。袁の目には、にもかかわらず「唯流行熱に浮かされて」このような決議案を出すこと自体が「児戯に類する」と映ったのである。彼はわざわざ新聞を通じ、決議案に出ている袁子荘の名は「勝手に使用せしもの」であり、決議の一切は彼本人の意志とは関係ない旨明らかにしている。

このように、神戸華商の当時の一般的取引関係からして、このボイコット運動がいかに熾烈であろうとも、いささかの悪い結果を引き起こす類のものではなかった。米貨ボイコットは彼らの本業の商いになんら影響がなかったのである。逆に、中国での米貨ボイコットは輸入主要品目であったアメリカ製綿製品のほか、綿花と銅に向けられていた。当時中国への輸入銅においては日本とオーストラリアがアメリカの貿易競争相手であっ

図 3-1

資料　『神戸又新日報』1905 年 8 月 19 日.

た。つまり、阪神地区の華商にとってみれば、中国国内の米貨ボイコットは、綿製品を要とする大阪産工業製品の中国への輸出にとり有利に働いたであろうし、あるいは取扱品目においても、彼らにいっそうのチャンスをもたらしうるものであった。

これまでの研究でも指摘されている通り、一九〇五年の米貨ボイコット運動は中国において初めて大規模な外国製品排斥を実現した民族運動であった。この運動は文明的かつ合法的な手順で進められたという点で、義和団にみられた後進性を大きく超克するものであった。外国のメディアもこの点を評価し、「賢明な、洗練された方法」であるとの賛辞を送った[21]。当時、連日日露戦争の勝利を声高に報道していた地元の『神戸又新日報』も常に第一面で、隣国で初めて行われた大規模な外国製品排斥運動を報道した。隣国に対する一般的な見方は冷淡かつ高飛車ではあったが、ことこの米貨ボイコット運動については高い評価を与えている。このボイコット風潮を「清国人の大気炎」と称し、「今回の対米運動は一般的にて頗る重大の性質を帯ぶ」ものと論評している。[22] さらに、同紙は前頁のような風刺漫画（図3－1）を転載している。[23] 朝野にわたり、日本人はこの事件に強い関心を抱いていたことがわかる。

3　影響とその後

リーマーは、われわれは当時の米中間貿易が総額で増加したという事実でもって、この運動の影響が多大ではなかったとし過小評価をしてはならない、と指摘する。華南や上海、一部の長江沿岸都市では、米貨ボイコット運動は確実に米国商人に大きな痛手を与えた。又新日報の風刺画に示されている通りである。具体的に被害を受けたのは米国製綿製品と石油、小麦粉である。[24] 輸入綿製品の減少は中国国内の手工土布の増産への刺激となり、同時に日露戦争の影響で、綿製品の国内需要は一時的に高まりをみせていたので、上海、通州、蘇州、杭州地区に集中していた国内の国産綿布は急速に市場を拡大することとなった。さらに、綿花価格も一時的に下落し、日本製機械製綿糸が東北地区に集中したため、総じて輸入綿糸の中国国産綿糸に対する圧力は緩和され、中国国内の紡績工場は発展の機会を得た。その実、一九〇〇年から一九〇四の間に増設がみられなかった中国資本の紡績工場は一九〇五年後の三年の間に九工場増加し、既設の紡績工場も次々紡錘数を増加させたのである。[25]

一方、米貨ボイコット運動がもたらした最大の成果の一つは粤漢鉄道権の回収であった。そのほか「アメリカ製品を使わない」という掛け声のもとで、米国資本の香港花旗マッチ工場が操業停止に追い込まれ、逆に中国紙烟〔タバコ〕公司が上海で創設されるなど、国産品製造業の巻き返しを象徴するできごとが相次いだ。一九〇四年から一九〇六年の間、上海だけをみても、三星、徳倫、中国、四民、福寿、大東、大通、泰東、大隆、自新など、いくつものタバコ工場が出現している[26]。外国製品のボイコットを内実とした民族運動の高揚と密接な関連をもったこのような工場設立ブームは、一方で華僑資本の祖国への国産品工業投資を促したこともまた事実である。

神戸広業公所に所属していた簡照南が「実業救国」の理想を抱き、香港で広東南洋タバコ公司を創設したのもこの時期（一九〇五年）のことである。弟の簡玉階はビルマのヤンゴンに向かい怡生公司を開設し、南洋タバコ公司のタバコと雑貨の販売を行うようになった。南洋タバコ公司は「中国人は中国製タバコを吸いましょう」という宣伝文句を使い、南洋各地に自社製のタバコの販路を拡大したのである[27]。このように、ボイコット期間中、国産品代用運動が国内で高揚したばかりでなく、神戸など海外各地の華商資本の国内産業への投入も促進された。

この時期、中国の国内製造業が漸次発達した原因については、以上で指摘した日露戦争と米貨ボイコット運動による間接的影響のほか、もうひとつの要因を指摘しておくべきであろう。すなわち、一九〇七年に始まった銀と銅の下落と中国内地の購買力の低下である。これらの要因は、同時に外資と華僑資本の中国国内への導入を容易にし、中国産品の海外輸出を促進させることとなる。中国国内の産業資本はこれを機に増大し、その後の外国製品排斥運動の社会的前提条件となる。

日本は日露戦争で勝利を獲得した後、三井物産の主導のもと、日本製綿製品の販路拡大と日本紡織業の機械化の推進のため、輸出カルテル（日本綿布輸出組合）の形成が促進された。同時に、日本政府も金融並びに信用貸しの緩和など、日本商人に対する保護政策を実施した。日露戦後、政府による戦時徴用船返還の後に運輸コストが下落したことに加え、満鉄や日本郵船が日本商人に対して優遇政策を実施したことにより、日本商人はにわかに中国東北地区に勢力を伸張する結果となった[28]。

とくに注目すべきは、三井物産がはやくも一九世紀末の八〇~九〇年代に中国東北地区の開発に着手して大豆栽培を行っていたことである。三井物産が開発した豆粕は、インドや米国などで綿花の収穫が激減した一九〇八年に、綿実に代わり植物油の原料および飼料として欧米に輸出されて市場機会を捉え、生産量が激増した[29]。これ以後、東北地区の広大な大地では、大豆栽培が広く行われて開拓が進んだばかりでなく、鉄道網と金融および通信などのインフラ整備が進み、東北地区は同時に日本の工業製品にとっての重要な市場となった。上述の通り、日本の開発が東北地区に対象が集中した結果、いわゆる中国関内に対する経済的圧力が一時的に弱まったという側面も重要である。

さらに、従来日本が外国商人に頼っていたさまざまな輸出入品目は、その多くが日本商人によって直接取り扱われるようになった。「外人の勢力はこのため減退し[30]」、神戸の外国商人はこれによって休業をやむなくされたものも多い。代理神戸正理事〔=領事〕王万年の商部に対する報告に拠ると、一九〇七年における各国商人の、日本での輸出総額に占める割合は、前年の一九〇六年に比べ、中国とイギリスはそれぞれおよそ三%減少したが、ただ日本だけが一躍七・二%の伸びを示している[31]。これ以前のいわゆる日本における日本商人による「直貿易」率は一八九二年の二八%から大いに伸びを示し、一九〇〇年には四四%となっている。このように、この趨勢は明らかなものであった。ややのちに、神戸華商が次々と帰国して故郷への投資に身を転じた原因の一端はここにも求められる。

同時に、日本商人の朝鮮および東北地域への勢力伸張と、日本と華北および東北との間の交通通信網の充実に伴い、いわゆる「北帮」華商が大挙して日本に渡ってきている。彼らは主に軽工業製品の生産基地としての大阪に集中し、中国の北方（華北以北）に向けての綿糸綿布を中心とした日本の工業製品の輸出を手がけるとともに、中国大陸からは、華北や東北の柞蚕、豆粕などの輸入を進めた。

山東省や河北省など中国の北方を出身地とする華商は一八九五年大阪に大清北幇商業会議所（のちに北幇公所と改称する）を設立していたが、日露戦争後さらに実力を蓄えていく。大阪北幇公所は神戸の三つの公所より約二〇年設立が遅いが、神阪中華会館設立初期には微力であった北幇はこの時期急速に台頭してゆき、ついには最も積極的なメンバーとして中華会館の運営に携わった。この傾向に逆行するかのように、前章で登場した周熊甫や先に登場した袁子荘、次いで有名になった呉錦堂など神戸の巨商たちはいずれも商業活動から手を引き、「全く影を潜める」こととなる。広東幇の有力商人であった麦少彭も時局の影響を受けて「かつての勢いがなくなり」、神戸華商の商業活動は「日増しに悪くなる一方」で、逐次衰退の局面に陥ることとなる。(32)

簡単に小結をしておこう。日露戦争終結のとき、日本社会は意気揚々とした雰囲気に包まれていた。当時の日本華僑は、あるいは種族蔑視観に囚われた、あるいは宗教による排斥を受けていた他の地域や国家に居住する華僑とは異なり、必ずしもその行動において厳格な制限を受けていたわけではなかったが、在日華僑は日本社会に対して一定の敬意と忠誠心を示す必要があった。日本は朝鮮半島と中国東北地区に勢力範囲を拡大すると同時に、大阪地域の工業は迅速な発達を見、日本商人は直接中国市場に進出し、彼らの商業ネットワークを開拓するようになっていた。日本の商工業者が中国の東北地区にネットワークを展開するのに付き従うかのように、大阪を拠点にしていた北幇華商も頭角を現すようになった。一方、かつて、輸出入貿易で大きな利を得ていた神戸華商は、日本商人が次々と「直貿易」の方式をとるのを目の当たりにし、じりじりと窮地に陥ることとなる。とくに日露戦争後の一時的繁栄ののち、アメリカの経済恐慌の影響で一九〇七年下半期には世界的な不況の波が押し寄せ、貿易の前途は悲観的となる。

対米ボイコット運動が惹起した中国人の愛国的情緒の高揚と国産品代用ブームを転機として、さらに国内の購買力の低下というさらなる一波の到来により、日本を含む海外の華商はよりいっそう中国国内に目を向け、近代的企業への投資に関心をもつようになったのである。

第二節　第二辰丸事件（一九〇八年）

1　広東商人による日貨ボイコット運動の惹起

一九〇八年二月五日、日本の貨物船第二辰丸号が澳門《マカオ》沖の九州洋過路湾の水域で停泊し、武器を降ろしていた現場を中国の拱北関の巡視艇に発見され、珠江河口からやや奥まった黄埔港まで連行された。第二辰丸号が捕らえられた原因は、中国税関の許可書を携帯せずに武器弾薬（銃二千丁と弾薬四万）を密輸していたことにある。捕獲の過程で、広東水師の役人が海関職員監視のもとに、第二辰丸号が掲揚していた日本国国旗を引き下ろした。日本の外務省はこの点を日本国に対する「侮辱」であると指摘し、すぐさま清朝政府に厳重な抗議を行った。

そのうえ、日本政府は、辰丸号が捕捉された海域はポルトガル領であり、武器は密輸ではなく正式に輸出手続きを踏み、マカオ華商の広和号に売却する商品であったことを主張した。日本側の主張によれば、第二辰丸号は捕らえられる理由はなく、逆に、中国側の役人が国旗を引き下ろし、日本を侮辱した行為を問題視し、清朝政府に謝罪を求めたのである。

日本政府による内閣会議ののち決定された正式要求[33]に基づき、一通りの外交交渉過程を経たあと、辰丸事件

についてはついに三月一五日に両国の間で次のような結論を出すこととなる。(34)

一、清国政府は日本国旗引卸の件に対し艦砲を発射して陳謝の意を表すこと
二、清国政府は即時無条件にて辰丸を解放すること
三、辰丸搭載の澳門行武器弾薬は清国官憲の最も関心するところなれば其澳門行を避くることに帝国政府に於て尽力し之を弐萬壱千四百円にて売却せしむべきに付清国政府之を買収すること
四、清国政府は辰丸抑留に関する事実を審査し其責任者を処罰することを約すること
五、清国政府は辰丸抑留の為めに生じたる損害を賠償すべきことを約すること

以上の通り、この外交事件は表面上一件落着と思われた。ところが、清朝政府外務部のこのような脆弱な態度は、逆に史上初の日貨ボイコット運動を引き起こすこととなる。ボイコットは一九〇八年の年末に至りようやく沈静化へと向かうまで継続した。

ボイコット運動は広東（粤商）自治会の指導のもと、速やかに各地に伝播していった。(35)香港、日本、シンガポール、オーストラリアのシドニー、(36)蘭領ジャワ島のバタビア、スラバヤ、スマランなど(37)の華商も相次いでこの日貨排斥運動に参加した。ジャワ島各地でこの運動を伝播させたのはちょうど成立したばかりの中華商務総会であった。日本側としてはこの運動を百計案じて封じ込める必要があり、清朝政府に対して、商業会議所（＝商会）という国の命令系統を通じ、排斥運動の伝播を食い止めようと試みた。(38)このような日本政府は実際のところ中国の中華商務総会の本質を見誤っていたといえるであろう。日本の商業会議所と異なるのは、中国の民間の商業会議所、つまり商会は、政府機関の基層組織というよりは、むしろ官の権威を借りた民間組織と

しての側面をより強くもっていた点に特色がある。中華商務総会は実のところボイコット運動を伝播する拠点となっていたのである。

この日貨ボイコット運動は各地に伝播していったが、その規模と影響の範囲は米貨ボイコット運動のときのような広範かつ強力なものにはならなかった。たとえば、上海では組織的な運動とはなりえなかった。前章で少し言及したところであるが、一九〇八年五月に上海商務総会を中心に、中国華商銀行の株主募集を目的に組織された代表団が華南と南洋一帯に向けて遊説に向かったとき、広州商務総会は上海が積極的に日貨ボイコット運動に取り組まなかったことを理由に彼らの株式引き受けの提案をやんわりと断っている(39)。日貨ボイコット運動の規模は広東と香港に加え、一部の華僑社会に限られたのである。

しかしながら、一方の日本は、官民あげて矛先が日本に向けられたこの初めての民衆運動にひどく恐れをなした模様である。ビールやタバコなどの日本製品と海産物の中国向け輸出のほか、海運業と保険業が大きな打撃を被ったといわれている(40)。時まさに経済不況下であったとはいえ、この年の日本の対中国輸出総額は明らかに激減し、前年の七一%にとどまった(41)。この頑強な排斥運動にいかに対処してよいかの方策を考えあぐねた日本は百方手を尽くした。たとえば広東人の「怒りを静め」るため、日本が「独り広東の災害に対してのみ救援を申し出」、浙江の旱魃や湖南の水害に対しては大規模な救済募金を行わないといったような奇妙な現象が起こったのである(42)。

第二辰丸事件の決着については、日本側の政界も経済界も、暗に非は清朝政府に在らず、という認識を持っていたようである。外務省でさえ、マカオ政府が事後に事件が発生した現場海域は清国領海内であったことを確認していたことを承知していた(43)。日本商人もまた、荷主が日本とマカオの双方の輸出入許可証を持っていたかどうかにかかわらず、これらの武器が清朝打倒を掲げる「非合法」な武装勢力の側に疑いなく供給されるものであって、清朝政府としては決して許されうる行為ではないものであることを承知していた。それゆえに、この強硬な外交が引き起こした日貨ボイコット運動に関しては、日本側はなるべく人心を籠絡しつつ、一日も早い解決を望んだのである。

日本に拠点を持つ革命派が日貨ボイコット運動に対して取った態度は、日貨ボイコットの意義と効果を語るうえで微妙に複雑なところがある。当時日本を拠点としていた革命派は、康有為と梁啓超を中心とする立憲派との間で論戦を繰り広げていた。このような政治的状況のもとで、革命派は広東自治会が主導するこのボイコット運動に対しては反対あるいは傍観するといった消極的態度を取らざるをえなかった。革命派は、ボイコット運動の実施は在日華商の実力を削ぐことにつながる、と主張した。[44] しかし、革命派のこのような主張は、愛国情緒が高まっている中国の一般民衆に対しては説得力をもつものではなかった。革命派の主張は、明らかに彼らの論戦相手である立憲派とその後援拠点としての広東自治会を貶める意図を持っていた。しかも、それらの武器は、中国国内の同志の挙兵用に日本に亡命中の革命派が送りこんだものであるといううわさも密かに流れていた。それゆえに、革命派の日貨ボイコットに関する言論に対する反応は、香港や広東などにおいてはきわめて冷ややかなものとならざるをえなかった。

米貨ボイコット運動の愛国的情緒の高まりのなかで成長した国内の商工業者たちはすでに立憲派の有力な支持者となっていた。彼らは愛国ボイコット運動を自分たちにとって有利な闘争であるとみなして運動に参加したのである。当時としては、このような愛国的情緒の高まりと、留日の革命派グループの策略とは相容れないものであった。

2　神戸華商と日貨ボイコット

（1）直接的な影響

まず第二辰丸号事件が神阪地区華商に与えた影響から分析を行うことにする。第二辰丸号の船主辰馬商会は阪神間の船会社であった。問題となった武器弾薬の荷主が日本商社の安宅商会であったほか、その他のマッチ、海産物、雑貨などの積載商品はすべて神戸の広東幇華商が荷主であった。事件発生当初、神戸広業公所で開かれた対策会議に参加した広東幇商人は二四名を数える。そこでの議題はいかにして船主に対して商品の損害賠償を請求するかであった。このときに彼らが見積もった損害額は一四〜一五万日本円である[45]。のちに日本側が清朝政府に対して正式に提出した「辰丸事件損失査定調書」（表3-1）から窺い知れることは、神戸華商が第二辰丸号事件の発生によって直接被った損失がいかに巨額であったかということである。調書によると、日本側が要求した賠償金合計一一万二五〇九・六八円と香港ドル八万三九四一・七三銀元（圓）のうち、神戸華商八店舗の損害総額合計は七万六八一九・九一香港銀元にのぼることがわかる[46]。

一九〇八年六月、辰馬商会香港代理店が駐香港日本領事に提出した「当地清商損害調書[47]（上記「辰丸事件損失査定調書」作成の根拠となった原本）」に記された香港華商八店舗のうち、同孚泰、恒興泰は神戸同孚泰などの支店であった。一方事件発生の七年後に神戸広東華商一二店舗が連名で神戸中華商務総会（総理呉作鏌、協理楊毓華、王徳経）の名義で中華民国大総統宛に直接提出した「謹列各商号応行帰償実数（表3-2）[48]」と比較した場合、そのうちのいくつかの商店は神戸の広東幇商号の香港における聯号、パートナーあるいは取引相手であったことがわかる。

これらの損害実数は、事件発生後に香港の公証人華林と日本領事が、損害を受けたとされる荷物を実地検分のうえ、確定した損害額である。この時点での損害額とのちに政府レベルで引き渡した上述の査定調査書に記

表 3-1　辰丸事件損失査定調書

(1)	日本円	25,921.50	(44日分滞船料)
(2)	日本円	9,000	(辰馬商会と安宅商会にかかった電信料及び諸雑費)
	香港銀	5,234.82	(広東・香港での回航水先料，査定料等)
(3)	日本円	10,300	(船長遺族慰問金，船員の経費など)(49)
(4)	日本円	26,049.85	(船舶修繕費，神戸にて38日間滞船費，検査費用)
(5)	日本円	12,000	(船底損害額)
(6)	香港銀	1,887	(香港太古洋行石炭損害額)
(7)	日本円	86.37	(石炭荷送人瓜生商会より発した香港・神戸電報費)
(8)	日本円	76.96	(安宅商会砂糖損害額)
(9)	日本円	975	(三浦洋行注文違約金損害賠償額)
(10)	香港銀	76,819.91	(香港清国商人より申告の積載商品直接損害額) 8家
			広永生 (74.40)
			広日祥 (220.00)
			同孚泰 (6,272.20)・同孚泰 (5,564.01)・同孚泰 (7,521.00)
			恒興泰 (3,896.12)
			聯昌盛 (18,173.62)
			敦　和 (10,640.20)
			昌盛隆 (17,083.50)
			同義和 (7,374.86)
(11)	日本円	28,100	(安宅商会が銃器弾薬供給不履行のため澳門の清商広和号に支払わなければならない損害額)
	総　計	日本円 112,509円68銭	
		香港銀 83,941元73仙	

出典「光緒34年11月初4日［11/27］収両広総督張文」(中央研究院近代史研究所檔案館外務部清檔 02-22-4-(4)『軍火案二辰丸 (4)』)

表 3-2　謹列各商号応行帰償実数

同孚泰	20,076.04	(表3-1同孚泰の合計は19,357.21)	怡　和	1,903.70
聯昌盛	18,170.62	(同上聯昌盛は18,173.62)	広同生	1,129.75
裕貞祥	17,083.47	(同上昌盛隆は17,083.50)	祺　生	888.75
怡昌和	10,640.02	(同上敦和は10,640.20)	利興成	586
祥　隆	7,374.86	(同上同義和と同額)	麗興隆	503.8
恒興泰	3,896.12	(同上恒興泰と同額)	和　泰	174
総　計	82,427元3角1分			

出典「(附件) 僑日神戸商務総会呈文」『中日関係史料——通商與税務 (禁運附)』182-1，165-167頁より作成．( ) は筆者による加筆．昌盛隆は裕貞祥の聯号である．神戸広東幇商社と香港商号との関係については，注 (70) 拙稿論文に詳しい．

された総額との間には若干の違いがある。総額の香港ドルは八万二四二七・三一銀元となり、五六〇七・四元の差額が生じている。広同生、祺生、利興成、麗興隆、和泰など損害額の少ない五店舗分は調書時点では書き入れられていない。怡和号の麦少彭はこの年株投機の失敗に見舞われ、おそらくこの事態に対応する余裕がなかったものと思われる。

次々と引き起こされる日貨ボイコットが原因で、日本政府は、交渉の再開はいっそうの対日嫌悪感を増幅させるであろうことを恐れ、「問題を棚上げにした」ため、神戸の華商にとっては、「損害の補償を要求するチャネルを失う」ことになってしまった。神戸華商はまず船主である辰馬商会に賠償を求めたが拒絶された。そこで神戸広業公所は代表を派遣して東京の外務省に幾度か足を運び交渉を試みたが、明快な回答を得ることはできないまま月日が経過した。七年を経るなか、損害による負債の利息が重くのしかかり、聯昌盛や怡昌和など「赤字が累積して廃業した」ものが数軒ある。(50) 閉店のやむなきに至った聯昌盛号（店主は黄景舒、同孚泰出身）は当時怡和、裕貞祥、利興成に次ぐ神戸広東幇八大華商商社のうちの一つであり、(51) 聯昌盛と怡昌和は事件当時第二辰丸号の四大荷主のうちの二店であった。残りの二店同孚泰と裕貞祥は同じく神戸広業公所の八大商社の一角を占め、幸いにも資本が充実しており何とか経営を維持できたのである。このように、辰丸事件は荷主の賠償問題が七年後の一九一五年に至っても解決をみることはなかった。二大商店の倒産とそれが及ぼした他店への損害は明らかに第二辰丸事件が神戸華商に直接与えた悪影響である。

辛亥革命の勃発がもたらした政局の変化は賠償問題が棚上げされた理由の一つである。中華民国政府が成立した後赴任した駐広州日本国領事の一九一六年時点の説明によれば、宣統三〔一九一一辛亥〕年の革命事変ののち、中華民国の臨時政府が成立したものの、各国の正式の承認を得るまで、本件は「正式に交渉されることはなく」、その後広東都督、民政長、巡按使が就任したが、度々更迭が繰り返されたため「交渉の機会を得ることがなく」、依然として懸案のままである、ということになる。[52]

その実、先に提示した神戸中華商務総会が国務院に提出した上申書に述べられているように、棚上げ状態が続いた主な理由は、事件発生以後、安奉線事件、間島問題、二十一ヵ条条約反対など、断続的に起こった日貨ボイコット事件の発生にある。交渉過程を通じ、日貨に対するボイコット運動は間断なく発生し、沈静化することはなかったのである。

賠償問題については、上記神戸広業公所に加えて、辰馬商会も日本の国会に対して幾度か請願を行った結果、一九一六年一月には日中双方が合意に達した。日本側は華商損害部分の賠償請求を放棄することに同意したのである。つまり、この部分に関しては中国の国内問題として処理し、中華民国の責任のもとで、損害を受けた華商の救済を行うこととなった。同時に、日本商人に対する賠償部分については、広東政府は治水事業を行う目的で台湾銀行から借款を取り付けるために、借款のうち四万円を賠償に充てるとして交渉を試み、借款の獲得に成功したのである。[53] 日本側の説明によると、日本政府は日中両国の特殊な関係を慮り、両国の友好と将来のますますの発展を願い、両国間に存在するあらゆる懸案を「一挙に解決」しようと思い至り、辰丸事件の解決のために「大きな譲歩をした」のである。問題の早期解決を図るため、辰馬商会が華商に与えた損害に対する本来の補償部分を差っ引く提案をしたのは日本側であった。この華商関連部分の損害額については中国政府側が責任もって華商と直接話し合いを進めることとした。[54] つまり、本来船主が負うべき責任を、日本政府が一日本企業に代わって中国政府に丸投げしたのである。

中華民国政府側の賠償問題決着に至る顚末の解釈は一定ではない。辰丸事件が発生したとき、日本側公使は断固とした姿勢を堅持して一歩も譲らず、清朝政府外務部は国交維持の見地から、やむなく日本側のあらゆる提案を受け入れたとする。しかも、武器弾薬は中国側が買い取る決定を行い、そのほかのあらゆる賠償問題については地方政府の責任において事後処理されることとなった。そして、当時日貨ボイコット運動がいっそう激しさを増していたので、賠償については「広東都督が日本領事に要求を取り下げるようお願いし、平和解決に至らしめた」[55]と説明される。

いずれにせよ、神戸（香港）とマカオの華商が受けた損害は、翻って華商が直接自らの祖国の政府と補償交渉を行うこととなったため、両地の華商は日中両国政府の交渉の狭間にあってよるすべのない境遇に放置されることとなった。

華商の立場と気持ちを吐露する上申書の一部を下に引用しておく[56]。

ここ数年来、華商の困窮の程はとどまるところを知らない。しかるに、祖国の災害をみるにつけ誰一人進んで救済援助を行わない者はなく、国民としての真心を尽くしている。華僑にとって国家とは必ずやこれを維持し擁護するよう努めるものである。目下祖国の財政が必ずしも裕福に充足していないことは華商みな承知するところである。しかしながら、第二辰丸事件においては、中国はすでに艦砲を打ち、謝罪の意を示し、賠償することを認め、事件の経緯も明らかである。われわれ華商が求める積荷に対する補償は本来責任の所在が明確であった。よそものの力に頼り、宝剣を相手に渡すが如くして、逆に災いを招くよりも、むしろ自ら祖国に陳訴できることを嬉しく思う。よそものの手を煩わせ、国際的に幾多の曲折を経ないですむから……。

(2) 間接的な影響

第二辰丸事件が表面化し、外交交渉が三月一五日に結着するまで、神戸華商は必ずしもそれが取り返しのつかないような重大な影響を及ぼすであろうとは想像していなかった。神戸の広東帮同孚泰号店主は、「今回の事件は全く清国政府の仕出来したる事変にて商人には関係なし成程米国に対しては先年却々盛なるボーイコットを行ひしも日本に対しては性質大に異なる所あり又実際左ることの始まらんには日本にいる吾々広東商人は堪った話に非ず(57)」と語っている。

しかしながら、事態はこの店主が考えたような楽観論ではすまなかった。日本政府の強硬な要求に対して行った外交決着としての清朝政府の譲歩があまりにも中国人の面子を失う内容であったため、大いに憤った七十二行の商人を主体とする広東自治会は、三月一八日に華林寺に集会を持ち、一九日には国恥紀念大会を開催することが決議された。三月一九日、すなわち広東政府が二一発の礼砲を鳴らし、謝罪を正式に表明したその日に、国恥紀念大会が開かれ、報復として日本商品に対するボイコットを決行することを決議し、特派委員を香港に派遣すると同時に中国内外各地にも運動に同調するよう打電したのである(58)。

ややあって、二人の委員が横浜と神戸にも派遣され、現地の華商に対してこのボイコット運動に参加するよう動員が行われた。現地の地元新聞の報道によると、これらの委員が政府の意を受けた「総督部下の密使」ではないかと疑う向きもあったようである。その結果、横浜では関係する華商は多くなく、大した影響を受けないためか、ボイコットに対しては「本国に対する好意上賛成せざるを得ず」、同調する旨伝えた。しかしながら、神戸華商は直接の関係者としての広東帮華商が多く、明らかにその影響が甚大であった。そこで、神戸広業公所で開催された広東華商二二名による会議で、今次のボイコット運動には参加しない決定がなされた(59)。日本のメディアの反応はというと、清朝政府が特派員派遣という権威主義的なやり方でわが国に居留する清国商人を脅かすからには、わが日本も清商を保護するという名目で北京政府に警告を与えるべきである(60)、という論調であった。

四月に入って以降、現地の地元新聞を通じてもたらされるニュースはといえば、日本の官民に、ボイコット運動に対するさらなる警戒心を抱かせる内容であった[61]。四月六日、白い喪服を着た女学生を中心に、広東各地の数百名の女性有志が大雨のなか国辱紀念会を挙行し、⑴この事件を忘れないために、「国辱」の二字を刻した指輪をはめる、⑵家庭では国産の食材を使い、海産物を食べない、⑶日本製品の模造を進める目的で募金を行う、を決議したことが伝えられた。また、外商がこれを機に日本製品によって淘汰されて久しい欧州マッチを発注し輸入しようとしている、などのニュースも伝わってきた。一貫して冷静な態度を保持していた神戸華商も事態の思わぬ進展をみて憂慮を示し始めた。今次のボイコット運動の背景に政治色があるかないかを見極め、もしこれが純然たる商人の運動であるならば、神戸華商としては自らの立場を説明し、しかるのちに相応の救済を求めるべきである、という無難な見解を示すものもいた[62]。

香港南北行など同業公会組織によってボイコットへの同調が決議されたことは、神戸の華商にとり、最大の転機となった。四月六日、香港南北行は四ヵ条の決議を行った。その第一条とは「長崎、神戸、横浜に通電し、現地華商に対し本行会員に向け日本商品を発送するのを停止するよう」求める決定的な内容であった。四月二五日には、南北行は再度集会を開き一二条を決議した。そのなかで、各種のきまりごとに違反する者は二〇〇〇元の罰金を科すこと、そのうち告発者は一〇〇元を受領し、自治会に五〇元、会所（＝南北行）に五〇元を納付する、という厳しいルールも決定された[63]。香港の綿布商、海産物を扱う海味行（四月一〇日）なども類似した決議を行うに至ったのである。

ボイコット運動は各業界が規約を遵守し、違反者は罰金を科せられるという方法で進められたため、留日華商の主な輸出商品であった海産物や雑貨などは影響を受けることとなった。しかしながら、マッチや石炭などのしばらくの間代替品がない商品については例外とみなされ、ボイコットの対象からはずされた[64]。つまり、神戸華商の輸出品のなかでも大口商品であったマッチは必ずしも重大な影響を受けたわけではない。しかも、国内外の「浙江福建商人は広東商人と同調せず」、「抜け道」が残されていたとも報告されている[65]。華商によっては商品をまずは上海に輸送してからさらに南方へと転送することによって難関を克服したという。上海と日本との間に形成されていた強固な通商および金融ネットワークが、広東商人を中心とするボイコット運動にとって明らかな阻害要因として作用していたという言い方[66]も当時の実態を言い当てたものであるといえよう。東亜同文会が外務省に宛てて提出した報告書でもこの点が指摘され、ボイコット運動において「カクノ如ク支那商人ノ受ル損害割合ニ少ク且絶対ニ避クベカラザル商品ハ之ヲ除外シタルニヨリ支那人ノ被ムルベキ苦痛比較的少キヲ以テ「ボーイコット」ノ永続モ容易ナルコトヲ得ベシ」とされた[67]。

神戸華僑の態度はといえば、ボイコットの波が過ぎ去るのをただひたすらに待つ、というものであった。これ以後間断なく起こってくるボイコットの波は、留日華商にとっては不可抗力によるやっかいな心配事となるのである。

第三節　神阪華商の帰国創業

1　民族意識の高揚がもたらした転機

神戸の広東幇華商と直接の取引関係にあった香港華商が広州を起点とするこの日貨ボイコット運動に参加したとはいえ、香港華商も一枚岩であったわけではなかった。

東亜同文会の報告によると、最も熱心なボイコット主導者は先施公司、広生、真光と後述する隆記公司などであった。決定的となった四月二五日の南北行の決議については、反対意見を主張する華商も少なからず存在したものの、最後にはやむをえずボイコットの実施に同意したという。ボイコットに断固反対を主張したのは怡和、昌盛行、敦和の三社である。栄新、広祥、義生発等もボイコット運動には賛成しなかった。これらはいずれも日本商品を扱い、神戸や長崎に本店あるいは支店、もしくは顧客をもつか、台湾貿易に関係し、横浜正金銀行と関係を絶つことができない華商たちであった(68)。

これまでの研究では、留日華商の政治的傾向がいかようであったかを分析する向きがあったが、資料を丹念に読む限り、香港華商を含め、日本品を扱う一般の華商がとった態度は基本的にはボイコットには反対であった。彼らは中国人としての民族意識と商人としてのアイデンティティの狭間で、時に自ら葛藤し、独特のバランス感覚のもとで独自の行動選択を行うのである。米貨ボイコットの時と異なり、日貨ボイコット時に高揚した民族意識は、広東人華商という集団によって共有された、ある種地域限定的な意識に基づいた愛国運動であった。このとき神戸の留日華商のなかで、広業公所以外で他の公所が取ったのは傍観的な態度であって、広東幇の各種決議は中華会館における「幇」の枠を超えた「公議」を経たものではなく、広業公所という広東人の集会のみにおいて出された結論であった。

一方、香港でボイコット強行派に立った上述の隆記公司は、事件発生直後の四月には佛山にある巧明マッチ工場と共同して「広興マッチ有限公司(69)」を起業発足し、マッチ生産に着手している。そのほか、「中国商務輪船有限公司」といった汽船会社もこの運動のただなかの四月一二日に発足している。一九〇五年に簡照南が神戸から帰郷して開業した広東南洋烟草公司（香港）は旧暦の四月一日、つまり、各行（＝業界）が今後一切の商品についてボイコットを実施すると決定したその日に大型のキャンペーンを繰り広げた。やがて、南洋烟草公司は英米烟草公司とともに逐次駆逐された日本製タバコの代替品として市場を獲得していった。このように、広東商人による日貨ボイコット運動は現地の産業資本の勃興および再起に、密接な関連性をもっていたことが確認できる。

香港の隆記公司とともに広興マッチ有限公司を設立し、創始者の一人となった衛省軒は、神戸から広東に戻り、中国国内初のマッチ工場を創業した帰国華僑である。衛省軒が一八七九年佛山に創業した巧明マッチ工場を、事件発生の一九〇八年に売りに出したとき、このニュースを聞きつけ巧明マッチ工場の一切の設備を購入したのは同じ神戸の広東幇華商の利興成号店主の黄寿銘と香港利益号の黄郁興兄弟であった。これ以後、主に一九一〇年代から一九二〇年代にかけ、同じく神戸広業公所に参加し、辰丸拿捕で直接の被害を受けた同孚泰、裕貞祥などの広東幇華商は、一方で利興成の黄家の中国国内での成功を目の当たりにし、次々と広東に舞い戻ってマッチ工場に投資し、広東地区の先進的な国産品マッチ生産を推し進めたのである(70)。さらに、タバコやマッチ工場のほか、簡東甫なども香港に戻り東亜銀行を創設するなど、この時期に神戸から帰国して近代企業の創業に関わったという類例は他にも見出すことができる。

簡氏兄弟や利興成、同孚泰、裕貞祥などの帰郷投資の方式は、日本の先進的な機械、技術と人材を伴うものであった。そして彼らが帰郷して投資を行った主観的な要因は、二度の外国製品ボイコット運動の発生とそれに付随して沸き起こってきた国産品提唱ブームに求めることができる。

2　華商にとっての日貨排斥と国貨提唱

ボイコット運動のピークが過ぎ去ったしばらくのちの一九一〇年一〇月、『南洋群島商業研究会雑誌』が日本の東京で創刊され、一九一二年一月一日に『中国実業雑誌』と改名された。雑誌社社長は東京商業学校（現在の一橋大学の前身）の中国語教師をしていた李文権である。李文権は横浜、東京、神戸、大阪、長崎など各地の華商と密接な関係を保持しており、一九一三年春の鉄道大臣孫文を中心とする政府訪日団にも随員として各地に同伴した人物である。彼が編集した『中国実業雑誌』は附刊という形で約一年半にわたり『横浜中華商務総会月刊』を発行している[71]。華商自身が残した第一次資料がきわめて少ないなか、『中国実業雑誌』には当時の在日華商の見解や主張が数多く記され、在日華商がどうあるべきかを論じた数少ない専門雑誌である。『中国実業雑誌』の言論分析を通じ、側面から日本華商の思惟方式に対する理解を深めることができるであろう。

たとえば、李文権は、当時の中国の製造業がすでに萌芽期を突破し、いくつかの製造業においては日本製品と競争できる程度に発展していたこと、中国人が日本製品を購入しない主な原因は意図的な排斥や愛国のみにあるのではなく商品の品質にある、などという見解を提示し、さらに一歩進んで改良に心を尽くさなければ粗製乱造に陥った日本商品はやがて淘汰される運命にある、と警鐘を鳴らしている[72]。同時に「実業をもたない国がどうしてボイコットなど口にできようか」として製造業に従事すべきと華商に喚起を促し[73]、雑誌を通じて留学生には積極的に帰国して製造業に注意を向けるよう論じられている[74]。

ここでとくに注意しておきたいのは大阪華僑についてである。その他の貿易港の華僑とは異なり、大阪華僑の大多数は家族を伴わず、単身日本に在住するケースが多かった。それゆえに、故郷と関係を保持する者が多く、さらに、国内の情勢についても明るい人が多かった[75]。叢良弼は帰郷して山東で振業燐寸工場を創業した大阪北幇の有力商人である。日本人と結婚した大阪の南幇（浙江出身）華商の孫実甫もマッチ原料の輸出を手掛けながら、丹東に丹華燐寸工場を創業している[76]。彼らは「他郷は故郷に勝らないと知り、相前後して帰国し、実業を興して成功し、現在に至りてなお健在」な華僑の典型であり、一般の大阪華僑の羨望の的であった。また、梁という名の大阪華僑は真っ先に山東沿岸で採れるテングサに着目し、寒天生産を開始したという。さらに、このような新しい領域の事業を開拓しえたのは、大阪華僑が「内地の情勢に詳しい」結果であったと分析されている。

以上で紹介した例は、上述した広東商人ばかりでなく、帰郷して新式企業を創業するという起業ブームが、北幇、三江幇など神阪華僑全体を巻き込んでのものであったことを物語っている。ちょうど同時期、神戸に居留していたインド人商人もまた帰郷して燐寸工場を創業し、合弁経営するという方式で、神戸の先端技術を媒介する役割を果たしていたことが指摘されている(78)。アジア規模で技術移転と地域間競争が進行していたことがこれらの事実から同時に確認することができるであろう。

民国初年、留日華僑は数度にわたる日貨ボイコット運動を通じ、ボイコットは中国人に対して影響が甚大であることを、身をもって体験した。

一旦中国国内に輸入してしまった外国商品は、売却できれば華人に利益がもたらされるが、売却できなければ損害は華人に降りかかる。一方、海外華僑においては、ボイコットのうねりが高まるごとに営業は停滞し、小さな波でも困難をもたらすが、大きな波なら破産に追い込まれることさえある。逆に、ボイコットを被っている国の商品は、華僑に販売を託さなくともよく、ついには自分で会社を作って直接販売すればよいのである(79)。

これらの言説は、自らの苦い経験に基づいた、華商としての実感の吐露に近い。また十分風刺を込めて、中国が国産品製造を提唱することは、日本に百利あって一害もないとまでいう。留日華商にとっての好ましいロジックとは、日本が中国の推し進める国産品の製造に協力することによって日中が力を合わせ、欧米との商戦に立ち向かえば、東亜に覇を唱え、全世界を制覇することができる、というものであった(80)。

日中両国間の外交上の衝突事件と旺盛な民意の発揚がもたらした日貨ボイコット運動に直面し、多くの華僑は先進技術の中国移転の仲介者の役割を演じる道を選んだ。つまり、ある者は日本を離れて国産品製造に身を投じ、ある者は帰郷してまったく新しい領域の事業を開拓することとなった。日本に残留した華商は日本商人による「直貿易」領域の拡大と総量の増大を目の当たりにし、ますます営業が困難になってゆく。

むすび

一九〇五年の米貨ボイコット運動の波は愛国的なうねりとなって中国国内の大都市と海外の華僑社会に波及した。日本の神戸・大阪地区も例外ではなかった。米貨排斥というこの種の政治性を帯びた運動は義憤を刺激する正当性を有していたので、主流社会からさまざまな圧力を受け、従属的な地位におかれた華僑は運動そのものに対しては支持する姿勢をとった。その実、この運動は大部分の神阪華僑の本業に大した影響を与えるものでもなかった。ちょうど五〜六年前の一八九九年には神戸初の華僑学校である神戸華僑同文学校が開校されていた。また、一九〇三年には大阪博覧会に纏足《てんそく》の婦人像が展示されたために留学生と神阪華商が協力して日本の役所と主催団体に抗議を行うという事件が発生していた。そして、米貨ボイコット運動が発動されたとき、日本社会全体は日露戦争での勝利に酔いしれていた。このような環境のなか、米貨ボイコットは当然の如く、在日華僑と留日学生の存亡意識に根ざした愛国的情緒をかきたてたのである。

一方、日中貿易の主役の役回りを演じた神阪地区の華商にとって、一九〇八年に引き起こされた日貨ボイコット運動がもたらした影響はきわめて重大かつ直接的であった。第二辰丸号の荷主の大半は神戸の広東幇商人であり、彼らの受けた損害は二国間交渉のなかで長期にわたって放置され、これが原因で倒産に追い込まれる商社も出現した。日中間貿易に従事する華商は日本においてであれ香港においてであれ、基本的には日貨ボイコットには反対の姿勢であった。彼らは荒波が通り過ぎるまで静観という態度でこれに対応した。

この時期、日本商人の勢力は中国東北地区で伸張し、日本商人による直接貿易の比率も向上し、とりわけ神戸華商は年を追うごとに苦境に陥った。これらの局面を打開するために、前述したテングサを手掛けた大阪の梁氏のように、中国国内の情況に明るい華商においては帰国して起業に着手する者も少なからず現れた。ある者は日本で獲得した技術、資本、人間関係を利用して技術移転と資本移転の立役者となった。孫実甫や叢良弼、利興成の黄一族らがマッチ、簡東甫が銀行業の分野で創業や転業に成功した。また、麦少彭の怡和号と同茂泰号で貿易業を覚えた簡照南がタバコ製造に目を付けたように、新規製造業の開拓に成功した者も現れた。これらの事実は華僑史と中国の地域史の双方に目配りをしなければ埋もれてしまう運命にある。領域を超えた華商の足跡は丁寧にたどらなければならない。

また、商人身分という属性で一切の歴史を説明できるものでもなければ、華商出身であることだけを取り上げて彼らの政治的志向を型にはめて評価することもできない。華商が広業公所に属しているという事実と、この時期梁啓超が神戸に滞在していた、ということの二点の事実のみに基づいて、神戸の広東幇商人の背後には間違いなく国内の立憲派の指導が存在するという言い方も的を得たものではないであろう。実際政治活動に熱心な商人は多くはない。華商は二つの身分、すなわち客商としてよその地に仮住まいする、外国人としての中国人身分と日中貿易に従事する商人身分、双方に求められた対応が相互に矛盾したとき、彼らは最も適当な平衡点を探して困難に対応しようとしたのである。

第二辰丸事件の賠償問題の解決をめぐり、多少なりとも消極的な抵抗をなしえたことといえば、一九〇九年に成立した神戸中華商務総会という半官半民的な組織の力を使い、本国の中国政府にもの申すことができたことであろう。広東系商人を主力軍とする日貨ボイコット運動によってもたらされた、海外の広東人商人への損害賠償の問題は、当初地方政府の問題として処理され、解決の糸口がまったくつかめなかった。神戸中華商務総会の結成がこれを中央レベルにまで引き上げ、問題解決の端緒を開いたことの重要性は注目してよい。

華商にとって政治的リスクを回避するための具体的かつ積極的な方策としてはいくつかの選択肢が存在したであろう。その一つは複数の身分を獲得することである。たとえば、日本国籍を取得することで日本政府の庇護を受け、日本人としての権利を享受することができた。中華会館という華僑コミュニティの公の財産が一九〇四年に登記するには、すでに日本国籍を取得していた麦少彭、王敬祥、呉錦堂の名前が必要であった。また、簡照南が松本照南という名で日本籍を取得したことで、呉錦堂と同様に海上運輸業務に従事できた例を想起されたい。また一つの選択肢は、繰り返し言及した通り、一部商業資本を工業資本に転化し、本国に帰郷して工場を創業し、国産品製造業者に転身する方法がそれであった。日本華僑が帰国後本国で成功するには、彼らにとっての比較優位性を動員することが必要であった。利興成の二代目黄郁興と黄寿銘が一九〇八年に売りに出された佛山の巧明マッチ工場の権利を買い取り、一九〇九年にこれを巧明光記マッチ工場とした際には、大阪の公益社を共同出資者に招き入れ、日本人技師を雇い、古い設備を一新すべく機械一式を日本から輸入した。そして、従来と同じように、大阪公益社が製造し、利興成が自社ラベルとして販売してきた舞龍、舞獅子ラベルの細軸マッチの中国での製造と販売で成功し、さらに発展を遂げたのである。[81]

注

（1）菅野正「一九〇五年福建・満洲交換要求をめぐる運動」（『清末日中関係史の研究』汲古書院、二〇〇二年）によると、第二辰丸事件以前、すなわち一九〇五年には日本側の「割閩換遼」の要求をめぐり、日貨ボイコットへと結びつく一触即発の危機に面したことがあった。しかしこの運動は結局は不発に終わり、日本に影響を及ぼすことはなかった。このため、拙論では後掲する菊池貴晴氏の説明に従い、一九〇八年の日貨ボイコットをもって史上初の日貨ボイコット運動とする。

（2）張存武『光緒卅一年中美工約風潮』（中央研究院近代史研究所専刊一三、一九六六年）。

（3）Wong Sin-Kiong, "Mobilizing a Social Movement In China : Propaganda of the 1905 Boycott Campaign"（『漢学研究』第一九巻特刊、二〇〇一年六月）、黄賢強「新馬華人聯合抵制美国貨――論二〇世紀初的一个社会運動」（『海華与東南亜研究』第一巻第三期、二〇〇一年七月）、黄賢強『海外華人的抗争対美抵制運動的史実与史料』（新加坡亜洲研究学会（叢書一一）、二〇〇一年六月）。

（4）吉澤誠一郎「第二章　同胞のために団結する――反アメリカ運動（一九〇五年）」『愛国主義の創成』（岩波書店、二〇〇三年三月）。

（5）菅野正「辰丸事件と在日中国人の動向」（『奈良大学紀要』第一一号、一九八二年一一月）。

（6）松本武彦「対日ボイコットと在日華僑――第二辰丸事件をめぐって」（辛亥革命研究会編『中国近現代史論集菊池貴晴先生追悼論集』汲古書院、一九八五年）。

（7）Wong Sin-Kiong, "The Tatsu Maru Incident and the Anti-Japanese Boycott of 1908: A Study of Conflicting Interpretations", *Chinese Culture* Vol.XXXIV, No.3, September, 1993.

（8）楊麗祝「二辰丸事件之交渉与抵制日貨運動」（『嘉義農専学報』第九期、一九八三年五月）二〇～三四頁。徐小潔「日貨排斥運動と日本人――辰丸事件を中心に」（神戸大学国際文化学会編『国際文化学』第九号別冊、二〇〇三年）、逸身靖「第二辰丸事件と日貨ボイコット運動――神戸との関係を中心として」（二〇〇三年度神戸商科大学修士論文）。

（9）C.F. Remer, *A Study of Chinese Boycotts, with Special Reference to Their Economic Effectiveness*, Johns Hopkins Press, 1933.

（10）菊池貴晴『（増補版）中国民族運動の基本構造』（汲古書院、一九七四年）。

（11）同右、九五頁。

（12）この部分の叙述は農商務省商工局『日清貿易事情』（農商務省商工局、一九〇四年）一～一一頁による。

（13）農商務省商務局『対清貿易の趨勢及取引事情』（農商務省商務局、一九一〇年）五～六頁。

（14）一九〇四年二月に始まった日露戦争は、一九〇五年五月末の日本海海戦で日本側の優勢が明らかとなり、一九〇五年九月五日に終結した。
(15) 中華会館編『落地生根――神戸華僑と神阪中華会館の百年』(研文出版社、二〇〇〇年)七二～七三頁。
(16) 田中鎮彦編『神戸港』(神戸港編纂事務所、一九〇五年)三八一～三九〇頁、同右、一一六～一一七頁。
(17)「神戸大阪清国の対米決議」『神戸又新日報［以後『又新』と略す］』一九〇五年八月四日。
(18) 前掲張存武書一三八～一三九頁。本書によると、神戸が臨時大会を召集したのは七月二四日(旧暦六月二一日)のことであった。
(19)「清人の排米決議(長崎電報卅日)」『又新』一九〇五年八月一日(旧暦七月一日)。
(20)「神戸大阪清国の対米決議」『又新』八月四日。
(21) 前掲菊池貴晴書、三三三頁。
(22)「清国人の大気炎」『又新』一九〇五年八月三日。
(23)「支那は太い棒を持つ……グローズデモクラット所載」『又新』一九〇五年八月一九日。
(24) Remer, *op. cit.*, pp.35-39.
(25) 前掲菊池貴晴書一九～二〇頁、厳中平『中国棉紡織史稿』(科学出版社、一九六三年)一二七、一三三頁。
(26) 方憲堂主編『上海近代民族巻烟工業』(上海社会科学院出版社、一九八九年)一三～一五頁。
(27)「簡照南(一八七〇～一九二三)」(『伝記文学』第五六巻第五期、一九九〇年五月、総三三六期)、方憲堂前掲書、一六頁。
(28) 前掲厳中平書一一八～一一九頁。
(29) 山根幸夫・周啓乾「明治日本の対中国貿易の一考察」(『社会科学探究』一〇五号、一九九〇年)五一頁。
(30)「神戸華商の商務」『商務官報』戊申第二三冊(光緒三四(一九〇八)年九月五日)一二頁。
(31)「神戸華商の商務[続前]」『商務官報』戊申第二四冊(同右九月一五日)一四頁。
(32) 同右。
(33)「附記辰丸事件ニ関スル閣議決定案」(『日本外交文書』第四一巻第二冊、日本国際連合協会、一〇四七)三三五頁。
(34)「辰丸事件落着ニ関シ報告ノ件(三月一八日、在清国林公使ヨリ林外務大臣宛)」同右、一〇六四、四三～四五頁、「辰丸事件解決」『又新』一九〇八年三月一七日。
(35)「香港ニ於ケルボイコット状況報告ノ件(四月七日)」同右、一一〇〇、六六頁、「日本汽船ニ対スル清国荷主ノボイコットニ関シ報告ノ件」同右、一一〇二、六七頁。
(36)「「在シドニー」清商ノ日貨排斥決議報告ノ件(公第一九号、五月八日受領)」同右、一一〇四、六八頁。三月二九日現地の華商は六条からなる決議を行い、広東幹部の指示に従うことと日貨排斥運動を断固支持する方針を確認している。

(37)「蘭印地方ボイコット運動ニ付清国政府へ協議方ニ関スル件（六月二〇日）」同右、一一二六、八一頁。

(38)「蘭領印度各地清国商業会議所ニ諭達方ニ関シ清国政府へ交渉ノ件（六月二六日）」同右、一一二七、八二頁。

(39)「総辦中国華商銀行上海商会代表李徴五報告南洋各埠認股情形書」『華商聯合報』第一一期（一九〇九年七月）、海内外通信、一～二頁。

(40) 東亜同文会「第三　香港ニ於ケル日貨排斥ノ日本商ニ及ス影響」『辰丸事件ボイコット情況報告（第一回　香港之部）』（外務省外交資料館文件3-3-8-1『清国に於て日本商品同盟排斥一件』所収の報告）一一四二～一一八七頁。

(41) 前掲菊池貴晴書八二～八三頁。

(42)「横浜商務（駐横浜総領事呉仲賢報告）」『商務官報』戊申第二七冊（光緒三四年一〇月一五日）二　頁。呉仲賢報告には、日本商船業の失敗は「粤人の排斥抵抗によってもたらされた」と記されている。

(43)「辰丸碇泊点ニ関シ葡国公使ヨリ本国政府ノ見解表明ニ付右ハ清国政府ニ声明セザル祥語リタル件（第八八号、三月一九日、在清国林公使ヨリ林外務大臣宛）」『日本外交文書』第四一巻第二冊、一〇六五、四五頁。

(44) 日本政府派遣の内田良平が外務省に行った報告と内田と在日留学生等革命派、立憲派との関係については前掲注（5）菅野正論文を参照されたし。

(45)「辰丸事件と在留清国人」『又新』一九〇八年三月一一日。

(46)「光緒三十四［一九〇八］年十一月初四日［一一月二七日］収両広総督張文」（中央研究院近代史研究所檔案館外務部清檔02-22-4-(4)『軍火案―辰丸（四）』）。

(47)「辰丸事件損害賠償請求ニ関シ訓令ノ件（附属書辰丸事件損害査定調書及関係書類目録）（六月二七日林外務大臣ヨリ在広東瀬川領事宛）」（前掲『日本外交文書』第四一巻第二冊、一〇八二、一九六二年）五四頁。

(48)「謹列各商号応行帰償実数、「（附件）僑日神戸商務総会呈文（民国二年三月二九日収国務院函）」『中日関係史料――通商与税務（禁運附）』一八二一―一、一六五～一六七頁に収録されている。本文の「歴経七載」から推測するに国務院が文書を受け取った期日はおそらくは民国四年あるいは五年と考えられる。民国二年というのは誤りであろう。

(49) 第二辰丸号が解放されてのち、照峰船長は持病が悪化し、香港の病院で死亡した。

(50) 前掲「僑日神戸商務総会呈文」一六六頁。

(51) 一九〇四年神戸広業公所が現地で登記したときの法人理事は黄文珊（利興成）、麦少彭（怡和）、黄煜南（裕貞祥）、陳達生、李耀旒（広昌隆）、楊秀軒（文発）。法人基金計三万五〇〇〇円のうち八八%は怡和、裕貞祥、利興成、文発、広昌隆、同孚泰、聯昌盛、盧紹庭など八つの商社の代表が負担した。財団法人広業公所の成立と登記については、洲脇一郎

「華僑社会の形成と神戸・大阪の近代――幇・会館・買弁」（大阪歴史学会『ヒストリア』一六二号、一九九八年、七六～七八頁）に詳しい。

(52) 「収広東巡按使［龍覲光］咨（民国五年一月四日）」『中日関係史料――通商與税務（禁運附）』一二〇八、八九九～九〇〇頁。

(53) 前掲逸身靖論文八一頁。

(54) 注（52）に同じ、八九九頁。

(55) 「収農商部咨（民国五年一月九日）」、「附件」同右一二一二、一二一二－一、九〇四～九〇五頁。

(56) 前掲「僑日神戸商務総会呈文」一六六頁。

(57) 「同孚泰の談」『又新』一九〇八年三月一八日。

(58) 事件の具体な進展情況については、前掲東亜同文会『辰丸事件ボイコット情況報告（第一回香港之部）』を参照した。

(59) 「解放後の辰丸」、「日本商品排斥運動「清国官憲に関係あり」」『又新』三月二三日。

(60) 「在留清商の保護」同右、三月二六日。

(61) 「広東女軍大会」同右、四月一八日。

(62) 「当港清商の態度」同右、四月一六日。

(63) 前掲東亜同文会「第二　在香港支那商人ノ日貨排斥情況」『辰丸事件ボイコット情況報告（第一回　香港之部）』一一二五～一一三五頁。

(64) 同右、一一八六頁。

(65) 前掲駐横浜総領事呉仲賢報告「横浜商務」『商務官報』戊申第二七冊、二二頁。

(66) 前掲松本武彦論文、二四五頁。

(67) 前掲『辰丸事件ボイコット情況報告（第一回　香港之部）』一一三九頁。

(68) 同右、一一三九～一一四二頁。

(69) 東亜同文会特派員『ボイコット視察　第二回報告書――広東及其他南清諸港之部』（外務省外交資料館 3-3-8-1『清国に於て日本商品同盟排斥一件』所収の報告）一七三一～一七三七頁。

(70) 拙稿「僑郷における国産品製造工業への華商資本の転化について――二〇世紀初頭神戸広東係貿易商社同孚泰の系譜を中心に」（張啓雄主編『東北亜僑社網絡與近代中国』中華民国海外華人研究学会、二〇〇二年）一一九～一四一頁。神戸広東幇華商の基礎を築いたのが同孚泰（鄭雪濤、鄭祝三、葉啓、葉詠楚）で、そこから裕貞祥、利興成、聯昌盛などが独立していった。

(71) 一九一七年八月第八年第八期より天津にて出版となる。停刊時期は定かではない。附刊『横浜中華商務総会月刊』は一九一六年一月（第七年第一期）に始まり、李文権の離日（おそらくは一九一七年七月）まで刊行された。李文権については拙稿「通過中華総商会網絡論日本大正時期的阪神華僑與中日関係」（『華僑華人歴史研究』総五二期二〇〇〇年第四期）でも触れている。

(72) 李文権「中国人不買日貨之真象」『中国実業雑誌』第四年第一二期（一九一三年一二月）。

(73) 李文権「華僑宜在日本興工業説」同右第七年第一二期（一九一六年一二月）。

(74) 日本神戸匏园楊枕谿（来稿）「論留学諸子亟宜注重工業」同右第八年第七期（一九一七年七月）。

(75) 前掲拙稿「国産品制造工業への華商資本の転化について――二〇世紀初頭神戸広東系華商商社同孚泰の系譜を中心に」一四〇頁。叢良弼が創業した振業公司は済南、済寧、青島に工場を持っていた。

(76) 長江下流域出身の大阪華商によって組織された団体は南幇公所と称した。西口忠「川口華商の形成」（堀田暁生・西口忠編『大阪川口居留地の研究』思文閣出版社、一九九五年）に、孫実甫の略歴が紹介されている。一八九三年に大阪で益源号設立。黄燐等マッチ原料の輸出に従事し、安東（現在の丹東）で丹華公司を設立してマッチを生産した。二宮一郎は「明治三六年第五回内国勧業博覧会と大阪華僑」（二〇〇三年二月一日神戸華僑華人研究会例会上における報告）で留日学生監督を兼任した大阪華商孫淦（孫実甫、浙江人）と日本人婦人の国際結婚について報告し、孫淦が帰国した後の末裔について紹介している。

(77) 李文権「論大阪華僑回国興業者多」『中国実業雑誌』第五年第一一期（一九一四年一一月）。

(78) 大石高志「日印合弁・提携マッチ工場の成立と展開　一九一〇～二〇年代――ベンガル湾地域の市場とムスリム商人ネットワーク」『東洋文化』第八二号、二〇〇二年。

(79) 李文権「論抵制与提倡之区別」『中国実業雑誌』第六年第四期（一九一五年四月）。

(80) 李文権「中国提倡国貨利在日本説」同右第六年第六期（一九一五年六月）。

(81) 注（75）に同じ、一三三～一三四頁。

第四章　中華民国の成立と中華総商会秩序の再編

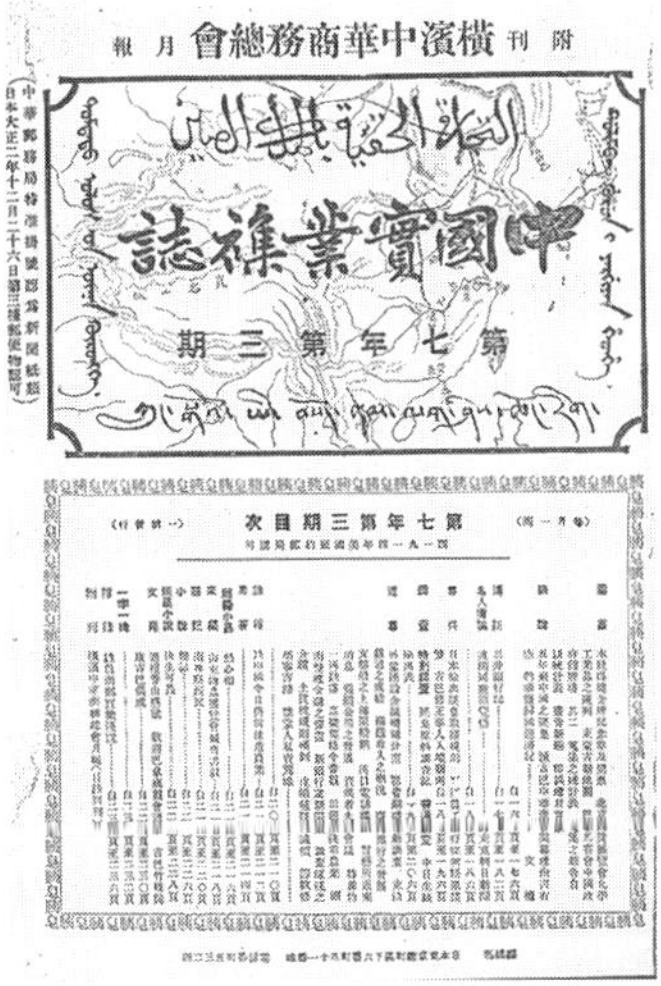

『中国実業雑誌』附刊「横浜中華商務総会月報」（1914 年）
（華中師範大学近代史研究所蔵）

はじめに

清末の新政時期に成立した商部は中国内外における商会の設立を通じ、初めて上からの商民統合を試みた。同時に清朝政府は外国勢力による中国に対する経済進出への対抗措置として、海外華僑の中国国内への投資を奨励する種々の優遇政策を打ち出し、彼らの統合をも試みた。[1] 経済政策を通じてのみならず、海外華僑を取り込むもくろみは、教育政策においても試みられ、暨南学堂を設置して広く海外から華僑の若者を招来し、[2] 祖国の文化と言語を習得せしめ、結果的に精神意識面における国民の創出に一定の役割を果たさせようと考えた。

商部の政策は、辛亥革命前夜には海外の主要な華僑居住地に四〇を越える中華商務総会を成立させていた。[3] 中華商務総会は華商の商事仲裁と華商のための代理訴訟機能を備えたばかりでなく、第二章で詳述した通り、中華商務総会を単位とする中国華商銀行設立に主体的に関わるなど、相互間の実質的なネットワークの機能は緊密化の度合いを深めた。辛亥革命前夜とは、このように、国境を越えた商業活動と人的往来の活発化と円滑化のため、共通のインフラ形成が急務となっていた時期でもあった。

以上のような背景のもとに起こった辛亥革命とそれに続くアジア初の共和制国家の樹立は、留学生の活動や変法・革命両派の政治家の亡命を契機とした華文教育や華字新聞の普及を通じて強烈な民族意識を持つに至った華僑にとっては、概して歓迎されるできごとであった。本章の第一の目的は、中華民国の成立とそれに連動した工商部や外交部の諸政策と海外華僑との間にどのような直接あるいは間接の連環関係を見出すことができるかについて、主に日本を対象として分析を加えることにある。[4]

また、近年日本史分野では、領事報告に関する研究[5]と海外に展開した日本人商業会議所や日本人社会を国内との一貫性においてトータルに捉えようとする研究[6]が盛んである。中国近代史研究と華僑史研究に必ずしも領事報告が有効に活用されていない現状に鑑み、本論では主に『中華全国商会聯合会会報』[7]に転載された駐日本中国領事の報告を題材に、外務官僚を通してみた中華民国建国初期における内外華商統合の問題、中華総商会[8]の役割、さらに阪神華商それ自身の状況について理解を深めたい。これが本章の第二の目的である。

第一節　中華民国の成立と国内外華商の統合

1　工商会議

一九一二年一一月一日から一二月末日にわたって開催された臨時工商会議[9]は、国内「各省と海外の華僑商人の熱心な協力」によって、史上「はじめて政府と国民が手を携えて」実現した会議であり、工商業の振興を共通目標とした実業の大方針を討論する場であった[10]。自ら政策の立案過程に加わるという意味で、中華民国の成立にさまざまな期待を寄せていた工商業界にとっても画期的なできごとであり、一五〇名の参加者のうち、約八〇%は工商業界の代表からなり、海外各地の中華商務総会等や暫定組織ながら華商聯合会からも代表が派遣された。

工商部総長劉揆一によって提示された工商部の工業政策案は、①基本産業の選定、②その保護育成期間の設定、③資本の解決、の三つのステップに整理できる。つまり、保護育成すべき輸出特産品業として製糸業、茶業、陶磁器の三産業、外国品駆逐のために育成すべき国内主要産業として石炭、鉄、紡績、石油、糖業の五つを挙げ、以上八種を「基本産業」と指定し、八年をめどに国家がこれらの保護育成に努めることとした[11]。

工商部が提示したこの工業政策から、清末商部の時期と同様、日本の工商業政策への強い関心が認められる点を再度強調しておこう。たとえば、近年日本によって「我が販路が大いに奪取された」中国の製糸業につき、北方の柞繭と南方の蠶繭生産の整備および新式染色学の導入による改良を提言すると同時に、日本の生糸輸出体制に倣い、輸出貿易港に輸出貨物検査処を設け、そのうえで工商部の検査標識をもって商標に代え、外国からの信用を得るという保護政策が提示された。陶磁器業についても、湖南と江西産の一般磁器をロシア向け輸出、景徳鎮の御窯（宮廷御用達用専用窯）を欧州皇室向け輸出、宜興と広東産の陶器を欧州日用品向け輸出に特化してそれぞれ改良を加え、日本に倣い生糸同様の検査輸出体制の適用が提案された。

ついで工商部が提示した商業政策とは、①工会の廃止とその商会への合併、②商事裁判所の設置、③大都市における工商訪問局の設置、④商標法の延期、⑤商品陳列所と勧業廠の設置、⑥物産奨進会の設置と巡回奨進会の開催、⑦山西票号の普通銀行への改組と銭荘の商業銀行への改組、⑧華僑および外国人との協力による特殊銀行の創設、⑨パナマ運河（博覧会）陳列所の準備、であった[12]。

第一点の対商会政策、つまり、清末以来既存の商務総会・商務分会の区別をなくし、すべてを商会として一律に再編するという方針は、商工業者の激しい抵抗に遭った。当初の方針に沿って政府が立案して公布した一九一四年九月の商会法は結局大幅な書き直しを迫られ、一九一五年一二月に修正商会法の公布となったことは第一章第二節で分析した通りである。

第二の、工商部が示した商事裁判所設置の方針とは、普通裁判主義を取らずに、商事裁判の迅速化と利便化に鑑み、普通審判庁とは別に商事審判庁を置いて特別裁判主義を取るというもので、司法部が固執する方針とは異なるものであった。やがてこの方針は、商会に対する商事仲裁権の付与という形に収斂していく[13]。

以下に続く、勧業（工商業奨励）のしくみや工商訪問局等情報提供システムの構築など、工商部が基本方針として貫いたのは「化散為整」。つまり、ばらばらに存在した情報やサービスを整理統合し、一般の工商業者が利用しやすいシステム作りに寄与することであった。

第八点の特殊銀行とは、民初における工商政策の受益者であり、かつその立案過程に参画した華僑のための銀行設立を指す。一九〇八年秋に上海商務総会とシンガポール中華商務総会が中心となり、南洋各地の中華商務総会が連名で発起した中国華商銀行設立という具体的な事業提携への試みは、第二章で論じた通り、清末に構築された中華商務総会ネットワークを契機に構想されたものであったが、この計画は上海の金融恐慌が原因で実現には至らなかった。工商会議で提案されたこの特殊銀行とはまさしく、かつて流産した中国華商銀行の機能のうち、当初期待された「華僑のための」部分の機能を実現する金融機関の設立を意図したものである。

以上の商業政策の要点を整理すると、第一に商会について言及したことや、工商訪問局が置かれない中小都市については商会に工商訪問処を附設するとするなど、工商業政策推進に向け、商会の役割に対して相当な期待を抱いていた点が指摘できる。同時に、工商部外つまりサービス対象である工商業者に対しては「保護提唱」に、部内については「調査研究」に行政の重点を置くと宣言した工商部が、各国の商況に関する情報を集積しうる海外の中華総商会にも相当の役割を期待していた点も見逃してはならない。[14]

「工商立国主義」を主張する工商総長劉揆一が工商会議開催直後の一九一三年二月に公表した「工商政策」は、対外貿易保護発展計画の一環として公使館・領事館に実業科出身の商務調査員を派遣し、保護発展計画を漸次実行に移すことを明示した。[15]しかもこの方針については、一九一二年六月の国務院の決定に従い、商務随員（正式には商務調査員）の派遣に関し、工商部と外交部との間で選任権と管轄権をめぐる調整がすでに行われていた。[16]工商部は、すでに駐在している外交部派遣の商務随員には商務報告の改善と精密詳細化を徹底させる[17]

と同時に、経費不足で欠員になっている各公使館・領事館の商務随員に関しては、工商部が人選権を握ることを条件に、工商部の経費で俸給を負担するということが具体化していた(18)。このように、工商部は、外交部との連携に基づく公使館・領事館という官制ルートの再編と強化により、海外華商の統合と各地情報の把握とに努めたのである。その際、中華総商会はどのような役割を果たしたのか。本章第二節では、神戸・大阪地区における領事と華商および華僑の具体的な関係の再構築についてみていくことにしたい。

2　中華全国商会聯合会の成立としくみ

工商会議が臨時的で一過的であることに参加者の不満は集中し、果たしてこの種の会議が北京政府のもとで再び開かれることはなかった。しかし一方で、新しい政府のもとで初めて全国の商会代表が北京に一堂に会したのを機に、全国商会聯合会(19)の組織化が一歩前身することとなり、このことが工商会議開催の最大の収穫となった(20)。やがて、一九一五年の修正商会法により、全国商会聯合会は法定団体の地位を獲得することは前述した通りである。

一九一二年一一月、上海総商会代表の王震と漢口商務総会代表宋煒臣と盛炳紀が呼びかけ人となり、臨時工商会議に出席していた中国内外の商会代表が連名で全国商会聯合会の発起大会を開催し、全国商会聯合会章程を決議にまでこぎつけた。全国商会聯合会は北京に本部、上海に総事務所、各省各僑埠に分事務所を置き、「国内外の華商の協力によって商務の発展を謀り、中央商政の推進を補佐する」ことを趣旨とすることを定めた(21)。一三日の発起大会に連名した代表六四人のうち、海外代表は五地域六代表を占めた。前述した華商聯合会は、一九一一年七月の時点でその結成に賛同した内外の商会総数は二七〇ヵ所余りにのぼっていた。素地は固まっていたのである。「遐邇一致、中外一家、合群策群〔遠くも近くも心を合わせ、内も外も同じ一家、集団となって助け合う」の心意気で商務の振興を図ることを目指した全国商会聯合会とは、まさに辛亥革命を経て再構築された、華商聯合会の継承を意図したところの、中国内外の商会による「自己統合」の組織として成立した。発足のこの時点から、全国商会聯合会における中華総商会の関与は明らかである。

一九一二年一二月二二日に上海総商会から周晋鑣と貝仁元、王震が上海総事務所総幹事に選出されると、二四日には公印としての木質の図記「中華全国商会聯合会総事務所」の使用が始まった。翌年初頭、三～四月の間に各省区で代表会議を召集して八～九月に開催予定の全国商会聯合会第一回大会に向けて意見集約を済ませておくよう、総事務所は各省事務所と各海外僑埠事務所に通知した[22]。

ところが、一九一三年三月に起こった宋教仁暗殺事件と袁世凱による借款問題の発覚、さらに次いで起こった第二革命の混乱によって全国商会聯合会の当初の予定は大幅に変更を加えざるをえなくなった。一九一三年一〇月一日に北京で発行された『中国商会聯合会会報』第一期は、宋教仁暗殺事件と借款問題をめぐる中央政界の混乱という緊急事態に対応するために、全国商会聯合会が調停に乗り出した経緯を掲載した[23]。同時に、その際直隷省事務所が全国各地の主要な総商会に送付した緊急の手紙「全国商会聯合会直隷省事務所致各商務総会（一九一三年五月一三日）[24]」とその宛先が同号に掲載されており、当時の国内総商会ネットワークの概要が見て取れる。それによると、(1)上海商会聯合会総事務所（浙江、南京、九江、広東、広西各商務総会へ転送）、(2)重慶商会聯合会事務所（成都、陝西、雲南、貴州各商務総会へ転送）、(3)漢口商会聯合会事務所（湖南、安徽、南昌、武昌各商務総会へ転送）、(4)奉天商務総会（吉林、黒龍江各商務総会へ転送）、(5)河南商務総会、(6)山東商務総会、の六地点の総商会宛に情報を伝達し、そこからさらに括弧内の別地点への転送を依頼している。河南と山東は直隷の管轄とみて、全国およそ五つのブロック、つまり①上海を中心とする東南部、②漢口を中心とする長江中流域、③重慶を中心とする西部、④直隷を中心とする華北、⑤奉天を中心とする東北に分割した事務連絡システムを採用していたことがわかる。

一九一五年一二月に修正公布された商会法は、全国商会聯合会を商会法条文のなかに書き入れ、全国商会聯合会の合法性と正統性を確保した。このことによって全国商会聯合会は、上級官庁に対する商工業者の意見反映のしくみとしてのみならず、さらには各地の商会ネットワークを一つに束ね、「自己統合」のしくみとしてネットワークそのものを有為に機能させうる基本的な条件を備えるに至ったのである。そのネットワークの外延に位置する海外の中華総商会の多くは、居住国と中国との外交関係、領事館設置の有無の如何にかかわらず、直接華商を故郷に結びつける重要な社会団体として機能した。

華商聯合会以来国内の主要総商会と中華総商会の間ではすでに実質的な相互関係が構築されていた。その基礎のうえに、商会法の公布は、中国の商会に近代法制という強靭な衣を纏わせ、その存在意義を強化したのである。そして、一九一八年に定められた全国商会聯合会選挙規則は、全国商会聯合会の会長選挙に対する海外中華総商会の選挙権を明確に規定した(25)。

第二節　領事報告にみる中華民国成立期の神阪華商

1　中華民国成立直後の神戸領事と華僑

この頃神戸に駐在するアメリカやフランスの領事館規定では、商人が駐在地から本国へ輸入する貨物に対して証明書を付与することが、領事の重要な職務とされていた。一方、清国の領事館にはそのような慣習も規定もなく、本国の海関（税関）報告すら資料として持ち合わせていなかった。農工商部主事等を経て清国駐神戸領事館最後の領事となり、革命後もその任を引き継いだ初代王守善領事に代わり、初めて中華民国政府によって選任された第二代神戸領事許同范は、元駐ロシア公使館商務随員で、のち外交部署理秘書に転じていた商務に強い外務官員である。彼は、貨物証明事務を通して商人が取り扱う貿易品の内容を正確に把握することが、将来税則の交渉等に直接関係する、国益に関わる重要な任務であるということを充分認識していた(26)。

当時、領事が駐在地に居留する華僑の人数やその身上を正確に把握していたわけではない。開港初期、日本の規則に基づいて理事府（領事館）が籍牌を発行していた頃は(27)、華僑の戸口管理ができていたが、蔡薫領事の頃にこの調査業務を各会館（出身地別の同郷会館、同業公所、中華会館）に委ねるようになり、それ以降正確さが徐々に失われたとされる(28)。当時の華僑はどの省どの県出身であろうが出国に際して身分を証明するパスポートを持ち合わせておらず、日本に上陸後、現地の警察に身分を届け出こそしても、領事館に届け出を出す者はいなかった(29)。領事館はただ会館の報告を頼りに華僑人口簿の概略を作成して戸口簿として把握していたにすぎない。一九一四年一月に赴任した第三代嵇鏡領事は、それまで五～六年間にわたって神戸領事館の居留中国人戸口簿がまったく更新されずにいたことについて驚きをもって報告している(30)。まして居留三〇～四〇年の長きにわたり二世も出現するなか、一度も領事館に足を運んだことのない華僑が大勢いた。領事が本国人を把握できないということこのような状況は、外国に居留する他国民ではありえないことで、日・米・英各国においては、在外居留民の身上に関する在外公館への届け出は法定事項に属し、婚姻に際しても領事の証明が必要であった。それと比べると、旧来の清国領事館は本国民を把握するすべすら持たなかったといえる。

中華民国成立後一九一三年八月に神戸に派遣された第二代神戸領事許同范はこのような旧来の慣習を「一大欠点」と捉え、まず戸籍法を整えるとともに、アメリカやフランス領事の方式に倣い、華商による輸出貨物の詳細を領事が把握し、駐在地と本国との商務の概要を調査のうえ報告することの重要性について報告してい

表 4-1　神戸大阪における華僑人口（1911-1913 年）

	神戸		大阪	
	戸数	人口	戸数	人口
1911 年	274	1,228	128	849
1912 年	380	1,784	180	1,089
1913 年	523	2,429	257	1,336

出所　「駐日本神戸領事商務報告（民国 3 年春季）△中国人在神戸大阪戸口之統計」『中華全国商会聯合会会報』第 2 年第 1 号（1914 年 10 月）より作成.

る[31]。また、第三代領事嵇鏡は、「（中華）民国は民権を尊重するがゆえに、参政（手段として）の選挙、財産の相続等の、いずれをとっても戸籍が重要である」ことを強調し、海外に居住する華僑については「証明と保護」が不可欠であるので、なおいっそう戸籍登録が重要な意味をもつ、と華商組織を通じた居留民による積極的な戸口登録を訴えたのであった[32]。しかしながら、かくいう領事が本国への報告に使った神戸税務局の調査による一九一一年から一九一三年の神阪華僑人口は表4-1の通り、両地ともに二年でほぼ倍近くまで急増していたことがわかる。

以上の神戸領事の報告からは、新しく誕生した中華民国の外務官僚としての自覚が随所に見られ、急増する海外の「中国人」を管轄保護する立場にある領事と領事館が果たすべき役割について、さまざまな反省と建議が見てとれる。前節で論及した、工商部総長劉揆一による、外交部を通じた領事による商務報告の徹底化政策は、工商部官制が発足した一九一三年八月に赴任した許同范領事によって忠実に実行され、さらに許領事は駐神戸米・仏領事館を引き合いに出し、華僑や華商による領事館の軽視という現状に警鐘を鳴らし、その改善を要望したのであった。

2　神戸領事の商務報告

中華民国成立後最初になされたであろう神戸領事王守善[33]による民国元年春季の領事報告「中国人在日本神戸経商情形」は、神戸華商が置かれている貿易上の形勢について次のように述べている。[34] 日本が日露戦争勝利の「余威」でもって、銀行・航路・郵便など実業と商業のシステムを拡充し、輸出入貿易における日本人商人の海外への直接進出を日本政府が支援した結果、かつて販運で利を得ていた華商で、現在「愁城に坐さない者なく」、店を閉めて帰国しようとする者も多い。第一次産品を中心とする輸入は、ことごとく日本人の直取扱いとなり、かろうじて輸出の一部分のみ華商に恃む状況にある。中国人の間で広く受け入れられている華商ブランド製品の販売に太刀打ちできる、信頼できる日本人商人がいまだ少ないことがその理由である、と。領事のこの部分の叙述は、おそらくは華商が輸出と販売を請け負い、華商風ブランドをつけて販売される神戸・大阪産のマッチを指していったものであろう。つまり、この頃には、華商にとってマッチ輸出を措いて明るい展望がもてる品目がきわめて限られてきたことを示している。ついで、日本産製品の販売に華商が深く関わるという貿易構造であるがゆえに、状況が一変することもありうる。あるいは、将来華商が貿易を行う余地すらまったくなくなってしまうかもしれない、という危惧も吐露されている。

翌年度冬季の許同范による領事報告「中国人在日本神戸経商情形」[35]は、より詳細な分析を行ったうえ、華商に対する中国政府の保護政策の確立と完備された商業システムの必要性を訴え、直接海外に赴いて買付と販売を行う三井の活動や、南満州鉄道と日清汽船との陸海の連携からなる日本の輸送網の発達が、華商にとって直接の脅威となっていることを具体的に指摘した。日本政府は鉄道会社に補助金を拠出し、陸路を利用する日本商人が鉄道会社から四〜五%の割戻しを受け取るしくみを構築することによって華商勢力に対抗し、かつて「華商の経営するところ既に大半は日商に奪われる」ようになっていた。海路においても日本人商人の商品が優先的に船積みされるなど、完備された日本の商業システムと、日本政府の日本商人に対する保護支援政策によって、華商は「無形の損失」を受けていた。そのような現状に鑑み、領事は、華商保護へと繋がる商業環境の整備策として、まずは銀行業の拡充、航路の開拓、保険業の拡充に着手すべきことを訴えた。

清朝時代の神戸領事館は、各年度末に管轄地の華商に貿易総額を報告させ、それに基づいて領事が商務報告[36]を行っていたが、辛亥革命以来この慣習は久しく途絶えていた。第三代神戸領事嵇鏡は一九一四年春、中華商務総会に命じて貿易実態報告を再開させようと試みたが、神戸の華商団体は「散漫で紀律なく意見もばらばら」で、「商会に統括力なく」、その要求に応じることはなかった。「団結して秩序ある」大阪中華商務総会だけが一九一三年度の貿易総額を提出した[37]。おそらくは神戸税関の資料を参考にしたのであろう。領事が不満を吐露する通り、神戸に関する報告はその後も神戸港の品目別輸出入総額に留まり、華商の取扱額に関する詳細な報告は、管見の限り作成されていない。

神戸華僑が中華民国僑商統一聯合会を通じて中華民国初期の孫文の革命政権を財政面で支持し、一九一三年三月に鉄道大臣として来日した孫文を官民挙げて歓待したことは周知のことである。第二革命の勃発による孫文等の亡命という政治的状況のもとで、神戸華僑と袁世凱政権の外務官僚との関係がスムーズにいったとは考えにくい。逆に大阪華商は革命という政治的活動からは距離を置いていた。このことが領事によるこのような評価につながったと考えてしかるべきであろう。神戸と大阪の置かれた社会経済的な背景の違いについては次節で論じることにする。

その他、『中華全国商会聯合会会報』の関連記事から判断する限り、横浜の状況は神戸と似たり寄ったりで、逆に長崎[38]は華商扱いの貿易総額のみならず、人口の籍貫別把握から留学生の掌握に至るまで、大阪同様の詳細さが見られる。それぞれの地における華商と領事館との関係性には相当の濃淡の開きがあったものと考えられる。

第三節　神戸・大阪における華商経済の構造的変化

1　大阪港の躍進と日本商人の優勢

一九〇〇年における日本の対清国輸出入貿易総額に占める港別割合は神戸が六〇・七%を占め、二位の横浜一五・四%をはるかに凌駕し、神戸の一極集中であった。同年長崎は六・七%。大阪は三・五%を占めるにすぎなかった。

しかし、急速に工業発展を実現した大阪では燐寸と綿糸のほか、洋傘、ガラス製品、ボタン、紙、石鹸などの洋式雑貨の輸出が急増し、二年後の一九〇二年には総額で三・五倍、港別割合は三・五%から九%へと顕著な増加を示し、一九〇七年には日本の対清国輸出入総額の二五・六%を占めるにいたる。輸出だけを見れば大阪は一九〇一年にはやくも横浜を抜き、一九〇六年には三二・三%となって初めて神戸の三二・一%を凌駕した。香港向け輸出こそ神戸と横浜に遠く及ばないものの、一九〇七年から計上された関東州向けに限れば、当初から大阪が圧倒的にトップの座を占める。大阪港の輸出の半数近くは手続きを大阪で行うものの実際は神戸港で船積みしており、まだまだ神戸港の優位は動かし難いものであったとはいえ、中華民国成立前夜に、大阪港の重要性が神戸港に匹敵するほどに急激に向上していたことが貿易統計で確認できる(39)。

大阪港における輸出の増大は工場制生産の急速な発展に裏打ちされた結果であり、『中華全国商会聯合会会報』を通じ各地の華商に紹介された一九一三年当時の大阪工業の発展ぶりは、一〇人以上の従業員を有する市内の工場九四四軒、郡部の工場一二〇軒、生産額は合計一億六九九〇万余円、前年度からの伸び率は二五%に

表 4－2　1914 年秋季中国向け輸出入総額（円）

（指数は神戸を 100 とする）

輸入	中国より	関東州より	合計	指数
神戸	4,455,669	1,126,660	5,582,329	100
大阪	1,107,771	418,666	1,526,437	27

輸出	中国向け	関東州向け	香港向け	合計	指数
神戸	10,981,144	1,115,573	3,998,958	16,095,675	100
大阪	11,417,289	2,018,276	771,542	14,207,107	88

出所　「駐日本神戸領事商務報告（民国３年秋季）△神戸大阪與中国之商務」『中華全国商会聯合会会報』第２年第５号（1915 年２月）7-31 頁より作成.

も達し、うち綿糸の生産額は二八％を占めた(40)。一九一四年秋季における中国および香港・関東州向け輸出入における大阪港と神戸港の実勢を数値で示すと表４－２の通り。輸入でははるかに及ばないものの、中国向け輸出と関東州向け輸出では大阪が神戸に対して明らかに優位に立っていることがわかる。

大阪港の躍進は日本商人による直輸出入の急進展によって特徴付けられる。一八九四年と一九〇〇年を比較した場合、日本全体の対清国貿易総額全般に占める日本商人による直輸出入貿易の割合はすでに二八％から四四％の伸張が見られていた(41)。さらに、辛亥革命前後になると、神戸領事が指摘した通り、対中国貿易における華商勢力の衰退が顕著となった。日本の農商務省も日露戦争後の日本商人の伸張を「顕著なる発達(42)」と評し、華商勢力の相対的縮小傾向を報告している。一九〇八年の神戸港における対清国並び香港輸出の取扱者国籍別表を見ると、対清国（関東州含む）輸出は日本商人による直輸出五七・八％に対し華商三七・二％。対香港輸出は日本商人一七・一％に対し華商三二・三％。華商はかろうじて全体で三分の一程度の勢力を保っていた。しかしながら、一九一四年の神戸領事は、かつて輸入の主力品であった米穀は三井や大倉による現地からの直接購入の発達により、華商の利益は「攘奪」されるところとなり、大豆や大豆粕輸入の商権も日商の手中に落ち、苧麻や帽辮を扱う華商も減り、いまや綿糸、燐寸、海産物の輸出のみかろうじて生き残っている現状を本国に報告している[43]。

一方、伸張著しい大阪港からの一九〇九年における輸出全体に係る割合は、日本商人九一・一%に対して華商八・九%、輸入では日本商人九三・六%に対し華商は五・七%で[44]、大阪商人の優勢が明らかである。しかし、大阪港の対中国貿易に限ってみれば、一九一三年には大阪華商扱いは輸入総額の七八%、輸出総額の四七%、輸出入の両者を合わせると全体の五〇%を占めている。同時期における大阪華商扱いの中国産品の輸入額は年間五〇〇〇万円、日本産品の輸出額は二五〇〇万円にのぼり、貿易総額計三〇〇〇万円弱であった[45]。前表で検討した一九一四年秋季の数字からもこの傾向が見て取れる。この時期神戸華商の輸出扱い高の割合がおおよそ三分の一を維持していたとして、この頃には、大阪華商の輸出扱い総額は神戸華商のそれと匹敵するかあるいはそれを凌駕していたといえる。

2　大阪華商の形成と発展

一九〇六年に神戸港を抜き、三二・三%を占めるまでに伸張した大阪港対中国輸出額の全国比は、一九二一年には六〇%を超えるとともに、大阪港の対中国日本製品輸出港としての特徴が確定する。そして、前節で見たように、大阪華商の果たす役割がきわめて重要となった。この間、大阪華商の組織は目を見張る拡充と変化を遂げている。

大阪に居留地が設置された一八六八年以降、華南出身者と華中出身者が相次いで移り住み、三江公所が一八八三年頃に設立された。阪神両地に店舗を開設していた広東系商社は一八九七年に不経済を理由に大阪店を引き払い神戸に移動する。この頃から大阪川口居留地一帯には華北出身者が増え始め、一八九五年には山東商人が三江公所から独立して大清北洋商業会議所を設立し、翌年華北と東北各省出身者に組織範囲を拡大して大清北幇商業会議所と改称。三江公所も一八九五年に大清南幇商業会議所と改称した。その後北方出身者は華北航路の開設によってさらに急増。一九〇八年、本田二番町に建物を建築した北幇商業会議所は一九一六年に社団法人大阪中華北幇公所と改称し、その後一般社団法人に変更して現在に至る。一方の南幇商業会議所は一九一九年に再度改称して社団法人大阪中華南幇商業公所となる(46)。

一九二〇年代に入ると、神阪華商団体は図4-1の通り、日本貿易商団体との間で出身地別業種別の関係を構築していた。とりわけ、大阪の華商団体と海陸産物、綿糸、綿布、雑貨の四つの売り込み日本商団体との間で密接な関係がみられる。たとえば、雑貨の売り込み団体である大阪貿易同盟会は、仕向け地別に第一部（北方）、第二部（上海）、第三部（華南）に細分化され、それぞれ第一部は大阪中華北幇公所、第二部は大阪中華南幇商業公所と（神戸）三江商業会（通称〝三江公所〟）、第三部は神戸の福建商業会議所と広業公所所属員がパートナーとなって雑貨を輸出し、中国本土の対日貿易の華商組織である上海東荘公所や天津貿易共進会が介在して取引に関わった。一九二五年末において大阪華商三一〇人中南幇商業公所に属する者四五名（二六店舗）。北幇公所の所属員はほとんどが出張して大阪の行桟（倉庫業や仲買業等を兼営し、短期滞在の商人にサービスを提供する複合施設。旅館）に投宿する形態をとり、その会員数は二六五名、行桟数一二軒であった(47)。さらにこの数字は満州事変直前の一九二九年末には南幇三六名、北幇三二九名にまで増加の一途をたどる(48)。

前述した通り、日露戦争後日本の商業資本による大陸進出は、商社の海外直接進出という商人自身の積極性に先導されるとともに、さまざまな点で国家の保護を受けた。とくに航路と鉄道の整備(49)は、黄海をはさんだ山東半島と遼東半島との間の物流を増大させるとともに、日本産品の陸路朝鮮半島経由による中国東北地区への販路を広げた。上海以南の航路頼りの神戸華商は日本の勢力進展によって商権を大いに脅かされるのだが、逆

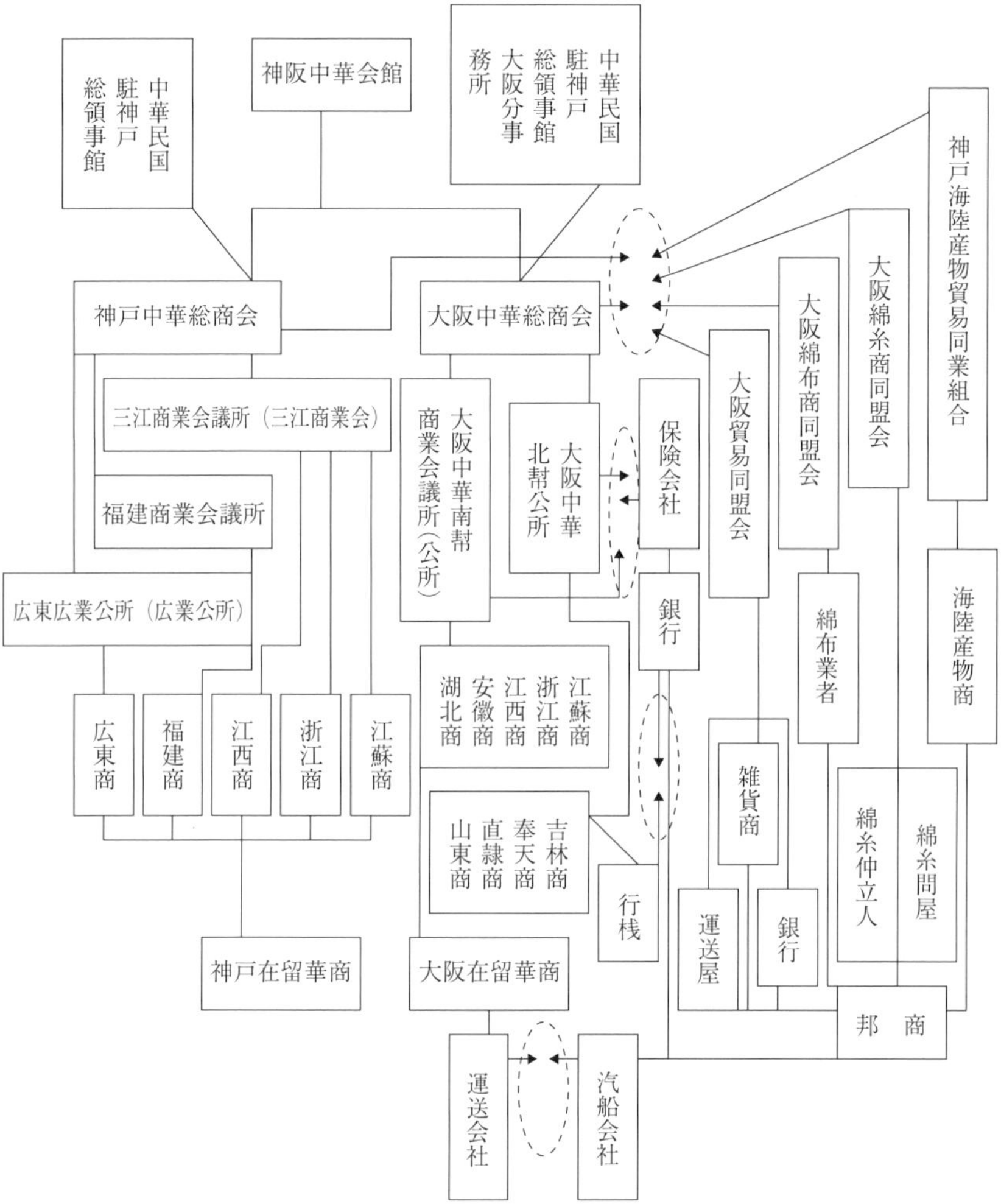

図 4-1　阪神在留華商貿易関係団体一覧図

出所　東亜経済調査局『在留支那貿易商』（南満州鉄道株式会社，経済資料第 14 巻第 3 号，1928 年）3 頁より作成．表中各組織の当時の正式名を（　）に補足して書き入れた．

に、その恩恵に預かり、主として日本製品の輸出に従事することを目的に大阪へ進出したのが北幇商人であった。

一九一三年の大阪中華商務総会の報告が示す大阪華商の輸出仕向け地と品目の実態は表4－3の通り。大阪からの仕向け地は上海以北の黄海沿岸とオホーツク海沿岸諸都市に集中し、天津、青島、上海、牛荘、芝罘、大連、哈爾濱の順に輸出総額が大きい。ウラジオストックと安東にも相当額が輸出され、清津を中心に、仁川、元山、釜山等の朝鮮各港と間島への輸出も少額であるが存在した。総額の四一・六％は綿糸で占められ、二位以下の綿布（一四・二％）や雑貨（一一・六％）、燐寸（七・七％）を大きく引き離していることがわかる。一方、輸入総額は前述の通り、輸出の五分の一以下で四四八万七二六四円。上海、青島、芝罘、安東の順に額が大きく、前二大都市で全体の七五％を占める。青島からの綿花と牛皮、芝罘からの灰糸、安東からの豆粕などが主要品目であった。

さて、大阪華商は以下の三つの点で、神戸華商と経営・取引形態が異なる。

第一に、一九世紀末に遅れて大阪に進出した北幇公所の所属員は支店形式の商店が多く、行桟主から事務所を間借りして単身で赴任し、成約ののち、大阪に定住している行桟主が彼らに取引銀行を紹介するという独特のシステムをとった。一九二七年当時、客商五七を擁する徳順和王農山（芝罘出身・来日二五年）、客商五二を擁する乾生桟李暁臣（山東出身・来日二二年）をはじめ一六軒の行桟が川口一帯で開業していた[50]。この点、家族をも帯同して根を下ろしていた神戸華商の経営が個々に独自性を保持し、買弁を通じ外国の銀行と直接取引をしていたのと大いに異なる。

第二に、北幇公所と南幇商業公所は早くから日本の保険会社と特約を結んだ。所属員は公所が指定した保険会社とのみ取引が許され、行桟や華商の経営からなる運送会社がその代理店を兼ねた。神戸の華商が初期には

（総額を除き単位は万円）

洋傘	ガラス製品	寒天	磁器	石鹼	海産物	茶	椎茸	莫蓙	その他
5.1	4.4	4.3	3.1	1.8	6.5	2.1	1.3	2.8	448,915.0
33.4	24.6	6.2	8.3	15.1	10.1	—	5.8	2.3	1,249,745.2
0.5	1.6	2.1	0.9	0.9	0.7	△	△	△	198,212.5
—	3.8	3.3	4.8	2.9	△	0.6	—	1.0	254,029.5
△	△	1.2	△	△	△	△	—	△	66,633.0
△	2.3	3.8	1.7	△	1.5	2.8	△	△	309,065.2
1.1	1.0	△	0.5	1.1	△	—	—	0.6	171,908.4
1.2	—	1.2	△	0.8	—	—	—	—	215,310.0
△	△	△	△	—	—	—	—	—	20,994.0
—	△	△	△	0.8	△	—	—	1.9	132,715.8
41.3	37.7	22.1	19.3	23.4	18.8	5.5	7.1	8.6	

は―を付した。品目については他港と共通する項目を挙げた。よって、上海の化粧品（9.6万）など特定地に限るものや大都市への衣料・帽子などは省略し、その他に入れている。
＊朝鮮は清津、仁川、元山、釜山の合計。間島分も合わせて計上した。

主に外国の保険会社と個別の契約を結んだのと違い、大阪は組織による協議加入方式をとっていた。北幇公所は保険会社に対して所属員の保険金不払いなどの責任を肩代わりする代わりに、保険会社に一定の歩合で保険料を公所に割り戻させ、それを公所が所属員に還元するシステムを取っていた[51]。しかも、南幇および北幇公所の華商組織としての役割は事実上この保険会社との交渉に限られ、日本商人と華商との取引改善に関する交渉や紛議の仲裁などは中華総商会の役目であった[52]。

第三に、華商系運送会社もまた汽船会社と特約を結んでいた。同益株式（一九二〇年設立・張友深）と三益合資（一九一九年設立・趙鎮三）は、日本郵船および大阪商船と特約を結んで専属となり、華商利用運賃分の割り戻しを受けていた。大阪―上海航路では一割の割り戻しを得ており、割り戻された運賃は保険料と同様、利用者である華商に還元されたという。

表 4－3　大阪中華商務総会による1913年度華商取扱品目別輸出高および仕向け地別報告

	輸出額（円）	綿糸	綿布／織物	雑貨	燐寸	昆布	緞子
天津	8,117,915.0	549.0	64.4	65.1	42.7	13.0	1.3
上海	4,088,745.2	57.8	23.8	60.0	11.1	20.1	5.3
芝罘	2,403,212.5	130.6	23.8	15.2	33.9	8.6	1.7
牛荘	3,843,029.5	137.5	150.0	31.0	10.8	7.2	6.0
安東	65,633.0	2.2	5.4	8.7	1.2	1.2	△
青島	4,410,065.2	169.7	60.0	51.1	71.4	15.8	30.0
大連	907,908.4	3.7	4.3	34.7	23.0	2.2	1.4
哈爾濱	22,310.0	—	7.9	39.6	—	—	△
朝鮮／間島	85,994.0	△	3.5	3.0	△	—	—
ウラジオストック	461,715.8	1.6	16.3	11.5	0.8	—	—
総計	25,306,528.6	1,052.1	359.4	319.9	194.9	68.1	45.7

出所　「中華民国２年阪埠華商輸出入表（大阪中華商務総会報告）」『中華全国商会聯合会会報』第１年第10号（1914年６月）43-80頁より作成。
＊万円を単位に小数点２位を四捨五入し、総額0.5万に満たない物は△、品目名が挙がってないもの

以上の諸点から、大阪華商の活躍は日本商人の伸張といわば同じ追い風に乗っていたといえよう。日本政府が商工業保護のために採った種々の政策の恩恵に預かった北幇華商は、華北および東北市場をめぐり、同じ土俵で、日本人売り込み商や汽船・保険会社とは協力し、日本人商社や直輸出業者とは競合したのであった。それに際し南・北幇公所や上位組織としての中華総商会の役割はきわめて重要であった。神戸の領事をして、神戸華商に比べ大阪華商の方が「団結して秩序がある」といわしめた原因の一端がここに見出せるであろう。

むすび

本章の目的の一つは、中華民国の成立とそれに連動した工商部や外交部の諸政策と海外華僑との間にどのような直接あるいは間接の連環関係を見出すことができるかについてであった。

第一節では、内外華商の協力によって開催された工商会議と工商部によって着手された政策を検討し、全国商会聯合会の発足と、工商部による外務官僚との連携による海外華商統合の試みに一定の評価を加えた。商工科出身の専門的人材を集め、「調査研究」を第一義に考えた工商部は、中華総商会による情報提供と領事による商務報告の改善によって海外事情の把握に努めた。中国国内の商会にさまざまな機能を期待したのと同様に、国外の中華総商会にも工商業政策の一翼を担わせようと企図したのである。そして、商会法の公布と全国商会聯合会の法人化によって、国内外の商会による自己統合の基盤は清末時期から格段に強化される。清末時期の商務総会、商務分会と中華商務総会などの関係はどちらかといえばヨコの連絡を主としていたのに対し、民国初期の商会総商会網はタテの方向の強化、すなわち統合のベクトルがより強く働いたとみてよいであろう。[53]

第二節は、神戸兼大阪領事による領事報告の分析を通じ、中華民国初期における領事と華僑、領事と華商の関係を検討し、あわせて彼らの言説に新生中華民国の外務官僚としての自覚をみた。ここで注目すべきは、領事が神戸の商会には統率力がなく、大阪は団結力があって秩序がある、と評した点である。従来の研究は神戸華僑の政治的経済的活動の分析に重点を置き、大阪華僑の実態については充分に明らかにされてこなかった。

このことの反省に立ち、第三節では、大阪華商の団結性について分析を加えた。神戸華商の凋落現象との対比において象徴的であったのは、日本商人の台頭とともに伸張してきた大阪華商の勢いである。貿易実態を示す資料として使用したのは一九一三年度の大阪中華商務総会の報告である。家族の帯同が少ないため、在住人数では大阪は神戸に及ばないものの、輸出貿易額においてこの頃すでに神戸華商のそれに匹敵、あるいはそれを上回り、大阪華商の役割が無視できないまでに成長していた。その後公布された商会法に基づいて改称した大阪中華総商会は、南京国民政府の成立後、一九二八年一〇月一〇日に開催された全国商会臨時代表大会に参加し、国内主要六ヵ所の総商会（上海、南京、漢口、奉天、重慶、広州）代表とともに執行委員として名を列ねるまでに発言力を強めた(54)のである。

注

（1）たとえば奨励華商公司章程、華商墾荒条例、華商興辦実業条例、華商辦理農工商実業爵賞章程などを制定。
（2）随時入学、試験免除、学費と宿舎費の免除で華僑子弟の帰国就学を提唱するほどであった（「学部提倡華僑教育辦法」『華商聯合報』第三期、一九〇九年四月）。
（3）大橋一穂『支那経済事情』（一六三〜一六五頁）は一九一五年一二月までに設立し、当時現存した中華総商会を設立順に羅列している。それによると、宣統年間までに商部または農商部に申請し、正式に成立が許可された海外の中華商務総会は四二となる。
（4）拙稿「海外華商會網絡與環太平洋地區華僑社會」（張存武・湯熙勇編『海外華族研究論集（第一巻：移民、華商與経貿）』華僑協会総会、二〇〇二年）では、法制面からこの点について論じた。本書第七章に大幅修正のうえ収録している。
（5）角山榮編著（京都大学人文科学研究所共同研究報告）『日本領事報告の研究』（同文舘出版、一九八六年）。
（6）波形昭一編著『近代アジアの日本人経済団体』（同文舘、一九九七年）、柳沢遊『日本人の植民地経験——大連日本人商工業者の歴史』（青木書店、一九九九年度）など。また、波形昭一・堀越芳昭編著『近代日本の経済官僚』（日本経済評論社、二〇〇〇年）は、商工官僚の形成や海外駐劄財務官制度に関し、国内から海外への官僚および政策を一貫したものとして論じ、参考になる。
（7）一九一三年一〇月に発行された『中華全国商会聯合会会報』は第一年第八号（一九一四年五月一日）から『中華全国商会聯合会会報』と改称している。
（8）中華民国四（一九一五）年の商会法に基づき、中華商務総会は各自章程の改訂手続きを踏んで漸次中華総商会に改称された。
（9）工商会議に関する専論には朱英「論民元臨時工商会議」（『近代史研究』一九九八年第三期）がある。
（10）「工商会議開会日演説詞」章開沅主編・饒懐民編『劉揆一集』（華中師範大学出版社、一九九一年）六六頁。
（11）「工商部之政策（上）」『申報』一九一一年一一月一二日。
（12）「工商部之政策（下）」『申報』一九一一年一一月一三日。
（13）当時司法部と工商部の見解は異なり、司法の独立を堅持する司法部はあくまで商事裁判を民事裁判に一本化すべきだと考えた。一方、債務や債権の問題を取るにたりない小事とみる司法役人によって商事紛争が軽視され、そのため商事事件の解決が慢性的に長期化することが懸念されたので、最低限清末に確立された商会による商事裁判権は堅持されるべき、と工商業者は考えた。工商部の案は彼らの意見を反映して司法部に対抗したものであったが、結局商会には仲裁権のみ付与され、最終審判権は普通審判庁に帰されることとなった（馬敏「略論辛亥前後商人司法意識的変遷」前掲『辛亥革命与二〇世紀的中国（中）』一一七九～一二〇四頁を参照）。
（14）注（11）に同じ。
（15）「工商政策（一九一三年二月）」（原載『湖南実業雑誌』第九期）前掲『劉揆一集』一〇七頁。
（16）「工商部咨外交部駐外各使館商務随員応照国務院議決請随時知照会商核辦文（八月一六日）」同右一一一頁。各公使館・領事館の商務調査員の選任は工商部、管理は外交部の管轄事項となる。
（17）「工商部咨駐英法徳美日俄外交代表転知所属各領事商務随員詳細報告各国商情文（八月三〇日）」同右一一二頁。
（18）「交渉部咨外交部各使館商務委員俸薪応由本部籌給希将案巻等移交以便核辦文（九月一六日）」同右一一三頁。
（19）全国商会聯合会についてはかつて拙稿「中華民国初期における全国商会連合会について」『富山国際大学紀要』第二巻（一九九二年）で論じたことがある。紙幅の関係上、本書には採録していない。
（20）朱英前掲論文、一六〇～一六六頁。
（21）「中華全国商会聯合会章程」『歴史檔案』一九八二年第四期。
（22）「上海全国商会聯合会総事務所照会京師商会公文（一九一三年二月一五日）」『中国商会聯合会会報』第一期（一九一三

年一〇月一日)、文牘、一〜三頁。
(23)「商会聯合会調合両党紀事」同右、紀事、一〜三頁。
(24)「全国商会聯合会直隷省事務所致各商務総会(一九一三年五月一三日)」同右、七〜九頁。
(25)「中華全国商会聯合会選挙規則」『天津商会檔案彙編一九一二―一九二八(一)』(天津人民出版、一九九二年)五八〇〜五八一頁、「天津商会聯合会開会十八誌」『申報』一九一八年五月一八日。海外中華総商会に、各省一〇権と同等の各国一〇権が与えられた。
(26)「調査華僑在日本神戸経商情形」『中国商会聯合会会報』第一年第三期(一九一三年一二月)一五〜一六頁。
(27)現存する四六名の神戸華僑(一八七四〜一八七七)の籍牌を分析した研究に、洲脇一郎・安井三吉「明治初期の神戸華僑――兵庫県の華僑政策と明治一〇年籍牌を中心として」(『論集』第四二号、一九八八年)がある。理事府が領事館になるのは一八九七年のこと。
(28)「駐日本神戸領事商務報告(民国三年春季)△中国人在神戸大阪戸口之統計」『中華全国商会聯合会会報』、第二年第一号(一九一四年一〇月)。蔡領事は一九〇〇年五月〜一九〇一年一一月と一九〇三年二月〜同年一〇月の二度在任している。どちらの時期から領事館が直接戸口を把握しなくなったかは不明。
(29)注(26)に同じ、一七頁。一九世紀後半以降欧米諸国では義務的パスポート所持制度は廃止されるようになり、第一次大戦前にはトルコや帝政ロシアなど少数国を除き、パスポートを携帯することは一般には義務ではなくなっていた(春田哲吉『パスポートとビザの知識』有斐閣、一九八七年、五一〜五二頁)。当時の中国人の日本入国に際し、出身地や氏名、年齢などを証したパスポートが必要とされなかったという領事報告は、以上の説明からも信用するに足るものと考える。ただし、一八九九年の内地雑居開始以前に居留地に住んでいた華僑が日本国内に旅行するときは、外国人であるがゆえに、日本の役所発行の旅行免状(通行手形)が領事経由で交付され、それを携帯する必要があった。
(30)注(28)に同じ、三四頁。
(31)注(26)に同じ、一七〜一八頁。
(32)注(28)に同じ、三四頁。
(33)一八八一年生まれ。上海人。字は穉紅。農工商部主事等を経て一九一一年一月から駐神戸清国領事。武昌起義のニュースが伝わった一九一一年一一月、真っ先に辮髪を切り落としたことで知られる。一九一三年八月まで引き続き中華民国の初代領事として神戸に駐在。一九一四年五月から横浜総領事となる(中国研究所『清末民初中国官紳人名録』一九一八年、外務省情報部編『改訂現代支那人名鑑』一九二八年、『民国人物大辞典』河北人民出版、一九九一年)。
(34)「中国人在日本神戸経商情形(民国元年春季神戸兼大坂領事王守善報告)」『中国商会聯合会会報』第一年第一号(一九

一三年一〇月）三五～三七頁。
(35)「中国人在日本神戸経商情形（民国二年冬季神戸領事許同范報告）」同右第一年第七号（一九一四年三月）二九～三二頁。
(36) 清末の駐日外務官僚による公刊された領事報告は『商務官報』に散見される。
(37)「駐日本神戸領事商務報告（民国三年春季）△中国人在日本神戸経商情形」『中華全国商会聯合会会報』第二年第一号（一九一四年一〇月）三一頁。
(38)「駐長崎領事商務報告（民国三年春季）△中国人在長崎経商情形、△中国人往来長崎男女老幼人数之統計」同右第一年第一二期、一五～三九頁。
(39) 農商務省商務局『対清貿易の趨勢及取引事情』（農商務省商務局、一九一〇年）三～六頁。母数となる一九〇〇年の対清国輸出入総額は六一八三万二三一六円。一方、同年の対香港輸出総額は四九八三万七三一〇円（神戸四八・五％、横浜三二・二％、長崎五・二％、大阪〇・六％）。一九〇七年の対清国輸出入総額は約倍増して一億一九九七万四四三〇円。対関東州は三四三六万一三一七円。対香港は二一三〇万四〇四〇円。
(40)「日本大阪各種工芸情形△大阪之生産力」『中華全国商会聯合会会報』第一年第八号（一九一四年五月）八〇頁。
(41) 農商務省商工局『日清貿易事情』（一九〇四年三月）三四～三六頁より計算。
(42) 前掲『対清貿易の趨勢及取引事情』一七頁。
(43) 注（37）に同じ、二九頁。
(44) 注（39）に同じ、二〇頁。
(45) 注（37）に同じ、三三頁。
(46) 大阪華商についての専論に許淑真「川口華商について一八九九－一九三六」（『国際関係論のフロンティア二　近代日本とアジア――文化の交流と摩擦』東京大学出版会、一九八四年）と西口忠「川口華商の形成」（堀田暁生・西口忠編『大阪川口居留地の研究』思文閣出版、一九九五年）がある。西口論文は初期大阪華商を、主流となる幇の交替によって①～一八八一年（華南出身者）、②一八八二～一八九四年（華中出身者）、③一八九五～（北方出身者）の三期に分期している。
(47) 東亜経済調査局『在留支那貿易商』（南満州鉄道株式会社、経済資料第一四巻第三号、一九二八年）三頁。判明した限りにおいて北幇の都市別出張員数を一部挙げると、哈爾濱九七名、奉天三〇名、安東一七名（同書、五頁）。
(48) 実業部工商訪問局『大阪神戸華僑貿易調査』（一九三一年）一一三～一二八頁。
(49) 一九一三年以後、ロシアが享有していた特権に預かり、安東経由の貨物に対し陸境減税が適用されたうえ、さらに省線、朝鮮鉄道、満鉄の連絡運輸に対して運賃割引が実施されたため、陸路が海路よりいっそう有利となった（前掲『在留支那貿易商』四六頁）。

(50) 大阪市役所産業部『大阪在留支那貿易商及び其の取引事情』一九二八年、二〇～二一頁。

(51) 前掲『在留支那貿易商』五一頁。

(52) 同右、四九頁。

(53) 拙稿「民国初期における商会の改組と商民統合」（『人文論集』第三三巻第四号、一九九八年）において、国内商会を対象に分析し、中国の商会制度の特徴として、上からの商民統合と下からの自己統合という両方向のベクトルを持っていた点を指摘した。

(54) 天津檔案館・天津社会科學院歴史研究所・天津市工商業聯合会編『天津商会檔案彙編一九二八－一九三七（上）』（天津人民出版社、一九九六年）五四〇頁。

第二部　商会と華人社会

第五章　長江デルタの商会と地域社会

中華嶺南登山會
（神戸華僑歴史博物館所蔵）

はじめに

中国における商会研究は近年一定の成果を挙げている。序論でも示した通り、一九八〇年代以降、天津、蘇州、上海、保定などの総商会史料が公刊されるとともに、一九九〇年代から二〇〇〇年代に入ると『上海総商会史』、『近代天津商会』、『辛亥時期蘇州商会研究』をはじめとする本格的な研究書の刊行が相次いでいる。しかしながら、これらの分析は大都市総商会を主たる対象としており、裾野に広がる県や鎮の商会を視野にいれているものは少ない。また、海外の商業会議所制度との比較の視点を取り入れた研究も十分とはいえない。

海外の商業会議所制度との比較を踏まえて第一章で分析した通り、中国の商会制度の組織面での特色が、①総商会と商会の並存構造、②強力な中華全国商会聯合会組織の存在、③中華総商会のネットワーク、つまり海外の華僑社会にまで繋がる商会網の活力にあると筆者はみている。また、一九一五年の修正商会法に基づいてなされた商会の改組過程を分析し、商会システムには商工業者による下からの自己統合に利用される側面と、上からの制度的統合に利用される側面がある点を指摘した。この章とこれに続く次章では、水平方向の比較視点を取り入れて、地域の特色について議論を深めてみたい。中国国内は東北、華北、長江デルタ、華南というつかの地域分けが考えられるが、ともに商会先進地区であった長江下流域と華南における商会の特徴を示してみたい。

本章では、長江デルタ地域の商会の特徴を析出するとともに、商会が出現した清末民初の時期の、大都市ではない県・鎮レベルの商会がどのように展開され、地域社会でどのような役割を果たしたのかという点に留意し、都市と農村の接点という視点から商会全般が有したであろう社会的経済的意味を考えてみたい。このことは、海外の華僑社会においても同様に中華総商会が広まり、浸透していったことの説明にも繋がるであろう。

第一節では、全国の分布状況を踏まえたうえで、江蘇省を中心とする長江デルタ地域の商会の分布実態を分析し、他地域との比較のなかで浮かびあがる地域の特色を摘出するとともに、中央政府が行った商会の改組が持つ制度による社会統合の意味について検討を加える。第二節では、商会を清末の地方自治に先行する近代的制度の一環として位置づけ、関連する教育会などとの関わりのなかで、地域におけるその社会的役割を見てゆくこととしたい。

第一節　長江デルタの商会

1　長江下流域における商会の分布

一般的に長江下流とは江西省湖口以東から呉淞口までを指し、長江が通過する江西、安徽、江蘇三省に浙江省を加えて長江下流地区と称する。現在では上海直轄市を加えた四省一市を総称して上海経済区あるいは華東経済区ともいう(1)。また、滬寧杭地区という通称に従えば、西は南京から東は上海、北は長江南岸から南は寧紹平原を含み、太湖を中心に水郷と呼ばれる蘇南平原、杭嘉湖平原、上海市の平野部が主体となり、西部には標高二〇〇〜五〇〇メートル級の低い山地と丘陵がある。さらに、長江デルタ地帯というときには鎮江を頂点とする前記滬寧杭地区の平野部に長江北岸の平野部を含み(2)、下流地区のなかでももっとも経済と文化が発達し、人口密度が高い地区である。

商会を大きな地域のまとまりで見るとき、第一章で概観した通り、初期においては、長江流域以南の南方と華北を中心とする北方の対立の構図が鮮明で、南方では上海総商会が漢口総商会とともに諸商会をリードし、海外の中華総商会とも連携を保つ重要な役割を演じていた。上海が長江流域と沿海地域との結節点の位置にあるとともに、東アジアにおける重要な外国貿易港であったがゆえの牽引力によることが容易に指摘できる。一方、蘇州総商会、通崇海（泰）総商会、杭州総商会、寧波総商会とともに、上海がその後背地として全国でもっとも開発の進んだ経済、稠密な人口密度、高い文化水準をもった長江デルタを控えており、その地域を代表する総商会であったことも重要な要因の一つであった。一九一四年に全国商会聯合会が正式に成立すると、上海総商会には全国の商会を束ねる全国商会聯合会総事務所が設置され、名実ともに全国の中心となって商会の言動をリードしてゆくこととなる。

第一章の表1－2で示した通り、江蘇では奉天と並び、きわめて早い光緒の時期に商会が迅速に各県下へと一斉に広がった。一九一八年当時七六を数える江蘇の商会のうち、八四％が清朝の時代にすでに設立され、うち五三商会は光緒年間に矢継ぎ早に成立している。浙江でも八〇％にあたる七三商会が清朝年間に設立されている。この地域は商会の最先進地域と称してよいのである。さらに、浙江省は、全県の二八％にあたる二一の県で二つ以上（うち二県では三商会、一県は四商会）の商会が濃密度に設置されていた点で他省から際だっている。細かく見ていくと、その二一県四五商会のうち一七県三八商会までが長江デルタ地区の旧杭州、湖州、嘉興、紹興、寧波各府に属している。長江下流に近い浙江省の最北部三分の一に相当する地域に複数商会が集中しているという現象である（図5－1、5－2参照）。

江蘇は全国で唯一一〇〇％の組織率を示す省である。さらに一九一五年から一九一七年にいたる新商会法の制定にまつわる改組の過程で、統計が完全な省のうち、唯一、一旦（一九一五年には八二会と）増加したものが減少

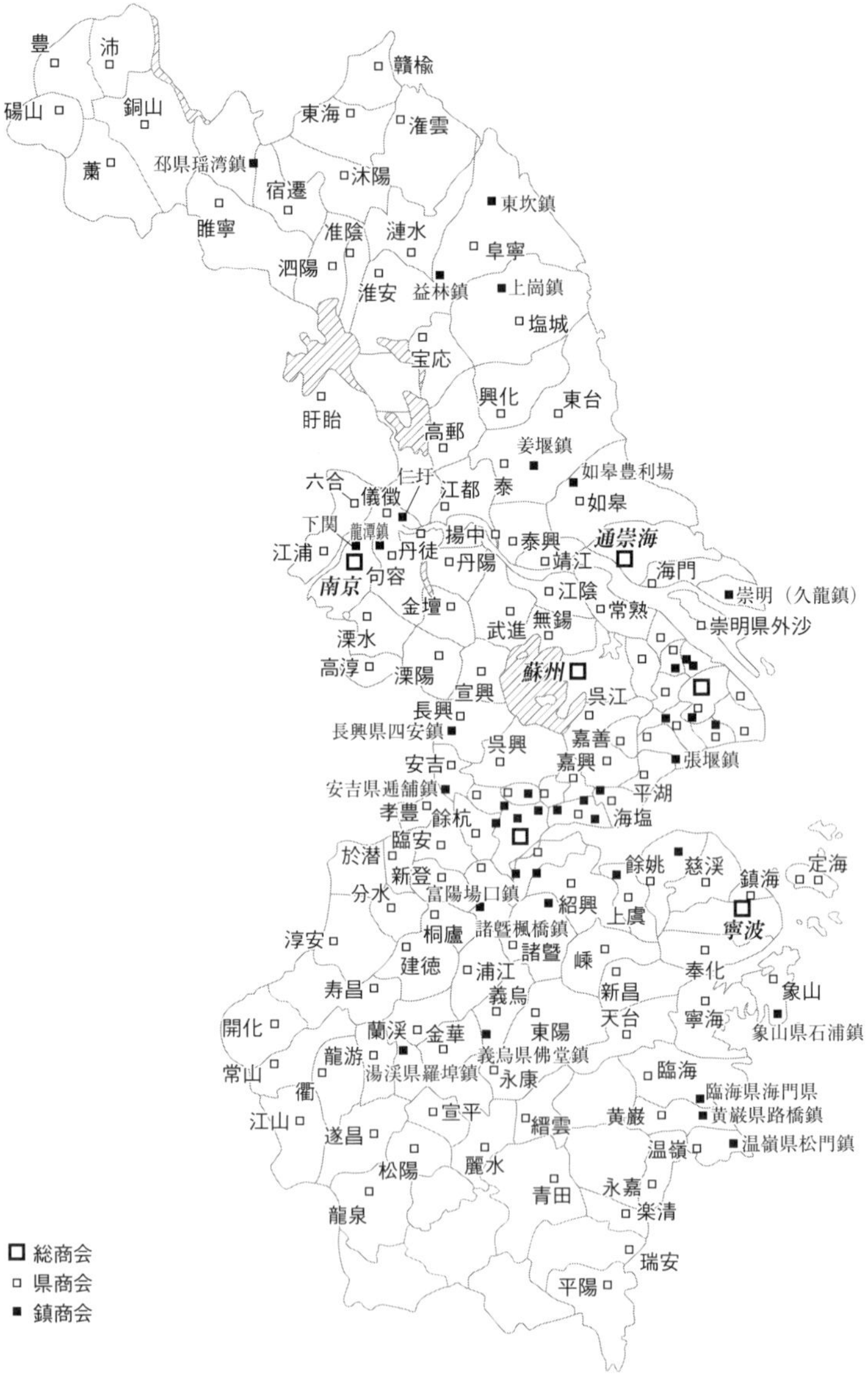

図 5-1　江蘇・浙江商会分布図（1918 年）

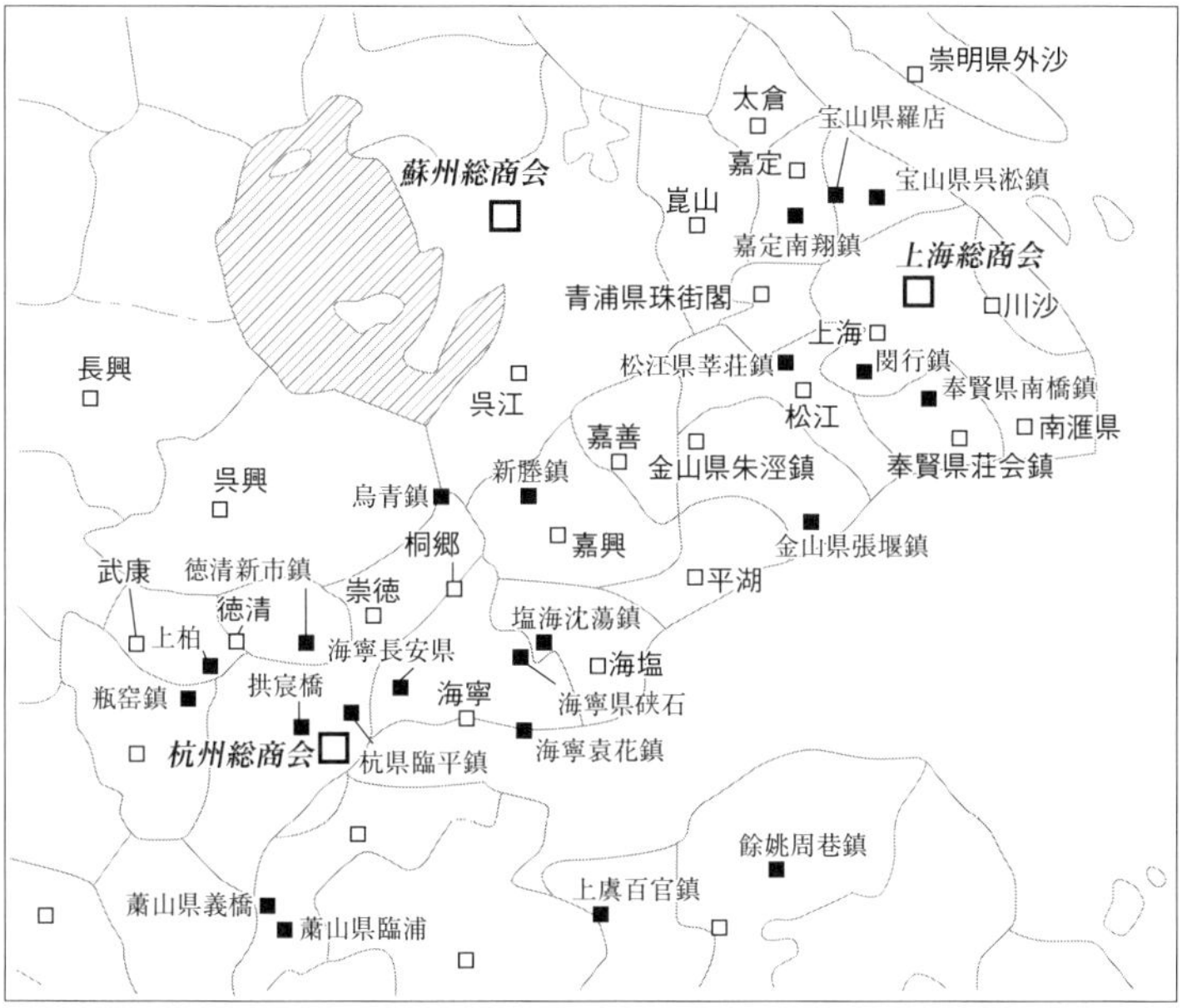

図 5-2　河口部分商会分布拡大図

して一九一八年の七六会という数字に落ちついたという点に特徴が見出せる。江蘇の商会は、実に競うが如くに出現し、鎮が独自性を強く主張した点に他省との違いが見られる。なかでも蘇州府、松江府、太倉州を中心とする河口に近い水郷地帯の商会がもっとも発達していた。すでに指摘されている通り、一九一二年における松江一府七県の商会の経費合計は、同年における江北（長江北岸地域）二府三州計二七県一庁の全商会の経費合計と匹敵する規模であった(3)。

長江を南京から南西に遡ると安徽省の南部を通り、やがて江西省の北の境を遡って中流域の湖北省へと入ってゆく。安徽省は、江蘇の洪澤湖へと流れ込む淮河流域の諸都市を中心とする徽北と長江流域の蕪湖、銅陵、安慶（省都）を中心とする徽南に二分され、明清時代から全国の商業都市で活躍顕著な徽州商人を輩出したところでもある。塩運で商機をつかんだ徽州商人の活躍にも象徴されるように、当時のこの地は長江を主とする水系が命脈であったと同時に淮北からは華北平原へもつながり、東西南北への交通の要衝地であった。その経済と物流の多くは、長江を媒介として隣接する長江デルタに直接間接に依拠していた。そして、江西省は長江へ連なる鄱陽湖を中心とした北部一帯に南昌や景徳鎮、九江などの主要都市が集中するほか、全省の六〇%以上が山地と丘陵からなる。物流の命脈はやはり長江が握っており、経済先進地区長江デルタへの経済的依存は安徽と同様であった。その影響もあろうが、商会の設置は、江蘇や浙江ほど速やかでないにしても、沿海部の山東や直隷などに比べると順調に広がっていったことが窺える。

2　社会背景と政治的傾向

日清戦争前後、清朝内部では后党（西太后派）と帝党（光緒帝擁立派）が対立し、さらに維新派が広範に活動を展開するという政治状況にあった。西太后を後ろ盾とする李鴻章らが親露政策を進めようとするのに対し、長江中下流域を地盤とする張之洞（一八九〇〜一九〇七湖広総督、一八九四・一一〜一八九五両江総督）や劉坤一（一八九〇〜九四、一八九五〜一九〇二両江総督）ら非李鴻章集団の実力者洋務派官僚は、英・米・日からの支持取り付けに意を傾けていた。やがて長江流域に広範な社会的基盤を持つ維新派が、台湾割譲の反対と反投降路線で帝党との間で合意に達し、一八九五年に強学会を通じて相互連携を実現すると、この地域の上層紳士は積極的にこれらに協力するようになる。さらに義和団事件以後、「東南互保」の活動を通して政治意識を高めたこの地域の上層紳士は、やがて予備立憲の号令のもとで積極的に諮議局に参加し、江蘇立憲派を形成しつつ、中央の商務行政にも参画していった。その典型が自ら帝党の一員でもあり、帝党の中心人物翁同龢（常熟県出身）や文廷式と親交のあった南通の紳士張謇である。

張謇（季直、一八五三〜一九二六）は周知の通り、故郷の通州に紡績、塩業、漁業、航運などで一大コンツェルンを築いた状元の実業家で、自ら張之洞の求めに応じて江寧文正書院院長（一八九五〜一九〇一）にもなり、博物館や数多くの学校の創設を手がけた教育家でもあり、国内屈指の綿花の産地である通州以東の開拓事業にも大きな貢献をした人物である。

彼は一八九四年に会試に合格して一度北京で任官するが、すぐに父の喪に服するため三年間帰郷している。再び任官した彼の中央でのキャリアは光緒帝の変法運動と軌を一にしている。政変の発生を機に、彼は暇を申し出て北京を離れた。張之洞の招きに応じ、江蘇通海地区の商務局責任者として通州紗廠開業に向けて準備を進めていた張謇は、一八九八年秋（光緒二四年七月）に江蘇商務局総理となる。[4] この頃彼は「商会議」および「農会議」を論じており、[5] 実業救国を目指すその主張は基本的に維新派のものと近かった。「天下の大本は農にあり、今日の先務は商にある」との認識に基づき、彼は全国に農、商、工という三つの系統の会をそれぞれ総会と分会に分けて設置するべきだとし、農会を工会に優先し、さらに農会と工会を設置する前提として商会の設置を最優先に位置づけた。彼が「治水をするにはまず下流から始めるように、まずは商会から」と考えたのは、近代的産業資本家の先駆者としての張謇にとって、市場がもっとも重要な関心事であったがため、と指摘されている。[6] 張謇の考えになるこの商会案においては、主導権を民に置いて官の侵擾を禁じること、独・日に倣って国が商民に補助金を与えることに力点が置かれたが、国の財政的関与を規定する後者の論点が実際の商会章程に反映されることはなかった。

長年郷里の江蘇に活動の拠点をおいた張謇は一九〇六年に予備立憲公会を発起し、一九〇九年には江蘇諮議局議長となり、江蘇立憲派の中心人物となる。辛亥革命による共和制の発足（一九一二年）に際しては、早速南京臨時政府実業部総長となるが二月に辞任し、その後翌一九一三年一〇月から一九一五年四月までの間、劉揆一の後任として中華民国農商総長に就任して中央の商務行政を主管した。

企業家としての初期の彼の活動で重要なのは、一八九五年末に展開された産地統税徴税請負に向けての「認捐〔徴税請負〕」運動である。(7) 彼は当時中央にあった翁同龢から援助をとりつけ、釐金《りきん》〔流通税〕に代わって課せられた新たな統税〔物品税〕を綿花綿布商人自らが代理徴収することで、税務官吏による釐金の中間搾取の弊を取り除こうとした。当時両江総督であった張之洞に「認捐」を建議したが、結果は失敗に終わった。しかし、この苦い体験はのちの諮議局時代に自ら深く政治に関わる契機となる。張謇が議長を務めた江蘇諮議会は一九一〇年に裁釐認捐決議を可決し、商会を通じた税の代理徴収運動を押し進めることとなった。これは悪徳小役人による税の「中飽」という悪習を一掃すると同時に、中央および地方の財源確保にとって、重大な革新を促進する意義ある運動でもあった。

他方張謇とは違い、一貫して官途につき、商会の設立に決定的な影響を与えた人物もいた。唐文治〔茹経、一八六五～一九五四〕である。唐文治は江蘇省太倉州の人。一九〇三年に商部が設立すると、左丞〔初めは右丞〕となって「請設立商会摺」を上奏。一九〇六年秋、商部が農工商部に改組されると同時に尚書となったが、母親の死去で故郷に戻り、上海高等実業学堂〔のちの南洋大学〕監督となり、一九〇八年には江蘇教育会会長に選ばれ、次いで地方自治総理となった。(8)

唐文治によってなされた商会設立の上奏文に示された商会設立の目的は、「商情を通じさせ、商利を保つ」ことにあり、全国の商が互いに「連絡あって軋轢なく、信義あって詐偽なき」よう方向付けることにあった。官と商はもとより、商と商との間にさえ隔たりがあり、異業種間のみならず同業者間でも互いに連絡と交流に欠く工商業の現状に警鐘を鳴らした唐文治を、商会設立へとつき動かしたのは、開かれて一〇年になる三〇余の開港場へ、各国が争って利を収めんがために押し寄せることに対する警戒感と、それを迎えうつ華商の「勢力渙散にして微力」なる現状に対する焦燥感であった。現状を打破するためには、情報を含め、相互の交流に欠くという従来の「内なる弊害を取り除き」、「外情を考察して」大いに外国の製造品の模造を図り、それによって中国の工商業の発展を期すべきである。これが上奏文の主旨であった(9)。

以上、張謇あるいは唐文治という一企業家、商務官僚の経歴を取り上げることでこの地域の紳士層の政治的覚醒やその起業的動機への関わりの一つの典型を示してみた。企業家への転身を図る長江デルタ地域の紳士層（多くは地主層かつ商業兼営）は大なり小なり張謇や唐文治と同様の思いで自治運動に取り組み、あるいは辛亥革命に参加し、あるいは商会の活動に参加していったであろう。封建勢力が強固な北方の商会が往々にして反革命的であったといわれるのとは対照的に、革命（改革）勢力の地盤が強固な武漢、上海、長沙などの商会は、革命の勃発に際しても支持、協力という積極的な態度をとったか、あるいは蘇州や江西などのように黙認的態度で平和を鼓吹するという態度をとったとされている(10)。

さらに、一九一〇年に南京で開かれた南洋勧業会の開催を接触の起点として、清末から民国初期の時期にかけ、アメリカや日本の実業界とのパイプがこの地域を中心に構築されている。たとえば、はやくも一九一〇年末から中米合弁銀行の設立に向けての動きが開始され(11)、アメリカ西海岸の商業会議所と中国の商会との交流が促進された(12)。日本については、南洋勧業会を機に東京商業会議所と上海の商務総会の重要メンバーが、総領事有吉明の仲介を得て「同方実業協議会」なる中日実業家連絡機関を立ち上げ、その後の交流の礎を築いた(13)。時代がくだって一九二二年には、張謇自身が通州の開拓事業に関する資金導入について、神戸の実業界に個別に打診すると同時に、神戸日華実業協会の代表が張謇を表敬訪問するといった、積極的な交流もなされている(14)。

このような対外的傾向は、上述したような維新派と帝党の支持基盤という土地柄に加え、北京政府から地理的に遠方にありながらも中央の商務行政に影響力を持つ紳士の存在と、彼らの地域行政への影響力に重大な関心を寄せる日米両国の実業界の思惑が生み出したものでもあろう。英仏独露による中国の利権瓜分争いに遅れをとった米国と、長江流域にも強い関心を示す日本の実業界による、商業的門戸開放の一形態としての交流が目論まれていたというわけである。同時に日米両国においては、亡命中の維新派（保皇派）の影響も強く、華僑あるいは華商の存在がすでにそれぞれ米中および日中間の諸関係において重要な意味をもつにいたっていた。

以上に述べた通り、ひとつには、資本主義的発展を目指す強力な紳士層の存在と、彼らの地方自治への傾倒ないしは共和制への賛同、ひとつには、日米両実業界との積極的な交流への志向。この二点をこの地域の政治的社会的特色として指摘しておきたい。

3　長江デルタ地域の商会の改組

商会簡明章程附則六条による改組の結果、中国の商会は一旦、大商業集積地には商務総会（総商会）、県には一つあるいは二つの商務分会（商会）、さらにそれ以外の鎮には（商務）分所、という、三段階のレベルに分化することとなった。一九一四年・一五年商会法による改組は、県内全域の鎮に存在する大小さまざまな商会的組織を、県商会あるいは大鎮（商埠）商会の下に糾合した。つまり、商会法に定めた（県あるいは大鎮）商会には正事務所が設置され、それを頂点に、地域に分散して存在する鎮商会には分事務所が置かれ、それらは一括して正事務所に従属させられた。これが民初の改組である。つまり、清末にはそれぞれ独自の活動を展開していた鎮（商務）分会や鎮（商務）分所はここに来て、統合を強いられたわけである。

表５－１は長江デルタ地区でももっとも河口に近い蘇州府・松江府・太倉州地区の商会の設置改廃状況を、光緒の設置時期から二度の改組を経た一九一八年と一九二三年にまでわたって示したものである。一九一一年欄の商会と会長名は同年実施された釐金調査事務所の報告に基づいているが、上海と蘇州の総商会と呉江県下

の商会が対象外となっている。崇明県の両商会がおそらくは唯一河を隔てた北岸にあったためか、あるいはもともと通崇海総商会の管轄であったためか、調査対象にのぼっていないのを除けば、当時機能していた商会のほとんどが網羅されていたものと推察される。一九一五年で示した全国商会聯合会による統計では、江蘇省には他省と比べ格段に多い一〇〇商会の名が挙がっている。とはいえ、全国商会聯合会は、全国の総商会、商会のほか、分所にも会員資格があった（章程第二条）ので、掲げた商会のすべてが農商部の認可した（分会以上の）正式な商会であったというわけではない。おそらくは分事務所でありながら商会という自称を使ったところもあろう。これらは一九一五～一六年の改組統合の直前まで、個別に独自の活動を展開していた商会であった。その意味で参考になるので挙げておく。一九一八年の数字は二度目の改組がほぼ完了した後の商会一覧である。

表5－1を一瞥すると、一九〇六年における、商会簡明章程附則六条に基づき分会数を制限した清末の改組と、一九一四年および一九一五年商会法に基づく、県商会への半ば強制的改廃統合を伴う民国初期の改組の実態がみてとれるであろう。以下、いくつかのケースに分けて、改組の状況を詳しく見ていくことにする。

（1）合併県の場合――呉江、崑山、常熟

二度にわたる改組が徹底し、最終的に一県一商会となった蘇州府下の三県（呉江、崑山、常熟）の場合、いずれも清末民初期の県制改革に伴い、二県が一県に併合されていたという共通点を持つ。

一県二商会までという一九〇六年の商会簡明章程附則六条の規定があったにもかかわらず、旧二県が県城を共有していたという地域固有の特性が考慮され、第一章で前述の通り、呉江県（呉江県・震沢県合併）では、自鎮の商家だけからなる平望鎮分会と盛沢鎮分会に続き、三つめの江震分会が旧両県下十数ヵ所の鎮の事務所を管轄する広域商会として成立した。ところが、その江震分会が統括する鎮のなかから、震沢鎮の分事務所が独

1915年全国商会聯合会会員商会	1918年農商部統計状況(記載された設立年)	江蘇省政治年鑑（民国23年）記載1923年商会(左欄と異なる設立年)
上海総商会	上海総商会(1902)	
上海南市商会	上海県商会(1907)	上海県商会
上海閔行鎮商会	上海閔行鎮商会(1906)	上海閔行鎮商会
三林唐鎮商会		
浦東大団商会		
川沙県商会	川沙県商務分会(1906)	川沙県商会
松江県商会	松江県商会(1906)	松江県商会
華亭莘荘商会	松江莘荘鎮商会(1907)	松江莘荘鎮商会
華亭泗涇商会		
華亭葉謝商会		
楓涇橋商会		
南匯県商会	南匯県商会(1907)	南匯県商会
南匯周浦商会		南匯周浦商会
奉賢荘行商会	奉賢県荘会鎮商会(1906)	奉賢県荘会鎮商会
奉賢南橋商会	奉賢南橋鎮商会(1909)	奉賢南橋鎮商会(1910)
奉賢院巷商会		
奉賢胡家橋商会		
奉賢泰日橋商会		
金山朱涇商会	金山県朱涇鎮商会(1905)	金山県朱涇鎮商会
金山張堰鎮商会	金山県張堰鎮商会(1906)	金山県張堰鎮商会
青浦県商会		
青浦金沢商会		青浦白鶴鎮商会(1909)
青浦珠街閣商会	青浦県珠街閣県商会(1909)	青浦朱街閣県商会
宝山羅店商会	宝山県羅店商会(1907)	宝山羅店商会
呉淞商会	宝山県呉淞鎮商会(1910)	宝山呉淞商会
太倉県商会	太倉県商会(1909)	
□□流河鎮商会		
嘉定県商会	嘉定県商会(1906)	
嘉定南翔商会	嘉定南翔鎮商会(1905)	
崇明外沙商会	崇明県外沙商会(1905)	崇明外沙商会(1904)
崇明内地商会	崇明県商会(1904)	崇明県商会
蘇州総商会	蘇州総商会(1905)	蘇州総商会
呉江商会	呉江県商会(1915＊)	
平望鎮商会		呉江平望鎮商会
呉江盛沢商会		呉江盛沢鎮商会
震沢県商会		呉江震沢鎮商会
崑山商会	崑山県商会(1907)	崑山県商会
崑山菉葭浜商会		
新陽巴城商会		
崑嘉安亭商会		
常熟県商会	常熟県商会(1906)	常熟県商会
常熟梅里商会		
常熟唐市商会		
昭文花業商会		
常昭東唐市商会		
全省100商会	全省76商会	全省84商会

頁）に拠った．
＊ 1915年は『中華全国商会聯合会会報』会費の未納及び既納商会を省毎に列挙した一覧表を援用した（第2年第10号，1915年9月刊）．
＊ 1918年は『中国年鑑（第一回）』（1924年）に拠った．
＊ 1923年は江蘇省長公署統計処編『（民国13年）江蘇省政治年鑑』（近代中国史料叢刊3編53輯，文海出版社，427-428頁）に拠った．

表 5-1　蘇州・松江・太倉地区の商会改組状況

	県名	1906-08 年分会分所状況 (県志等記載設立場所・年)	1911 年江蘇省釐捐調査報告状況 (会長)
旧松江府	上海	上海商務総会 (天后宮西, 1904)	—
	上海	(滬南商会分所, 南市毛家弄, 1906 ⇒ 1909 分会)	滬南商会 (王一亭)
		閔行鎮商務分会 (普安堂, 1906)	閔行商会 (陳洵如)
		塘湾郷商務分会 (郷公所, 1909)	
		三林郷商務分会 (郷公所, 1907)	
	川沙	川沙商務分会 (元善堂, 1906)	川沙商会 (顧蓉江)
	松江 (華亭) (婁)	松江商務分会	松江商会
		莘荘鎮商務分会	莘荘商会 (胡静渓)
			泗涇商会 (呉燮斉)
		(楓涇北鎮商会分所, 米業公所, 1909)	
	南匯	南匯商務分会 (城廂南門, 1907)	南匯商会
		周浦鎮商務分会 (萬縁堂, 1906)	周浦商会 (朱頌周)
	奉賢	奉賢荘会鎮商務分会	荘行商会 (王)
		奉賢南橋鎮商務分会	南橋商会 (黄祥伯)
	金山	金山県朱涇鎮商務分会	朱涇商会 (朱雨生)
		金山張堰鎮商務分会	張堰商会 (盧眉籌)
	青浦	青浦商務分会 (同仁堂, 1909)	青浦商会 (張静連)
		(青浦金沢商務分所, 同善堂, 1909)	
		(青浦重固商務分所, 鎮南猛将廟, 1909)	
		珠街閣商務分会 (城隍別廟, 1909)	朱家角商会 (席康伯)
旧太倉州	宝山	羅店鎮商務分会 (花神祠, 1907)	羅店商会 (朱均伯)
		呉淞鎮商務分会 (財神廟, 1908)	呉淞商会 (謝瑶軒)
	太倉	太倉商務分会	太倉商会
			河商会 (郁新甫)
	嘉定	嘉定商務分会 (○宅, 1905)	嘉定商会 (周政卿)
		南翔鎮商務分会 (古猗園, 1905)	南翔鎮商会 (李功孚)
	崇明	崇明商務分会 (1905)	—
		久龍鎮商務分会 (1904)	—
旧蘇州府	呉	蘇州商務総会 (1905)	—
	呉江 (震沢)	江震商務分会 (城隍廟, 1906)	—
		平望鎮商務分会 (城隍廟, 1906)	
		盛沢鎮商務分会 (同仁堂, 1906)	
		(震沢商務分所)	
	崑山 (新陽)	崑新商務分会 (北大街, 1906)	崑山商会 (方唯一)
		(菉葭浜商務分所, 1907)	
		(巴城商務分所, 楽善局, 1907)	
	常熟 (昭文)	常昭商務分会 (1907)	常昭商会
		虞東梅里商務分会 (1906)	梅里商会 (幼良)
			何市商会 (徐耆清)
		(東唐市商務分所, 1906 ⇒ 1909 分会)	東唐墅商会 (張叔頴)
総計	全省 60 県		—

資料

＊ 1906 ～ 08 年の蘇州府下の商会は華中師範大学歴史研究所・蘇州市檔案館編『蘇州商会檔案叢編（第 1 輯)』(華中師範大学出版, 1991 年, 70-200 頁) に拠り, 松江府と太倉州下の状況は主に黄葦・夏林根編『近代上海地区方志経済史料選輯 (1840-1949)』(上海人民出版, 1984 年) と県志類に拠った.

＊ 1911 年は, 江蘇諮議局の「廃釐認捐（釐金廃止徴税請負)」決議と (江蘇) 全省商界連合会の決議に従い, 蘇州の調査事務所が実施した,「釐金調査報告」に登場する蘇州・松江・太倉府州下の商会一覧 (同上『蘇州商会檔案叢編 (第 1 輯)』, 873-885

立して分会となることを願い出たが、その商会設立申請は、附則六条の規定に抵触するとして却下された。第一章で前述した通りである。

ここではその後、一九一四年の商会法に基づく改廃統合の結果、一九一五年三月に呉江県商会が会長張文蔚、経費二千元という相当の規模で成立している。米や絹の流通に重要な役割を果たす平望鎮、盛沢鎮など名鎮を抱え、同里局、盛沢釐局という重要な釐金徴収の関所を有していながら、唯一呉江地区の商会が一九一一年の釐捐調査事務所の調査に応じていなかった。それは、震沢鎮分所の独立（分会化）問題で表面化した、旧呉江県地区と旧震沢県地区出身の商人間に存在する抗争に、なお根強いものがあったからと推測される。

一九一八年の農商部統計に登録された商会の多くが改組を経てもなお、自会の設立時期を商務分会時代の光緒・宣統期に求めるなか、呉江県商会の場合は、表にも示した通り、江震（商務）分会に設立の起点を置くことはしていない。一九一五年の呉江県商会の設立は、実質的に新たな商会の発足であったことを窺わせる。ところが、一九二三年の史料では再び呉江県商会の名称がなくなり、呉江盛沢鎮商会、呉江震沢鎮商会、呉江平望鎮商会が復活している。つまり、行政地域（県）の合併に伴い実行に移された呉江・震沢地区の商会改組は、旧二県域にまたがる広域商会としての江震商（務分）会を成立させたが、それは長続きしなかった。また、民国期に入って一県一商会に統合されて成立したはずの呉江県商会もまた瓦解を余儀なくされた。その代わり、以後商会として復活し、実質的な活動を展開したのは、清末期に独自に設立を申請した三つの鎮商会であったということである。中央商務行政の意図するところとはうらはらに、商工業者を中心とする鎮商会独自の求心力が強力に働いていた事例として指摘することが可能であろう。

さらに、震沢県商会や新陽巴城商会、昭文花業商会などの名称に現れるように、撤廃された旧県名にこだわった分所や分会の実態が、一九一五年の表に浮き彫りとなっている。常熟県（常熟県・昭文県合併）の場合は、旧昭文県域の虞東一八鎮の連合を謳った梅里分会と県城内の常昭分会に続き、常熟県域の東唐市分会が、呉江県の例に倣って二県三会となるケースを許可してもらえるよう願い出たが、東唐市分会の申請は一九〇六年当初、附則六条に基づいて却下され、やむなく分所に甘んじていたが、のちに昇格して分会となっている[15]。そして、一九一一年段階で少なくとも四つの分会が存在した常熟県では、一九一八年には常熟県商会へと統合され一本化した（表5－1参照）。

崑山県（崑山県・新陽県合併）の場合、県城に両県下十数鎮を広域に管轄する崑新分会が設立されたが、総董李慶釗（浙江鎮海人）を誹謗する告訴状が蘇州総商会に送りつけられ、一連の物議を醸しだした[16]。李が経営陣に加わる裕豊醤坊の店員顧某が、李の指図と偽り、（看学宮人に）賄賂を使って文廟内の明倫堂に竹細工人を入れ工房を設けようとしたことに端を発する。崑新分会で客籍（移入外来者）と土籍（地元出身者）の商人数が拮抗するなか、客商の李が総董となったことへの不満が中傷の誘因であったが、李総董に対する弁護と中傷の応酬を通じて、崑新商会の活動と若干の問題点をかいまみることができる。すなわち、商会は市場の開設や道路の整備、街灯の設置やその維持を手がけ、これらの諸事業は発起人が立て替え支弁しており、李総董はその功績によって多くの人々から支持されていたのだった。しかし、公益事業に携わりながらも、一方で一部同地域の学界の人たちとは犬猿の間柄にあったため、学堂に使用するべき廟を商人が不法に占拠し、使用したと非難されたというわけである。地方自治の実現に向けて県城や鎮レベルでは商界、学界をめぐりさまざまな思惑が渦巻いていた。

さらに、崑山菉葭（陸家）浜の一部商家は、分会に従属したままの形で、分離して分所を設置する運動を展開した。陸家浜は店舗一〇〇ほどの鎮で、二〇の商家が商会の会員となっていた。分所設立の申請に対して反対運動を展開する一派があり、その原因は相互に姻戚関係にあった実力者同士、つまり商会分所の中心人物蔣廷璋と反対派張遇高（菉葭小学董事、震泰酒坊）との内輪争いに求められる。

分所の設立に賛成する者と反対する者の間で繰り広げられた議論は、当時の地方の商民が商会をどのように位置付けていたかを知るうえで興味深い。反対派は、学堂設置の寄付活動に商会が妨害的であったと指摘したうえで、商会は「地方自治の一部」たるべき資質を欠き、「社会の下流の人」によって操縦されている以上撤廃すべきである、と訴えていた。たとえ分所であれ、商会を設置することで付随してくる権威に対して、嫉妬に似た感情が反対者の言説に見られる。それは、近隣三鎮（安亭、蓬閬、夏家橋）とともに二人ずつの計八人の議董によって新たに東郷分所を設置せよとする、崑新分会から提示された分所統合案に対して、菉葭浜の商会に集まる商人たちが断固反対したこと、選挙によって選出された次期菉葭浜分所の総董に、反対派の先鋒であった張遇高が選出されたことによって明らかとなる。鎮同士の連携は往々にして積極的動機に欠け、互いに誹謗中傷を繰り返しつつも、商会長の名誉を奪い合っていたのである。この騒動から、地域商人が商会に対して抱いたであろう、ある種のイメージが見て取れる。ちなみに、近隣諸鎮のうち、安亭鎮はのちに分所として分離して独自に活動し、呉県との境にある陳墓鎮商業公会は蘇州総商会直属の分所となった(17)。

このように自鎮の独自性を強く前面に出した分所が存在する一方、分会に議董一～二名を送り、章程上分会の正式な構成員と決められた無数の鎮にも、分所とは違った支部的形態としての分事務所が存在していたことを指摘しておくべきであろう。たとえば、江震分会に所属していた練塘鎮や同里鎮など一一の市鎮には、会費によって運営された江震分会の分事務所としての鎮商会が堅実に機能していた。分所は、菉葭浜商会（分所）に見るように、鎮内商家の結束と独自性をとくに前面に押し出し、他に従属しないという点で分事務所とは異なる。いいかえると、表5－1の一九一五年の欄に載るだけの規模、つまり全国商会聯合会に会員として加入していた否かに両者の違いを求めることができよう。全国商会聯合会の正式会員であったような分所には、

『中華全国商会聯合会会報』で運ばれてくる海外を含む各地の情報がメンバーによって共有できたわけである。

（2）一県二商会の場合——宝山・崇明・上海

次に、もと二県が一県城を共有していた例を除き、複数商会が同一県内に存在した場合に、どのような統合形態がとられたのかをみてみる。

まず、太倉州宝山県と崇明県のケースについて、民国初期の改組の実態に焦点を当てて見てみよう。[18] 宝山県では県城には商家が少なく、一九〇七年（光緒三三年七月）に羅店鎮（商店六〇〇～七〇〇）で、朱詒烈を総理に選出して羅店鎮商務分会が設立された。同分会は当初、花神祠花業公所に事務所を置いたが、一九一二年に蓑衣巷の民家を購入して商会とし、校舎を付設した。一九〇八（光緒三四）年には商家が林立する河口の呉淞鎮にも、謝藹光を総理とする呉淞鎮商務分会が財神廟（四明公所）に設立され、やがて（一九一一年に）依依亭公地の提供を受けて商会の建物を新築した。新しい商会法の発布に従い、一九一六年に両商会はそれぞれ宝山県羅店商会および宝山県呉淞鎮商会として改組され、羅店商会は、自鎮のほか劉行（商家八〇）・広福（商家五〇～六〇）・月浦里（商家四〇）の分事務所（一九一六年一〇月設立）や盛橋商業集議所（一九一〇年城隍廟に設立）を通して周辺諸鎮を管轄し、それ以外の江湾鎮分所（商家三〇〇）、真如鎮分所（一九〇八年宝善堂に設立、商董一名会員四〇名、商家二〇〇店）は呉淞鎮商会が管轄した。[19] 羅店商会は県商会、呉淞商会は商埠商会とそれぞれ通称され、ともに広域にわたる県内諸鎮の商人の集会所となった。

このように県城に商会がない場合、いずれか一方を県商会として行政的に優位を印象づける名称を使用した例は他省の商会にも見出すことができる。また、一般的には中心鎮の商家が発言力を持つ場合が多いようだが、呉淞商会の場合、第四代会長は江湾鎮分所から選出されたという。傘下の商会の意見が民主的に汲み取られたという点で、比較的理想に近い改組が行われたといってよいのではないだろうか。

崇明県では、一九〇五年頃から外沙（長江北岸）地区の久龍鎮と崇明島の双方に商会があったが、一九一四年の商会法に基づく一九一五年三月の改組で、内崇（島内）商会が正事務所となり、外沙商会の分会資格は取り下げられ、久龍鎮には黄倉鎮とともに分事務所が置かれることとなった。これに対して、外沙商会分事務所は、「新しい（崇明＝内崇）商会の会長が多忙であまりにも隔離した外沙の面倒を見きれないでいる」として、自鎮の困窮状況について通崇海総商会を通して工商部に陳情したが、効果がなかったとして、商会聯合会総事務所に書簡を送り、一県一商会がいかに理不尽であるかを訴え、一九一五年末に発布された修正商会法第四条第二項（同一行政区内に複数商会を許可する規定）の適用によって分事務所ではない正式な商会（分会）への復帰を求めた[20]。中央への直接の陳情が許されない分所にとって、全国商会聯合会の存在は、意見具陳の場として重要な別ルートのチャネルとして機能していたことがわかる。このような抵抗が中央を動かし、結局一九一五年の修正商会法が根拠となり、外沙分事務所は一九一六年七月にふたたび分会への昇格を実現した。

次に、上海県の例を見てみよう。上海県商会はもともと一九〇六年に滬南商会分所として認可されたものだが、一九〇九年に分所から分会となった。この滬南商会は当初、上海県城内にありはしたが、至近距離の租界内に上海総商会があるうえ、県下の閔行鎮にも商会が存在していたため、分会としてではなく分所としてしか許可されなかった。このことは、通州如皋の豊利場分所および常昭東唐市分所の事例とともに、他地域の分会設置申請に歯止めをかけ、附則六条を遵守させるためのよい実例とされた。しかし、このような実力のある鎮あるいは県商会には、一九一〇年前後に至り分会へ昇格し、商会法に基づく一九一五〜一六年前後の改組においても商会としての名目を保つにいたったものが多い。

（3）一県三商会の場合——阜寧・泰県

阜寧県（図5－1参照）では一九一四年三月に益林鎮商会が、五月には県城に阜寧県商会が成立している。この他、同県内の東坎鎮にも商会が組織されたが、分所としての認可しか得られなかったため、東坎鎮の商家は一九一六年九月に商会大会を開催し、①東坎鎮の商業がもっとも盛んである、②一九一四年からずっと存在してきた、③阜寧県城と東坎鎮（県城から陸路六〇華里、水路一二〇華里）は県内の領域をほぼ二分する形で各商業鎮を管轄している、④県城までの距離は東坎鎮より益林鎮の方が遠いが、益林鎮商会は跨地域商会である、の四点を理由に東坎分所の商会への昇格を訴えた。結局その主張は認められ、県面積の大きい阜寧では県城、商埠、跨地域の三商会が実現した。[21]

以上みてきたように、阜寧県のように広域県下を二分する商埠が存在した場合、崇明・外沙のように相互に行き来が不便な場合、および羅店・宝山のように伝統的に実力が相比肩する二つの商埠が双方の合意のうえに領域を分担し合う場合に限り、政府は複数商会を許可した。

民国初頭における、この半ば強制的な鎮商会の改廃と県商会への統合化推進の目的は、各商会に県内全域の商業鎮の意見を集約する機能を求めることにあったといいかえることができる。公平かつ均質な商務行政の推進と意見の汲み上げという両方向のベクトルを活性化するために、できうる限りすべての鎮市に公式のチャネルを設けようとしたところに中央商務行政のねらいがあった。しかし、外崇（外沙）商会の不満にみられるように、官費の補助がないため、民間にほぼ全面的に運営を委ねざるをえない商会に、このような強制的改組を強いることには、多大な抵抗が伴わざるをえなかった。

陳情の結果三つ目の商会が最終的に認可された商会には、ほかにも江蘇省泰県姜堰鎮商会や湖北省蘄水県巴河鎮商会などがある。農商部による分所としての格下げ扱いに対し、これらの商会も、同じように商会聯合会総事務所（上海）に苦情を訴えた。それに応え、上海総事務所はこれらを商会として認可するよう農商部に意見を具申したのである。すなわち、商会は国家からいかなる財政的支援や役員俸給をも得ていないばかりでなく、国家のために仕事をしている。加えて、分会は多ければ多いほど国家のたすけになり、国家の事務経費の節約にもなる。にもかかわらず改組せよ、取り消せ、と命令するのは何の道理があってのことか。理解に苦しむ、と。[22] すでに清末の時期に分会としての活動実績のあった外沙商会や、姜堰鎮商会のこのような不満はもっともなことであろう。ある種の位階引き下げを命ぜられたという屈辱感もさることながら、「分所」ともなれば実質的な交渉において、否応なしに不利な立場に立たされたからである。

以上の事例分析から、改組の内実とは中央政府による商民統合であったこと、そして、それに対する抵抗が、分所による分会への格上げ要求に示されていた点が指摘できる。

さらに、市場論理に大きく影響される商業活動の担い手である商人の集合体であったとはいえ、商会に集う商人においては、土籍と客籍へのこだわり、あるいは出身県への愛着が強烈で、異なる出自の者同士がそれゆえに反目するという状況がここかしこに存在していた。

第二節　商会の機能

1　都市と農村

当初商会を設立する際の拠り所となった清末の商会簡明章程（一九〇四年）は民国期の商会法（一九一五年）とは違い、商会設立に関する領域の問題についてなんら言及をすることがなかった。それゆえに各地の商会が提出した商会章程には一鎮の商家にのみ入会を限ったものも多い一方で、県内諸鎮を管轄領域とするものもある。領域に関しては、少なくともスタート時点において、拠って立つ基準が不在であった。当然のことながら、商会のシステムから漏れてしまう鎮の商家もあり、また、民営を基本とする組織でもあったため、商会の設立をみない県もあった。

一方、乱立を抑えるために一九〇六年には附則六条によって商会の設立に一定の統制が加えられた。民国初頭の一九一五年商会法では、商会の設立を一県二会乃至三会までとする法的強制力が付与されるとともに、既存の諸商会に対しては、県全域を管轄する県商会への改組が求められた。つまり、市場原理に基づく商業活動に疎密の差が厳然と存在するなか、商務行政は、一方で市場の要求を無視して商会の設立に制限を加え、一方で行政の原理が効率よく働くよう全省全県域へと商会システムの普及を働きかけた。市場の要求と行政の要求とを強引に折衷させ、鎮を最末端細胞としてその放射状線の中心に県城を置くという商会の構造を見るならば、商会の実質とは、このような県城から県城（ときに大鎮）へと全国を網羅する、都市と農村を結ぶネットワークの構築であったといえる。

中国国内の商業活動は、県城や市鎮に常設された商店のみならず、農村部にも広がり、定期的に開かれる市集においても活発に行われた。県内居住民の日常の用を供する食料や油、醤油、衣料、雑貨が市集で貨幣と交換され、商品や商行為によっては税額を加算された価格でさまざまな取引がなされた。加入商家の利益と秩序および親睦の場という側面からではなく、税捐〔税金と寄付協力金〕の代理徴収や商事裁判、あるいは定期市や商店街の整備と維持の主体であったとする視点から商会を考察すると、その設置と普及は県内全域住民の商行為を把握することに密接にかかわっていたものといえる。全国を画分した行政県すべてにわたって、人口密度の高低にかかわりなく、いわゆる商会が県域全鎮を網羅する県商会へと改組統合されたことの意味は、課税と徴税および商業調査、商務振興といった商務行政を補完的に支援する体制の構築であったといいかえることができる。税体系が異なる省や県を単位にして商会を組織せんとする意図が、商会システムの側に働いていることの理由をここに見出すことができよう。

第一章で前述した通り、上海や天津、奉天などの一部大都市総商会などを例外として、分会、分所、分事務所にかかわらず、地方に点在する鎮や県商会など、要するに大多数の商会において、それは地域の商民にとって決して敷居の高い存在ではなく、入会制限もゆるやかであったため、商家の商会への加入率は相当高かった。また、最末端の商会（分所あるいは分事務所）は、G・W・スキナーのいう「中間市場町」に該当する程度の商業活動が盛んな鎮に存在していた(23)。第一節では長江デルタ地区の商会の特質と改組の持つ意味について紙幅を費やしたが、以下に、鎮の商家自身の商会設置の動機に着眼し、時期を問わず、また、分会として許可されたか否かを問わず、実際に一つの県内でどの程度の鎮に会所を伴う集会所としての商会が設立されたかをさらにここで詳しく見てゆきたい。

安徽省盱眙県（一九一二年盱眙商会設立）では一九一五年八月六日に、県下の郷や市鎮全体の商家を召集して改組のための会員大会を開き、県城の財神廟に城区の商会（正事務所）を設け、明光鎮と蔣覇鎮に分事務所を置くこととし、城区から二四会董、明光鎮と蔣覇鎮からそれぞれ二会董を選出し、正副会長と併せて三〇名の会董で盱眙県商会を構成することが決定された(24)。浙江省平陽県では一九一〇年に設立された平陽商会が一五年の改組で県城の商会を平陽商会正事務所とし、鼇江鎮に分事務所を設置した(25)。浙江省蕭山県では県城（火神廟内）と臨浦鎮（苧蘿郷土地廟）、義橋鎮（木業公所）、聞堰鎮（金衢会館）にそれぞれ商会が設立され、龕山、瓜瀝、頭蓬、靖江殿、緒山の各鎮に商務分所が設置された(26)。商業活動が相対的に低調な内陸部の盱眙県や平陽県ですら最低二～三ヵ所、鉄道や大きな河川が交錯し、海岸線に接する蕭山県では九ヵ所に商会が存在していた。

絹織物および米穀の集散市場、あるいは文化程度の高い消費地として重要な鎮を多くかかえ、人口密度がきわめて高い蘇州府呉江県(27)では、県城、震沢鎮（分所となる時期もある）、盛沢鎮、平望鎮の商会のほか、同里、黎里、練塘、周荘など一〇の市鎮に分事務所があった。そのほか、上海県、南匯県、松江県域だけをとっても、農商部統計に載る商会のほか、県志等によって三林郷、馬橋郷、塘湾郷にも商会が存在していたことが確認できるし[28]、大団鎮、泗涇、葉謝、楓涇橋には全国商会聯合会を通じて積極的な活動を展開した商会（分所）が存在していたことは表5－1の通りである。

以上のように、分事務所を含めた商家自らの商会設置の動向からみると、そこには人口密度に比例した市場の論理が貫徹され、商会の設置には需要と供給の相関関係が存在していたといえそうである。人口が稠密で商業活動が活発な長江デルタ地域であったからこそ、一県一商会の枠を超えた、上限の二商会あるいは三商会を設置する県が多く出現したのである。

長江デルタ地域は太平天国の戦乱に見舞われたにもかかわらず一九世紀後半に爆発的な市鎮数の増加をみており[29]、同時に商会の普及がもっとも先進的な地域であったから、中国の商会が地域住民をどう平面的に把握していたかという平均像をみるにはふさわしくないかもしれない。ここでは安徽省の分析を通してこの点を考えてみたい。

一九二八年における安徽省の人口は二一一七万四二六二人である。若干の増加はあるものの一九四七年の二二四八万九八四二とほとんど同水準にある。信頼できる史料が残されている一九四七年時点の安徽の人口分析を通して一〇～二〇年代における商会のおおよその状況を想定してみよう。六三県一市を擁する安徽省の四七年における郷鎮数は合計一七七四であり[30]、一つの郷鎮あたりの平均人口は一万二六七七人、二〇二六戸である。実際には一県あたりの郷数は、少ない県で八郷から多い県で一〇二郷という開きがあるが、一県あたりの平均は二七郷となり、一県に分事務所を含め五～六の商会的組織が存在したとすると、四～五郷に一つの割合で存在する中間市場町に商会の最末端事務所があったということになる。商店数が一〇〇～二〇〇以上ある鎮は相当大きな範疇に入るであろう。なかには商店四〇くらいの鎮や郷にも事務所が存在していた。

地方自治推進に向けての議論のなかで、江蘇諮議会などは商会のない鎮や郷には商務公所を置くことを規定しているが、商会と違って商務公所には総董はおらず、全国に通用する商会としての公印を押す権限もなかった。商人が訴訟を起こす場合、商会が代理申請する必要があったから、農村部で営業を展開する一般商人にとっても、月に数度は足を運びうる、規模の大きな鎮（＝中間市場町）に商会が設置されている必要があり、商会の供給（設置）はこのような地域住民側の需要に合致するものであったといえる。分布という観点からみると、商会が共有するさまざまな情報とサービスに地域住民がほぼ平等に接しうる可能性が開かれていたということである。行政当局から見た場合、商会を通してさまざまな行政的影響力を各戸に及ぼしえたといいかえることができる。

2　地方自治と商会——崑新県の場合

清末の新政時期に日本に範を取った商会が教育会や農会とともに中国社会に導入されると同時に、警察制度がいくつかの省で先鞭をきって試験的に取り入れられ[31]、地方自治の試みも踵を接して開始されている。長江デルタの県城および市鎮レベルの地域社会では、これらの新しい制度がどのように試行されたのかを、崑新県を例にとって見てみよう。

自治制度が導入される以前の江南の地域社会は、社会的に名望のある紳董[32]による間接支配が貫徹していた。太平天国の戦乱において、紳董主導の団練が、里甲・保甲制度に基づいた旧来の自衛方法に比べ実効性の面で勝ったことが地域にこのような支配を根付かせた転機であったとされている。このような紳董の支配には、救荒時の善挙〔慈善活動〕の範囲と重複する、明確な領域性が存在していたことが近年の研究で指摘されている[33]。

その意味でいえば、崑新県城では、方還（本名張方中、廩貢生）という人物が地域の政治的近代化に重要な役割を果たしていた。『崑新両県続補合志』（一九二三年二月刊）によれば、一九〇六（光緒三二）年から一九一一（宣統三）年に至る経過はおおよそ以下の通りである（年月は農暦に基づく）。

光緒三二年　六　月：方還が亭林祠に崑新学会を開設。王徳祥とともに樾閣に学務公所を附設。
　　　　　　夏　　：李慶釗（寧波人）と方還（地元出身者）が商会を北大街に設立。
　　　　　　一一月：学部の定めた章程に従い崑新学会を崑新教育会と改名。
同　　年　　　　　：巡警局を西街に開設。両県それぞれ年に銭一二〇千を負担し、各項目の捐を設定して（郷・鎮）董がこれを徴収し、その経費に充てる。
光緒三三年　九　月：学務公所を勧学所と改称して教育会に附設。視学兼勧学所総董をおく。
　　　　　　　　　：自治宣講所が教育会会長方還と勧学所総董陳定祥の協力で商会に附設される。
光緒三四年　正　月：方還等により法政講習所を玉山書院震川祠に開設。教育会は県経由で地域の郷董に学員の派遣と自治人材の召募を通知。教員朱裕穀、周一陽。
宣統　元　年　六　月：城自治籌備公所を孝定祠に開設。
宣統　二　年　正　月：学款経理処を開設。教育会を運営してきた公共学款や田畝貯蓄を統合、総理に邱樾、副総理に王頌文と周一陽を選出。
　　　　　　二　月：県議事会が孝定祠に成立。
　　　　　　六　月：県自治籌備公所が震川祠に開設さる。
宣統　三　年　九　月：県自治籌備公所が県自治会として成立。

傍線を付した組織が、地元エリートとしての邑紳方還（一九〇六年当時四〇歳）のエネルギッシュな活動によって、地方自治を強力に推進してゆく母体として次々に設立されていったことがわかる。さらに詳細をみていくと、その活動の中心となった崑新教育会は、既存の文会（地方の文化人のサークル）、闈費（科挙試験準備費）、義学、書院を統合・合併したうえで一九〇六年に成立したものであった。また、発起人の一人王徳祥が一部私有地を寄贈することによって、その教育運営基金の基盤が強化されている。崑新教育会は、近隣諸郷からの教育界人士など合計一〇二名で構成され、翌年には、学務公所から改称した勧学所を教育会の付設機構とした。同教育会の正会長は方還、副会長は徐夢鷹と陳定求で、江蘇教育総会に直属し、職員三四名で県下の教育事務を執り行った。一方、附設勧学所は、陳定祥が両邑視学員兼勧学所学務総董となり、県から「戳（公印）」を支給され、教育行政を正式に委任された。勧学所は県城内外の都市近郊を四つの学区に分けたほか、崑山県の三郷を一〇学区に、新陽県の四郷を八学区に分け、区ごとに勧学員一人を置いて教育行政を運営した[34]。教育会と勧学所の役割は、旧式教育に代わって、新たに設立された学堂がいかに立身出世に有用であるかを地域住民に説いて回り、児童の就学と教育関係費の地域負担の重要性を認識させることにあった。

経費の面から巡警、教育、商会をみていくと、崑新県では、巡警費用の一部は目的税という形で紳董を通じて徴収されたことがわかる。他県と同様に崑新県においても、学款経理処に一本化された教育整備関連基金の創出は、地方自治遂行のうえでもっとも実質的な部分を占めたと思われる。江蘇省全域においては、地方自治制の施行に反対して数多くの事件が発生したことが知られているが、その原因の多くは、自治制度の施行に伴って教育公産として統合された寺廟の専従僧侶らの処遇や学務捐に対する反発であり、それは毀学暴動という形で爆発した[35]。他方、教育会は政治革命を標榜する人々の結集の場であったという点も指摘されている[36]。いずれにせよ、地方自治と公益に熱心な有力者による大なり小なりの寄付行為や、方還の活動に代表されるような、科挙制度の廃止を直接の契機とした若い知識層を中心とする創造的な情熱がこの時期の地域社会を支えていたであろうことは容易に推測できる。

前節で崑新商会発足の経緯を紹介した際、他省出身者の総董李慶釗と教育界人士との対立に言及したが、その原因は、「客（外来者）」⇕「土（地元出身者）」間の反目だけでなく、地方自治の一環としての教育会の活動に、商会が非協力的であった部分にも求められよう。廟を不法に賃借して職人を入れた県城の一商人の行為や、学堂設置のための寄付活動への一部商人の非協力的態度が槍玉にあげられたことは前述の通りである。旧（科挙）社会から引き継がれた教育基金としてのプール資金と寺廟や祠堂の不動産収入のみならず、商業活動に伴う商捐の一部を学堂運営、あるいは市政運営に充当することは当時の地域社会の運営にしばしば見られるが、それは崑新県の場合にもあてはまるのである。

膨大な経費が必要とされる学堂の設置などの教育関連整備費に比べ、商会の設置においては、同じく地方自治に先行する制度の定着であったとはいえ、必要とされる基金の準備や組織者同士の合意形成が比較的容易であったと思われる。表5－1にも示されている通り、多くの場合、初めは寺廟などを借用してその一角に商会を設置し、やがて資金の準備ができるにつれ会所を建築してゆく傾向が見て取れる。崑山（新）県商会設立に際する基金や経費については、初年度の経費は発起人による暫時立て替え払いという形で提供されたものの、他の多くの商会と同様、以後は（各鎮の士紳二名による推薦入会からなる）「会員」と（弁事会費を納入する）「会友」から会費を徴収して運営され、その他「特別会員」という名誉会員規定を設け、裕福な商人による善挙としての基金への寄付を促す規定となっていた(37)。

このように、県レベル以下の地域社会においては、巡警は巡防捐のような特別税の徴収に頼り、商会は主に会費で運営され、他方教育基本財産は熱心な自治推進者による、寺廟・祠堂などの不動産を伴った既存の書院や義学の、ときに強権的手段に訴えた統合によって確立され、商界の協力のもとで運営されていた。これらが緊密な相互関連のなかで成立し、地方自治という制度の定着に収斂されてゆく。その過程が崑新県の例で明確となろう。

さらにいえば、崑新県での教育会による基本公産の充実と教育システムの構築は、宣講所や法政講習所にみられるように、地方自治制度の普及宣伝に初めから深くリンクする形で進められていた。教育システムの整備という問題が、科挙の廃止という一大変革によって緊急の課題として掲げられたことはさらにいうまでもあるまい。と同時に、唯一立身出世の登竜門であった科挙制度を廃止したことと、それに先んじて新設された商会制度が、官位を持つことを総理（会長）・協理（副会長）の必須条件とするとともに、彼らに正式な公印である「関防」や「鈐記」使用の権限を与えるというしくみを構築したことによって、商会に新たな立身出世の道を見出す人々を大量に創出させた。崑新県の場合がそうであったように、一九〇六年を境とする各地での商会の林立は科挙の廃止と連動したものであった。一九〇六年の簡明章程附則六条はこのような文脈の中で理解されてよい。

崑新県城では商会が登場する以前から、木匠公所、肉業公所、成衣公所、米業公所などが独自の集会所をもって成立していたが、特定の同業組織が商会の開設に当たり、とくに発言権を独占していた様子はない。商会の発足に際しては、県下各商業鎮の商家に呼びかけがなされており、のちの民国期の商会法が要求したような、鎮の商家からも議董を出すしくみが当初より章程で定められていた。第一期と第二期の二年間は客籍の李慶釗が総董を務めたが、さまざまな内部対立のすえ、それに続く一九〇八年から一一年には、教育界に身を置く方還が商会総董を務めた。また、呉江県江震商会では、教育会会長の縁者ということで総理となった龐元潤に対して、総理が商界に役立つ仕事をまったくしていない、として商会会員から龐に対する不満が噴出という事態に陥ったことがある。商会総理となるには捐官によるのであれ一定の科挙資格が必要とされたので、指導的商工業者の多くが商・学双方の世界に立脚点を置くと同時に、このような商・学間の矛盾は不可避であった。その意味では確かに「学界と商界は水と油の関係(38)」であった。

自治制度の普及に関していうと、教育界と商界が独自に結集してゆく過程においては、さまざまな反目と軋轢が生じることは避けられなかった。九江の例を見てみよう。江西省九江では一九〇七年の九江商務総会（＝総商会）（部法甲総理）の創立以前、羅綱乾、蔡紹昌ら教育界関係者が勢力を握っていた。総商会に対して心中穏やかでなかった彼らは、地方自治制度が準備されると同時に自治局に拠って総商会に対抗し、その軋轢は世間を騒がす大事件にまで発展した。このことを伝える在漢口日本総領事の言を借りれば、紛糾は「地方官憲と結託し威福擅にし来たりし」これら「無産の紳士」が、商会にはかることなく専断で、自治局経費に充てるための家屋税附加捐の徴収を決め、地方官に告示を出させたことに端を発するという。自治局の専断に嫌悪感をつのらせた商会の言動に対し、地方官はこれを加捐に反対する不穏行為と見なし、ここに地方官と手を組んだ自治会対総商会という対立が鮮明となった。一九一一年春、商会があらかじめ地方官と自治局から得ていた内諾にしたがって、県城外甘棠湖の官有地で会所の新築工事を始めようとしたところ、はたして羅らはこれを商会総理らが私営事業のために官有地を占拠した行為とみなして九江道台に告発し、総理を拘禁して巡撫に処罰を求めた。一方の商会側は、これに抗議するため役員総辞職のうえ全会員の名義で農工商部と巡撫以下各級の役所に事件の顛末を通告したのだった(39)。商会総理の拘禁、訴訟事件にまで発展した九江の例は、崑新県にみられた教育界と商界の確執の極端な例である。

だが同時に、地域社会においては教育界と商界の確執を克服して公共の目的のために両者が提携することが必要とされていたのである。そして、崑新商会では商市や商学の振興のほか、街灯の設置や街路の整備と清掃という市政にも一定の成果を出していた[40]。崑新における商会による市政機能の代行については、自治公所や自治会という地方自治組織に先だって商会が組織されたことが大きくあずかっていたといえるだろう。清末に産声をあげた自治機構は民国に入って間もなく、袁世凱の帝政でその成果が摘み取られ、一時閉鎖を見たが、商会は一貫して為政者による商務行政の補助機関として機能したのであって、それゆえに市政の一部をさまざまな形で引き継いだと考えられる。

3　商会の機能と役割

前述のように、商会は清末の自治制度の重要な構成要素として位置付けられるものであった。では、官から見た場合、商会に期待されていた役割はどのようなものだったのだろうか。宣統年間に入り地方自治籌弁処が発行した『江蘇自治公報』に記述された商会の機能を抜粋すると、①商事仲裁、②商業登記、③商業帳簿の配布、④中央（農工商部）に対する商況の報告（商務総会）、⑤物価の平準化、⑥特許の代理申請と認定、⑦度量衡制度の普及や諸手続用紙の配布、となっている[41]。これらはいずれも一九〇四年に発布された商会簡明章程[42]に準拠したものである。

このうち、④、⑥（章程二六款）、⑦などは中央（農工商部）と直結した商務行政の補助事業である。他方、①の商事仲裁（章程一六款）や、日用必需品の物価を意図的に吊り上げる独占的業者に対する⑤の物価平準化勧告（章程二四款）においては、商会での仲裁や勧告が不調となった場合、商会を経由して地方官へ訴訟を起こすことによって事態の解決を図ることが示されていた。また、②の商業登記においては、公司条例にも定める通り、売買契約書（合同）、不動産の登記簿（文契）、担保証文（券拠）など、商行為の証拠となる書類は商会に提出し、それらに商会が証明の印を押すことになっていた（章程一八・一九款）。そして、その際に生じる手続き費は、会費収入とともに商会の主要な収入源となることが定められていた（章程二一款）。さらに、商家の倒産や貸し倒れなど、万が一の事件発生に備えて、それら証拠書類は商会に類別して保管されることになっていた。また、商会による統一帳簿の配布とその内容の商会への開示（機能③、章程二〇款）も、もめごとが生じた際の重要な証拠となった。さらに、一般商人が役所に訴訟を起こしたい場合、商会の総理や協理が代わって地方官もしくは裁判所に提訴する必要があった（章程七款）。また、中国商人と外国商人との間に取引に関わる紛争が生じた場合には、商会は両者に代理人を立てさせて調停の仲介をするが、不調の場合は、地方官と領事に善処を申し入れるか、農工商部を通じ外務部に解決を委ねることになっていた（章程一六款）。商会が商業界全体の秩序維持にきわめて重要な役割を担っていたことがわかる。

次に、中国の商業組織の特徴について考えてみたい。一九一七年発行の『中華全国商会聯合会会報』に掲載された論説「中国の商人団体制度とその優劣について[43]」は、中国における伝統的な商人団体制度と中世ヨーロッパおよび江戸時代の日本の商人団体制度との違いについて次のように指摘している。ヨーロッパの商人ギルドは市政を掌握し、宗教との関係がきわめて深い。日本の組合には宗教色がなく、市政を掌握することもない。それに対して公所などに代表される中国の商人団体は両者の中間にある。他方、ギルドには王の特許が必要で、日本の組合も将軍の許しが不可欠であるが、中国では少数の例外的業種を除き、商人の営業は基本的に自由である。しかも、前両者とは違い、中国では商会が税を代理徴収し、公債を引き受けることがあったとしても、商人団体が直接納税の単位として認められたことはいまだかつてない、と。ところが、一九三五年に満州国臨時産業調査局の調査員は、中国の商会の状況について、それが道路行政や土木事業、勧業事務など、広く地方自治（＝市政）に関する事項や、時に警察事務さえも管掌し、商人に対して公課を徴収する「官署のごとき観を呈したる」ものだと述べ、日本の商工会議所とは相違するものだと驚きをもって報告している。[44]

この点、つまり徴税と自治行政に関して、商会が実際に自治行政当局との間でどのように役割分担をしていたのかという問題について、以下実例を挙げて検討しておこう。

先に崑新県のケースで少し触れたが、商会による市政（自治行政）分担のありようは、地域や省によっても異なり、大都市から小さな鎮に至るまで千差万別であった。なかには日本側の調査員も驚嘆するほど、万能的な役割を果たした東北地区の総商会（「公議会」を起源とする）のような例もある。

以下に挙げる湖北省光化県老河口商会の例は、商会と地域における自治目的税の徴収、およびその自衛経費の負担をめぐる問題の一端をわれわれに示してくれている。老河口では従来から取引商品百両ごとに、堡垣局を通じて売方買方の双方からそれぞれ三厘の合計六厘を徴収して公共費に充当する慣習があり、それらは堤防の修築に始まり、警察、治水、消防、飢饉救済、育嬰堂（孤児院）の運営や閲報室の開設費等、地域の公益事業に充てられるしくみになっていた。湖広総督趙爾巽の勧めに従い設立の議が上がった商会は、一九〇九年三月に、年一万一千～一万二千両にのぼるこの六厘堡垣局捐のうち、上述の公益費六千～七千両を除く五千～六千両を、商会運営のための基金（公款）とすることを新総督陳夔龍に具申して認められた。

直後の七月に、総督は光化県を通じ、左路巡防第五営の兵費負担を商会に求めたのだが、これに対し、商会は、「兵費は国家の税款に拠り、商会は地方の公款に拠るべし」として、兵費負担を強要されることの理不尽さを諮議局に訴え、事実上それを拒否した（一九一〇年一一月二三日呈）。[45]さらに商会は、堡垣局を工商局に改組し、主に行商人から徴収していた捐（税）を店舗商人からも広く徴収できるよう求めた。

これに対する諮議局への総督の札復（＝通達）（一九一〇年一二月一九日到局）は、以前、県令（知事）の具申に従い堡垣局捐を「官収」にしようと考えたことがあるが、「商情」を考慮に入れ、そうはしなかったと説明し、地方公益捐の徴収およびその運営権を老河口の紳董層に委ねた経緯を確認している。総督は、老河口を防備する左路巡防第五営の兵費負担が拒まれた以上、部隊を解散して、商会には自衛手段を講じてもらうほかないとしたうえで、負担を拒絶した商会に対し、その引き替え条件として、これまで上級官庁が関知してこなかった堡垣局捐について、その収支報告書を（県を通じて総督へ）提出するよう商会に求め、「役所の監察の責」を強調した。つまり、商会は、堡垣局捐のうち何割を商会費に充て、それぞれ何割を巡警、消防、堤工、河工、自治善挙費とし、何割を工芸廠あるいは初等商業学堂費（両者とも商会が着手したい事業として例挙したもの）とするのかについて、詳細に上級官庁に報告する責務を課せられたのである。(46) 六厘捐と巡防費の扱いをめぐる商会と湖広総督とのやりとりは、両者の間の微妙な問題を露呈するとともに、地域における商会機能の一端をわれわれに示している。

総督の言を借りれば、そもそも第五営は、襄鄖一帯の防備が不十分であったため、商業要衝地としての老河口地区の治安を維持するために配置された軍隊であった。当初商会が五千両を負担し、簽捐局が八千両の経費を負担して運営されたが、簽捐局の収入が低減したため、総督が商会にさらなる経費負担を求めたのである。だが、商会がこのような訴えをしてきたため、湖広総督はやむなく第五営の解散を決め、商会には速やかに自力で巡警を組織するよう求めることになった。

老河口の事例は、巡警、消防、善挙などの地方自治行政の基金として、実質上「官収」ではなく「商収」されていた地方公益捐の徴収と運用に、かなりのウェートで商会が関わっていたことを示すものである。地方であれ、大都市であれ、商会それ自身の事業運営費は基本的に会員の会費と手続き料による収入に依存するところが一般的であった。しかし、老河口の例にあるように、地方公益捐の徴収およびその分配と自治巡防事業の執行に商会が深く関わり、場合によってはそれらが商会の公金として運用されているケースもあった。

商会が商事仲裁などを通じて商界の自治組織として重要な役割を果たしていたことはしばしば指摘されているが、それと同時に、地域住民全体に関わる地方自治行政にも深く関わる側面を持っていたことは強調しておいてもよいであろう。

むすび

清末のきわめて早い時期から鎮を単位に実態としての商会が続々と設立されていった長江デルタ地区では、二度にわたる上からの商会改組令によって、商会の設立を断念させられた商業中心鎮が数多く出現したが、それらの活動は分所や分事務所という形式で脈々と続けられていた。江蘇東南部・浙江北部を中心とするデルタ地区には、盛んな商業活動に裏打ちされた商工業者のダイナミズムが、商会設立という形で如実に反映されていたのである。

一九一五年の（修正）商会法は、県内の商会を、一つの県商会あるいは、多くても二つないしは三つまでに制限したため、既存の小規模商会や分所、分事務所の改組・統廃合を促し、その結果として県内全域の諸鎮を統合網羅する形の県商会を生み出した。この改編が当局者側の意図による商民統合という側面を持っていたことを見逃してはならない。多くの鎮商会の不満に現れた通り、法的強制力を伴った各地商会に対する改組命令の内実とは、実は統治のサイドに好都合の改廃統合であって、地域商民自身の利益に必ずしも合致するものではなかったのである。

他方、全国商会聯合会が合法組織化されたという側面から、自己統合の軸に立って商会法の（修正）発布を見ると、これを機に商会の発言権が確保されたということができる。全国商会聯合会は、長江デルタ地区最大の対外交易港である上海（総商会）に総事務所が設置（一九一四年）され、上海総事務所は長江デルタ地域を代表して全国商会の中枢としての発言権を行使してきた。中央政界との癒着等により分裂を繰り返す北京本部とは一線を画したその中枢的役割は、やがて、北伐の流れに合流し、国民党支配地区の商会に新たに「各省商会聯合会（一九二七年一二月）」を召集し、新しい時代に応じた商会のありようを模索していく道へと結実するのである。政治に翻弄される北部に対し、常に自律的であろうとした長江デルタの特徴が発揮された、といいかえることもできよう。

最後に、本章が対象とする長江デルタ地域を通してみた商会と地方自治との関係から、商会全般の社会的機能をまとめ、中国商会としての特徴を提示しておきたい。

①個別の鎮による盛んな商業活動に裏打ちされた商会先進地域、②政治に左右されず常に自律的であろうとしてきた全国の商会の旗振り的存在、この二点を長江デルタ地域の商会の特徴としてまとめておきたい。

明清以降の中国の専制支配は県城の衙門（役所）を最末端として強力な中央集権が貫徹する一方、県城から郷鎮にいたる広範な地域社会は地元の有力者あるいは宗族を中心とする自治に任されていた。清朝後期の江南地域では生員クラスの紳董が一定の領域を自治的に管轄し、県城の役人との接点の役割を担っていた。立身出世の唯一の登竜門としての科挙制度の崩壊とともに、一連の新政が試みられた二〇世紀初頭の一〇年間はこのような地域社会に大きな社会的変動をもたらした。商会制度の導入は、教育制度の大変革と、自衛を主たる目的とする巡警制度の普及とほぼ時を同じくして互いに緊密な関連をもちながら一斉に試みられた。資力に恃むことの多い商人の集合体としての商会と、教育行政に直接身を投じる才知に長けたインテリの集合体としての教育会とは、地域の近代化に深く関わり、時に衝突することもあったが、基本的には同じような層によって担われた地方自治前夜の運動母体であったということができるのではないだろうか。

　相応の信用を公印という形で与えられた商会のリーダーたちは、「才（品）・地（位）・資（格）・（名）望」（商会簡明章程第六款）を備えるべきとされた。商会は全国商会聯合会を通して商会同士の横のつながりを強固にしながら、中央に対しては税金の代理徴収などを通して、末端小役人による中飽（私腹肥やし）の弊害を防ぎながら商工業者の負担軽減に貢献し、一方で地域の自治システムの枠内で、さまざまな名目の自治捐の創出とその徴収および運営に関わった。これらの役割は、国内外の商業会議所共通の職務であるところの商業調査や商務の振興、会員同士の親睦と情報の交換などに加え、旧（科挙）社会から新社会への過渡期に登場した中国商会としてもつこととなった、特殊な側面であったといえる。欧米や日本の商会との相違点がここに求められる。

注

（1）張学恕『中国長江下游経済発展史』（東南大学出版、一九九〇年）一～二頁。新中国成立後、第五回人民代表大会第五回大会が決議した「第六次五ヵ年計画」によって初め長江デルタ経済区が確定されたが、のちに経済区は一市四県へと拡大され上海経済区となった。現在福建省も同経済区に包含されているが、一般的に長江下流地区といえば四省一市を指す。

（2）前記「第六次五ヵ年計画」に拠り、その範囲に従うなら、常州、無錫、杭州、蘇州、南通、嘉興、湖州、寧波、紹興九市五七県と上海市全域を指す。

（3）王樹槐『中国現代化的区域研究——江蘇省（一八六〇～一九一六）』中央研究院近代史研究所専刊四八、四二九頁。

（4）御史王鵬運の上奏により光緒二一（一八九五）年末に商務局の設立が日程にのぼり、江蘇では一八九六年二月に上海、蘇州、江寧（南京）に商務局が設置された。そして、両江総督兼南洋大臣張之洞の命を受けた陸潤庠、丁立瀛、張謇がそれぞれ蘇州・鎮江・通海地区の担当者として派遣され、紡績工場などの着手にあたった（同右、四二六頁）。商会設置以前の商務行政については、曽田三郎「清末の産業行政をめぐる分権化と集権化」（横山英・曾田三郎編『中国の近代化と政治的統合』渓水社、一九八六年）に詳しく説明されている。

（5）「論農会議」、「論商会議」『張謇全集』（二巻経済、江蘇古籍出版）一〇～一一頁。

（6）章開沅『開拓者的足跡——張謇伝稿』（中華書局、一九八六年）九七頁。日本語翻訳として藤岡喜久男訳『張謇伝稿——中国近代化のパイオニア』（東方書店、一九八九年）がある。

（7）同右、七二～七五頁。

（8）凌鴻勲「記茹経老人太倉唐蔚芝先生」、唐文治『茹経堂文集』五・六篇「自訂年譜」（沈雲龍主編『近代中国資料叢刊（続編第四輯、三一—三四）』文海出版）二四二〇～二四二五頁。

（9）「請設立商会摺」『茹経堂奏疏』巻二（沈雲龍主編『近代中国資料叢刊、五六、第六輯』文海出版）一六三～一六六頁。

（10）朱英「辛亥革命時期的孫中山與資産階級」『近代史研究』一九八七年第三期、同「清末商会與辛亥革命」『華中師範大学報』一九八八年第五期、胡光明「論早期天津商会的性質與作用」『近代史研究』一九八六年第四期。

（11）「商部札飭各商会▲為建設中美銀行事」『民立報』一九一〇年一二月。全国商会聯合会第一回大会（一九一四年）において、国内では資金の調達が困難なのでアメリカと合弁で勧（商）業銀行としての中美銀行を創る南京総商会案が決議された（「全国商会第一届大会提案一覧表」天津市檔案館・天津社会科学院歴史研究所・天津市工商業聯合会編『天津商会檔案彙編一九一二～一九二八（一）』天津人民出版社、一九九二年、五二八頁）。このほか、江西省の宜黄、宜寧商会と省代表聶希璜、吉林の新城商会が商業銀行の設置を急務とする類似案を提出し、南京案に収斂された。同時に上海総事務所が提議した赴米実業団を組織する案も審議の結果、準備が開始されることとなった。

（12）虞和平「論清末民初中美商会的互訪和合作」（『近代史研究』一九八八年第三期）に詳しい。

（13）外務省外交史料館『日清両国実業家の連絡機関設立一件（3-4-1-14）』。

（14）「日支両国の実業提携の実現」（『日華実業』一九二二年一〇月号）。

（15）華中師範大学歴史研究所・蘇州市檔案館編『蘇州商会檔案叢編（第一輯）』（華中師範大学出版、一九九一年）一八七～一九三頁。

（16）崑山県の状況については、同右、一三九～一五九頁に詳しい。

（17）同右、一六〇～一八〇頁。

（18）黄葦・夏林根編『近代上海地区方志経済史料選輯（一八四〇～一九四九）』（上海人民出版、一九八四年）六八～七一頁（原載『宝山県続志』巻六、実業志、農商会）、『（上海市）宝山県志』（上海人民出版、一九九二年）八四八頁。

（19）各鎮の商家の数について、劉石吉『明清時代江南市鎮研究』（中国社会科学出版、一九八七年）一六〇頁を参照した。

（20）「崇明外沙商会分事務所来函（一九一五年一二月三日）」『中華全国商会聯合会会報』第三年第二期、〈商会文牘〉三頁、

「江蘇崇明文事務所依法改組外沙商会函（一九一六年六月三〇日）」同第三年第八期、〈商会文牘〉七頁。
(21)「呈請農商部准予東坎商会改組文」同右第三年第一一・一二期合併号、〈公文〉三五～三六頁。
(22)「海安姜堰両鎮設会地点応候査明核辨由」同右第二年第九期、「湖北蘄水巴河鎮商務分会来函」同第二年第二期、〈商会文牘〉五～六頁、「呈請農商部旧設商会一律依法改組文」同第三年第一一・一二期合併号、〈公文〉三五頁。
(23)スキナーの理論については、G・W・スキナー『中国農村の市場・社会構造』（法律文化社、一九七九年）の訳語に拠った。
(24)「安徽訂詒商会来函（一九一五年八月二八日）」第三年第二期、〈商会分牘〉、七頁。
(25)「平陽商務分会」『平陽県志』一九二五年、巻三一、選挙志四、二〇頁。
(26)「商会」『蕭山県志稿』一九三五年、巻七、建置門、局所、三二～三三頁。
(27)太平天国以前の数字であるが、一八二〇年における江蘇省全域に占める蘇州府の面積は五・〇四%であるのに対し、人口は一五%を占め、人口密度では、呉江県の場合、江蘇省の平均の四倍に達していた。崑新、呉県もほぼ同様の傾向にあり、同じ時期における松江府各県の人口密度の三～四倍程度であった（劉石吉前掲書一五九頁）。
(28)『（上海市）上海県志』（上海人民出版、一九九三年）二九頁、前掲『近代上海地区方志経済史料選輯』六七頁。
(29)一八五二年に四一五六・六万であった江蘇省の人口は太平天国の乱の影響で一八七四年に一旦一七〇四・七万（四一・一%）に激減するが、一九一一年にはその一・七倍に回復して二九〇七・六万人となり、四七年には三四一〇・七万人にまで回復する（『中国人口——江蘇分冊』中国財政経済出版社、一九八七年、四八～五〇頁）。
(30)王鶴鳴、施立業『安徽近代経済軌跡』（安徽人民出版社、一九九一年）四〇～五二頁。
(31)新政の一環として一九〇五年一〇月に巡警部設立。翌年巡警部は民政部に改組され、民政部警政司が成立。翌一九〇七年各省に巡警道が設置された。京城の警備以外では東三省全域と直隷、江蘇省下の特定地域で警政が選択的に実施された（王家倹『清末民初我国警察制度現代化的歴程（一九〇一～一九二八年）』台湾商務印書館、一九八四年、三五頁）。
(32)稲田清一は鎮居地主層との関連を重視してこれらを鎮董と称し（稲田清一「清末江南の鎮董について」森正夫編『江南デルタ市鎮研究』名古屋大学出版、一九九二年）、大谷敏夫はこれらを郷董制（「清代江南の水利慣行と郷董制」『史林』第六三巻第一号、一九八〇年）と称したが、鎮には鎮董、郷には郷董と通称される役職が存在したので、ここでは混乱を避ける意味において、清代後期生員クラス以上の地域社会支配層を指すのに、中国で使用されている「紳董」という一般的な用語を狭義に使用することとする（たとえば朱英『晩清経済政策與改革措施』華中師範大学出版社、一九九六年）。
(33)稲田清一前掲論文、同「清代江南における救荒と市鎮——宝山県・嘉定県の「廠」をめぐって」（『甲南大学紀要』文学編八六、一九九二年度）。夫馬進『中国善会善堂史研究』（同朋舎、一九九七年）の集大成に負うところが大きい。

(34) 崑新県の状況については『崑新両県続補合志』（一九二三年二月刊、巻二、公署、九～一一頁）を参照した。
(35) 清末の毀学の状況については阿部洋『中国近代学校史研究』（福村出版、一九九三年）、新保敦子「中華民国時期における近代学制の地方浸透と私塾」（狭間直樹編『中国国民革命の研究』京都大学人文科学研究所、一九九二年）に詳しい。江蘇省の状況については王樹槐前掲書二六三～二六五頁、同「清末江蘇地方自治風潮」（『中央研究院近代史研究所集刊』六、一九七七年）三一三～三二七頁。
(36) 桑兵『清末新知識界的社団與活動』（三聯書店、一九九三年）六章「中国教育会」。江蘇教育会については高田幸男の一連の研究「清末地域社会における教育行政機構の形成――蘇・浙・皖三省各庁州県の状況」（『東洋学報』第七五巻第一・二合併号、一九九三年）、「江蘇教育総会の誕生――教育界に見る清末中国の地方政治と地域エリート」（『駿台史学』第一〇三号、一九九八年）、「二〇世紀初頭、中国長江下流域における教育界ネットワークの研究――江蘇学務総会によるネットワーク構築の初歩的考察」（『明治大学人文科学研究所紀要』第五〇冊、二〇〇〇年）がある。その他、地域エリートに言及した研究に佐藤仁史「清末・民国初期における一在地有力者と地方政治――上海県の《郷土史料》に即して」（『東洋学報』八〇巻二号、一九九八年）、「清末・民国初期上海県農村部における在地有力者と郷土教育――『陳行郷土志』とその背景」（『史学雑誌』一〇八編一二号、一九九九年）がある。
(37) 「崑新分会試辦章程」前掲『蘇州商会檔案叢編（第一輯）』、一四〇～一四一頁。
(38) 「方還為縷　李慶釗被控事致高載之函」同右、一四九頁。
(39) 明治四四年九月四日在漢口総領事松村貞雄発外務大臣林董宛「九江商務総会対地方官件の確執に関し報告の件」外務省外交史料館『各国商業会議所関係雑件――支那の部（3-3-5-5-4）』。
(40) 「崑新各業聯名上稟蘇商総会函」前掲『蘇州商会檔案叢編（第一輯）』、一五一頁。
(41) 江蘇蘇属地方自治籌弁処編『江蘇自治公報類編（宣統三年）』巻一～三、近代中国史料叢刊三編五二輯、文海出版、三九五～三九六頁。
(42) 「奏定商会簡明章程二六条」天津市檔案館・天津社会科学院歴史研究所・天津市工商業聯合会編『天津商会檔案彙編一九〇三～一九一一（上）』（天津人民出版、一九八九年）二一～二八頁。
(43) 「述中国商人団体制度並評其優劣」『中華全国商会聯合会会報』第四年第三期、一九一七年。
(44) 臨時産業調査局『満州に於ける商会』一九三五年、一頁。
(45) 「老河口商務分会陳請停止以六厘捐撥充巡防兵費案（宣統二年一〇月初八日）」呉剣傑主編『湖北諮議局文献史料彙編』（武漢大学出版、一九九一年）五四三～五四五頁。
(46) 「附：湖広総督札復（宣統二年一一月一八日到局）」同右、五四五～五四七頁。

第六章　広東における商人団体の再編
——広州市商会の成立を中心に

THE ONLY CHINESE MORNING PAPER IN AMERICA

少年中國

『少年中国』（黄帝紀元 4609 年 1911 年 12 月サンフランシスコ）
（UC バークレー校エスニックスタディ学部図書館蔵）

はじめに

序論で紹介した通り、近年の商会研究は対象が広域化し、テーマの選定、史料利用の方法のいずれにおいても格段の進化をみせている。しかしながら、対象とする時代は依然として清末から民国初期に偏重し、国民革命以後の研究が少なく、「御用商会」として片付ける定説から離れた、国民政府期の商会の役割に対する分析は十分であるとはいえない。本章の主な目的は、広東省を中心とする華南の商会の生成と発展を跡付けるとともに、国民党および国民政府と商会との関係を明らかにすることにある。

前章の議論の中心は清末民初期。とくに民国初期の改組を通して、商会普及初期の地域社会における商会の役割を検証したが、ここでは、国際政治においても国内政治においても情勢と課題が異なる一九二〇年代から三〇年代を中心に見てゆく。具体的には、第一に、広州国民政府に始まる党国（以党治国）体制下の国民党政府と商会との関係を解明することに重点を置き、一九二九年に公布された国民政府の商会法によって定着したそれ以降の商会の特質について試論を提示してみたい。

中国における国内各地の商会は、同じ商会法に規定された社会組織でありながら、地域ごとに特色を持つ。前章では長江デルタを対象としたが、本章では海外の華僑社会と密接な関係を持つ華南地域の商会を対象とし、その地域的特色を描出することを第二の目的とする。そこから導き出される、中国の商会制度に内包された海外ネットワークの機能、つまり中国国内の商会と国外の中華総商会との関係についても具体例を通してみてゆきたい。

華南の商会のうち、とくに広州総商会を取り上げるのは、いうまでもなく広州が国民党によって初めて政権が樹立された地で、一九二四年一〇月の商団事件がもたらした禍根が、その後の国民党と商人団体との関係を規定すると考えるからである。清末民国初期における広州の商人組織と商団については邱捷氏等の一連の研究(1)があり、一九二四年の商団事件についても多くの先行研究がある(2)。が、こと広州総商会そのものに関する専論はない。管見の限り、総商会の一次史料がまとまって残っているわけではなく、一九三〇年代以降の市商会の檔案の一部が広州市檔案館に残存する程度である(3)。本章ではこの商会関連檔案のほか、南京の第二歴史檔案館に所蔵される広州国民政府檔案、台湾の国民党党史委員会が所蔵する政治会議檔案と五部檔案、およびその他の周辺史料を使い、当時の商人組織、とくに総商会と国民政府との関係がどのようなものであったかを考えてみたい。

第一節　広州市商会の成立

1　広州商務総会から広州総商会へ

清朝末期、商会成立前夜の広州には三つの重要な社会組織が成立していた(4)。ひとつは、県城の濠の改修と維持管理を目的に、西関の紳士何太清等と十三行出身の四大富豪が組織した清濠公所（一八一〇年設立）をルーツとする文瀾書院。書院と名がつくものの、教育機関ではなく、生員以上の科挙資格を持つ士紳が集まる社交サークルであった。その主要メンバーは、のちに立憲および地方自治運動の中核として広東地方自治研究社を結成し、広東諮議局に参加する。

第二の組織は、広州の各同業組織「行（ハン）」によって組織された七十二行である。[5] 南北行（同徳堂）、米行（永安堂）、茶行（照遠堂）、磁器行（萬勝堂）、銀業行（忠信堂）など各同業組織は広州の行政当局に替わり税金の代理徴収を行っていた。それぞれ相互の連帯意識が希薄で、散漫な集合体でしかなかった。一八九九年、広州に派遣された大学士剛毅が巨額の軍費負担を各行に強要したことを契機に、各行は緩やかな連合体を組織した。七十二行という名称はこれ以降定着する。[6] 一九〇七年冬、七十二行を母体とする商人群は、西江におけるイギリスの輯捕（警察）権の奪回を企図し、広東戒煙会を華林寺に結成した。これが粵商自治会となり、商人を主成員とする有力な立憲団体となる。前述の広東地方自治研究社は主張が穏やかであったのに対し、粵商自治会[7]は急進的な主張と行動で知られる。辛亥革命後、立憲派の急先鋒団体であった粵商自治会は一旦解散を余儀なくされ、粵商維持公安会に生まれ変わる。

第三の組織は慈善団体としての善堂である。広州では一八六九年から二〇世紀の初頭にかけ、前後して一五以上の善堂が設立されたが、うち九大善堂がとくに有名である。[8] 善堂の運営を主宰したのは有力商人で、やがて商界のもめごとは九善堂の一つ広済医院で調停されるのが習わしとなり、商家で従わない者がなく、広済医院は「商事公断」の場となっていった。[9]

一九〇五年に起こったアメリカの華僑排斥法案に端を発する米貨ボイコット運動、上述した一九〇七年の西江輯捕権の奪回運動、さらに翌年の第二辰丸事件をきっかけとする史上初の日貨ボイコット運動、そして粵漢鉄道の回収[10]とその国有化反対運動によって覚醒された七十二行と九大善堂の政治的リーダーシップは、清朝最末期の立憲運動、自治運動の展開へと、地域商人と知識分子をまとめてゆく求心力となった。

さて、一九〇四年に発せられた商会簡明章程により、各地で商務総会、商務分会設立の議があがるや、広州では緩やかな連合体としての七十二行がすでに存在したので、これを母体に、一九〇五年一月、広州商務総会の準備機構が城西地区にある九大善堂の一つ、広仁善堂で結成された。[11] 二四条からなる創辦章程を定め、[12] 正式に新城晏行街における広州商務総会（総理左宗蕃・協理鄭観応）設立の申請が受理されたのは、一九〇五（光緒三二）年五月二一日（農暦四月二八日）のことであった。[13]

上述の通り、海外華僑を巻き込んでの度重なる主権奪回運動に自覚的に参加するのみならず、『広東七十二行商報』（一九〇八年）の発行などにより、宣伝の手段をも獲得していた広州商人層の政治的結集は、他地域を一歩リードしていたといってよい。そして、辛亥革命を経た一九一七年、広州商務総会は新しい商会法に基づき、広州総商会へと改称され、総董制が会長制へと衣替えされた。

ただ、初期の頃の広州総商会は必ずしも広く商業界の総意を集約するしくみのうえに成り立ってはいなかったようである。組織に「系統無く」、一千元の出資で商董となる道が開かれたので、裕福な商人だけが基本金を供出することで、商家の名義で同業者を代表するとともに、名声を欲しいままにできた。このような「陋習」は他の省の商会ではありえないことで、かつまた「異聞」に属することであった、とも回想されている。[14] 多額の基本金や会費の保管の仕方があいまいであるとか、会長の専横をチェックする機能がないなど、総じて会の運営が透明性に欠けているとして、部外者からは往々にして批判の矛先を向けられたのである。粤商自治会のリーダーシップが一方で顕著であったことから、広州総商会の社会的影響力はさほどではなかったとしばしば指摘されている。

本章の主な叙述対象時期である、市商会に再改組される直前の一九二〇年代後半における広州総商会の指導層を表6－1に掲げておく。同業組織（堂）ごとの派遣代表を中心に総商会の指導層が構成されていた点を確認しておきたい。

表 6-1　広州総商会職員表（1928 年 8 月頃）

正 会 長		鄒殿邦	銀業行忠信堂		
副 会 長		胡頌棠	鮮魚行聯志堂		
常務会董	10 名	欧陽明西	靴行敦和堂	彭礎立	雑木行同志堂
		鄭燿文	北江転運行聯益堂	黄会民	五華銀行
		梅兆熙	上海綢布幇行守経堂	劉維文	広州織造土布公会
		催銘三	花紗行綿遠堂	傅益之	洋煤行
		馮陶侶	北江桟行慎和堂	陳徳農	醤料行聯志堂
会　　董	47 名	(1 行 1 人)			

資料　『商業特刊』(広東全省商会代表大会大事記，1928 年 9 月) 78-80 頁.

2　広州市市商会と広州市商民協会

商団事件の前兆ともいえる広東政府と地域商人との確執[15]は、孫文が〔第二次広東政府の〕大総統に就任した一九二一年から確認できる。一九二一年、孫文は広州総商会が官民間の協働に「非協力的」で、革命の進展の「妨げ」となることを理由に、内政部長呂志伊と財政委員会委員長楊西巌に命じて広東全省商会聯合会を設立させ、商人革命を指導させた[16]。

一九二二年、当局が舗底〔店舗営業〕権を代価なしで取り消すことを求めたのに対し、商店主は結束して舗底集議総所を組織し、この政策を一旦白紙撤回させていた。ついで一九二三年、孫文が再度大元帥の名のもと、広州で政権の座に復位すると、一二月に広州市政府は広州市権宜区域範囲を指定し、広州市再開発の青写真を発表した。それに基づき広州市当局が制定しようとした新しい条例「統一馬路業権案」に反対した商店街の商店主らは、再び結束して舗底維持会を組織し、翌一九二四年五月、広州総商会とともに新条例の反対と舗底権回収の運動を繰り広げ、ゼネストを武器に六月、新条例を撤回させることに成功していた[17]。もともと舗底集議総所に集まった中小商人によって結成されたのが広州市市商会である。商団の武装解除から抵抗、武力衝突、鎮圧までの一連の混乱のなか、広州市市商会は当局側に協力して救済活動を行いつつ市面〔経済秩序〕の維持に尽力し、国民党広州市第一区一八区分部を組織した。市商会は国民党の党義の宣伝に努め、総理の側に立つ地域商人団体を自認し、当局の許可を得て広州市商事公断処を増設し、市商会日報と市商会週刊を発行するなど、着実な活動を展開したのである[18]。

一九二四年夏、広州総商会と広東省各地県商会の商団からなる商団軍聯防総部が、軍政府による武器没収に抗議して再びゼネストを敢行する構えでこれと対峙し、実際に衝突事件（商団事件）にまで発展すると、中国国民党中央執行委員会[19]は、六月に増設した実業部を、一〇月二〇日に商民部へと改称した。この年の初めに開催された第一回全国代表大会では商民運動に関する決議はなく、商民部の仕事は手探りの状況であったが、国民党が手始めに広州特別市商民協会の組織に着手したのは商団事件直後の一九二四年末から一九二五年初頭のことであった。ついで中央商民部の指導のもとで香山県に商民協会が成立したのが一九二五年の六〜七月。その後広東省党部と省党部商民部の設置が準備されると、一〇月には中国国民党党立商民運動講習所[20]が開設され、一九二六年一月三日に第一期生二八人を送り出した[21]。

そして、一九二六年一月に開催された国民党第二回全国代表大会で「商民運動決議案」（一月一八日甘乃光報告[22]）が採択されて以後、商民協会設置の運動に大いにはずみがついた。三月の報告によると、広東では六つの商民協会に五〇〇八名の商民が組織化されていた[23]。

以上の歴史的経過をおおまかに整理すると、一九二五年七月一日、広州に国民政府が成立した時点で、広州市内には広州総商会、広州市市商会、広州特別市商民協会という三つの系統の商民組織が鼎立の観を呈し、さらに国民党寄りと自認する広東全省商会聯合会が全省規模の要として存在し、それぞれがお互いにほとんど関わり合うことはなく、「屋上に屋を架す」様相であった[24]。

3　商民運動の二つの展開

一般的に「商民運動」とは、第一次国共合作以降国民党中央および省市党部商民部の指導のもとで展開された商民協会の運動、つまり、農民運動と同様に、専門の運動員を使い、郷鎮地域に波及させた、共産党の影響の強い国民党による商民協会運動を指す。[25]商民協会は革命の後方基地であった広州で一九二四年末に初めて誕生し、ピーク時の一九二七年七月頃には少なくとも一〇省三〇万人以上の会員を組織化したといわれる。[26]しかしながら、南京国民政府成立とともに党内の左派勢力が急激に力を弱めたため、一九二九年、商民協会は既存の旧商会とともに、地区ごとに結成された商人団体整理委員会の手によって解散を余儀なくされ、商民層は新たに組織された市商会や県商会へと統合され、短い命を終えた。

共産党の強い影響がみられる、国共合作下での国民党の商民協会運動を狭義の「商民運動」とするなら、在地商人の視点から商民運動を広く定義することもまた可能である。一九三一年の広州市商会誕生時期以降、市商会に集まった商工業者たちは、自らの歴史を振り返り、盛んに「商民運動」という言葉を用いた。前掲梁閬秋編『広東商運沿革史』（一九三四年）によると商民運動は咸豊末年までの草昧期、光緒中期から宣統末までの萌芽期、民国初頭から民国一五年までの滋長期、民国一五年以後の組織的系統的商民運動時期という四期に時期区分される。[27]

紆余曲折を経たすえ、国民党政府と商民との関係がおおよそ定まるまでの、一九二六年から一九二九年にいたるこの重要な時期に、広東における二つの商民運動がどのような展開を見せたのか。以下に整理してみたい。

（1）広東における国民党系商民協会の商民運動

一九二六年初頭の二全大会で商民運動決議案[28]が通過し、宋子文が商民部部長に就任し、商民協会章程（一〇章六八条）が制定されて以降、上海特別市、北京特別市、漢口特別市、江蘇省、広西省、湖南省、江西省、直隷省、四川省党部にも商民部が設置され、国民革命の進展に従い、各地に商民協会が組織された。商民協会運動は、一九二六年七月をもって「漸進期」から「拡大期」へとピークを迎えたとされる[29]。同時に、海外の華僑社会もこのときすでに商民運動の動員対象となり、商民部は海外部を通じ海外の中華総商会への接触に着手していた[30]。

広東では、広州市商民協会と中央・省・市商民部から二名ずつの準備員が派遣されて構成される全省商民協会籌備処が一九二六年三月一八日に成立した[31]。籌備処は国民政府から準備金の提供を受け[32]、旧（総商会系）商団軍總部のあった西瓜園で五月二一日に全省商民協会を結成し、五日間にわたる成立大会を開催した[33]。会期中全省二四県から一五一人の代表が出席し、一五の案件が通過した。そこで決議されたのは、北伐への支持、国民会議早期開催の主張、農工商学兵大連合の擁護などの基本方針の確認のほか、旧商会が持つ商店開設および倒産処理に関する諸権利の回収や、商業学校の設立、商業日報の創刊など、商民協会が着手すべき具体的な活動像であった[34]。また、期間中の五月二三日、一三八人の代表が車に分乗して黄花崗の烈士の墓に参ると同時に、省港ストライキで帰郷している労働者に対して慰問を行い、商民部主催の宴会では「革命的商人は団結して軍閥と帝国主義を打倒しよう！国民革命の成功万歳！」と、意気盛んにシュプレヒコールを叫ぶものであった[35]。

ところが、その半月も経たないうちに、執行委員中の一部「腐敗分子」が各地の商民協会と結託し、「広東各地商民代表大会」と銘打つ会を組織しようとした、としてのちに党中央による制裁にまで発展する事件が起こり[36]、七月中には各地の商民部の工作員に予防的措置を講じるよう周知がなされた。同時に、「辦団〔商団を結成〕」することがまずいとみたら今度は「辦党〔商民協会を結成〕」することによって党に取り入ろうとする投機的な土豪劣紳や買弁がいるので、彼らの思うつぼにはまらないよう充分注意を促すように、という宣伝と教育も展開された[37]。これはおそらくは順徳県商民協会をめぐる一連の紛糾事件[38]を指しており、農民協会や総工会、農工倶楽部との関わりが深い順徳県大良市商民協会の設立の問題や[39]、「商賊」に翻弄された順徳県水藤分会の問題[40]など一連のできごとが確認できる。やがて、順徳では省商民部執行委員陳国強が「商賊」張伯超・梁厳沌らと手を結び「非法」に水藤分会を設立したと名指しされる。さらに、この時点における陳に対する内部告発は、陸豊商民協会の設立問題[41]においても確認される。国民党内部の極左分子の行きすぎに対する警戒が、商民協会運動の運営において顕著に表れた事件として特筆しておく。

ついで、一九二六年一一月二〇日の各級商民団体聯歓会の開催を契機に、商民部によっていくつかの商民対策が実行に移された。ひとつは、翌年一月に四日間にわたり招集された広州市商民大会である。商民部はこのため広東全省商民協会（陳国強・蕭漢宗）、広州市商会（譚希天・陳鉄香）、広州市商民協会（蔣寿石・黄祖培）、広州市南郊商民協会（葉抜臣）、広州総商会（胡頌棠）からなる準備会議を数度にわたって開催した。広州市商民大会は補助金二千元の供与と、広東全省商民協会、広州市商会、広州市商民協会、広州南郊商民協会、広州総商会および広東全省商会聯合会の六つの会からそれぞれ四〇名の参加者によって構成された。

いまひとつは、一二月三日と四日に商民運動指導員養成コースの試験が実施されたこと。その結果、八百余人の応募者のなかから三〇人の合格者と二〇人の補欠者が選ばれ、前年に引き続き、短期間の訓練を経て、商民運動指導員が各商民協会に派遣されることとなった。

商民部の政策とは、あくまでも商民協会を通じ、既存の他の商民組織を管理指導することを意図したもので、広州市商民大会開催のための宣伝大綱は張驥甫・黄祖培（広州市商民協会代表）・張浪石（中山県商民協会代表）ら商民協会直系の党員が審査にあたった[42]。

広州市以外の市県郷鎮レベルの商民協会における具体的な活動はどのようであったか。たとえば海口市商民協会（入党会員一二〇人）では六つの分会が成立し、党義宣伝のため月刊誌と画報を出版した。また、各分会事務所には閲書報社が設けられ、革命的な書籍を置き、商民訓練班を設立し、商民倶楽部（娯楽）の活動も積極的に進められた。北海市商民協会（入党会員四五〇人）では靴業界で労使紛争が発生したが、商民協会による調停の結果、双方が譲歩に応じて円満解決し、農商学婦女大会聯合会と対英経済絶交運動にも参加した[43]、と報告されている。

一方、商会と商民協会との関係はどのようであったか。商民協会運動が盛んであった香山県では一九二一年に商会が成立し、一八の分会を従えていたが、やがて商民協会が成立すると、中小商店主で商会に加入していた者の半数が商民協会に転入した[44]といわれる。江門県では一九〇二年に商会の前身である江門商務会が成立しており、江門市商民協会は一九二六年秋に商会とは別に組織され、省港スト糾察隊を接待し、商店主にスト労働者の救済に協力させ、率先して当局に対する増税反対運動を主導するなどして活発な運動を繰り広げたが、一九二七年の四・一二事変以降、当局側の武力封鎖に遭い、商民協会は八ヵ月という短い命を終えた[45]。また、県や郷鎮に規模の小さな商会が存在したところでは、いくつかの商人組織が併存した広州市や中山県、江門県とは異なり、党が派遣した工作員によって選挙と委員制の方式で商民協会を組織し、商会は自然解体して会務を停止するといったところも多かったようである[46]が、いずれの商民協会も短命に終わっている。近年新しく編纂される県志において、商民協会について記述されることはほとんどない。

（2）広東における旧商会系の商民運動

国民党主導の商民協会の運動が拡大の様相を見せ始めた一九二六年一〇月、広東民政庁の一四〇八号令をめぐり、治下の県市商会が相次ぎ党および政府の方針に対し反対の意見陳述を行うという事態が発生した。県商会と県政府との間の公文やりとりの形式（行文程式）に関し、一九一五（民国四）年に北京政府が公布した商会法に基づき引き続き「公函」の形式を用いてよいか否か、との曲江県商会問い合わせに対し、省政府が「北京法令は援用の必要無く」、属内各団体は県長に対し「呈」、逆は「令」の形式を使用すべき、との決定を下したことが始まりであった。

曲江県商会は、県長による商会に対する圧迫と、「商会精神の堕落」を招く、として行文程式に関するこの決定に異議を申し立て、全省商民会議の開催を呼びかけるとともに、「官商合作の実」を取るよう政府に訴えた（一〇月四日、国民政府への呈文）。英徳県商会は、「袁賊」の専制時代でさえ公函を使ったのに、革命の根拠地で平民政策を提唱しているこの時に呈や令を使えというのは革命に対する「背道」にほかならない、と同調し（一三日、国民政府への呈文）、広州総商会も正副両会長鄒殿邦と胡頌棠の名で国民政府に「公函」形式の続行を申し立てた（一〇月一六日、国民政府への呈文）[47]。

中華民国成立直後も同様の行文程式論争が繰り広げられたことは前述した通りであるが、広州国民政府発足の初期に商会と政府機関との文書のやりとりをめぐる一悶着があったことは、政府と商会との関係を見定めるうえで注目されてしかるべきできごとである。党の意向を汲む商民協会の系統とは異なる商民運動の系譜が存在するとした理由はこのあたりに求められる。この直後、各級商民団体聯歓会が広州で開催され、翌一九二七年一月に商民大会が開かれたのは前述の通りである。党と政府は、既存と新設を問わず、現存する商人組織間相互の提携と団結、さらに官民の風通しを図ることに苦慮したようである。

同時に並存していた商人組織間の競合は、公文の形式をめぐる論争に見られるように、主に国民政府との関係いかんに求められる。当初の商民協会の場合、総商会および市商会と対等の発言権を求めて商民部と交渉していた。改除雑捐研究会への参加について、当初全省商会聯合会と同様五人と決められた商民協会からの代表人数を、総商会や市商会と同等の一〇人へと増加するよう要求している[48]。

繰り返しになるが、商民協会と商会との間には主導権をめぐる争いがあったと同時に、党および政府の側では既存の商会と新設の商民協会との相互連携と共存方法の模索が試みられていたのである。

（３）商民運動の全国的潮流と広東省商会聯合会事務所の設置

一九二三年の曹錕賄選以降、商人自らが積極的に政治に参画する動きが醸成され、主に上海を中心に「商人革命」運動が一世を風靡した。その一つの結末が、広州における商団事件であり、自衛力を持った商会の力が地方に拠る広東政府に押え込まれるという轍を踏んだ。商人革命の潮流は馮少山ら上海の広東幇グループによって引き継がれ、北伐の進展とともに、一九二七年五月、上海総商会は委員制への転換によって指導層が一新された。そして、馮少山を中心とする上海の商民運動は、職能型代議政体を案出するまでに結実していく[49]。

馮少山ら新執行委員は国民党との連携を強めながら、南京国民政府が成立し、国民党左派勢力の弱体化が明白になると、一九二七年一二月一七日に、国民党治下一六省によびかけ、各省商会聯合会（一〇省の代表一四四名が出席）を開催し、二七日に上海に総事務所を設置した。各省商会聯合会は執行委員二七人、監察委員一三人を選出して各省に省事務所の設立を督促し、各商会には委員制に改組するよう提言するとともに、北京の（旧）全国商会聯合会に対して、従前の全国商会聯合会関係の公文書を上海に持参し、引き継ぎ事務を行うよう勧告した[50]。

この直前の一一月、中央商民部が商会を暫存させるという二全大会の方針を転換し、旧商会は「組織不良」ゆえに、三全大会では商会取り消しの方針である旨公表していた。これが全省商会聯合会召集に至る直接の原因であり、一方では北京に本拠を置く北京政府お膝元の（旧）全国商会聯合会に対する上海の主導権奪回の動きとも連動していた。

一九二八年九月、広東では、前年一二月の上海決議に基づき、広州総商会と汕頭総商会が中心となって省下各商会によびかけ、広東省商会聯合会を開催し、広州に広東省商会聯合会事務所を設置した[51]。そして、一〇月一〇日に上海で全国商会臨時代表大会が開催され、汕頭総商会顧問陳之英の提案なる「中華民国全国商会聯合会組織大綱」を通過した。大会は一一月一日から新しい正式名称として中華民国全国商会聯合会を使用することを決め、未設の各省には速やかに省商会聯合会と事務所を組織するよう打電した。

つまり、広州においては総理「手創り」の全省商会聯合会が一九二一年から存在したにもかかわらず、一九二七年一二月（上海）の各省商会聯合会の決定に基づき、上海と足並みを揃えた総商会と商会の指導のもとで、新たに広東省商会聯合会事務所が設置されたわけである。

総商会系の商民運動の一環としての新たな全省事務所の設置にあわてた広東全省商会聯合会は、広東省のように商会聯合会があらかじめ組織されているところでは、総商会が新たに商会聯合会を発起召集すべきであるという全国商会聯合会の方針は、実情に合わないので、既存の商会聯合会が代表大会を召集するか、あるいは必要あらば商会聯合会が総商会と連合して召集すべきではないか[52]、という意見を提出した。そして、両者の対立が先鋭化してくると、広東全省商会聯合会は広州総商会に対し、リーダーの品位と不透明かつ封建的作風を批判しつつ、中国国民党中央執行委員会政治会議を通じ、省政府に広東省商会聯合会事務所の取り消しを求めた[53]。この問題は党の指導によって両者が合併することで決着している。

4　商人団体の整理と広州市商会の成立

この間、馮少山は『上海総商会月報』などを通じて党の方針である商民協会運動に対して疑義を呈するとともに、胡漢民との間でも立法委員をめぐる論争を展開した。一九二九年三月の国民党三全大会では、商民協会と党部から旧商会の撤廃と商民組織の統一を求める意見書が出される一方、商会の存続を求める意見書が国内

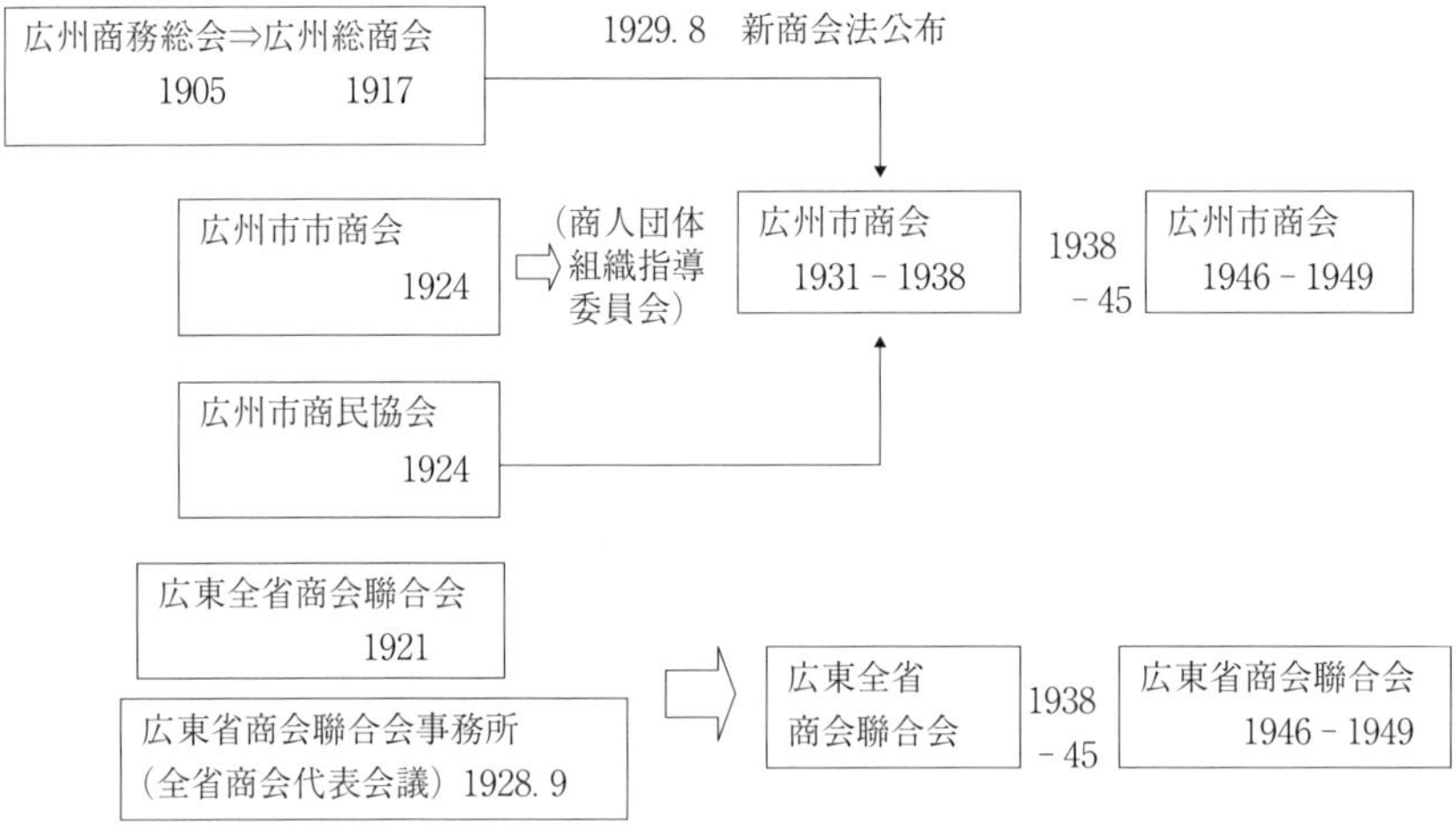

図 6－1　広州市商人組織変遷図

資料　「広東広州総商会沿革及工作概況」,「広州市市商会沿革及工作概況」（広州総市両商会合編『広東商業年鑑』広州市商会発行，1931 年），梁閬秋編『広東商運沿革史』（1934 年），『広州市民衆団体概況』（1936 年），『商業特刊（広東全省商会代表大会大事記）』（1928 年），広州市商会『市商会周年特刊』（1947 年），広東省商会聯合会編『商業概覧』（1948 年度）により作成.

外の商会名義で提出され、両者の意見は真っ向から衝突した(54)。このようななかで、上海救国会事件（四月二二日）が発生し、上海商人団体整理委員会の手によって、上海総商会は翌年上海市商会（一九三〇年六月）へと改組されることとなった(55)。商民協会によらない独自の商民運動の方針を堅持し、党と対立する馮少山に対し、一九二九年八月に逮捕令が出された(56)。新たに発足した全国商会聯合会はしばらく陳日平、のちに林康侯が主席代理をつとめたものの、北京に会所を移し、一九三〇年八月一日に事務が開始されるまで、しばらく会務の停頓を余儀なくされた。

このようななか、商民協会の急進分子や店員問題をどう扱うのか、明確な方針が固まらないまま、一九二九年八月に新しい商会法と同業公会法が公布され、それに基づき、すべて商民協会と旧商会など、一切の商人組織は解散を余儀なくされ、新しい商人組織として市県商会が組織されることとなった。中央党部が正式に各地の商民協会に解散令を出したのは一九三〇年二月二六日のこと。広州では、図6-1の通り、前述した三つの商人団体が党の指導のもとで一旦解散し、広州市商会が一九三一年二月に新たに誕生するのである。[57]

一九二九年一月にすでに委員制に改められていた広州総商会は、広州市党部民訓会の指導に従い、一九三〇年一〇月に五名の指導委員を選出し、市商会（三名）および市商民協会（三名）とともに改組に臨んだ。新商会法が定める会員総登記に基づき、合計一一名で組織されたこの商人団体組織指導委員会[58]は、広州市の商人団体を新組織へと変貌させる。そしてついに、一九三一年二月、広州市商会が誕生すると、旧総商会は旧広州市市商会とともに清算人を選出し、三月末にその歴史を終えた。[59]

広州は一九三七年八月三一日に日本軍による一回目の爆撃を受け、三八年一〇月二一日に陥落する。多くの商工業者は奥地に避難し、広州市商会は活動を停止するが、一部広州に残った商工業者は傀儡政権の支配下で活動を継続した。終戦後、奥地から戻ってきた商工業者により、広州市商会は一九四六年八月に再改組される。[60]

第二節　一九二九年商会法以降の華南の商会

1　広州市商会と国民政府

（1）広州市商会の構成と収支

新しい商会法[61]は商会に、あくまでも同業者に共通する商工業上の利益を反映する組織であるべきことを求め、商会の設立を五つ以上の同業公会の発起によるもの（商会法第六条）とし、会員資格は公会会員と商店会員

表 6－2　1931 年における広州市商会概況

名　称	広州市商会
認可登記機関	広州市党部民訓会および市社会局による認可．実業部での登記．
改組日時	民国 20 年 2 月 25 日合併改組
責任者	主席：鄒殿邦　　以下：略．
会員人数	同業公会会員 68．商店会員 4． 合計会員 4,000 余名．
最近の会務状況	総務・調査・交際・宣伝・組織の 5 科． 執行委員会週 2 回開催．
会務発展計画	建設委員会，財務委員会，公断委員会，対外貿易委員会，統計委員会の設置． 新しい会所の建築，商品陳列所・商業学校の設立計画． 政府に対し旧商団公所所在地の返還要求．

注記　調査者：馮椿修，調査日時：民国 20 年 7 月 27 日
所在地・経費状況・会員経済状況は省略した．
商店会員は大新公司・先施公司・江門製紙公司・協和祥雲石米店．
資料　「付広州市民衆団体近況報告表（商業団体）」『民二十年広州商民運動概略』172 頁．

に限り（第九条）、個人会員の加入の道を排除した。そして、会員代表の資格を定める条項（第一三条）では、「破産宣告された者」等と並び、「反革命的行為の有る者」は会員代表になれないとされた。

一九三一年七月における広州市商会は、六八の同業公会会員と四つの商店会員から組織され、傘下の合計会員数は四千余人であった（表6－2参照）。一九三二年における広州市二九区の総人口一〇四万二六三〇のうち、商人人口が六万三六〇六人であったので[62]、商会に加入した商人の割合は六・三％程度で、数量的に大多数の商人を統合したとは必ずしもいえない。しかしながら、統合の経緯と、会員の総登記、さらには会務全般にわたり委員制が徹底されることにより、旧総商会の不透明な体質の悪弊は払拭され、旧市商会会員に相当する中小商人層の意見反映の道が確保されるとともに、加えて党と政府によって商会への干渉の道筋がつけられた点で、商会の内実と質に大きな変化が認められる。

そして、旧総商会末期に広義の商民運動を標榜し、

表 6－3　広州市商会第 1 期執監委員表　執行委員　15 名（1932 年）

姓　名	職　別	所属公会	職　業
鄒殿邦◎	兼主席委員	銀業同業公会	広信銀号経理
胡頌棠◎	兼常務委員	鮮魚欄業同業公会	永豊泰欄経理
傅益之◎	兼常務委員	煤業同業公会	徳源号経理
趙静山	兼常務委員	下河塩業同業公会	永和堂経理
李卓如＊	兼常務委員	報関同業公会	天安経理
陳遠峰＊	兼総務科正主任	生薬参茸業同業公会	誠済堂経理
袁次明	兼総務科正主任	質業同業公会	福和押経理
黄詠珖	兼調査科正主任	米糠卸売同業公会	合利経理
陳鉄香	兼調査科副主任	肉業同業公会	永發経理
彭礎立◎	兼組織科正主任	新旧土洋雑木同業公会	怡盛福経理
黄日三＊	兼組織科副主任	糸業輸出同業公会	怡和興経理
梁郁才	兼宣伝科正主任	セメント業同業公会	広行経理
郭沢農＊	兼宣伝科正副主任	落花生胡麻雑穀同業公会	永益隆経理
熊少康	兼交際科正主任	華人捲タバコ業同業公会	南洋烟草公司経理
符沢生	兼交際科副主任	機器織布衣業同業公会	華興織造廠経理

注記　監察委員 7 名：馮暉臨（銀業同業公会），張鉄軍（米業同業公会），江仲雅（セメント業同業公会），王受之（粉麺茶菓子業同業公会），李福田（米業同業公会），何戊南＊（タングステン鉱業同業公会），馮陶侶（北江紙類雑貨卸売業同業組合）
◎は旧総商会役員，＊は旧総商会会董.
資料　『広州商業年鑑（民国 21 年）』（広州市商会，1933 年）＜統計＞ 1-3 頁より作成.

総商会を統率したリーダーたちの多くは、表6－3の通り、新たに発足した市商会においても継続して執行委員に名を連ねている。さらに、一旦没収され、商民協会が使用を願い出た[63]西瓜園にある商団公所（商団軍聯防総部）の返還を市政府に求めていることからも、商人団体の整理が事実上総商会を中心に行われたことは明白である。この継続性にこそ注意が払われるべきであり、南京国民政府はこの段階で広義の商民運動の取り込みに成功したことを意味する。

市商会の収支表を一九三二年八月の例（表6－4）でみてみると、市商会総収入の約三分の二は、中央および地方政府との密

表 6-4　広州市商会毎月収支報告表（1932 年 8 月）

収　入	費　目	支　出
292,409.64	先月繰越分	
76,562.55	路款代理受付	75,462.53
14,359.12	投価割当	13,288.37
638.80	各種代理	
441,063.46	各種予餉代理受付	441,063.46
	普通預金	76.20
765.63	路款取扱手数料	37.50
1,515.00	経常事務費	
5.00	税関登録費	
6,848.54	予餉取扱手数料	1,206.61
286.12	経費	
141.00	＊経常費	3,037.87
	＊臨時費	1,676.46
	翌月へ繰越	298,745.86
	合計	834,594.86

注記

＊1932 年 8 月分経常費使途の 75％は人件費，臨時費の 84％は会員大会費で占められる．

＊その他，別の月の収支報告では下記の費目が登場する．

1932 年 12 月以降　第 1 期航空義券事務代理手続費・航空義券代理販売収入
1933 年 4 月以降　商界対日経済絶交会・抗日宣伝費
1933 年 5 月以降　残教院寄付金募集費用
1933 年 6 月以降　国防債代理販売手続費・国防公債代理販売収入
1933 年 3 月のみ　市（中華国貨）展（覧）会有奨券手続費

資料「本会財務収支表（1932 年 3 月 31 日から 1933 年 6 月 30 日）」（『広州市商会収支報告附属表』ファイル，広州市檔案館 26-1-538）．

接な協力関係に基づいた、種々公債販売などの代理事務手数料からきていることがわかる。そして、経常費としての事務費は通常の会費収入（経常事務費）で充当されたが、不定期に事務費予備基本金が徴収されていた。たとえば、一九三三年六月の報告表に計上された事務費予備基本金の総額は五万六〇〇〇元。所属同業公会から等級別に徴収された基本金の負担割合は、銀行業・質業・下河塩業・銀業・生薬参茸業各一八〇〇元、米糠卸売業・落花生胡麻雑穀業・鮮菜成貨業一二〇〇元、先施公司・西堤大新公司九〇〇元ほか、下級飯店同業公会三〇〇元、旅店業二〇〇元などで、規模と実力に応じた同業公会による按分負担の実態がわかる。(64)

以上見てきたように、新しく成立した市商会においては、旧市商会や商民協会に参加した中小商人たちが、同業公会という中間組織に加入することを通じて、新しい市商会に参画する道が開かれた。それゆえに、国民政府時期の市商会は民国初期の寡頭支配的体質の総商会から、さまざまな階層の商人群を包括する民主的な組織へと変貌し、七十二行以来の伝統的商業組織をより近代的な形で統合するしくみを創ったといえるであろう。

逆にいうと、個人が商会に加入することを通じて商会の威を借り、政治的あるいは革命的投機行為をする道が閉ざされることとなった。商会は同時に公布された工商同業公会法に基づいて組織された同業公会を構成単位とした。党と政府の側から見れば、商民協会時期に顕著なように、商人組織がさまざまな政治活動の温床となることを未然に防止することができるわけである。これら一連の立法と施策により、国民党による商民指導の原則と運用のしくみが完成し、政府と商民との協力体制の地歩が固められたのである。

（2）広州市商会の機能および諸機関諸団体との関係

（a）中央および地方政府、国内各界との関係

国民政府下の広州市商会は、抗日救国のための募金と緊急支援を実施し(65)、航空特別分会の設置を政府に進言

して航空救国有奨義券（債）を販売し、地方政府に代わって築路（道路建設）費の募集に協力したのみならず、赤禍籌帳処を設置し、国民党の反共政策に対し協力を惜しまなかった。国公債の販売等による代理事務手続き収入が商会の経常運営を支える安定した来源であったことによってもその相互依存の関係が窺い知れる。そのほか、商会は中央銀行の紙幣の維持に協力し、日本に生糸業視察団を派遣して政府に提言し、中華国貨展覧会広東分会を会内に設置するなど、金融市場の安定や調査、勧業のほか、商事公断処（仲裁）委員会や建設委員会を組織するなど[66]、従来通りの商会機能を引き継いだことはいうまでもない。つまり、政府の経済・外交政策の実施に対応し、商会は政府と民間に介在する重要な仲介の要として従来以上の機能が与えられたのである。

商会と市政府や党との関係が強化されたことにより、各界諸団体との連携も進んだ。一九三一年一一月、市商会は市政府、および婦女提倡国貨会とともに提倡国貨委員会を組織し、その中核となって市国貨陳列館や国貨徴銷〔国産品促売〕場の運営に参加した[67]。また、一九三二年二月三日には、婦女救国会とともに各界に呼びかけ、各界救国募金委員会を成立させた[68]。

（b）海外諸団体との関係

ニューヨークやサンフランシスコ、南洋一帯の中華総商会と密接な関係を持ち、華僑の本国送金や慈善公益事業費受け入れの窓口としての機能を持ったことが、広州商務総会以来の特記すべき特徴であることは、自らも顧みて強調している通りである[69]。とりわけ、近隣の香港および澳門の中華総商会とは密接な兄弟関係にあった。通常純然たる海外の中華総商会は商務主管官庁に直属するほか、大使館・領事館を通して本国と繋がるが、植民地あるいは租借地としての港・澳両地の総商会は、中国政府にとっては広東省の管轄下にあった。一九一五年六月、農商部が商工業の振興奨励策として商会に勲章や扁額を授与した際、香港と澳門の中華総商会を広州、汕頭、佛山の総商会・商会と同列に扱い、広東巡按使に管轄させていた[70]。位置する地域社会の制度にこそ大きな相違はあるものの、省・港・澳三地の総商会は行政的にも同レベルのものとして扱われ、相互に緊密に繋がっていた。

同様に、華洋義賑会による華南地区への義捐活動においては、広州総商会がこれに全面的に協力し、香港の東華医院などと連携して東江（珠江支流）各地に農具や食料などを送り届けるなど[71]、広東一帯の僑郷を結ぶ社会的ネットワーク機能をいかんなく発揮している。

また、日中全面戦争に突入して以降、オーストラリアのニューサウスウェールズ州鳥修威中華総商会は広州市商会に、華北の炭鉱の多くが日本の手に落ち石炭が枯渇しているこのとき、外国から石炭を輸入する意志のある商民に対するメッセージとして、ニューキャッスルの石炭の入手について「抗戦前途のための助力」となることを期して、中華総商会が仲介に尽力することを申し出る手紙を出し、広州市商会はそれに即応している[72]。また、実業の提倡と民族の復興を主旨とする『新生路月刊』社から、「同胞の愛国観念を喚起」するために同月刊誌の宣伝を依頼された広州市商会は、この月刊誌への支援を求める手紙を安南、ビルマ、暹羅の中華総商会を通じ海外の各華僑系商社に送付している[73]。これらはつまり、救国支援の民間対外ネットワーク機能が広州陥落ぎりぎりまで健全に動いていた例といえる。

以上国民政府期以降の広州市商会のさまざまな側面を仔細に見てみると、決して「御用商会」と簡単にいいきってしまうような組織ではなかったことが明らかであろう。旧総商会時期と同様、この民間商人組織が相変わらず経費自弁という自助努力の原則のもとで運営を続け、さらに一九四六年の再結集の後[74]も海外各地に延びる独自の関係を基礎に活発に機能し続けたのである。

2　華南の商会・総商会と中華総商会

(1)　広東省の商会の分布

次に一九二九年商会法以後の広東省における商会の分布実態がどのようであったかを確認したい。清末民初の時期、広東省は江蘇・浙江などの長江デルタ地域と直隷省に次いで商会普及率の高い地域であったが、果たして一九二九年以降はどのようであったか。一九四七年に発行された『市商会周年特刊』で整理された各県各市鎮の商会総数によって計算すると、当時の広東省の商会は一八三にのぼり、商会がほぼ全県にわたって稠密に分布している[75]。

民国初期との相違点は、一つの県に五つも六つも商会が存在していることである。電白県では一〇の商会が確認できる。現在は広西自治区に属する西端の旧廉江府と海南島を除く、全省八〇の行政区域のうち、商会がない県はわずか五県、複数商会を擁する県は半分の四〇県となり、民国初期にも増して商会が広く分布し、機能していた。一九三八年にも微修正が加えられた一九二九年商会法ではあるが、いまひとつ重要な変更点は、一県一商会、多くても三商会までという一九一五年法における商会設立の規制を緩和した点であることに注目したい。つまり、一九二九年以降、鎮の設立意欲をそぐことなく、商会の設立を認可したということである。商民の活力を生かせる方針に転換したという点では、清末の商会行政に近い方針といえる。

(2)　他の華南地区総商会と中華総商会——厦門・汕頭・香港

厦門総商会[76]の場合、清末に官の機関として設置された移民事務を専管する「保商局」が、商務総会設立と同時に吸収統合された。厦門商務総会の規定には、総理・協理ほか商会議員二名と保商議員二名が役員の項（第二条）に明記され、商会総理が保商局長を兼任するとともに、「南洋出稼民の保護奨励等」が商会事務の一端となった。

潮州地区の経済の中心である汕頭の商務総会は、集成ギルドとして旧来より存在した万年豊会館が、一九〇五年に保商局（一八九九年設立）と合併して発足したもので[77]、厦門総商会と同様の設立経緯が認められる。保商局をルーツにもつ厦門や汕頭の総商会はいうまでもなく、当時華南の主な総商会や、華僑居仕地に設立された海外の中華総商会は、護照あるいは商照発行の業務を管掌していた。たとえば、前述した広州商務総会の創辦章程（第一七条）には、海外に商業調査に赴く商人に対する護照の代理申請の機能が明記されている。移民の出入国の管理や送金業務の代行や商人身分の保証など、さまざまなネットワーク機能が華南地区の商会の特徴であったことを確認しておく。

大量の移民を僑郷から南洋に送りだした送出港としての土地柄を反映し、海外の中華総商会との関係も広州市商会と同様、密接である。第二次大戦後直後には現地華僑の困窮状態を一刻も早く解決するために、シンガポール中華総商会は厦門総商会に対して、現地に供給できる医薬品と食糧の調査に関して調査員二名を派遣するに際し、その協力を依頼している。また、戦後二年を経過するも、経済秩序が安定に向かわない焦燥感を吐露したベトナム南圻中華総商会は、機関誌の復刊につき、厦門総商会に対して国内の経済動向や地方の近況、文化情報などの提供を依頼している[78]。

香港華商総会は初代総理劉鑄伯らが香港にある出身地別の商会を連合して創設したもので、各商会が保有する銀兩や権利書などを総会に持ち寄った一九一三年一月二二日をもって創立日としている[79]。その後農商部へ登録され、海外の中華総商会という商会法上の位置付けがなされた。が、中国国内から香港を見た場合、国内に準ずる扱いがなされていたことは前述の通りである。たとえば国民革命完遂ののちに展開された国貨展覧会の運動は、広州総商会を起点に東・西・南・北の四路に分かれて普及宣伝活動が繰り広げられたが、香港と澳門が中山（香山）県や海口県方面と一括して南路の宣伝対象となっていた[80]。繰り返し強調するが、香港華商総会は、領事や大使を通じて本国の商務主管官庁と繋がる、たとえば神戸や長崎などの外国にある中華総商会とは異なるのである。

香港華商総会が果たしたさまざまな対外ネットワーク機能の一端を示す具体的な事例を見てみよう。潮州人芸術家陳某がシンガポール経由で欧州に教育視察にでかけるに際し、香港の潮州八邑商会が香港華商総会に宛てた手紙には、シンガポール中華総商会会長宛に「よろしく頼むという」紹介状を書いて欲しい旨、香港華商商会会長に対して依頼する内容が記されている。(81) 広東人にとって香港そのものの機能がそうであるように、同郷会単位の商業組織（香港ではこれを〝商会〟と称した）から香港華商総会を通じて他地域の中華総商会へと繋がり、そこからさらに傘下の下位の華人同郷組織へと繋がる重要なネットワーク機能を有していたことがわかる。

3　国民政府下の「革命的商民」

前述の通り、一九三四年に出版された『広東商運沿革史』は、商民運動を四つの時期に分期し、第四の一九二六年以降を組織的商民運動の時期とし、一九三一年の市商会への改組を商民運動の成果として捉えつつも、われわれ商人は外からは洋商による経済的圧迫、内においては苛捐雑税に苦しみ、近年では労資間の紛糾、政府の公債募集などが、次々とわれわれ商人に向かって「進攻してくる」と表現している。(82) 彼らは諸手をあげて政府の協力要請に応じたわけでは決してない。それでは、商民はどのような原則と主義のもとで、官側の要求に譲歩し、協力する体制を取ったのか。つまり、新時代の国家建設事業に、どのようなテーゼのもとで動員されたのか。一九二八年から一九二九年頃の史料を使って見ていきたい。

一九二八年九月の広東全省商会代表大会で報告された李卓如(83)「商民運動與国際貿易(84)」は国際貿易を発展させ

るための注意点として、①華僑商会を組織して国内の商会と常に連携を保つこと、②各地の商会に調査部を設け、現地の商業状況を報告させること、③国外の商会に国貨展覧所を附設すること、④国内外の商会は内外の工場を紹介し、商店と連携を保つこと、⑤国外の商会は華商を代表して駐在地政府に対し商事訴訟と商事仲裁の請求をすること、⑥本国に採るべき商業政策を提案し、華商のための利益保護に尽くすこと、の六点を挙げ、国際貿易増進のために展開すべき商民運動の具体像を示している。ここで強調されるのは、国内の商会や総商会が海外の中華総商会と緊密な連絡を取り、製造業と連関させた国際貿易の促進の実を挙げることであった。

翌年鄧彦華「建設事業與商人之關係――在広東総商會第二次代表大会演辞[85]」は「新時代の新式商人」がどうあるべきかについて説明している。全社会の利益のために商業知識を充実させ、民生主義的建設事業に貢献すべきだという一般論に続き、「生産式」商業に注意するとともに、商人道徳を向上させ、救国運動に従事すべきことを強調する。さらに大商人には新興工業への投資を勧め、小商人には自身の技能の充実と国産品の販売拡大に注意するよう説得している。つまり、市商会成立直前の広州総商会に求められたものは、海外の商会との緊密な連携による国産品の製造とその販売促進という、「革命的建設」に貢献する具体的な「新式商人像」であった。

一方、解体直前の商民協会会員に向けて行った林翼中のスピーチ「どのようにして革命的商民となるか[86]」では、帝国主義の打倒と不平等条約の撤廃に革命的民衆が一致団結する必要が強調される。商民協会成立三年目にあたり、商民協会は過去の栄光の歴史を継承するとともに過ちを是正し、組織を厳密化しなければならないと説く。そして、さまざまな努力にもかかわらず、いまだに商民の処遇が改善されないのは、帝国主義の経済的侵略と不平等条約の存在がゆえといわざるをえないので、革命民衆の力を結集して帝国主義を打倒し、目的を達成しなければならない。中等商民たる商民協会の会員が着手すべきは、商民道徳と商業技能の向上、劣悪な商習慣の一掃である。本党の指導に従い、中華民族の精神を回復して国家と民族を愛し、利を分けるのでなく利を生じる「革命的商民」となれ、と結ぶ。このように、さまざまな具体的な「革命的商人」像が提示されていたのである。

むすび

本章ではひとつに、広州市をめぐる政治的混乱の影響を受け、来歴さまざまにして複雑な様相を示していた五つの商人団体が一九三一年二月に広州市商会と広東全省商会聯合会という二元的流れのなかに統合されていく経緯を明らかにした。そして、広州市商会の会員構成と収支決算表を点検することを通じ、市商会の機能を分類整理してみた。そこで浮かびあがる新しい商会像というのは、政府の公共的役割を部分的に負担する主体という姿である。

一方、本書の叙述を貫く法制への関心の重点は、一九二九年商会法にあった。一九二九年商会法はいくつかの点で一九一五年商会法と異なる。重要な変更点の一つは、会員代表資格に「反革命的行為の有る者」は代表になれないことが書きいれられたこと。この点は、党国体制の確立が商会法へ具体的に反映された事例と説明できる。第二点は、商店および商人単位の加入が基本であった一九一五年法と違い、一九二九年法では、ほぼ同時に公布された「工商同業公会法」とセットになり、個人加入の道を閉ざし、同業公会を商会加入の基本単位としたこと。第三の重要な変更点は、一県一商会、多くても二商会までという一九一五年法の規制を緩和し、商会の設立は自由裁量に任せたこと。国民政府が公布した一九二九年商会法は、以上の二点において旧法との大きな違いがあった。

一九二九年三月の国民党三全大会を経て商人団体組織案が決議され、紛糾が表面化した上海総商会と上海市商民協会はともに解散を余儀なくされ、上海市商会が誕生した。広州の商人組織も似通った経過をたどり、総商会、市商会、商民協会はすべて解散のうえ、一九三一年二月に新しく広州市商会が誕生した。市商会は、旧総商会のリーダーを中心に、新商会法を根拠に海外の華商商会(87)とも密接に繋がりながら、輸出入貿易のいっそうの振興が目指された。同時に、それぞれ在地の商人世界に安定的なシステムを用意するという、旧商会の機能は引き続き維持された。商事事件の仲裁や倒産事件発生時の公平かつ合理的な債権保全のメカニズムといった、商界自治システムの維持こそが地域商民にとって不可欠な部分であったからである。

国民政府のこの時期の課題とは、国産品の製造とその販路の拡大、さらに附随効果としての国力増強による外商勢力への反撃であった。その目的に向かい、国民政府は国内外の工商業者をナショナルな衝動によって動員しようとした。そのなかで、県商会、市商会、華商商会は、重要な役割を担ったのである。華僑の故郷としてゆえに共通の特色を持つ広州や厦門、汕頭などの華南の商会が、国民政府の新たな要請に応えてネットワーク機能を充分に発揮した実例を紹介するとともに、この点が華南地域の商会の特色であることを強調した。

さらに、華商紗廠聯合会や銀行公会など製造業者や金融資本家などによる独自の組織結集が進むのも一九一〇年代後半以降の顕著な現象である。香港においても香港華商総会とは別に、香港中華廠商聯合会(88)が一九三四年に結成され、国貨提唱運動に主体的に参画してゆく。日中全面戦争が開始されると、広州など国内の市商会ばかりでなく、香港華商総会も籌賑会を設立(一九三七年九月)して国内戦地の同胞を支援する(89)という旗印をいっそう明確にする。このようにしてナショナルな情緒は高揚し、暹羅やシンガポールの中華総商会もこの方向に同調し、抗日華商統一戦線形成への素地が形成されることとなる。

注

（1）多くの論文は邱捷『孫中山領導的革命運動與清末民初的広東』（広東人民出版社、一九九六年）に収められているほか、同氏の「民初広東的商人団体與社会動乱——以粤省商団為例」（第三届中国商業史会議［二〇〇〇年、香港］提出論文）や「商団事変再検討——従商人団体的角度」（経済組織與市場発展国際学術討論会提出論文）、香港商人までを視野に入れた呉倫霓霞・莫世祥の「粤港商人與民初革命運動」（『近代史研究』一九九三年五期）、広東の商団を扱った敖光旭「辛亥革命時期的広東商団」（「辛亥革命九十周年記念国際学術討論会（二〇〇一年、武漢）」提出論文）がある。海外の学者の研究に、Edward J. M. Rhoads, "Merchant Associations in Canton, 1985-1911", in Mark Elvin & G. William Skinner eds., *The Chinese City Between Two Worlds*, Stanford University Press, 1974 がある。

（2）塩出浩和「広東商団事件——第三次広州政権と市民的自治の分裂」（『東洋学報』八一巻三号、一九九九年）、三石善吉「商団事件と黄埔軍官学校の発展（その一）」（『筑波法政』八、一九八五年）、波多野善大「商団事件の背景——一九二四年における広州の現実」（『愛知学院大学文学部紀要』四、一九七四年）ほか、「広州商団事件——時代背景及起因之研究」（『中正嶺学術研究集刊』一四、一九九五年五月）等王肇宏氏の一連の研究がある。また、この時期の広州を扱った北村稔『第一次国共合作の研究』（岩波書店、一九九八年）、栃木利夫・坂野良吉『中国国民革命』（法政大学出版局、一九九八年）、深町英夫『近代中国における政党・社会・国家』（中央大学出版部、一九九九年）、横山宏章『孫中山の革命と政治指導』（研文出版、一九八七年）にも事件の背景に関する詳細な記述と分析がある。

（3）『広州市檔案館指南』（中国檔案出版社、一九九七年、一三五～一三六頁）によれば、一九二四年以降のものを中心に計七九七巻所蔵、とあるが、二〇年代に関しては印刷公刊された史料の断片が多く、商会内部の会議録などの第一次檔案類は一九三〇年代市商会以降のものに限られる。

（4）以下の叙述は「六十年広州社会稗史」（『広東七十二行商報二十五周年紀年号』一九三二年、三五～六四頁）、楊萬秀・鐘卓安主編『広州簡史』（広東人民出版社、一九九六年、三一七～三五一頁）に拠った。

（5）七十二行の数は、広東十三行などと同様、固定されたものではなく、同業組織の増加によって、変動がある。東亜同文会編『支那省別全誌（第一巻広東省）』（一九一七年、九七三～九八二頁）によると、一九一〇年代中頃では九〇余行の存在が確認される。

(6)『番禺県続志』（一九三一年、巻一二、実業志）三二頁。ただし、当時でさえ、総数は七十二行を下らず、無力のものは数に入れていないという。
(7) 粤商自治会の活動については張玉法『清季的立憲団体』（中央研究院近代史研究所専刊二八、一九七一年、三七五〜三七八頁）に詳細な記述と分析がある。
(8) 九善堂とは愛育、広済、広仁、恵行、明善、述善、潤身、方便、崇正の九堂（医院）を指す。広州の善堂に関しては、松田吉郎「清代後期広東広州府の倉庫と善堂」（『東洋学報』六九（一・二）、一九八八年）が詳しい。
(9) 前人「広州市商運沿革提要」（梁閬秋編『広東商運沿革史』一九三四年）五〜六頁。広東省図書館孫中山文献館所蔵。編者梁閬秋は一九二一年に孫文指導の下で成立した広東全省商会聯合会（本文図参照）の代表。梁自身の主張を記した「上全国商会代表大会意見書」などがある。
(10) 李恩涵「中美收回粤漢鐵路權交渉——晩清收回鐵路利權運動的研究之一」（中央研究院近代史研究所集刊、一、一九六九年八月）に詳しい。
(11)「羊城雑誌」『申報』一九〇五年一月三日。
(12)「代広州商務総会擬稟定創辦章程二十四条」（夏東元編『鄭観応集』下、上海人民出版社、一九八八年）五九三〜五九六頁。のち、章程一六条（同五九九〜六〇二頁）が新たに定められた。
(13) 左宗蕃らが粤督岑春煊を通じ商部に申請（『南海県誌』第六、建置）。各商号が準備金を負担し、一股洋銀一〇元、計二〇〇〇股を集めた。これらの資金は五つの善堂を通じ七十二行から収集して設立された（前掲『鄭観応集』下、五九九頁）。
(14) 前掲「広州市商運沿革提要」六頁。
(15) 塩出浩和は「市民的自治」という言葉を使い、この時期の在地商人たちと政府との関係を描いている（前掲「広東商団事件——第三次広州政権と市民的自治の分裂」ほか、「第二次広州政府期の広州市政——特に一九二一年の改革について」（『アジア発展研究』第一号、一九九二年）、「広東省における自治要求運動と県長民選一九二〇—一九二一年」（『アジア研究』三八（三）、一九九二年）、「第二次広州政府期（一九二〇〜二二年）の広東省議会と広東省憲法」（『アジア発展研究』第二号、一九九四年））。
(16)「関於商会改組之糾紛案」『中央政治会議広州分会月報』一二期（一九二八年一二月）一二九〜一三四頁、前掲「広州市商運沿革提要」六頁。
(17) 一九二四年、当局は再度舗底（店舗価値）の二割にあたる店舗税の徴収と、道路両側商店の舗底権の消滅を定めようとした。

(18)「広州市市商会沿革及工作概況」(広州総市両商会合編『広東商業年鑑』一九三一年)二〜四頁。商団事件の詳細については香港華字日報編『広東扣械潮』(一九二四年冬)(存萃学社編集『一九二四年広州商団事件』中国近代史資料分類彙編之七、崇文書店、一九七四年、所収)がある。

(19) 国民党は初め、秘書処のほか、組織、宣伝、調査、軍事、工人、農民、青年、婦女の八部を置き、のち実業部(商民部と改称、伍朝枢部長)と海外部を増設し、一〇部体制をとった。この時期の工人、農民、青年、婦女、商民部の原史料を集めたものが中国国民党党史史料編纂委員会の五部檔案である。

(20)「中国国民党党立商民運動講習所章程」中央党史史料編纂委員会庫蔵史料『五部檔案』商民部二〇三七。全七条からなる章程によると、修学期間三ヵ月、定員は四〇名であった。

(21) 黄紹年編『中国国民党商民運動経過』(原本一九二七年発行、近代中国資料叢刊三編第六〇輯五九一、文海出版、一九九〇年。一九二七年七月長江流域商民代表大会席上での報告冊子で、武漢国民党中央商民部所属の三民公司から一九二八年に再版されたものの復刻)一二〜一三頁。

(22)『中國國民党第一・二次全国代表大會會議史料(上)』(中国第二歴史檔案館編、江蘇古籍出版社、一九八六年)三八八〜三九三頁。

(23)「中央商民部致広東商民協会函(一九二六年三月二五日、開列本部直接派員組織之各地商民協会会員人数)」『五部檔案』商民部〇八五四。内訳は広州市三九九人、広州市南郊八六人、中山県四一九一人、中山県小杭一六三人、宝安県深圳六六人、番禺新洲一〇三人。

(24) 前掲「広州市商運沿革提要」七頁。

(25) 上海および武漢の商民協会運動の詳細は金子肇氏の研究「商民協会と中国国民党(一九二七-一九三〇)」(『歴史学研究』五九八号、一九八九年)、「武漢における商民運動と国共合作――商民運動の動向を中心に」(『下関市立大学論集』第三四巻第一号、一九九〇年)がある。中国では張亦工「商民協会初探」(『歴史研究』一九九二年三期)が初めて商民協会について論じ、近年本格的な研究として馮筱才『北伐前後的商民運動(一九二四-一九三〇)』(台湾商務印書館、二〇〇四年)が出た。

(26) 前掲黄詔年『中国国民党商民運動経過』三三〜三五頁。ただし、これは一九二七年七月までの数字。

(27) 前掲「広州市商運沿革提要」(『広東商運沿革史』一九三四年)七頁。

(28)「中国国民党第二次全国代表大会商民運動決議案」。全文は前掲黄紹年『中国国民党商民運動経過』(三七〜五二頁)にも掲載されている。

(29) 同右、一〇頁。

(30)「中央商民部致海外部函（一九二六年八月二三日、調査海外華僑商会地址）」『五部檔案』商民部二二五九。
(31)「広東全省商民協会籌備処上中執会函（一九二六年四月三日）」『五部檔案』商民部二二六九。
(32)五〇〇元を請求したが、実際三〇〇元の支援が得られた（「関於捐助広東全省商民協会籌備処経費」第二歴史檔案館『広州国民政府檔案』ファイル 19-069）。四月一五日に請求した時点で、すでに四〇余の商民協会と数万人を下らない会員の存在が報告されている。
(33)『広州民国日報』一九二六年五月二一日～二六日に関連記事が連載。
(34)前掲『中国国民党商民運動経過』一八頁。
(35)前掲『中国国民党商民運動経過』二〇頁。
(36)「全省商民協会代表祭黄花崗」、「中央商民部省商民部宴全省商民協会代表」『広州民国日報』一九二六年五月二四日。
(37)劉帆声「短剣」『広東商民』第一期（広東省党部商民部機関誌、広東省檔案館所蔵。『広州民国日報』一九二七年一月一一日の新聞に現物とは若干異なる目録の広告が掲載されているので、一九二七年初め頃の出版と推定される）四頁。
(38)商民部部長宋子文が順徳県執行委員会商民部に宛てた「函復順徳県党部商民部報告該県商民運動情形（一九二六年五月四日）」（「希注意不良份子参加組織商民協会、並随時報告運動情形」『五部檔案』商民部 0288）では、「工賊」薛臻が商民協会の組織化を請け負ってよからぬ結果を招いているので、注意するようにという指示がなされている。
(39)「中央商民部致広東商民協会函――請制止順徳商民協会籌備大良市商民協会（六月一六日）」（『五部檔案』商民部 0871）、「広東商民協会呈中央商民部（部長宋子文）函――呈復順徳県商民協会前奉本部命令停止職権、今後如何辦理、請為核示（一〇月二八日）」（同右、商民部 0897）。
(40)「順徳商民協会水藤分会呈中央商民部函――請解散陳国強等組織之偽水藤分会、並懲辦禍首（一一月一〇日）」同右、商民部 0904。
(41)「中央商民部致広東商民協会函――請解散陸豊県商民協会碣石分会（一九二六年八月一八日）」同右、商民部 0889。
(42)「本部工作」『広東商民』第一期、二二～二五頁。
(43)「各地商民運動情況――各地商民協会工作報告」『広東商民』第一期、二五～二六頁。
(44)会長余仁舟、指導員は共産党員の呉漢。中山市地方志編纂委員会『中山市史』上（広東人民出版社、一九九七年）三〇六頁。この史料によると、商民協会成立は一九二四年のこと、とある。
(45)「江門市工商聯簡史」（江門市政協文史資料研究委員会編『江門文史』一九輯、一九九〇年一月）四～五頁。
(46)福建省龍渓県石碼鎮商会の場合、国民党軍が福建入りした直後旧商会は自然解体し、一九二七年に商民協会を組織したが、二年後に商民協会は整理解散され、一九三〇年一月、商会名称を回復するための準備委員会が設立された（『石碼鎮商会概況』一九四八年一一月、二頁)。

(47) 以上の呈文は「広東及南洋各地商会及商民協会成立及改選(一九二五年九月－一九二六年一一月)」(第二歴史檔案館『広州国民政府檔案』ファイル 19-139)に拠る。曲江県商会正副会長劉瑞庭、劉鴻勲による呈文は、工会が各機関に対して公函を使用している現状を指摘し、同じく国民政府に所属する商会にその権利が等しく与えられないのはおかしい、という理由を挙げる。

(48) 「呈請令飭広東省政府於該会出席委員人数未得到平等之先勿予改除雑捐研究会備案(九月一一日、広州市商民協会正会長蔣寿石の国民政府への呈文)」前掲『広州国民政府檔案』ファイル 19-139 所収。

(49) この間のいきさつについては金子肇「上海資本家階級と国民党政治(一九二七－二九)――馮少山追放の政治史的意義」(『史学研究』一七六号、一九八七年)に詳しい。

(50) 天津市檔案館、天津社会科学院歴史研究所、天津市工商業聯合会『天津商会檔案彙編一九二八－一九三七(上)』(天津人民出版社、一九九八年)五二四～五二八頁。

(51) 五五県九〇余の商会、一七〇余人が参加した(劉維文「対於全省商会代表大会閉幕後之感想」『商業特刊』広東全省商会代表大会大事記、一九二八年九月、一四頁)。

(52) 前掲梁閬秋「上全国商会代表大会意見書」一四～一五頁。

(53) 「関於商会改組之紛糾案」『中央政治会議広州分会月報』一三期(一九二八年一二月三一日)一二九～一三四頁。

(54) 「各省市商民協会及党部要求取消商会及統一商民組織函電彙編」(前掲『天津商会檔案彙編　一九二八－一九三七(上)』四六一～四七一頁、「維護商会生存権」(同四七三～五一一頁)。当時国内二〇〇〇商会に海外二〇〇商会が存在していた、と自称している。

(55) 同右、五一一～五一四頁。整理委員会主席は寧波幇の虞洽卿。この間の事情については拙著『虞洽卿について』(京都大学人文科学研究所共同研究報告『五四運動の研究』第二函第五分冊、同朋舎、一九八三年)七七～七九頁に詳しい。

(56) 「工商部為厳密協緝馮少山等給津商会訓令」前掲『天津商会檔案彙編』五四二頁。

(57) 上海における商人団体の再編については小浜正子「党－国家の下の上海――都市社会の再編」(『近代上海の公共性と国家』研文出版、二〇〇〇年)が詳しい。総商会、各馬路ごとの中小商人による平民商会(各馬路商界聯合会)、そして国民党の工作によって組織された商民協会という三つの流れが存在した点は、広州と上海の両者に共通する現象である。

(58) 総商会は鄒殿邦、何戊南、趙静山、李卓如、江国琛を選出。市商会は譚棣池、李紹舒、沈志澄を選出。商民協会は劉陰孫、趙燮辰、区瑞南を選出した(「十九年広東商業大事記」前掲『広東商業年鑑』四～五頁)。

(59) 「広東広州総商会沿革及工作概況」(広州総市両商会合編・広州市商会発行『商業年鑑』、一九三一年)。

(60) 何輯屏「前言」『広州市商会週年特刊』（一九四七年九月）一頁。
(61) 「商会法（民国一八年八月一五日国民政府公布）」（『東方雑誌』第二六巻第一五号）一一八～一二〇頁。
(62) 「広州市戸数及人口総数」、「広州市各区男女商人人数統計」（『広州年鑑』第四、人口、四、一九三五年一二月）一二頁。
(63) 「広東全省商民協会籌備処上中執会函——請准指撥西瓜園旧商団総所地址、為省商民協会址（一九二六年四月三日）」『五部檔案』商民部 2269。
(64) 「本会財務収支表（一九三三年六月）」（『広州市商会収支報告付属表』ファイル、広州市檔案館 26-1-538）。
(65) 一九三二年一月三〇日、上海事変の勃発に即応し、市商会傘下の各同業公会を召集して外交緊急会議を開催。三一日、十九路軍に対し二〇万元を緊急送金する。二日後、婦女救国会とともに救国籌款委員会を組織する　「二十一年広州商業大事綱鑑」『広州商業年鑑（民国廿一年）』広州市商会、一九三三年六月、二頁）。
(66) 前掲「広東広州総商会沿革及工作概況」一～二頁。
(67) 「組織提倡国貨委員会」（前掲『広州年鑑』第十経済）五四～五六頁。初めは市商会五名、市政府各局から計五名、婦女提倡国貨会一名の一一名で組織。三三年七月の改組ののち、社会局二名、市商会二名、婦女提倡国貨会一名に公安局と市党部各一名の七名によって組織される。
(68) 前掲「二十一年広州商業大事綱鑑」二頁。
(69) 前掲「広東広州総商会沿革及工作概況」一頁、広東省商業庁『広東商業誌（上）』一九九二年、五五頁。
(70) 「広東巡按使公署咨陳第三百二十四号」広東巡按使公署『広東公報』八八七号、一九一五年六月二八日。
(71) 「本会会務」『商業特刊』（広東省商会代表大会大事記、一九二八年）。
(72) 「関於各機関団体請会介紹」ファイル（広州市檔案館 26-1-468）所収。一九三八年七月七日から八月初旬にかけての鳥修威中華総商会、広州市商会、媒炭公会間の往復書函。
(73) 同右ファイル所収、一九三八年九月一八日と二四日の、新生路月刊社から広州市商会宛の書函と広川市商会から南洋各地の華僑商社宛の書函。
(74) 戦後の広州市商会を扱った論文に楊茂玲「戦後広州市商会研究（一九四六－一九四九）」暨南大学二〇〇六年修士論文がある。
(75) 「広東全省各県市鎮商会調査登記表」『市商会周年特刊』（市商会、一九四七年）付録九頁。
(76) 「厦門商務総会ニ関シ取調報告ノ件（明治四三年三月一二日）」、外務省外交史料館所蔵『各国商業会議所関係雑件（支那ノ部）』（ファイル 3-3-5-4）。
(77) 汕頭市民建会、工商聯工商史料工作委員会編纂『汕頭市工商業聯合会志』（一九八九年）一頁。

(78)「新加坡中華商会関於派員来厦調査南運物資致本会函（一九四五年一二月一八日）」、「越南南圻中華総商会請賜信息致商会函（一九四七年七月二八日）」前掲『厦門商会檔案資料選編』四六七、四七一～四七二頁。

(79)「本会二十週年紀念会盛況」『香港華商総会月刊』第一巻第一期（一九三四年四月一日）。

(80)「国貨展覧広東分会成立之進行――推定委員一九人、設立両股五組、派出東西南北四江勧徴員、勧導出品依限運展展覧」『広州民国日報』一九二八年九月二五日。

(81)「香港華商総会公函（民国二三年二月二八日）」『香港華商総会月刊』第一巻第一期（一九三四年四月）〈本会会務紀要〉七六頁。

(82) 前掲『広東商運沿革史』七頁。

(83) 広州市商会第一届執行委員兼常務委員。報関同業公会代表。天安経理。

(84) 李卓如「商民運動與国際貿易」『商業特刊』（広東全省商会代表大会大事記、一九二八年）九～一〇頁。

(85)『広東建設』第四巻第七～八期（一九二九年九月一五日）二三～三〇頁。鄧彦華（三水人）は当時広東省政府委員兼建設庁長（広東省中山図書館『広東近現代人物詞典』広東科技出版社、一九九二年、四一頁）。

(86) 林翼中講「怎様去做革命的商民」（市商民協会第三届執監委員就職演講）（『党声旬刊』第一四期、広州特別市党部執行委員会編印、一九二八年一〇月二一日）二三～二五頁。林翼中（合浦人）は当時広東省政府委員兼民生庁長、市党部指導委員会常務委員、党部執行委員兼宣伝部部長（前掲『広東近現代人物詞典』二三〇頁）。

(87) 一九三〇年七月公布の新商会法施行細則第四一条は、従来海外にある中華総商会を華商商会と改称することを規定したが、必ずしもすべての中華総商会がこの規定に従ったわけではない。

(88) 一九三三年九月、前身の僑港国貨廠商聯合会が発足。翌年九月に改名して正式に成立。香港製工業製品の中国国内向け販売に協力する組織（『香港中華廠商聯合会史略』新厦開幕慶典特刊、一九六四年、二二頁）。

(89)「会史」『香港中華総商会九十週年特刊』一九九五年、四六～五一頁。

第七章　海外中華総商会の機能と役割

2007 年第 9 回世界華商大会（神戸・大阪）
指定ロゴ（2007・九・日・中・和を示す）

はじめに

　これまで論じてきた通り、総商会・商会・分（事務）所という等級性があり、全国商会聯合会が速やかに組織され、完備されたメカニズムが整っている点が中国の商会制度の特色である。しかしながら、欧米や日本の商業会議所と比較した場合に、海外に向かうネットワークの広がりとその強靭なしなやかさがもっとも主要な特徴として析出することができるであろう。本章の課題は、法律と規約を通して中華総商会のネットワークの機能をさらに詳細に分析することにある。

　異なる政治的社会的環境のもとで形成されてきた各地の華僑社会は、とりわけそれぞれの国の外国人管理制度や宗教政策などの違いにより、各々固有の顔をもつ。一方で、華僑社会には共通点も存在する。同じ本国法によって規定され、運営された商会制度の存在は、華僑社会に共通の社会基盤を提供し、それらを繋ぐ役割を果たしてきた。中国の商会は完全な官制組織でもなく、純粋な民間組織でもない。商会制度は官の側からいえば、商務主管官庁を頂点に上から下への社会統合を輔ける統治のしくみとして機能する側面をもっている。と同時に、全国商会聯合会それ自体は商会に加入する工商業者が一致団結する自己統合のメカニズムを創出し、時に政府に対する圧力団体ともなりうる一面をもっていた。

　本章では第一節で法制度の面から商会と中華総商会の変遷についてその要点を振り返って整理し、次に『華商聯合（会）報』[1]、『商務官報』[2]、『中国実業雑誌』[3]などの記事を精査することによって、世界各地の中華総商会の成立背景と変遷の経緯とについて分析と考察を行うこととしたい。そのうえで、中華総商会特有の機能に焦点を当て、最後に、海外のいくつかの中華総商会の規約（章程）の変化を分析することを通じ、辛亥革命前夜から一九二〇年代末にいたる中国の商会法が、華僑社会に対して及ぼしたであろう本国法の強制力と効力の問題についても論じたい。

第一節　商会制度の外延

1　一九〇四年『商会簡明章程』と一九一五年『商会法』

国内各地の商会は一九〇四年の商会簡明章程公布ののち成立ラッシュが始まった。海外に居留する華商もまたこの章程の第二六款に従い、華商が集中して居住するまちに商会を続々と成立していった。章程は、上海、漢口、広州などの商業がもっとも盛んな地区に商務総会を設立し、これに次ぐ県城や大きな鎮に商務分会を、海外の商業都市にも総会や分会を設立するように規定した。「商会は情勢に応じて広めなければならない。南洋各地と日本やアメリカで、華商が多いところには総会分会を設立すべきである」と明文化されている。[4]　輻輳する商会全体のネットワークにおいて、その初期の形成時から海外の中華総商会はその外延の主要な部分として位置づけられていた。中華民国成立後、政府が初めて公布した一九一四年九月の商会法（三章六〇条からなる）[5]に対して強烈な抗議を行い、論戦を展開した結果、政府原案に全面修正を迫り一九一五年一二月に修正法（九章四三条）[6]を公布させるに至ったことは前述の通りである。この修正商会法は国民政府が一九二九年八月に新たに商会法を公布するまで効力を発揮し、全国各鎮と海外華僑の集住地にしっかりと浸透した。北京政府のこの商会法は清末の商会簡明章程に規定した商務総会の名称を総商会、商務分会の名称を商会と改め、海外の商務総分会はこれにより、正式に中華総商会と改称されたのである。

繰り返しになるが、一九一四年商会法が大幅に改訂された点は三つある。第一点は、一四年法は清末の章程にあった商務総会と商務分会の違いをなくし、「商会」という文言だけを条文に入れていたが、修正後の一五年商会法第一条は「本法の所謂商会とは総商会及び商会を指す」とし、第二条で「総商会と商会は均しく法人とする」となり、総商会を復活させた。第二点は、一四年法の第三章（第三九条から第五七条）にあった「各省商会聯合会」の条文すべてが一五年法からは削除され、一五年法では一四年法に書き入れられなかった「全国商会聯合会」に関して、第四一条でとくに「総商会と商会は連合して全国商会聯合会を組織することができ、全国商会聯合会は事務所を設けることができる」という独立した項目を立てることとなった。第三点は、一四年法は一県につき一商会しか設立できないと規定していたが、一五年法では一県につき二会の設立を認め、二つの行政地域にまたがる跨地域鎮には第三の商会を設立できること（第四条）を認めた。

換言すると、農商部は政府の意図する上から下への部―省―県の行政系統の貫徹を実現するために、商会システムの側にもこの方針の貫徹を求め、各省に商会聯合会の設置を強要した。しかし、民間団体としてのプライドをもつ商会のリーダーたちは政府によるこの種の統一管理体制を嫌い、古い時代の総商会名義の温存を図り、旧王朝政府が頒布した「関防」による政府公印の形式を回復することを願った。こうして、総商会と海外の中華総商会は一般の下位の商会とは異なり、関防の使用によって、中央政府の農商部と直接交渉する権利を確保し、地方行政長官や、総領事など、地位対等の官署とは「公函」の形式を用いた公文書のやりとりが継続できた。たとえば江蘇省のように、すでに上海、南京、蘇州、通崇海泰という四つの実力を備えた商務総会を持つ省では、どのようにいずれの場所に江蘇省商会聯合会の中心組織をもってくるべきか。彼らにとってはいかにも解決のしようのない難題であった。ましてや、それ以外の総商会にとってみれば、いずれかにたった一ヵ所のみときめられた省商会聯合会が設置されれば、自らの発言権の低下を招きかねない。それゆえに、省商会聯合会規定を撤廃すると同時に、政府に対して全国商会聯合会の合法性を主張して、それを勝ち取ったことは、民間工商業者が政府に対して繰り広げた運動のなかでも最も大きな成果といえるものであった。全国商会聯合会はこれにより、独自の常設総事務所をもつ実力を備えた合法的な社会団体となって立ち現れたのである。つまり、省商会聯合会の存廃問題と全国商会聯合会の扱いの問題は密接に関連したものであった。

一九一五年法は客観的にみて、官の側が商民の側の要求に対して最大限度の譲歩を行った結果の産物であるとみられる。しかし、官の側が商会を通じて工商業者を管理しようとした意図が完全に挫折したわけではない。商会法は一県に多くとも三つの商会の設立を許可したとはいえ、この法律の主要な着眼点は鎮単位で独自に活動を展開していた無数の商会の骨抜きと弱体化にあった。中小市鎮の商会は、県商会の基層組織としての商会分事務所（商会法第四三条）として再編されることを余儀なくされ、商会システムは商務行政の統一と簡素化に寄与するよう要請された。一五年商会法の改訂は、国内の実力ある総商会と海外の中華総商会レベルの商界リーダーには有利に働いたが、下層の小さな商会にとっては、時に自身の力量を削ぐ結果を招来したのである。

2　一九一五年商会法の条文に規定された海外商会

修正のうえ公布された一九一五年の中華民国商会法は、国内各地に総商会と商会を組織するが、その会員資格は当該地域に住む中華民国男子に限る（商会法第六条）とするとともに、海外に立地する商会に関する条文については、施行細則に組み入れる措置を行った。一九一六年二月に公布された商会法施行細則によれば、かつて清朝の命に従って組織された海外の商務総会はすべて中華総商会（施行細則第一六条）と改称し、中華民国政府は「中華総商会」という刻印のある新しい「関防」を改めて頒布する（施行細則第一八条）ことを定め、中華総商会には当該地域における社会的信用を引き続き維持することを可能にさせた。しかも中華総商会は公使級に対して「稟」を使用するほか、総領事以下各級の官署に対してはすべて同等の権限をもつ「公函」形式の公文書を使用すること（同第一七条）を定めた。この法律上の規定により、中華総商会は華僑社会において、総領事、領事と同等の権威をもつ、合法的民間団体の地位を確保したのである。

中華民国商会法により、全国商会聯合会も正式な法定団体となった。全国商会聯合会は、一九〇七年に組織することが発案されたが実現には至らなかった華商聯合会に求められた機能を引き継ぐこととなった。清朝晩年に情報伝達機能とそのネットワークによる相互認知機能によって強化された華僑の民族主義は、中華民国政府の成立により、再び情緒の高揚期を迎えることとなった。

一部の海外の中華総商会においては、中華民国新政府の農商部に再登録を行わなかったようであるが、総じていうと、海外の中華総商会は新政府の命令に従った。ほとんどの商会は新政府の商会法に則って規約を改め、順次正式に登録申請を行っている。一九二二年の第七次農商部統計（一九一八年までの数字を収めている）に掲載されている「外洋各埠中華商会詳表」は、それまでに登録された五八ヵ所の海外の中華総商会が列挙されている。(7)

海外の総商会は全国商会聯合会の正式会員として代表を派遣できることになっており、現に二年に一度開催された大会と臨時大会には毎回代表が派遣されている。しかも、会長選挙をはじめ、重要な意思決定の際には、この全国規模の商会組織において、海外代表も一定の権利が担保されていた。(8) 一九二〇年代末において国内に二千ヵ所、国外には二〇〇ヵ所もの商会が存在したとされる。(9)

3　一九二九年商会法

一九二九年八月に南京国民政府が公布した商会法は、北京政府が推進し、社会の基層に浸透した旧商会法に大幅な変更を加えた。入会単位を（同業）公会会員および商店会員（第二条）と規定し、工商業者による同業公会への組織化が促され、個々の商人はなるべく公会経由で商会に参加させることとした。海外の中華総商会に関する部分についていえば、海外の商会は一律「旅外華商商会」と称し、これに関する条文を商会法本文第四一条に組み入れた。しかし、商会法総則第二条は「商会を法人」とする、と規定した。つまり、「総」の字は法律本文から完全に消え去り、これ以後、「総商会」という名称は使用することができなくなった。官の側が一九一四年商会法で提示したが商会側によって拒否された、各省ごとの「省商会聯合会」の設立や、総商会名義を取り消して一律商会名義に統一するといった諸点は、一九二九年商会法によって復活し、実現したのである。一方、行政地区の名称変更に伴い、「市商会」、「県商会」といった区別が出現した。

一九二九年商会法における重要な変更は会員資格の条文にみられる。公権を剝奪された者、破産宣告を受けた者、行為能力のない者のほか、商会会員の代表として不適格な者の説明を加えた条文のなかに、「反革命的行為の有る者」が書き加えられた[10]。このことは、「党国体制」下における国民政府の商民コントロールの方式が商会法に反映されたものとみられる。このように、国民党は海外党務を含めた党務の展開に関わる基本的な戦略として、反革命の商民を排除する目的で商会法や同業公会法の整備を進めたのである。

以下では、まずは海外各地における商会の成立とその改組の状況について分析を加えて簡単な比較を行い、次に中国の商会法が異なる地の華僑社会においてどのようにその効力を発揮したのかについてみていくこととする。

第二節　環太平洋地区の華僑社会と総商会成立の経緯

1　概説

一九世紀の後半期、清朝政府は長期にわたって実施してきた海禁政策を実質的に放棄した。このことが華僑の新たな大量出国の契機となる。とりわけ南洋一帯では、場所によっては数百年にわたって華僑社会が逐次形成されていたところに、葡、西、英、蘭、仏などの植民地政府側の労働力需要と、供給側中国の一般民衆の出国熱があいまって、福建、広東、海南島などの地区からいわゆる「新客」と称される新移民が改めて南洋に赴いた。こうして、現地生まれの「土生華人（＝旧客）」に加え、客家、広東人、福建人、海南人、潮州人を中心とする「幇」別集団が増強された。

マレー半島では、現地女性との通婚によって生まれた華人男女をそれぞれババ（Baba）、ニョニャ（Nyonya）と称し、彼らは独特の融合文化を保持した。また、現地生まれの華人はマレー語や英語を操ることができたことで、さまざまな領域で仲介的な役割を担うグループに成長していた。福建人を中心に中国系移民の歴史が古いジャワ島では、現地生まれの華人はプラナカン（＝土生華人、Peranakan）と称され、一九世紀後半期に大量に移民してきたトトク（Totok）またはマレーと同様、シンケ（新客）と呼ばれた新移民とは区別された。オランダ植民地当局はこれらの「東方からの外来人」を分断統治の方式で管理した。仏領ベトナムでは、数世代前からこの地に住み着いた華人はミンフォン「明郷（香）人」と称され、辮髪スタイルの新来の清国人とは区別し、前者を優遇した。明郷人のなかには政界で活躍するに至る者も出現する。

この間の変動状況を具体例で説明すると、マレー半島南端のシンガポールでは一八二四年に一万程度であった華人人口が、一九一一年には三〇万人余りに増加している。一八世紀には一万人に満たなかったフィリピンの華人人口は、アメリカが統治を開始した一八九八年には一〇万人にまで増加していた。[11]

一九世紀末から二〇世紀への交代時には、新移民の激増現象と清末の民族主義勃興の影響を受け、現地生まれの華人にまで華僑（中国人）としての帰属意識が強まった。雨後の竹の子のように出現した華文学校の林立現象はこの間の事情をもっともよく示している。たとえばジャワ島のバタビア（ジャカルタ）では、一九〇〇年に四大華人グループ（土生華人、福建幇、広東幇、客家幇）の共同歩調のもとで中華会館が設立された。その趣旨は「孔教を尊重することによって、わが中華の礼節と言語文字を導入することを目的とする」とある。[12]一九〇一年に中華会館が第一校目の中華学堂を設立してのち、華文学校は年々増加の一途をたどった。これらの学校は過去の伝統を打ち破り、北京語を基準とする北方言語をもって教育言語とし、それまでの方言による寺子屋方式の伝統教育に取って代わった。早くも一九〇八年には、蘭領東インド地域には七五ヵ所もの新式の華文学校が設立されていた。

同時期に、程度と規模の差こそあれ、華僑は環太平洋地域のその他の国家や地域にも進出していった。一八四八年以後、アメリカカリフォルニア州とオーストラリア、次いでカナダでゴールドラッシュが起こり、多くの中国人労働者が二つの新大陸に渡った。[13]また、ほぼ同時期から、中米や南米などのプランテーション地域にもアフリカ黒人奴隷に代わる新たな契約移民として大量の労働者が太平洋を渡り、もともと華僑社会が存在しなかったサンフランシスコ（旧金山）やメルボルン（新金山）、キューバ（古巴）などの地に定住していった。[14]一八五〇年のアメリカ華僑の人数は七二五人であったが、一九〇〇年には一一万八千余りに増加する。同年のハワイ王国の華僑人口は七一人から同じく一九〇〇年の二万一千人余りに急増している。また、一八六〇年にはキューバ島一島だけですでに三万四千人余りの華人がいたとされる[15]。

一方、日本は一八五九年に外国人への開港に踏み切り、一八八二年には朝鮮政府も清国人に対して通商開港場を開放した。居留地が設けられた日本の開港都市には商人と雑業層を中心に華僑社会が形成される[16]。厳しい外国人入国管理政策のもとでありながら、日本の華僑人口も一九〇五年には一万人を突破するに至った。

このように、一九世紀の後半は、国際貿易と国際間の人流の総和と質が大きな変動を見せた時期である。アジア間貿易[17]の始動による商業移民と、安全な定期航路就航による大洋を渡る労働力移民がこの時期の主要な特色であった。

一九〇八（光緒三四）年夏、中国華商銀行上海団が南洋に向けて遊説にでかけた当時、小呂宋（光緒三一［一九〇五］年旧暦六月成立［以下同様旧暦月］、Manila）、新嘉坡（同三二年一〇月 Singapore）、長崎（三二年五月 Nagasaki）、巴達維亜（三二年一一月 Batavia）、檳榔嶼（三二年一二月 Penang）、泗水（三三年五月 Surabaya）、三宝壟（三三年五月 Semarang）、日惹（三三年五月 Yogyakarta）、坤甸（三三年九月 Pontianak）、雪蘭莪（三三年九月 Selangor）、梭羅（三三年九月 Solo）、緬甸（三三年一一月 Yangon）、峇厘（三三年一二月 Bali）、渤良安（三四年四月 Priangan）、望加錫（三四年四月 Makassar）、海参崴（三四年六月 Vladivostok）、安班瀾（三四年七月 Ampenan）中華商務総会がすでに成立していた[18]。一七ヵ所のうち、一〇ヵ所の中華商務総会が蘭領東インド地区に集中している。国籍と帰属の問題が華僑の民族主義を刺激していたというこの地域の特殊な背景を反映していることは前述の通りである。

商会簡明章程公布の翌一九〇五年から一九一五年の一一年間に、少なくとも合計五八ヵ所の中華商務総会が成立しているが、一九一〇年には一年で合計一一の中華商務総会が設立された。その直前の二年をあわせると、一九〇八年から一九一〇年で合計二六ヵ所が設立されている。神戸、大阪、横浜の中華商務総会もこの時期の成立である。つまり、この時期は海外の中華商務総会設立の第一のピーク時であり、同時に商会全体のネットワークに、いっそうの充実が図られた時期であるということができる。以下に、この時期までに成立した各地の中華商務総会を中心に取り上げ、その成立の背景を分析することとしたい。

2　英領マラヤ

英領マラヤのセランゴール（Selangor　雪蘭莪）では一九〇五年に同志を集めて商局が創設された。商会簡明章程に基づき一九〇七年正式に雪蘭莪中華商務総会として農工商部の認可を得て登録された。この地はもともとマレー人の支配地であったところがイギリスの管理下に入った。セランゴール州管轄下の町は四〇余りあり、華僑は各地に散在していた。農業、工業、商業に従事する者が多く、「商会の設立なくしては人々が連携するすべがなく」、商会の設立に至ったとされている。(19)

英領下ペラ（Perak　霹靂）州ももとは独立した王国であったが、海賊の略奪に苦しめられ、イギリスの保護下に入った。華僑はこの地の鉱山採掘で利益をあげるが、一貫して「福建・広東の二幇が対立し、些細なことでもにらみ合い、宿敵視する」傾向にあった。そのため、「速やかに商会を設立しなければ、対立し合う幇同士のしこりを取り除き、気持ちを一致団結することはできない」とコミュニティのリーダーたちは考えた。こうして、霹靂中華商務総会が「以化畛域而聯声気〔分け隔てをなくし、気持ちを一致団結させる〕」の八文字を実践するために、宣統元（一九〇九）年閏二月に設立された。(20)この件を報道した華商聯合報の記者は、この八文字の含意について論評を加え、このことが「商会の最大の責務である」と説明している

シンガポールは英領海峡植民地のなかで最も重要な都市であり、一八七七年に中国が海外で最も早く領事を設置した場所である。当時清朝政府は現地の華僑の求めに応じ、領事設置交渉をイギリス当局との間で進めた結果、第一代領事は現地の華商である胡璇澤が就任し、給与や手当てなど開設にあたり必要となるすべての経

費は現地でまかなうこととなった[21]。やがて各同郷幇の協力体制のもとで、一九〇六年四月八日に、新嘉坡中華商務総会は正式に成立し、総理には呉寿珍が、協理には陳雲秋が就いた。さらに、一九一二年に革命派の影響のもとで成立した南洋華僑総商会（新商会）は、一九一五年この中華商務総会（旧商会）と改組合併する。ちょうどこのとき、中国国内では新体制のもとで商会法が公布され、商会は総協理制を正副会長制に改めることとなった。合併後の新嘉坡中華商務総会は一九一七年に農商部から新しい関防を頒布され、初めて新嘉坡中華総商会の名称が正式に使用された[22]。一方、新嘉坡中華総商会が正門の看板を掛けかえるのは一九二一年のことであった。このとき初めて自商会の章程を改めたのである。新嘉坡中華総商会の名義がこれ以後現在に至るまで引き続き使用され、現地の権威ある社会団体として役割を果たしてきたことは周知の通りである。一九二九年の商会法に基づいて華商商会への改称はしなかったことも付言しておく。

シンガポールはこの海域の商業中枢であったため、その後の新嘉坡中華総商会が東南アジア全域で果たした結節点としての役割は他の中華総商会をはるかに凌駕する重要なものであった[23]。一九二一年に新嘉坡中華総商会はクアラルンプールで開かれた七洲府中華商会聯合会に参加し、マレー地区の中華総商会と協力して植民地当局に対して権利闘争の運動を展開し、のちの馬華商聯会（ACCCIM）において指導的地位を勝ちえる基礎を築いた[24]。

しかもその指導力が及ぶ範囲は、東南アジア一帯に限られたものではなかった。たとえば、新嘉坡中華商務総会は一九〇七年に、上海および広州の商務総会とともに史上初めて海外商会をリンケージさせようと試みた華商聯合会の成立に向けて重要な発起団体となった[25]。また、一九一二年に全国商会聯合会が成立したのち、およそ二年ごとに開催された全国大会には、海外代表の参加はわずかであったが、シンガポールは管見の限り、少なくとも二度にわたり代表を派遣している。

新嘉坡中華総商会は中華民国全国商会聯合会というヒエラルキー型の垂直システムを利用して自商会の意見の反映を行うと同時に、バタビア中華総商会や香港華商総会などの水平の関係強化を通じて国内外の商会と多面的なネットワークを築き、発言力を維持し続けたのである。(26)

3　蘭領東インド諸島

オランダ領東インド地区で中心的な役割を果したのはバタビア（Batavia 巴達維亜、巴城）である。ジャワ島内で華僑がもっとも集中していたのがバタビアであり、先に説明したように、この地の華僑四大集団は、一九〇〇年に協同して中華会館を設立し、一九一四年には蘭領各地に二五の分会をも設立、学堂を経営して勢力を拡大している。(27)この有力な社会団体である中華会館を基盤に、中華商務総会は各地に続々と成立していった。巴達維亜中華商務総会は一九〇六年に成立し、同じく華僑が集中していた泗水（スラバヤ Surabaya）と三宝壟（スマラン Semarang）中華商務総会は一九〇七年に成立している。

蘭領下の華僑の保護を任務とする領事の赴任は、一九一一年に結ばれた清朝政府とオランダとの間の領事交換に関する条約の署名を待たねばならなかった。それに先立ち、現地華僑の国籍の解釈をめぐり、出生地主義を採用したオランダ本国に対して蘭領各地の華僑が強力に国籍保存運動を展開することとなった点は繰り返し強調したところである。この地域における商会の成立背景には、商会の設立を通じ華僑としての民族主義を主張したい、といった政治的メンタリティが、少なからず反映されている。一九〇九年の『華商聯合報』各号に掲載された各地商会の成立背景に関する報道は、均しくこの点を論じている。

パダン（Padang 把東）はオランダ領スマトラ島の大都市である。現地の華商は愛国心が盛んで、商業活動における競争もはげしく、何度も団体を統合して商会を組織すべきだ、との議論が高まったことがある。上は祖国防衛、下は家内平安を願いつつ幾度となく議論が繰り返されたが、そのたびに実現には至っていなかった。ところが「オランダが〔華僑に〕入籍を強要するという問題が起こり、いっそう愛国の心が高ぶった」ために、彼らは「速やかに商会を設立し、華商の力を聯合し、自らの生き残りを図りたい」と考えるようになった。時まさに駐オランダ参事官が「商会有益説」について現地で講演を行い、現地の華商もこの提案に賛成したところで、呉君を総理に推挙し、宣統元（一九〇九）年四月に把東商会の設立を申請する運びとなった(28)。

万里洞中華商務総会はブリトゥン（Billitung/ Pulau Belitung）島で宣統元（一九〇九）年閏二月に成立した。この島はスマトラ島の東、ジャワ島の北に位置し、華僑は古くから広東省の恵州や潮州、福建省の漳州や泉州などの地より船で渡ってきており、錫鉱山の採掘で有名な土地である。この地の華商が商会の設立申請を行った際の申請文は、「朝廷は僑民を親切にいたわり保護し、血気溢れる者は誰しも感激しない人はいない」。また、南洋群島では華僑はばらばらに居住しているので、「すでに商会を設立しているところでは人々の文化と知識は日々発展し、商務もたいそう発達したが、商会を設立していないところでは、その潮流から取り残されざるをえない」とされ、設立にこぎつけた(29)。

こうして、この地域を中心に澎湃《ほうはい》として巻き起こった海外華僑のアイデンティティ保持の訴えを真摯に受け止め、清朝政府は血統主義を採用した中国史上初の「大清国籍条例」（一九〇九年三月二八日）を制定公布したのである(30)。

4　インドシナ半島

ヤンゴン（Yangon）はイギリス領ビルマの中心であり、「シンガポール、ジャワ島と並び、鼎立する三勢力の一つ」と自称する華僑の集住地でもある。ここに住む華僑は二〇万人を下らなかったが、当初商会は設立されておらず、人々の気概も散漫であったところ、一九〇七年夏に商会設立の議があがり、福建、広東など各幇のリーダーたちが設立資金を準備し、シンガポールに倣って規約を定め、商部に関防の発行を申請し、緬甸（ビルマ）中華商務総会が成立した(31)。

仏領ベトナムには華商の団体が存在せず、華僑は不平等な扱いを受けていたところ、宣統元（一九〇九）年農暦三月六日にようやく華商全体が一堂に会し、商務総会立ち上げのための資金集めと寄付金集めを開始することを決議した。南部地区西貢（サイゴン Saigon）と提岸（ショロン Cholon）の福建幇、広肇幇、潮州幇、客家幇、瓊州幇は商会設立の具体化に向け討議を開始した(32)。

同年旧暦四月には北部南圻（Nam Dinh）地区の華商も総理と協理を推挙し、越南南圻（ナムディン Nam Dinh）中華商務総会の設立を申請した。申請文には、「越南［ベトナム］は、滇［雲南］と粤［広東］とは地続きで華僑が多く、南圻が出入国の重要拠点である。互市［朝貢体制下の管理貿易］が始まって以降、ここには華商が各国商人とともに混然と集まっているが、勢力は散漫で、力も弱く、［華商同士］互いによそよそしさがあり、商会を設立せずして連合を図るすべがなかった」とある(33)。

シャム（Siam）では暹羅中華商務総会が一九一一（宣統三）年三月に成立している(34)。当時中国とシャム王国との間には最後の朝貢使節団が一八五四年に入貢して以降、政府レベルでの外交は半世紀にわたって途絶えた状態であった。しかしながら、この地の華僑は間接的に清朝政府の商会設置普及政策の情報を入手し、それへの対応を講じた。在住華商は上海商務総会と新嘉坡中華商務総会を通じ、政府に対して中華商務総会の設立申請を願い出た。暹羅中華総商会は一九二八年九月には商事公断処を組織し、一一月には商品鑑定処を設立し、組織を充実させている(35)。

以上のように、中華民国の成立までには、英領ビルマとシャム王国にはそれぞれ一ヵ所ずつ、ベトナムには二ヵ所の中華商務総会が設立していた。

5　米領フィリピン

米領フィリピンの華僑社会の中心地はマニラである。一九世紀末の米西戦争のときに多数の華僑が戦乱を避けるためにフィリピンを離れて以後のフィリピン全土の華僑約四万人のうち、二万三〇〇〇人ほどがマニラに在住していた。フィリピン諸島はもともとスペインの領有下にあり、中南米で発生した中国人労働者虐待事件によって呼び起こされた国際的世論の支援のもとで清朝政府がスペインとの間に「キューバ華工条約」（一八七七年）を調印し、キューバハバナ総領事を一八七八年に設置した。フィリピン華僑による領事設置要求運動は、これをきっかけに国際的な交渉過程のなかで開始されたのではあるが、その要求は遅々として実現されることはなかった。おおよそ二〇年の年月をかけ、スペイン支配最後の年の一八九八年六月に、スペイン当局はついに臨時的な領事機構の設置を許可した。清朝政府は現地の名望家である華商陳謙善（一八九一年中華崇仁医院設立の責任者）に領事業務を担当するよう委任した。翌一八九九年八月に米軍がフィリピン全土を占領し、その後米領時代に入り、初めて恒久的な外交機関となる。[36]第一代領事は陳謙善の子陳綱が就任した。

その後、小呂宋（ルソン）中華商務局が一九〇四年にマニラに設立されたが、やがて商会簡明章程に基づき、一九〇五年に小呂宋中華商務総会と改称された。そして、一九二七年五月八日、商会法の公布から遅れること一二年にして、あらためて菲律濱（フィリピン）中華総商会と改名した。そして、四年後の一九三一年五月二四日、再び菲律濱岷里拉（マニラ）中華商会（Philippine Chinese General Chamber of Commerce）と改名する。[37]一九三〇年代中期の史料によると、マニラ以外のフィリピンの地に設立された中華商会は合計二二ヵ所の多きにのぼる。たとえば、三描島（Catbalogan, Samar）華商商会とは、華僑人口が二二〇人の小さなサマールという島に存在した一六二名の会員を擁する商会である[38]。

のちに、国民党によってフィリピンに総支部が設けられ、国民政府は党の系統を通じ華僑社会の掌握を試みたため、中華商会と党は対立の様相を呈した。一九五四年、フィリピン全土の華僑団体と他の地の商会は連合してフィリピン華商聯合総会（Federation of Chinese Chambers of Commerce in the Philippines）を成立させ、二つの華商組織が併存してきた[39]。

6　北米

米国のサンフランシスコは一九世紀中葉にカリフォルニア州の華僑労働者の上陸港となっていた。一八五〇年三邑会館の成立を起点として、広東各地出身の華僑は出身地を紐帯とする会館組織を続々と設立してゆく。一九〇九年に肇慶会館が成立した頃、すでに実力を備えた七大会館と各会館が統合して組織された中華会館が成立していた。第一代領事が一八七八年に就任したとき、すでに華僑一一万六〇〇〇人がいたといわれ、華僑が最も集中していたのがサンフランシスコであった。昭一公所[40]（三邑出身者を中心に一八八一年組織）と四邑客商公所（一八九五年昭一公所より分離）が、一九〇七年に総領事の呼びかけに応じて合併して組織された金山中華商務総会が旧金山（サンフランシスコ）中華総商会の前身となる。一九〇八年夏、金山中華商務総会は章程三一条を定めて正式に成立する。一三九の華商商号が参加し、宣統元（一九〇九）年二月二二日に成立紀念式典が催され、領事館の長官と八大会館の主席が参加した。これ以後、華僑の出入国および現地政府との交渉事は商会と中華会館が協力して進めることとなる。一九一七年農商部によって頒布された新しい関防は到着した日から使用が開始され、その関防に刻された文字に従って、旧金山中華総商会と改名した[41]。

一九六四年九月、旧金山中華総商会は「成立六〇年になる」として会の歴史を振り返っている。あるいは本国政府から正式に認可される一九〇八年以前にすでに商人組織としての実態があったのかもしれない。この時書かれた「旧金山中華総商会会務概況」によると、華商の商業権益を守ることに商会最大の存在意義があり、戦前のもっとも顕著な功績として、長時間を費やした米国税関の輸入貨物検査方法を改善させ、簡略化させたことを挙げている。このような努力によって「種族蔑視が日増しに改善された」とある。太平洋戦争に突入後、食糧配給証の使用が始まると、中華総商会がアメリカ政府統制局と華商商店の間に入り、華人への周知のための翻訳業務が重要になり、これらの功績を積み重ねて華商の権利挽回に役割を果たし、その後は、総商会の役割がチャイナタウン繁栄への寄与へと大きく変化したとする(42)。

ニューヨークに二ヵ所目の紐約（[＝紐育] New York）中華商務総会が成立したのは一九一二年初め（宣統三年一二月）のことである。英領カナダのバンクーバーでは華僑は貿易商と労働者が多く、華僑社会は「散漫で力なく」、連合することができなかったが、一九〇九年（宣統元年四月）に、同知の肩書きをもつ林継朝を総理に推挙し、章程を定め農工商部に設立申請書を提出し(43)、温哥佛（Vancouver）中華商務総会が設立された。同年農暦六月にはヴィクトリアにも域多利（Victoria）中華商務総会が成立している。かつてのハワイ王国の中心であった米領ホノルルにも一九一四年に檀香山（Honolulu）中華商会が設立された(44)。

7　日本、その他

日本の神戸はまずは一八六八年に開港場となり、同時に華僑が移り住むようになり、その後外国人居留地の造成が完成した。一八七四年に日清通商条約が締結され、神戸に領事館（理事府）が設置されたのは一八七八年のことである。このときすでに福建南部、広東、長江下流域出身の華商からなる福建公所、広業公所と三江公所が成立していた。このほか、同郷的性格を備えた同業組織と相互扶助的慈善団体も逐次形成されていった。出身幇ごとに登録させる日本の制度を通じて管轄されていた神戸・大阪地区の華僑は、領事の指導に従い、一八九三年には幇の隔たりを超えた大同団結の理念のもとで中華会館が創設されていた。二〇世紀に入ると大阪には山東・河北出身者からなる北幇公所が急速に台頭してきた話は第四章で説明した。一九〇七年に成立した長崎中華商務総会(45)に次いで、神戸中華商務総会は一九〇九年五月に成立を宣言した。数週間の後、大阪中華商務総会(46)も成立し、しばらくして横浜の中華商務総会も設置の認可がおりた。神戸中華商務総会が成立したときに農工商部に提出した「稟〔申請書〕」には「〔われわれの商務〕総会は協理二名を設けることと定めた。神戸の華商たちは従来から四つの幇に分かれており、総理と協理の二名だけでは運営が難しい。北幇は会員が二名しかおらず、役員を選出することはないが、さらに一名の役員枠を増やし、幇それぞれ各一人を選出する方法をとりたい。つまり、長崎中華商務総会の例に倣おうと考えたからにほかならない」とある(47)。つまり、北幇を除く三幇から公平に総理一名協理二名の計三名を選出する体制をとらなければ商会職務を実行するのが難しいということであった。

日本の華僑社会は英領マラヤの華僑社会のような長い歴史はなく、人口も多くはなく商人層中心である。それゆえに、幇同士の関係も「械闘〔グループ同士の武装闘争〕」に発展するといったような深刻さはなかった。しかし、相互に日常話す方言が異なり、意思疎通が困難であるのみならず、幇相互の間には目に見えない壁とわだかまりが存在していたこともまた事実であった。神戸華僑の場合、幇の垣根を越えた提携は一八九三年の中華会館創設時にその端緒がみえる。この間、辰丸号事件を発端とする日貨ボイコットで直接の被害を受けた広東人商人が、広業公所だけでは埒があかない、と実感した話は第三章で前述した通りである。中華商務総会の成立とは、実質的には中華会館との職責範囲と分業の明確化を意味する。神戸華僑全体の努力で立派な広東式建築の中華会館が完成して間もないこの時期に成立した神戸中華商務総会は、中華会館正面に向かって右側の聯の外側に木製の看板を掲げ、会館内右手花園奥の事務室に事務所を置いていた。中華会館に間借の形をとった商務総会の成立以後、工商業界のことがらは神戸中華商務総会の職務範囲とされ、それ以外の学校や墓地などについては引き続き神阪中華会館で公議が行われることとして分業が明確化されたのである。

一九一一年一一月に神戸中華商務総会は辛亥革命成功のしらせを聞くと、すぐさま商会を改組して自らを中華民国僑商統一聯合会と改称したことで知られる。革命への支援を即座に声明し、中華民国臨時政府成立後は、資金面での支援を実行した(48)。翌一九一二年三月末に、僑商統一聯合会は会議を開き、自組織の解散を宣言するとともに、総商会の名義と組織を回復することを内外に周知したのである(49)。

その他、ロシアのウラジオストック（Vladivostok 海参崴）や朝鮮の京城、新義州、仁川、英領オーストラリアのシドニー（Sydney 雪梨）、メルボルン（Melbourne 南濠美利濱）、メキシコ（Mexico 墨西哥）、ペルー（Peru 秘魯）、キューバ（Cuba 古巴）、スル（Sulu 蘇禄）などの地にも中華商務総会、中華総商会が次々と設立されていった。環太平洋地域を中心に、華商が集中している商業都市に中華総商会が設立されたのである。

8　小結

以上各地の事情を総覧したうえで、次のようにまとめることができよう。

第一に、中華商務総会設立の主な契機は、幇と幇の間の隔たりや中国人同士の排他意識を取り除き、気持ちを一つにして連合し、協力し合える組織を作り上げようと考えたことに求められる。

第二に、清朝政府が初めて試みた商会の設立を通じた華商保護の政策は、海外華僑からおおむね積極的な反響を得ることができた。とりわけ、領事館が未だ成立していないオランダ領東インド地域では、一九〇七年にオランダの国籍と居住を定める新しい法令が出生地主義を採用し、現地生まれの華僑をオランダ臣民とすると宣言して以降、彼らの愛国心は刺激された。現地の華商は先を争うように中華商務総会を設立し、直接清朝政府と対話のチャネルを構築して意見を反映しようと考えたのである。

第三に、一九世紀半ば以降に中国の故郷を離れた新しい移民の増加は華僑社会そのものの社会変動をもたらした。その結果、各地で新式の華文学校が設立され、孔教を崇拝するという方式による中国人性の復活が目指されたことが重要であることを再度指摘しておきたい。現地の文脈で見た場合に、宗教としての孔教がこれ以後も大きな意味をもったのは、ムスリム世界に囲まれた蘭領東インド（インドネシア）の華僑社会であった[50]。このことにより、数代にわたる一部現地生まれの華人たちの意識もが祖国中国に向かうようになったと同時に、彼らは、現地社会と中国、あるいは現地社会と新移民との架け橋としての機能を果たしうる文化性を身につけた。共通の言語が会得されたことで、各地の華僑は共通の情報を享受し、お互いに共鳴しあえる基盤と社会的な装置が整ったのである。この意味において、現地で発行された華字新聞と同様、華文で書かれ、商務総会の名目で各地に配布された『華商聯合報』や『華商聯合会報』、のちの『中華全国商会聯合報』が担った、情報伝達と共鳴のしくみとしての役割は看過されてはならない。

第四に、海外における中華総商会の設立は、北はロシア領の沿海州から南はオーストラリアのメルボルンまで、西はアフリカ東海岸沖のルユニオンから東はモントリオール、ニューヨークまでの範囲にまで広がった。これらの商会群は、次節で検証するようなさまざまな機能を持っていたことで、互いに繋がり、繋がることそれ自体が自身の使命となっていった。史上初めて方言グループという枠を越えて重層的に華商を結びつけたこの商会網は、半制度的かつ準行政的であったがゆえに広く環太平洋地区の華商のコミュニケーションを促進しえたのである。

第五に、以上でみてきたいくつかの主要な華僑集住地域において、ほぼいずれも自治的に成立した民間社会団体がまずはじめにあり、次に領事機構が設置され、最後に商会が成立するという順序が確認できた。中華総商会は中華会館が成立した基礎のうえに、領事の指導と奨励によって設立されたところが多い。中華会館の設立も官の側の奨励によって設立されたところもあるが、会館と商会の最大の相違は、会館が法律の制約と保護を受けない、現地華僑による伝統的な民間組織の延長であった点である。会館の機構は人選の問題を含め、中国政府がそれをコントロールし、管理する法的根拠をもたなかった。しかしながら、華僑社会の現地化に伴い、中華会館は居住地社会の社会団体として登記され、現在に至るものが多い。

一方、商会簡明章程あるいは商会法は国内の各県各鎮に当然有効であったばかりでなく、海外各地の華商所在地においても一定の管制力をきかせていた。商会の総理となるには、「才、地、資、望（商会簡明章程第二六条）」などの条件と資格が必要であった。そして、当初は一定の科挙資格を持つことが総理や協理となる必要条件でもあった。これらの旧科挙資格をもつ華商に対してのみ、清朝政府は「関防」を配布し、責任をもってその正式公印を使用させたのである。捐官による資金調達もさることながら、その実、政府は関防の権威を利用して民間団体をコントロールしたのであり、いささかの財政的基盤もない僑務政策をこれによって推進し、海外における華商の統合を進めたという面も指摘されなければならない。中華総商会は当該地区の商業調査を実施し、会員間のもめごとや、外国商人との間で発生した取引上の商事事件の調停乃至は仲裁を行ったほか、会員の要求や訴えに基づき、会員に代わり本国の官庁に要求を伝え、提訴を代行する行政機能をも備えていた。以下、海外の商会の機能について見ていくこととする。

第三節　中華総商会の主な機能

本書第二章第二節の後半部分では、『華商聯合報』の分析から見えてきた中華総商会ネットワークの役割と機能について、①「関防」等の権威に基づく統率力、②公議機能を備えた全能性、③華商のための商事仲裁、④実業振興意識の啓発という四つの視点からまとめておいた。ここでは②の全能性の部分をさらに深く掘り下げ、行政代行機能と、護照・商照の発行による身分保証機能という二つの切り口から、海外の中華総商会ならではの特色を再検討してみたい。

1　行政代行機能

商会簡明章程と民国期に入り数度の改訂を経た商会法は、商会の主要な職能として、人々を連合させ、調査を行い、商業政策に対し助言をなし、証明業務を実施し、市況を維持し、帳簿を統一し、商業仲裁を実行すること、などを挙げている。つまり、商会は本来的には商業団体なのである。国内の地域社会において、商会は経済界を代表するエリート組織の一つであるとはいえ、その他にも政官界、教育界、マスコミ界などがあまた存在する。清末民初の時期に政界と関係が密接であった学（教育）会などの教育界団体は、科挙体制以来の旧時代の権威を保持し続け、第五章で描いたように、時に商会を中心とする商界と衝突し、時に商界と協同し、地域社会の近代化を推し進めてきた。国内でのこのような状況と比較した場合、海外の中華総商会が現地の華僑社会で果たしてきた役割は絶対的に大きい。

この点を説明するのに、古巴（キューバ）中華総商会の成立背景を説明しておきたい。西インド諸島に位置するキューバは、華僑人口が集中していることで有名である。一八六〇年の華僑人口は三万四八三四人であったとされ、おおよそ当時の米国在住全華僑総数に匹敵する。(51) 清朝政府は華工虐待反対という国際世論の支援のもとで、一八七四年に条約を締結し、ハバナにて領事館を設置する権利を得た。一八九三年には中華会館が成立している。

古巴中華総商会は当初一九一二年一一月に成立した。しばらくして、黄仲和商会総理は、商会の成立についてキューバ政府に届け出を行い、登記手続きを行うとともに、駐キューバ呉領事を通じ、中国政府の農商部に対しても正式に商会成立の報告を行った（一九一二年三月）。しかし、当時の華僑組織の運営は「大同主義」を原則としていた。現地の華商は、キューバに住む華僑で商業に従事する者であるならば、誰でも入会資格を有するものと「思い込んで」いた。やがて、古巴中華総商会の規約がキューバの欧米諸国の商業会議所条例とはさまざまな点で「なじまないところがある」ことがわかり、キューバの関係当局が定めた商業会議所の原則に基づき、規約の改訂が求められた。その結果、古巴中華総商会は商家の代表身分がある者でなければ参加できないこと、と規約を改め、「純粋な商業団体」へと改組が行われた。一九一四年一一月に再度選挙を行い、陳星梅を総理に選出したところ、一九一五年初頭に本国から新たに公布された新商会法が送り届けられ、規約を三度修訂し、一年の歳月をかけ、ようやく古巴中華総商会が正式に成立したのである。(52)

商会は商業団体であるとはいえ、英領、仏領、蘭領植民地など海外の多くの地域では、領事館が設置されておらず、常駐の政府機関がなかった。時折政府高官が派遣され、政府の政策を宣伝する目的で遊説を行い、現地の華僑指導層に意見聴取が行われる程度であった。また、たとえ領事館があったとしても、島嶼が多く、華僑は分散し、交通も不便であるため、領事館には華僑全体を管轄する能力がなかった。そのため、総商会の設立は現地の華僑にある種幻想を抱かせ、商会が全能的な職能をもつかのように過度の期待を抱かせたのであろう。やがて、特定地域の特定条件のもとで、一部の海外の中華総商会の職能と権威は不断に増強され、巨大な社会的政治的勢力へと成長していった。

中国国内の市商会や県商会が一九四九年に成立した中華人民共和国の社会主義体制のもとで、一旦その本来あるべき職能が中断することとなったが、海外の一部の中華総商会は綿々とその存在を世界に向けてアピールし続け、一九九一年にはシンガポール中華総商会を中心に世界華商会議が発議され、中国を取り巻く華人社会の外からのネットワークの活性化に一役買った。海外華商は再びかつての活力とネットワークの強みを発揮しているかのようである。現在に至るまで、世界華商会議が隔年ごとに国と場所を変えて開催されていることは、周知のところである。

華僑華人が主流を占め、植民地当局がある意味過度に中国人社会に干渉を加えなかったシンガポールや香港では、華人が多数を占め、華商には多大な発言力があったため、中華総商会は会館や公所、小規模商会（香港では、公所機能をもつ同郷同業団体は総じて「商会」という名称を使用している）を統括するのみならず、中国政府と直接対話のルートを持つという職能により、政治的リーダーシップをも発揮し続けている。

海外の中華総商会は、当然のことながら中国国内の商会と同様、居住地における華商の商業活動の促進と、商業秩序の維持をその主たる任務としていた。具体的には現地の商業調査を行い、会員間あるいは華商と現地の商人との間の紛争を仲裁調停し、商家倒産後の債権処理問題など純粋に商業的な機能を有していた。ただ、それ以外に、会員からの遺産相続など民事に関わる訴えを受理し、時に会員に代わり、官の装いをまといつつ、本国の官庁に対して問題の処理にあたった。

中華総商会の総理は、関防使用の権限を持っていたがために、商会は会員の本籍地の地方官に対して「移文

〔公文書やりとり〕」の手続きを行う責務があり、時には地方官僚とともに事件に関わる「調杳」にあたった。小呂宋商務総会章程（一九〇六年制定）第一四条には「本商会は、商部より関防を頒布奉ったからには、故郷でもめごとが生じたと会員が訴えてきた場合には、しかるべき手続きを行い、本籍地方官とともに対処しなければならない……」とある。つまり、総商会には会員になり代わって訴えを行い、上級の官庁に対しても手続きを行うという行政代行機能を有していた。刑法など近代法の多くは属地主義を原則としているが、相続法などはいまなお属人主義（本国法に従う）をとる国が多く、商会はこのような民事領域のもめごとに日常的に関与せざるをえなかった。

初期の小呂宋中華商務総会章程に規定された商会の職能を例にとると、フィリピンでは、正式に商務総会が公文書のやりとりをなしうる対象は五段階に区分されていたことがわかる。五階級とはすなわち、(1)中央政府の商部、(2)各省の督撫署、(3)各省の府・道、(4)各省の州・県、(5)東方内外各埠の〔中華総〕商会であった。[53] つまり、中華総商会は現地の華僑社会に対し、中国本国の地方政府、あるいは上級政府との間に正式な訴えの道筋、あるいは対話と交渉の手段を提供していた。このことが中華総商会の重要な職能の一つであった。

小呂宋中華商務総会章程第四条は、「本商会はすべて中国商人によって成り立っているので、中国各省および世界各地の華人商会との間で、相互に情報を交換し、手を取り合ってともに防備するのがよい」と明文規定している。公文書やりとりの五番目の対象にも「東方内外各埠の商会」がとくに取り上げられていることから、異なる国や地方の華商と華商との間には、半制度化された商会網というインフラストラクチャーを通じ、さまざまな問題の解決を可能とさせる共通のメカニズムが存在していたことがわかる。この点こそは中華総商会ネットワーク特有の、商会の主たる機能である。『華商聯合報』に「華洋交渉巻」というジャンルの報道が継続して行われていたことは、第二章で指摘したところである。

多くの華僑社会では、領事の着任が遅く、現地の華僑と植民地当局は総じて現地の華商のリーダー〔僑領〕に厚い信頼を置いていた。それゆえに、たとえばシンガポールの初代領事やフィリピンの初代領事はいずれも現地の華僑リーダーのなかから指名されて、任命された。このような背景があるからこそ、中華総商会の管掌範囲も前述の通り、広範なものとなったことは頷けよう。

つまり、領事の派遣のない地域であったとしても華僑は商会の設立を通じ、商会のもつ多面的機能を利用して故郷にいる親族や知人を相手に訴えを行い、意見を陳述することができた。海外の中華総商会はお上の権威を象徴する関防専用権を掌握したことによって、異なる国家や地域の異なる方言体系をもつ重層的な華僑社会をさまざまに結びつけ、互いの情報交換と相互信頼性の強化を促したのである。商会の権威とそこに付随した信用は、関防などの道具立てとともに、異なる地域の華商にある一定のルールを守らせるための商人倫理を貫徹させ、総商会ネットワークは公共財としての役割を果たしえたのである。

2　護照と商照の発行による商人の身分保証

次に、パスポートの視点からこの問題を見ておくこととしよう。

南洋華僑が中国本国に帰国するときに携帯する護照〔旅券・パスポート〕は、従来は多くの場合必要とあれば各港の中華商務総会が発給していた。中華民国が成立して間もなく、政府は、初めて旅券は各地の総領事あるいは領事によって発給されるべきとの主張を展開し、外交部と農工商部は以下の通り「僑商の帰国に際する旅券申請の規定〔僑商回国請領護照簡章〕」六条と「領事館旅券発給規定〔領署給発護照簡章〕」四条を定めた(54)。

僑商の帰国に際する旅券申請の規定〔僑商回国請領護照簡章〕

一、すでに領事館と商会が設置されているところで、華僑が帰国するにあたり旅券が必要となった場合、まず商会に赴き、申請用紙に氏名・年齢・本籍・職業を記入し、商会を通じ総領事館あるいは領事館に申請し、旅券の発給を受けなければならない。
二、すでに商会が設置されているが、領事館が設置されていないところでは、商会に赴き、申請用紙に氏名・年齢・本籍・職業を記入し、商会から関防を捺印した紹介状を発行してもらい、最寄りの港の総領事館あるいは領事館に提出し、旅券の発給を受けなければならない。もし近くに領事館はあるが、帰国途中に経由しないか、出境地が異なり自由に出国できない、あるいは汽船の停泊時間が短く間に合わないなどの場合には、現地の商会があらかじめ紹介状を発行して近くの領事館に書き送り、商会が本人に代わって旅券の発給を受けなければならない。
三、すでに領事館が設置されているが、商会が設置されていないところでは、本人が申請書に氏名・年齢・本籍・職業を記入し、現地の篤実な中国人商家が本人に代わり領事館に申請書を携えて申請に赴き、旅券の発給を受けなければならない。
四、領事館も商会も設置されていないところでは、本人が最寄りの商会に赴き、第一条あるいは第二条の規定に従って申請を行い、旅券の発給を受けなければならない。もし近くに領事館があり、商会がない場合は第三条の規定に従って手続きを進めなければならない。
五、僑商による旅券発給の申請には、旅券代として一枚につき中国通用銀一元を徴収する。
六、僑商が帰国し、港に着いたときは、通関に際し旅券を提示し、検査を受けなければならない。

第二章で紹介した通り、清末の厦門商務総会のケースのように、白紙のパスポートを海外の中華商務総会に直に送っていたことを想起されたい。外交部は旅券の発行業務は領事館によって統一管理とすべきと主張したのだが、以上の通り、新しくできあがった海外華僑への旅券発行手続きは、依然として商会による保証機能を重視し、それを優先したものとなっている。旅券発行の申請は商会を通じて手続きを行うか、官印付の商会による紹介状が必要であった。商会が設置されていないところでは「篤実な商家」が申請者本人に代わって領事館に赴き発給を受けなければならなかった。

この時期の中国は国民を管理するための厳格な戸籍制度を敷いてはおらず、海外の華僑に至っては、彼らへの管轄能力はさらに脆弱で、領事による華僑の管理の方式はきわめて間接的なものでしかなかった。現在に至ってもなお、たとえば日本の老華僑がそうであるように、海外における現地生まれ華僑への旅券発給は、本籍、職業、出生年月日などの個人情報に関する部分を多くは居住国の外国人登録制度に頼る場合が多い。第四章で言及したように、辛亥革命前後、領事館の華僑社会に対する管理と監督能力や、総人口の把握でさえ、現地の華僑からなる会館、公所や商会などの社会団体に遠く及ばなかった。中国の末端の役所が、会館、公所、あるいは宗族などの中間団体を通して間接的に住民支配を行った管理の様式は、このように海外の華僑社会にまで継承されてゆき、その結果、商会などの社会団体が相対的に力を得、権威をもつこととなった。

実際、中国国内の商会でさえ、軍閥割拠の中華民国初期の時代に「商照〔商人身分証明書、ないしは通行証明書〕」という証明書を発行していた。商会長の信用と権威とによって、「商照」を携帯している商人の生命と財産を保護し、保障しようというものである。この点からみて、清末の中華総商会が海外華僑に対して「護照〔パスポート・旅券〕」や「商照」を発行していたという事実は、国内における社会慣行の連続性という視点から説明することができる。

第二章でも指摘した通り、ジャワ島の梭羅〔ソロ・スラカルタ〕中華商務総会ではかつて現地華僑の帰国に際して「商照」を発行していた。その規定によると、商人は五日前までに写真二枚を携えて商務総会に赴き、用紙を受領して必要事項を書き込む必要があった。写真の一枚は商照に貼り、一枚は商会に保存し、会員あるいは商家二人の署名と捺印をもって保証とし、そこで初めて申請人に商照が発行された。横領や掛け倒れに遭わせるなど犯罪者や、ルール違反の者には発給されなかった。商照を受領の後帰国し、一ヵ月以内に当該地区の国内商会に赴いて到着の報告を行い、商照を提出して審査を受け、証明印の捺印を受けた。地方の悪徳商人やゴロツキなどに因縁をつけられ、騙され、理由なく言いがかりをつけられるような事件が発生したときには、この商照を携えて地方官や商会に保護を求め、自らの潔白を訴えることができた。また、事後も本会（梭羅中華商務総会）は事態の収拾のため対応策を講じることとしている。一年を期限とする一般商人用の「商照」のほか、有効期限を明記せず担保人の証明を必要としない「特別商照」をも発行していた(55)。その内容は「泗水（スラバヤ）商会発給帰国商照章程」一二条とほとんど同様の内容であった(56)。

一九世紀末から二〇世紀初期に至る間、世界的にみて旅券は必ずしも海外旅行の際の必携の身分証明書ではなかった。中華民国の外交部が定めた旅券規定（「僑商回国請領護照簡章」）と泗水および梭羅商会の商照章程との相違点は、後者の発行対象が商人であり、前者の発行対象は華僑一般であったという点であろう。領事館がパスポートを発行するようになり、「商照（Merchant's Certificate）」と「護照（Passport）」が両方通用する有り様であった。また商会によっては「商照」の二字の下に「Passport」と記すものもあり、混乱が生じた。そこで、かつての「商照」を引き続き発行できるようお願いしたペラ中華商務総会の申請が認められている(57)。もとより華僑が携えて帰国する証明書であることに変わりなく、領事には旅券を発給する権利はあるが、依然として商会の紹介書が必要であったことが弊害となり、新しいシステムへの移行を阻んだ。民国初頭時期、華僑に対する管理と保護の方式はまさに制度化への過渡期にあった。一般的な旅券の発給にも、かつての「商照」に倣い、商会あるいは篤実な商人によって保証させるというシステムが生き続けたのである。このことは、海外の中華総商会がいっそう広範かつ万能的な機能を持ちえたことの一つの証左であるといえる。

さて、一九〇九年頃のものと推察される「大阪中華商務総会試辦章程[58]」第三条では、商会の職能を、甲、連絡、乙、調査、丙、保護、の三種に分類している。ここでは「丙、保護」の項目について検討を加えてみたい。

一、当地の華僑商人で本国商人もしくは外国商人との間で金銭の貸し借りをめぐるもめごとが生じたときには、本会は会議を招集し、その解決を図り、公断しなければならない。

二、当地の華僑商人が他処の華僑商人あるいは中国内地の商人との間で金銭の貸し借りをめぐりもめごとが生じたときには、最寄りの商会に調停を依頼するか、あるいは農工商部に上申し、地方官に命じその解決にあたらせるようお願いしなければならない。

三、当地の華僑商人が帰郷する際、本会はこれに代わって領事館に旅券の発給を申請し、原籍地の地方官に正式に文書でその保護を依頼しなければならない。

四、当地の華僑商人が新式機械を発明し、あるいは資金を募って会社を組織し、実業を起こしたときは、本会はこれに代わって農工商部に特許と登記申請を行い、その保護にあたらなければならない。

五、当地の華僑商人が冤罪を受けた場合、本会はこれに代わって農工商部と公使大臣領事などに善処方、お願いしなければならない。

同章程第七〇条に列挙している「本会会員の利益」には、会員バッジが配布されること、商事調停と代理訴訟を本会に請求できること、中国語あるいは日本語に精通していない場合には本会の通訳員に通訳と翻訳を依頼できること、法律に明るくない場合には本会の法律顧問に相談できること、会員は各種保険にて特約保険料を享受できること、日本郵船の商船と社外船との間で結んだ特約料金は廉価で手軽であり、会員はこれらの権利を享受できることなど、が列挙されている。以上の通り、会員の関心をひきつけるために、大阪中華商務総会は会員が享受できる各種の現実的利益を用意したのである。大阪の場合、旅券に関しては領事館に代わって代理発給するとなっているが、本国の地方官への保護依頼文書は商会の仕事と明記されている。

一二章九五条からなる「神戸中華商務総会章程」[59]（一九〇九年）の第三章「権限及職務（全一八条）」をみると、保護事項を定めた一五条から一八条は以上で例示した大阪のものとほぼ同内容である。発明品の特許申請について定めた一六条には編著翻訳の著作権の保護が列記されているほか、一八条では商標の保護についてとくに明記している。新しい学説や技術に関連する出版印刷とマッチ輸出がきわめて重要な意味をもっていた神戸華商の特色が反映されたものといえるであろう。

こうして、国家は商会法とともに完備された中華総商会ネットワークを海外華商に提供することで、華僑に便宜を与えたのみならず、華商団結の契機とその国民意識の高揚を促したのであろう。

次に、各地域の社会的政治的条件の違いによって、いくつかの類型的整理を試みてみたい。一九世紀末にすでに国民国家としての体裁を完備し、外国人の出入国とその登録管理制度についても基本的な枠組みを備えていた日本や米国カリフォルニア地区の華僑社会では、開港、あるいは労働力需要の急激な高まりが華僑誕生の誘因となった。その他の地区の華僑社会と同様に、はじめは共通する方言をもつ同郷人が公所や会館といった幇別の組織をつくりだした。

これらの国家に対しては、清朝政府は速やかに外交チャネルを通じて領事を派遣し、外国人身分の在留華僑を保護した。しかも、彼らは現地当局との交渉を進めるために、まもなく「中華」という名を冠した会館を組織した。日本は当初より単純労働に従事する華工の入国を制限したので、それぞれ華北、三江、福建、広東地区の華商が東アジア貿易の重要拠点である神戸と大阪に集中した。神阪中華会館はまさしくこれら北から南にいたる分散した各地区の幇から構成された。一方、サンフランシスコの中華会館の内実は、広東省各地の範囲の小さな同郷幇が上位機構としての広東会館を組織したようなものである。同じ中華会館とはいえ、神戸や大阪のそれとは異なる。この二つの地域では、華僑定住の始点から数え、五〇年の年月を経ずして速やかに商会が成立している。

東南アジア地域の華僑社会の起源はさらにさかのぼる。しかも、シンガポールなどでは華僑が現地では主流集団を形成している。英領海峡植民地とマラヤ、蘭領東インド、スペイン領から米領となったフィリピン、独立王国からのちに米領となったハワイのホノルルなどにおいては、華僑社会は現地の先住民族社会とともに西方の植民地統治当局の枠組み内で、同じく被統治階級に属していた。この点は、前述した日本や米国などの華僑社会とは大きく異なる。

蘭領東インドとフィリピンの華僑が展開した領事設置要求の運動は日本や米国とは違い、順調に進展することはなかった。しかも、オランダ当局の居住民族別の差別政策は華僑をきわめて不平等な地位に置いた。蘭領東インド地区の商会が広範囲かつ濃密に分布したのは、対等な外交チャネルを通じて被統治階級にある地位を打開するすべがなかった華僑が、中（清）国政府が準備した法人団体としての商会を設置して華僑社会自らの求心力を強固にし、水平方向の横のつながりを強化することで対抗力を増強しようと考えたからにほかならない。

植民地当局の華僑に対する管理は間接的であったので、清朝政府は常駐官員を派遣して現地の華僑に対しその影響力を直接行使することを回避しようとした。シンガポール、ペナン、フィリピンなどの初代領事は現地の声望ある華商によって担当されることになった。駐日・駐米清国領事の人事が清朝政府の外務官僚によって充当されたことと比較すると、このことはいまひとつの相違点であったということができる。

第四節　商会法の効力

第一節では、清末、一九一五（民国四）年、一九二九（民国一八）年の三度の商会法の変遷過程と相違点について整理を試みた。異なる時期の中国国内の商会法が海外商会にもたらした効力の問題は、国家制度と華僑社会との関係を分析する際の重要な視点ともなりうる。各時期の章程が比較的完全に残っているフィリピン、マニラの中華総商会を例に分析を試みてみたい（表7－1参照）。

マニラでは、一九〇四年八月に小呂宋中華商務局が成立した。のちに一九〇四年商部が公布した商会簡明章程に準拠して一九〇六年に小呂宋中華商務総会と改称した。フィリピンに居住する華商たちが北京政府が一九一五年に公布した商会法を受け入れ、旧章程を全面的に改訂するのは一九二七年五月八日のことである。この改訂によって「小呂宋」は削除され、菲律濱中華総商会と改名される。まもなく、南京国民政府は上海、広州などの主要都市で商民組織の整理を行った後、一九二九年に新しい商会法を公布し、あらゆる地域の総商会の名称を改め、「総」の字を削除した。これにより、一九三一年五月二四日、フィリピン、マニラの商会は再びまちの名称を冠したものの、「総」の字をおとし、菲律濱岷里拉中華商会となった。この章程の改訂は基本的に国民政府が商会法に対して加えた最大の改訂ポイントを反映して、会員資格を同業公会とし、委員制を採

菲律濱中華総商会修正章程	菲律濱岷里拉中華商会章程
11 章 33 条	10 章 46 条
1927 年 5 月 8 日	1931 年 5 月 24 日
第一条，本会は菲律濱中華総商会と称する．	第一条，本会は菲律濱岷里拉中華商会と称する．
第三条，本会の趣旨： 1 菲島華僑の利益の保持 2 菲島華僑の商務の発展 3 華僑団体の感情の交流 4 中菲間国際貿易の増進	第三条，本会華僑工商業及び対外貿易の発展と華僑公共の福利の増進を図ることを目的とする．
第四条，会員の類別 1 建基会員 入会金 100 元を納めた者，常費を免ず． 2 普通会員 入会金は必要ないが，毎年常費 12 元を納める必要がある． 第五条，入会 1 菲島に居留する中華民国国民，或いは華人血統を持ち已に外籍に入るが，品行方正の者は，会員の紹介により，入会審査委員会と董事会の審議を経て，本会会員とみなす． 2 菲島の法律に基づき組織された工商業会社及び商店，華人により設立され経営されている者或いは華人の持株が過半を占める者は，〈略〉本会会員となることができる．	第五条，会員 1 同業公会会員 2 商店会員 3 個人会員 第六条，入会 1 中国或いは菲島の法律に基づいて組織された工商業公会及び商店で，華人が設立経営するもの，あるいは華人が株の過半を有するものは，会員 2 人の紹介があり，審査委員会で適格とされた後，執行委員会の審議を経て，本会会員とみなす． 2 本埠華僑商人会員 2 人の紹介があり審査委員会で〈略〉… 5 下記のうち一つに該当する者は本会会員及代表となることはできない (1)〈略〉(2) 反革命的行為の有る者で，法廷の判決を受けた者〈略〉…
第三十条，中華民国農商部が頒布した本会の関防，会長の許可を得ることなく使用してはならない．	
正副会長・董事制	正副会長・委員制

表 7－1　菲律賓（小呂宋・岷里拉）中華総商会章程改訂過程

	小呂宋中華商務総会章程
構　成	8章86条
改訂日時	1906年
名　称	第一条，本商会は商部のきまりに従い章程を制定し，小呂宋中華商務総会と称する〈略〉.
趣旨目的	第三条，本商会は専ら商業の振興，商規の整頓を宗旨とし，その範圍の内にない事については関与しない.
会員資格等	第四条，本商会は中国商人からなり，中国各省及び世界各地の華人商会と相互に情報を交換し，連絡し，保衛にあたる. 第五条，本商会は小呂宋華商共同で設立したもので，凡そ菲島各埠にて商業に従事し，声望ある華藉の僑商は，皆選擧して本会名誉会員となることができる〈略〉但し投票決議の権はない. 第十六条，会員に定員はなく，本商会規約を守るものは，記名して登録することができる. 第十九条，本会会員は2種に分かれる．経費100元を納める者は建基会員とし，毎月経費1元を納める者は輔行会員とする〈略〉.
其　他	第十四条，本商会は商部により関防の頒布を受けたからには，会員が故郷に関することで来会して投訴し，本籍の地方官に調査を依頼する移文を求めた場合〈略〉求めに応じなければならない.
運　営	総理・協理・議員制

出所　前掲『菲律濱岷里拉中華商会三十周年紀念刊』，甲編、1-55頁.

用、現地における同業公会の組織化を促し、商会の運営に民主的方式を取り入れた。本国の商会法の改訂に呼応し、「反革命的行為の有る者で、法廷の判決を受けた者」が会員となることができない旨条文に加えられた。

中華総商会は海外華僑の社会団体であるので、国内商会にはない特色がある。入会資格の規定には国籍と血統に関する解釈が現れ、フィリピン籍のメスティーソでも可とする。また、趣旨にはフィリピン全土の「華僑団体」の「交流」や、「中国各省及び世界各地の華人商会」との情報の相互交換と連携と防衛などの文言が並ぶ。その章程は中国の商会法の指し示すものに完全に準拠したものではない。たとえば一九一七年章程第三条には中国とフィリピン間の「国際貿易の増進」と規定しているように、さまざまな点で国内の商会法本法の一歩先をリードするものであった。国内の商会法が商会職務を規定した項目で、「国際貿易業務の紹介及び指導」を補充したのは一九二九年のことであった。一方、基本的な商会運営メカニズムとして総理・協理制から正副会長制へ、しかるのちに委員制の採用へと進んだことは、本国の商会法の改訂のステップと同調したものとなっている。

フィリピン中華商会の章程は一九三一年に修訂され、名称も中華総商会から中華商会へと変更したが、全般的にみて、一九二九年商会法の海外への波及力と効力は一九一五年商会法のそれには及ばないといえそうだ。たとえばサンフランシスコでは、一九一七年に農商部から旧金山中華総商会という新しい関防を受領した際、その日から正式な使用を始めた。シンガポールでは、中華商務総会の看板を正式に中華総商会にかけかえ、章程の改訂に着手したのは一九二一年のことではあったが、その名称はその後変更を加えられることはなかった。おそらくその実際の状況はサンフランシスコと大差なかったであろう。章程の改訂には一定の時間がかかったが、通用名称はそれが使用した関防によって決定したのである。

日本の四ヵ所の中華総商会の状況もほぼ同様であった。民国初期の商会法に基づいて頒布された関防を受領して以後、中華総商会の名称が使用され始めた。

一九二〇年代末期以降、かつて国内との関係がもっとも密接であった神戸中華総商会には活発な活動の痕跡が見られないなか、大阪は例外であった。一九〇九年に成立した大阪中華商務総会は一九一八年九月に民国の商会法に従い、改組して大阪中華総商会と改称された(60)。国民政府成立後、再び章程の改訂に従って大阪華商商会となった。この時期の大阪華商商会の活動は顕著で、一九二八年一〇月一〇日に全国商会臨時代表大会が開かれたが、選出された七人の執行委員は、上海、南京、漢口、奉天、重慶、広州など国内主要都市の総商会代表によって構成されているなか、大阪中華総商会の代表もそのなかに含まれており、唯一の海外華商商会としての代表であった[61]。

新しい革命の息吹が感じられる本国との関係がこのときさわめて緊密であった大阪中華総商会の章程からその職務内容を改めて見ておきたい。

国民政府成立後の大阪華商商会に規定された「組織と職務」はかつてのものと大差ない。要約して列挙すると以下のようになる[62]。

一、会員である大阪の華商団体の自衛と団結、国内外各商会との相互情報交換、並びに商業状況の調査と国産品販路の拡充

二、工商業法規の制定、修訂と廃止、あるいは税則、航海条約等工商業関連事項に関する、中央行政長官あるいは公使領事への建議

三、当該地区内の当事者あるいは官庁からの依頼に基く工商業事項に関する調査の実施と、経済混乱時の長官に対する市面秩序の維持要求

四、輸出入貿易に関する報告書の編纂と比較研究

五、現地の外国商人、中国内地の商人、もしくは他地域の華商との間で発生した商事争議および商事債務、清算事項に関する調査と調停

六、現地華商の帰国のためのパスポートの代理発行

会員の親睦と連絡、調査、保護の三点のうち、調査に力点が置かれ、国産品販路の拡充や輸出入貿易に関す

る研究などへの記述が具体的かつ明瞭である。国民政府は法律の強制力を通じて、国産品の奨励と販路の拡大、延いては国際貿易の発展に力点を置き、全体として華商商会を動員する政策を推進していった。

むすび

新たに移民が急増した一九世紀末から二〇世紀初頭にかけて、日本、米国、英領マラヤ、蘭領東インドなどの華僑集住地区では、出身地別会館や中華会館など相互扶助を目的とする自治団体が改めて組織化された。自発的組織が存在する華僑社会に、中国政府は領事を派遣し、華僑保護という僑務を積極的に展開した。地域によっては商会が先に成立し、領事の設置が相当遅れた所もある。海外の中華総商会はこのような状況下で設立が促進されたのである。

海外の中華総商会の機能は、人々の気持ちを連合させることと、調査を実行し、商事紛争を調停すること、産地証明を出すなど純経済的な側面ばかりではなかった。多くの地区では領事の着任が実現せず、あるいは場所が辺鄙にすぎ、華僑人口が十分でないために領事が不在であるなどの理由により、中華総商会は商事以外の、家族の財産相続などに関わる各種民事事件の処理に関与することもあった。これらのもめごとは通常海外の居住地と原籍地との間で発生した。関防という官印を使用する権限のある海外の中華総商会は、会員のために公文書を作成し、本国の関係当局に対して調査を依頼し、訴訟の代行を引き受ける任務もあった。商照の発行や旅券（護照）発行に対する身分保証や代理発行権を有していたことは、海外の中華総商会が華僑社会のリーダー組織たるにふさわしい社会的名声を博していたことを意味している。海外で出生した一般の華僑がはじめて居住国を出国する際の護照の発給においてさえ、中華総商会あるいは誠実な商人による推薦が必要不可欠であった。海外の華僑社会の経済界がもつ一種独特な権威とは、このような特異な体制から発展し、種々の進化を遂げながら形作られたものである。通常華僑社会では、現地の政治、中国国内の政治を問わず、政界への発言力は持ちにくいので、リーダーといえば経済界の大物を指す。このことは華僑社会が国内の一般社会と異なっている点であろう。

一方、華商の活動は国境を越える性質を持っていた。それゆえに、商会の商事仲裁機能は欠くことのできない機能であった。同一地域内の華商間のもめごとばかりでなく、華商と現地商人との間、あるいは相異なる国家に居住する華商間のもめごとをも調停する必要があった。一九〇四年に公布された商会簡明章程はこれらの実際的な要求を反映し、商会設立の範囲を海外の華商居住地にまで広げた。中国の商会制度とは、商人世界の秩序を維持するために、史上初めて国家によって提供された枠組みであり、メカニズムなのであった。このようにして、清朝政府の後押しによって商会は速やかに海外各地へと伝播したのである。

本論では、環太平洋地区の異なる地域の主要ないくつかの総商会の成立背景とその後の変遷について検討を加えた。そこからは以下のような結論が得られた。異なる地域の華僑社会ではあるが、商会の設立には一定の順序が存在する。つまり、中華総商会は中華会館など、現地華僑による自発的な組織の基礎があり、そのうえで領事の奨励がきっかけで設置されたものが多い。しかもその浸透力は領事さえもが管轄できないような小さな島々にまで及んだ。

中華民国が一九一四年に公布した第一回商会法は第二次大戦以前に二度の大きな改訂を経た。第一回目は一九一五年の修正であり、二回目は一九二九年の改訂である。前者は実力を蓄えた新興組織としての商会が政府に対してさまざまな要求を反映させ、政府から譲歩を勝ち取った成果という側面をもつ改訂である。後者は南京国民政府による、党を中心に民衆を指導するという国政の基本原則を反映すると同時に、第一次世界大戦後の国内工業の勃興の産物でありかつ、国民政府による国貨提唱政策の推進という目標に合致したものでもある。商会法には商会が国際貿易を促進するという職能が書き加えられたのである。

本章では、主としてフィリピンマニラと大阪中華総商会章程の修正過程を分析し、中国商会法の条文とこれら海外中華総商会の章程の条文を比較検討した。このときの海外の中華総商会は居住国の外国人としての華僑が任意に組織した民間団体である場合が大半であろう。しかしながら、海外の中華総商会が、中国政府の要求に従って自組織の規約を修訂し続けてきたことは疑いのない事実である。

異なる国家や地域にはそれぞれ独自の民族主義や民族峻別の法があろう。それゆえに、現地社会での中華総商会の機能は当然のこととして一概に論じることはできない。しかし、商会は一つの商会法による強制力と関防の使用によって、中国政府との対話と架け橋の機能を発揮したばかりでなく、海外のいかなる華僑居住地域にも同等の内実を備えた「準行政的」な中華総商会という機構と運行のしくみを提供し、華商の往来と取引、情報の交換に利便性を供したのである。その存在と役割は、華商のネットワークを論じる際に看過されてはならないものである。

注

（1）一九〇九年三月創刊、半月刊。華商聯合報館（上海）発行、陳頤壽（君貽）、金賢寀（雪塍）が主編。英文タイトルは *Chinese Federation Review*。宣統元年旧暦二月から一〇月まで二〇期刊行された。翌宣統二年に『華商聯合会報』と改名し新たに一三期刊行された。本書第二章で成立の背景を分析した。

（2）一九〇六年から一九一一年まで刊行された清朝商部、農工商部の商務に特化した官報。

（3）一九一〇年一〇月創刊、月刊誌。東京中国実業雑志社編輯、上海商務印書館発行。社長李文権。英文タイトルは *Industrial China*。

（4）「奏定商会簡明章程二十六条」『天津商会檔案彙編一九〇三－一九一一（上）』（天津人民出版社、一九八七年）二八頁。

（5）一九一四年商会法と商会法施行細則の原文は『中華民国史檔案資料匯編』三輯（江蘇古籍出版社、一九九一年）七九八～八〇四頁、八一〇～八一二頁。

（6）「商会法（民国四年一二月一四日公布）」、「商会法施行細則（民国五年二月一日公布）」、『中国年鑑（第一回）』（一九二四年）一五七五～一五七九頁を参照した。

（7）「外洋各埠中華商会詳表」前掲『中国年鑑（第一回）』一五七一～一五七四頁。

（8）詳細は拙稿「通過中華総商会網絡論日本大正時期的阪神華僑與日中関係」『華僑華人歴史研究』二〇〇〇年四期（一二月）に詳しい。

（9）前掲『天津商会檔案匯編一九二八－一九三七（上）』四七三～五〇八頁。

（10）「商会法――民国一八年八月一五日国民政府公布」（『東方雑誌』、二六巻一五号）。

（11）潘翎主編『海外華人百科全書』（香港三聯書店、一九九八年）一八八、二〇〇頁。

（12）「南洋荷属巴達維亜中華会館章程」『華商聯合報』第二期、一九〇九年三月、海内外公牘、四～一五頁。

（13）初期カナダ華僑については、黎全恩・丁果等『加拿大華僑移民史（一八五八－一九六六）』（人民出版社、二〇一三年）に詳しい。

（14）園田節子『南北アメリカ華民と近代中国――一九世紀トランスナショナル・マイグレーション』（東京大学出版会、二〇〇九年）はこの太平洋を越える新大陸への移民を、強制的要素と不可分の状態で広大な地理的隔絶を超えていく新しい移民現象とみる。

（15）注（11）に同じ、二四八、二六二頁。

（16）朝鮮半島の華僑社会の形成については李正熙『朝鮮華僑と近代東アジア』（京都大学学術出版会、二〇一二年）に詳しい。

（17）杉原薫『アジア間貿易の形成と構造』（ミネルヴァ書房、一九九六年）の分析によると、中国では民国成立期、日本では大正時代の始まりの時期にアジア間、とくに日中間の貿易の総量が増加している。

（18）初期の中華商務総会の成立日時は、実際に設立された日、登録した日、認可された日、関防が下賜された日をとるものなど、資料によってまちまちである。ここでは、『民国行政紀要　第六巻農商　第四編　工商』（大橋　穂編『支那経済事情』山口大学図書館蔵、刊行年不詳、に収録）に拠った。

(19)「南洋雪蘭莪商会奏准頒給関防」『華商聯合報』第四期、一九〇九年四月、海内外商会紀事、二頁。
(20)「南洋霹靂埠中華商務総会准給関防」同右第七期、一九〇九年六月、海内外商会紀事、一頁。
(21)宋旺相（Song Ong Siang）著・葉書徳訳『新加坡華人百年史』（新加坡中華総商会出版、一九九三年、英文原著：*One Hundred Years' History of the Chinese in Singapore*の出版は一九二三年）に詳しい。
(22)楊進発論文節録「新旧中華総商会的對立——一九一二～一九一四年新加坡華人社会領導層的斗争」『新加坡中華総商会八十周年紀念特刊』（一九八六年）二八八～二八九頁、『新加坡華僑志』（華僑文化出版社、一九六〇年）一六三～一六四頁、満鉄東亞経済調査局編（復刻版）『マレーシア・ビルマに於ける華僑』南方資料叢書八（青史社、一九八六年）五〇八～五〇九頁。
(23)林遠輝・張応龍『新加坡馬來西亞華僑史』（広東高等教育出版社、一九九一年）三六六～三七四頁。
(24)この間の事情は前掲『新加坡中華総商会八十周年紀念特刊』による。
(25)「発起第二」『華商聯合報』五期（宣統元年三月一五日）、海内外時世社言。この点は第二章で詳しく述べている。
(26)シンガポール中華総商会の機能については、劉宏「新加坡中華総商会與亞洲華商網絡的制度化」（『歴史研究』、二〇〇〇年第一期）に詳しい。劉宏は、新加坡中華総商会は中国中央政府に対しては従属的な地位にあり、北京、上海等全国商会聯合会においてパートナーとしての役割を果たし、広州、汕頭等華南僑郷商会とは協力と提携の関係にあったと指摘している。
(27)李学民・黄昆章『印尼華僑史』（広東高等教育出版、一九八七年）三一六頁。一九二〇年代初期バタビア華僑の人口は約四万余りであった。
(28)「南洋蘇門答腊把東商会照准頒給関防」『華商聯合報』第七期、一九〇九年六月、海内外商会紀事。
(29)「農工商部奏南洋万里洞設立華商総会請給関防摺」同右第五期、五月、海内外公牘。
(30)閻立「《大清国籍条例》制定過程之考証」（『史林』二〇一三年第一期）、南洋華僑叢書第四巻『蘭領印度に於ける華僑』（満鉄東亜経済調査局、一九四〇年）一四三～一四七頁。
(31)「本部具奏緬甸仰光埠設立中華商務総会援案請給関防摺」『商務官報』戊申（一九〇八）年第一冊、「緬甸中華商務総会上農工商部禀」『華商聯合報』第一一期、一九〇九年七月、海内外公牘。
(32)「越南華僑議立商会」『華商聯合報』第五期、一九〇九年五月、「越南華商総会業禀商部」同第七期、一九〇九年六月、海内外商会紀事。
(33)「本部具奏越南南圻商会援案請給関防摺（宣統元年七月）」『商務官報』己酉（一九〇九）年第二四冊、七頁。
(34)暹羅中華商務総会の成立背景については袁丁「清政府與泰国中華総商会」『東南亜』二〇〇〇年第二期。

(35) 暹羅中華総商会「両年来会務概況」『暹羅中華総商会紀年刊』（暹羅中華総商会、一九二九年）一～二頁。
(36) 黄滋生・何思兵『菲律賓華僑史』（広東高等教育出版社、一九八七年）二八〇～二九一頁、南洋華僑叢書第三巻『比律賓に於ける華僑』（満鉄東亜経済調査局、一九三九年）六九～七〇頁。
(37) 以下菲律賓（岷里拉）中華総商会に関する叙述については「本会成立的經過」（『菲律賓岷里拉中華商会三十周年紀念刊』（一九三六年）甲編、一～五五頁に拠る。
(38) 「菲律賓各埠華僑商会調査表」、「菲律賓各埠華僑状況調査表」、同右、丁編三～九頁。
(39) 張存武「菲華商聯総会之成立與演変」（『海外華人研究』三期、一九九五年一二月）。序論で紹介した通り、この時期に関しては、朱東芹（二〇〇五）、Sikko Visscher（二〇〇七）の単著がある。
(40) 南海・番禺・順徳の三縣人を指す。四邑とは新会・恩平・新寧（台山）・開平の四縣人を指す。
(41) 劉伯驥『美国華僑史』（黎明文化実業公司、一九七六年）二一三～二二一頁。
(42) 「旧金山中華総商会会務概況（壱）」『金山時報』一九六四年九月一六日。
(43) 「英属温哥佛華商総会之創挙」『華商聯合報』第一一期、七月、海内外商会紀事。
(44) 「檀香山商会成立頌詞」、「檀香山中華商会開幕彙志」『中国実業雑誌』第七年第一、第四期、一九一六年一月。
(45) 陳東華「長崎華僑の歴史」『長崎市史』第三巻【近代編】（長崎市、二〇一四年）三八五頁。
(46) 商会の成立背景については前掲拙稿「通過中華総商会網絡論日本大正時期的阪神華僑與中日関係」を参照されたし。
(47) 「本部具奏日本神戸設立中華商務総会援案請給関防摺」『商務官報』己酉（一九〇九）年第二五冊、四頁。
(48) この間の事情は陳徳仁・安井三吉『孫文と神戸――辛亥革命から九〇年』（神戸新聞総合出版センター、二〇〇二年）に詳しい。
(49) 中華会館を中心とする神阪地区の華僑の歴史については、中華会館編『落地生根――神戸華僑と神阪中華会館の百年』（研文出版社、二〇〇〇年）第一～二章に詳しい。
(50) 北村由美『インドネシ創られゆく華人文化――民主化以降の表象をめぐって』（明石書店、二〇一四年）第四章を参照されたい。
(51) 前掲潘翎編『海外華人百科全書』二四九頁。
(52) 「古巴中華商会開幕紀盛」『中国実業雑誌』第七年第二期、一九一六年二月。
(53) 「重訂小呂宋中華商務総会章程」一四条、前掲『菲律賓岷里拉中華商会三十周年紀念刊』、甲編、一〇頁。
(54) 「外交部公布擬定華僑回華護照格式并規定領照給照簡章以便僑商回国呈験放行文（附護照格式并簡章）」『中国実業雑誌』第三年第一二期、第四年第一期合冊、七〇～七一頁。

(55)「棧羅中華商務総会発給同僑回華商照文」『華商聯合報』第一五期、一九〇九年八月、海内外公牘、一頁。
(56)「泗水商会発給回華商照章程」『商務官報』戊申（一九〇八）年第一九冊、三七～三九頁。
(57)「工商部批南洋霹靂中華商務總會呈請仍照舊發給商照文（九月二七日）」『政府公報分類彙編』商業一九一五年第三三期、七七頁。
(58)「大阪中華商務総会試辦章程」『中国実業雑誌』第三年第一二期・第四年第一期合冊、一九一三年一月、三二～五六頁。
(59)「神戸中華商務総会章程」（一九〇九年）神戸華僑歴史博物館所蔵。
(60)大阪中華総商会章程（一一章六九条）の原文は大阪市役所産業部『大阪在留支那貿易商及び其の取引事情』（一九二八年六月、一九三～二〇二頁）を参照した。
(61)前掲『天津商会檔案匯編一九二八‐一九三七（上）』五四〇頁。
(62)「大阪華商商会擬定章程」、実業部工商訪問局『大阪神戸華僑貿易調査』（実業部工商訪問局、一九三一年七月）八一～九〇頁。

終　章

第一節　論文の総括

本書のねらいとオリジナリティ

本書でいう商会とは中国の商業会議所のことである。二〇世紀の初頭に成立した中国の商会制度は、中国国内の華商のみならず、環太平洋地域を中心に世界に散在した華人社会をも包摂する半制度的メカニズムを用意し、中国国内の商人と海外華商、異なる地域の海外華商同士を結びつけるしくみとして、半世紀もの間華商取引の基本的インフラストラクチャーとして機能してきた。一九四九年の中華人民共和国の成立と直後の国内商工業者に対する社会主義的改造の結果、工商業聯合会という政府と共産党直属の機構が成立してこれに取って代わり、中国国内では商会の活動は停止のやむなきに至ったが、海外の一部の中華総商会は現在に至るも華人社会の中心的経済組織として健在である。一九九〇年代に入り、海外の主要な中華総商会を中心に世界華商大会が隔年ごとに開催されるようになると、改革開放後に企業活動が復興し、経済が活性化した中国では、再び商会の活動が各地に復活し、工商業聯合会が、かつての商会の呼称を復活させ、二枚看板を掲げてこの華商ネットワークに参加するようになった。このように、現在の華人社会と、中国本土との社会経済活動による繋がりを理解するためにも、近代にルーツを持つ中国の商会制度を知ることは重要な意味をもつ。

序論で詳説した通り、中国では一九九〇年代頃から各地の商会資料の整理と発掘が進み、商会研究がブームとなった。そのブームはいまなお継続中であるが、海外にまで延伸していった中華総商会を研究する者は少なく、これら国内外の商会総商会を制度の面から総じて分析する研究は皆無に等しい。一方、日本ではこれまで近代中国の商会を対象とした専門書の刊行はない。筆者は一九八〇年代中頃から商会研究の重要性に気付き、研究を続けてきた。同時に華僑華人史研究を進めるなか、世界各地の華人社会に確認しうる中華総商会の重要性には人一倍注意を向けるようになった。このような独特な視角で商会制度を分析した類書はおそらく中国国内にも存在しないであろう。

本書は、商会制度になじみのない日本の読者を念頭に置き、中国近代における商会制度の概要を、数値の提示によって実証性を確保しつつも、できるだけ簡潔に説明することを心がけた。そのうえで、中国社会から生成した中国商会固有の特色を析出することに力を傾けた。

まとめ

原型の素描を目指した第一章では、欧米の中国研究の重要な指標となっているG・W・スキナーの市場圏概念を借用し、商会の全国普及の状況を検証するとともに、ミクロな視点から地域社会における商会や、商会分事務所など実態ある最末端の商会に関する商民捕捉の分析を行い、大都市総商会との対比を行った。そこで、大都市はともかく、広くひろがる小さな県城や鎮の商民にとって、商会は意外と地域住民に対して開かれた存在であったことを引き出した。そして、なによりも科挙制度のもとで長期間にわたって官の権威が浸透していた中国社会では、商会長に使用権限が与えられた政府公印としての「関防」と、各級の政府官員と公文書をやりとりする権限。この両者がもつ意味が大きかった。商会に集う役員たちは、地域エリートしての名誉が与えられたのである。商会設置促進策が周知された翌一九〇五年に科挙制度の撤廃が現実のものとなった。このように、社会的上昇のための新たな受け皿として商会制度が用意されたことは、中国の商会を海外のどの国の商業会議所よりも権威主義的にならしめた重要な要因であったといえる。

本書は、三度にわたる商会法の修正とその変遷過程を丹念に跡付け、法的基盤と具体的な機能などの諸側面から商会制度の全体像を描き出している点に特色がある。商会簡明章程の発布（一九〇四年）から一九一四年商会法の修正（一九一五年）とその施行によって表出した民国初期の中国商会は、⑴社会内部の伝統的な師兄関係を貫徹させるという、総商会を頂点とする中国独特のヒエラルキーを存続させつつも、⑵上からの「統治」に対抗して「自己統合」の論理を優先し、全国商会聯合会を常設機関化させることによって「自己統合」のしくみを強化し、⑶海外僑埠（華僑在住地）とのネットワーク機能を充実させた。第一章では、中国の商会には以上三点の組織面での際立った特徴があることを指摘した。

第二章は、本論の軸となる海外ネットワークの起点とその展開について論じた。この章では、一九〇七年に発足が促された華商聯合会の設立を目指して刊行された機関紙である『華商聯合報』を丹念に読み解くことにより、これまで誰も指摘してこなかった、中国華商銀行株主の募集と蘭領東インド地域の中華商務総会の林立現象との関係性を解き明かした。植民地の現地生まれの華僑をオランダ臣民と見なそうとしたオランダ国籍法の制定をめぐり、蘭領東インド地域の華僑社会には、ナショナリズムを求心力に、結集の契機が訪れた。ちょうどこの頃、「中（清）国人」のみを出資資格者とし、「中華商務総会」を株主募集単位とする、中国華商銀行建設のための出資金引き受け勧誘運動が上海を中心に巻き起こり、蘭印地域の華商たちはこの運動に積極的に呼応したのであった。この中国華商銀行株券引き受け運動には、台頭する上海経済界の金融家たちと、日本と密接な関係にある華商と知識分子たちとが密接に関わっていた。上海を中心に、シンガポール経由で蘭領東インドと南洋華僑社会を繋ぐ、南からさらに南東に延びる南洋ネットワークとともに、上海を中心に、長江下流域出身の三江幇華商を通じて直接東に延びる日本ネットワークが認められる。この華商銀行設立の呼びかけと『華商聯合報』の頒布という、一対のセットとなったコンテンツを関係地域の華商に伝えることで、相互理解を深め、連携意識を強化したのである。

本書のいまひとつの議論の特徴は、日本との関係を意識した近代中国史像の提示を試みた点である。この点で中国の商会研究にはない商会論となっている。商会制度の導入は日本を手本としたものであったことは第一章の特質描出部分で言及したが、第三章と第四章は神戸と大阪の中華総商会とそこに集う阪神華商を中心に議論を展開した。清末民初のこの時期に、アジア間貿易が本格的に始動したこと、日中間の人的往来と交易量がそれゆえにまた急速に進展したことを鮮明に浮かびあがらせるとともに、留学生や維新のエリート亡命政治家たちと孫文ら革命派たちが活躍の場とした政治の世界のみならず、経済の領域でも日中関係がお互いにとってきわめて重要となっていたポイントを押さえている。それゆえに、日中貿易のなかでとりわけ重要な役割を演じた神戸と大阪の中華総商会に焦点をしぼった。

その後の日中関係のなかで、主として中国側の戦術として定着してゆく対日ボイコット運動の嚆矢として知られる、一九〇八年の第二辰丸事件と阪神華商の関係を第三章では扱った。その三年前に起こった米国の中国人排斥法を契機とする対米ボイコットが世界に大きな衝撃を与えたことは周知のことである。この章では、全国規模に展開された対米ボイコット運動と比較し、辰丸号の拿捕をめぐる対日ボイコットが中国国内では広東省に範囲が限られ、国外でも主として広東系華商を担い手として実施に移されたことに、両者の相違点を見出した。そして、何よりも重要なのは、辰丸号に積載され、被害を被った荷主の大半が神戸華商であった点であろう。拿捕による被害額として清国側が日本側に支払うこととなった賠償金のうち、日本人に対するものは支払われたが、華商に対する賠償金は支払われぬまま日中間では外交決着がなされたのである。この事件の対応に奔走したのは広東商人の同郷同業組織としての神戸広業公所であったが、広業公所には中国の商務主管官庁に直訴するチャネルと権限はなかった。神戸華商にとってこの事件は、中華商務総会という組織による発言力強化の必要性を痛感する事件であった。こうして翌一九〇九年五月に、神戸中華商務総会が、三つの方言グループから一名ずつの代表を出すという長崎方式に倣い、総理一名、協理二名の体制で発足することとなった。

第四章「中華民国の成立と中華総商会秩序の再編」の前半部分では、中華民国初期の商務政策の多くが日本を強烈に意識して立案されたことに注目している。そして、共和制国家樹立の直後、内外華商の協力によって開催された工商会議と工商部が着手した諸政策を検討し、全国商会聯合会の発足と、工商部と外務官僚との連携による海外華商統合の試みを評価した。ここでは、さらに、神戸兼大阪領事の領事報告の分析を通じて領事と華僑との関係を検討し、彼らの言説に新生中華民国の外務官僚としての自覚に注目した。そして、前章に引き続き、北幇華商の台頭と産業基地としての大阪の地位向上の状況を説明している。

以上の通り、本書前半の第一部「商会制度の成立」では、時間軸に従い、清末から辛亥革命直後の商会制度成立までを扱ったのに対し、後半は「商会と華人社会」と題して三章構成を取り、時間軸とともに空間軸を移動させつつ地域的特色を描いている。

第五章「長江デルタの商会と地域社会」は清末民国初期の時代を重点的に描き、①個別の鎮による盛んな商業活動に裏打ちされた商会先進地域、②政治に左右されず常に自律的であろうとしてきた全国の商会の旗振り的存在、というこの二点を長江デルタ地域の商会の特徴として措定した。科挙制度の崩壊とともに新たに導入された商会制度は、教育制度の大変革と、自衛を目的とする巡警制度の普及とほぼ時を同じくし、かつ相互に密接な関連をもちながら一斉に試みられた。資力に恃むことの多い商人の集合体としての商会と、教育行政に直接身を投じる才知に長けたインテリの集合体としての教育会とは、地域の近代化に深く関わり、時に衝突することもあったが、基本的には同じような層によって担われた地方自治前夜の運動母体であったことを明らかにした。

続く第六章「広東における商人団体の再編——広州市商会の成立を中心として」では、主に南京国民政府の手による一九二九年商会法の成立を挟んだ、一九二〇年代から日中戦争前夜時期までの広東省を扱い、来歴の異なる五つの商人団体が、一九三一年の二月に広州市商会と広東全省商会聯合会という二元的な流れのなかに収斂統合されていく経緯を明らかにした。南京国民政府下の商会法に見る、一九一五年商会法からの重要な変更点は、会員代表資格に「反革命的行為の有る者」は代表になれないことが書きいれられたことと、商店および商人単位の加入が基本であった一九一五年法と違い、一九二九年法は個人加入の道を閉ざし、同業公会を商会加入の基本単位としたことであった。この時期の国民政府が商人団体に期待した課題とは、国産品の製造とその販路の拡大、そして、附随効果としての国力増強による外商勢力への反撃であった。その目的に向かい、国民政府は国内外の工商業者をナショナルな衝動によって動員しようとした。そのなかで、商会、市商会、華商商会は、重要な役割を担ったのである。

最終章「海外中華総商会の機能と役割」では、海外各地の中華総商会の成立背景を比較分析し、とくに海外の中華総商会の機能と役割についての検討を行った。海外の中華総商会の機能は、商業調査の実施、商事事件の調停や仲裁、産地証明の作成など純経済的なものに限らなかった。中国国内の親族と現地華商とで繰り広げられる財産相続の紛争など、会員の民事案件の処理に深く関与することもあった。また、海外の中華総商会が商照（Merchant's Certificate）を発行し、旅券（＝護照 Passport）発行に対する身分保証あるいはその代理発行権を有していたことは、中華総商会が現地華僑社会において、国内地域社会における商会・総商会以上に権限を持ち、相当な社会的名声を博していたことを意味している。このように、海外にまで延伸していった商会制度の定着によって、商会のリーダーである華商は、本国商会法からの影響を受けつつ、権威ある官印である「関防」を用いることで、中国の中央政府に対する交渉主体、あるいは民と官との架け橋としての仲介機能を発揮した。逆に、中国政府は、海外のいかなる華僑居住地域にも同等の内実を備えた「準行政的」な中華総商会という機構と独特な運行のしくみを華商に提供し、華商同士の往来と取引、情報の交換に利便性を供したのである。

以上の通り、本書は多くの頁数を海外の中華総商会の説明に費やし、そのネットワークの広がりと「準行政的」機能の解明、つまり海外の中華総商会と本国中国政府とのゆるやかな関係性の解明に力を割いている。本書の刊行により、華人社会間にこのような制度面での共通性が存在したことを発信できれば、地域研究としてひたすら議論が拡散する傾向にある昨今の華僑華人研究の趨勢に、一石を投じる意義を持つであろう。中国史研究者に対しては、中華総商会に注目した本書の刊行を通じ、中国と華僑華人社会とが具体的にどのように繋がり、国内外の華人がいかに共鳴し合ったのかについての認識を深めていただけることとなろう。

第二節　到達点と残された課題

日本国内ではこれまでに商会や総商会を主として論じた類書はなく、中国や香港、台湾ほか海外での研究については序論で整理を試みた通りである。経済史の分野では一九九〇年代以降濱下武志、杉原薫、川勝平太らの研究領域を超えた対話を口火に、ネットワーク論が盛んとなり、アジアにおける交易の担い手としての華商が注目されて久しい。古田和子[1]、籠谷直人[2]らが日本の港で活躍する華商の役割をさまざまな角度から評価し、帆刈浩之は東華医院や四明公所などの民間慈善団体の社会的機能に注目した[3]。近年では特定地域の開港場の役割を分析した研究も現れ、ゲートウェイとしての香港を扱った久末亮一[4]や福建沿岸の役割を歴史的ダイナミズムの視点から分析した村上衛[5]の研究、開港場の統計数値を客観的に分析した木越義則の実証研究が登場している[6]。濱下武志は近著において、朝貢システム、海域アジアに次いで、改めて華僑ネットワークを扱い、とくに華商の企業経営や資金供給における金融面からその重要性を問い直した[7]。以上の新しい研究は概して経済史に強い日本の学界の成果の賜物といえるであろう。

これら経済史分野の研究に対して、本書は制度の面から華商ネットワークを扱った点で新しさがある。中国市場に参入した欧米人が残した資料を使い、不平等条約下、特権を享受する中国人の人脈形成の場として華商組織を捉え、中国の伝統的商業秩序の特色とその崩壊を描いた研究に本野英一のものがある[8]。扱っている時代が異なるが、本野氏の華商評価に対し、本書は外に伸びゆく華商の主体性を肯定的に着眼している点に違いがある。国際政治経済学の視点から華商を扱ったものとして陳天璽の研究がある[9]。華商のネットワークとアイデンティティが虹という自然現象と類似している、として「虹のメタファー」論を提示している。居住国との繋がり、中華文化との繋がり、出身地の繋がり、家族の繋がり、出身校の繋がり、同業者の繋がり、信条・趣味・余暇の繋がりの七種により説明し、「信用」や「関係」という概念で華商の規範を捉えている。異なるディシプリンからのアプローチによる本書では、できうる限り一次資料を利用し、法的基盤に裏打ちされた制度の問題として華商ネットワークを論じた。華商のナショナリズムを論じたという点での類書として吉澤誠一郎の研究が挙げられる(10)。吉澤氏は、アメリカの中国人排斥法を契機に、中国国内を含む華人世界に巻き起こった愛国主義の問題を扱い、清末の時代性を論じている。かつては華僑華人研究の領域のテーマであった事件が、実は中国の近代を特徴づける真髄の問題に関わっていることを論じた点で画期的であった。これに対して、本書は中国内外の異なる地域が共有した商会制度の内実を問いつつ、時代の変化、つまり商人と国家との関係性を反映した商会制度（商会法）の変化を検証し、その文脈のなかで商人世界のナショナリズムを論じているといえる。

以上の通り、序論では触れなかった本書のいまひとつの特色は、清末時期に国内の商人層が外国人商人の開港地への進出を目の当たりにして「商戦」意識に目覚めたことや、不平等な環境下に置かれた海外華商が民族意識にいちはやく覚醒したことに注目し、近代の中国商人にとってナショナリズムがどのような意味をもっていたのかを、改めて問いなおした点であろう。史上初の米貨ボイコットも日貨ボイコットもきっかけは自民族の自尊心が傷つけられたことへの義憤にあり、主要な担い手は商人であった。また、華商たちが横の繋がりを結ぼうとした主要な契機の一つは、オランダの植民地の現地華人に対する国籍解釈への対抗手段として、血統主義国籍法の制定に向けて華商が共同戦線を張ることを目指したことであった。

商人と国家との両者の関係を在日華商に即して論じるならば、日貨ボイコットの決着に関し、本国政府が神戸華商への損害賠償をうやむやにしたことは華商に少なからぬ決断を促した。現地国籍を積極的に取得しようとした華商もあり、日本製品の輸出商たることを断念して帰国して起業し、国産品を製造する民族資本家への転身を図った華商もあり、さまざまな対応策がとられた。つまりは、国家の側は在日華商の身分の曖昧さにつけこみ、彼らが被った被害に対して即座に手を打たなかった。在日華商の側もまたその曖昧さを利用するかのように、さまざまな対応策を図ったのである。

国民革命時期に入ると、国民党と国家の側からも理想とされる商人像が提示された。商人にとっての時代的要請とは、党と国家の要求に沿った行動を求められたことであり、具体的には、「革命的商人」として国産品の販売に従事し、国際貿易に専念するとともに、商人道徳を高め、救国運動に献身し、総じて国益に資する行動を示すことであった。南京国民政府が成立した後に公布された一九二九年の商会法にはそのことが明記されている。

本書は清末から民国初期、国民政府時期の中国商会および中華総商会の変遷と、それぞれの社会的経済的機能について分析を試み、地域社会と商人（商工業者）、商人と国家の関係性の解明を追究した。しかしながら、一九三〇年代後半からの日中戦争時期、戦後時期とそれに続く人民共和国時期の状況に関しては議論を深めることはできなかった。この点は今後の課題としたい。

また、商業会議所としての中国の商会制度が他国の会議所システムと大きく異なる特徴の一つは、総商会が存在することであるとの指摘を行った。総商会と（市あるいは県）商会との違いは、その商会が立地する地域空間に、華洋間の商事紛糾解決のためのしくみが必要であったかなかったかによるともいえる。しかしながら、本書は華洋間の商事紛争がどのように仲裁され、解決に向けての道筋が用意されていたのかを具体的に見ていくことはできなかった。今後、この点についてはさらなる分析の必要があると考えている。

さらにいえば、今後中国における商会法制定の問題は、中国的特色のある社会主義市場経済を主体的に実践している現体制下の企業家にとっては重要な課題である。本書は中国商人がどのように国家と相対してきたのかについて、法制度の面から過去の歴史的経験をたどり、その関係を客観的に整理している。今後、中国政府と中国国内の工商業者（企業家）および海外華商とのあるべき関係性を、法律の面でどのように規定すればよいかを考えるに際して、多少なりとも参考になればと考える。

注

（1）古田和子『上海ネットワークと近代東アジア』（東京大学出版会、二〇〇〇年）。
（2）籠谷直人『アジア国際通商秩序と近代日本』（名古屋大学出版会、二〇〇〇年）。
（3）帆刈浩之『越境する身体の社会史——華僑ネットワークにおける慈善と医療』（風響社、二〇一五年）。
（4）久末亮一『香港「帝国の時代」のゲートウェイ』（名古屋大学出版会、二〇一二年）。
（5）村上衛『海の近代中国——福建人の活動とイギリス・清朝』（名古屋大学出版会、二〇一三年）。
（6）木越義則『近代中国と広域市場圏——海関統計によるマクロ的アプローチ』（京都大学学術出版会、二〇一二年）。
（7）濱下武志『華僑・華人と中華網』（岩波書店、二〇一三年）。
（8）本野英一『伝統中国商業秩序の崩壊——不平等条約体制と「英語を話す中国人」』（名古屋大学出版社、二〇〇四年）。
（9）陳天璽『華人ディアスポラ——華商のネットワークとアイデンティティ』（明石書店、二〇〇一年）。
（10）吉澤誠一郎『愛国主義の創生——ナショナリズムから近代中国をみる』（岩波書店、二〇〇三年）。

初出論文一覧

第一章　清末民初の商会制度――原型素描

「清末民初の商会と中国社会」（『現代中国』第七〇号、一九九六年）、

「民国初期における商会の改組と商民統合」（『人文論集』第三三巻第四号、一九九八年）、

「通過中華総商会網絡論日本大正時期阪神華僑與中日関係（中文）」（『華僑華人歴史研究』総五二期、二〇〇〇年第四期）をそれぞれ加筆修正のうえ構成しなおし、一章とした。

第二章　中華総商会ネットワークの起点とその展開

二〇〇一年武漢で開催された辛亥革命九〇周年を記念する国際会議での報告論文「辛亥革命時期華商会網絡的起点与其作用（中文）」（中国史学会編『辛亥革命与二〇世紀的中国（中）』中央文献出版社、二〇〇二年、所収）

第三章　対米・対日ボイコット運動と辛亥前夜の神阪華商

二〇〇三年八月シンガポールで開催されたＩＣＡＳ第三回大会における「Civilized Protests」分科会での報告論文「二〇世紀初期的抵制美貨和抵制日貨運動與日本神阪地区的華僑」（黄賢強主編『文明抗争――近代中国與海外華人論集』新加坡国立大学漢学論叢二、香港教育図書公司、二〇〇五年、所収）

第四章　中華民国の成立と中華総商会秩序の再編

「中華民国の成立と中華総商会秩序の再編――神阪華商に関する領事報告を中心として」（孫文研究会編『辛亥革命の多元構造――辛亥革命九〇周年国際学術討論会』孫中山記念会研究叢書Ⅳ、汲古書院、二〇〇三年、所収）

第五章　長江デルタの商会と地域社会

「長江デルタにおける商会と地域社会」（森時彦編『中国近代の都市と農村』京都大学人文科学研究所、二〇〇一年、所収）

第六章　広東における商人団体の再編——広州市商会の成立まで

「広東における商人団体の再編について——広州市商会を中心として」（『東洋史研究』第六一巻第二号、二〇〇二年）

第七章　海外中華総商会の機能と役割

「海外華商會網絡與環太平洋地區華僑社會」（張存武・湯熙勇主編『海外華族研究論集第一巻：移民、華商與経貿』、華僑協会総会出版、二〇〇二年、所収）、「試論海外中華総商会的功能与其演変」（二〇〇四年九月中国山西省平遥開催の〝商会と近現代中国〟国際学術シンポジウムでの報告論文）、CHEN Laixing,"Structure and Flexibility in the Chinese Business Network: Chinese Chambers of Commerce Overseas", Beyond market and hierarchies: Networking Asian merchants and merchant houses since the 19th century" for IEHA in Helsinki（August 21st to 25th 2006, ヘルシンキで開催された国際経済史学会での報告）をそれぞれ加筆修正のうえ構成しなおし、一章とした。

参考文献一覧

日本語文献（五十音順）

青山治世「清末における「南洋」領事増設論議――清仏戦争後の議論を中心に」（『歴史学研究』第八〇〇号、二〇〇五年）
――『近代中国の在外領事とアジア』（名古屋大学出版会、二〇一四年）
阿部　洋『中国近代学校史研究』（福村出版、一九九三年）
ベネディクト・アンダーソン著、白石さや／白石隆訳『想像の共同体』（NTT出版、一九九七年）
李　正熙『朝鮮華僑と近代東アジア』（京都大学学術出版会、二〇一二年）
逸身　靖「第二辰丸事件と日貨ボイコット運動――神戸との関係を中心として」神戸商科大学修士論文、二〇〇三年
伊藤泉美「横浜における中国人商業会議所の設立をめぐって」（『横浜と上海――近代都市形成史比較研究』一九九五年）
稲田清一「清末江南の鎮董について」（森正夫編『江南デルタ市鎮研究』名古屋大学出版社、一九九二年）
――「清代江南における救荒と市鎮――宝山県・嘉定県の「廠」をめぐって」（『甲南大学紀要』文学編八六、一九九二年）。
今堀誠二『中国封建社会の構造――その歴史と革命前夜の現実』（日本学術振興会、一九七八年）
上田貴子「一九二〇年代後半期華人資本の倒産からみた奉天都市経済」（『現代中国』第七五号、二〇〇一年）
――『近代中国東北地域に於ける華人商工業資本の研究』大阪外国語大学博士論文、二〇〇三年
――「東北における商会――奉天総商会を中心に（小特集　近代中国における都市と商会）」（『現代中国研究』第二三号、二〇〇八年）
内田直作『日本華僑社会の研究』（同文館、一九四九年）
――「バンコックにおける華僑社会の構造――泰国中華総商会について（一）（二）（三）」（『成城大学経済研究』第四一、四二、四六号、一九七三～七四年）

――『東南アジア華僑の社会と経済』（千倉書房、一九八二年）
老川慶喜・須永徳武・谷ヶ城秀吉・立教大学経済学部編『植民地台湾の経済と社会』（日本経済評論社、二〇一一年）
王　維『日本華僑における伝統の再編とエスニシティ』（風響社、二〇〇一年）
大石高志「日印合弁・提携マッチ工場の成立と展開　一九一〇～二〇年代――ベンガル湾地域の市場とムスリ商人ネットワーク」（『東洋文化』第八二号、二〇〇二年）
太田出・佐藤仁史編『太湖流域社会の歴史学的研究――地方文献と現地調査からのアプローチ』（汲古書院、二〇〇七年）
大谷敏夫「清代江南の水利慣行と郷董制」（『史林』第六三巻第一号、一九八〇年）
大野太幹「満鉄附属地華商商務会の活動――開原と長春を例として」（『アジア経済』第四五巻第一〇号、二〇〇四年）
――「満鉄附属地華商商務会――日本行政支配下の商会」（『現代中国研究』二三号、二〇〇八年）
大橋一穂編『支那経済事情』（刊行年不詳、【山口大学図書館蔵】）
岡本隆司・川島真編『中国近代外交の胎動』（東京大学出版会、二〇〇九年）
岡本隆司・箱田恵子・青山治世『出使日記の時代』（名古屋大学出版会、二〇一四年）
小木裕文『シンガポール・マレーシアの華人社会と教育変容』（光生館、一九九五年）
過　放『在日華僑のアイデンティティの変容――華僑の多元的共生』（東信堂、一九九九年）
籠谷直人『アジア国際通商秩序と近代日本』（名古屋大学出版会、二〇〇〇年）
金子　肇「商民協会と中国国民党（一九二七－一九三〇）」（『歴史学研究』五九八号、一九八九年）
――「武漢における商民運動と国共合作――商民運動の動向を中心に」（『下関市立大学論集』第三四巻第一号、一九九〇年）
川島　真『中国近代外交の形成』（名古屋大学出版会、二〇〇四年）
菊池一隆『抗日戦争時期における重慶国民政府、南京傀儡政権、華僑の三極構造の研究』（科研費補助金研究成果報告書、二〇〇一年）
菊池貴晴『中国民族運動の基本構造――対外ボイコットの研究』（大安、一九六六年）
木越義則『近代中国と広域市場圏――海関統計によるマクロ的アプローチ』（京都大学学術出版会、二〇一二年）
喜多川篤典『国際商事仲裁の研究』（東京大学出版会、一九七八年）

北村　稔『第一次国共合作の研究』（岩波書店、一九九八年）
北村由美『インドネシア創られゆく華人文化――民主化以降の表象をめぐって』（明石書店、二〇一四年）
久保　亨『中国経済一〇〇年のあゆみ――統計資料で見る中国近現代経済史』（創研出版、一九九一年）
――『一九四九年前後の中国――その政治・経済・社会構造の断絶と連続』（科研費補助金研究成果報告書、二〇〇五年）
倉橋正直「清末の商会と中国のブルジョアジー」（『歴史学研究』別冊、一九七六年）
――「清末商部の実業振興について」（『歴史学研究』四三二号、一九七六年）
小島淑男「二〇世紀初期企業経営者層の結集と経済改革の模索」（日本大学経済学部経済科学研究所『紀要』二一号、一九九六年）
――「辛亥革命期蘇州府呉江県の農村絹手工業」（小島淑男編『近代中国の経済と社会』汲古書院、一九九三年）
小浜正子『近代上海の公共性と国家』（研文出版社、二〇〇〇年）
佐藤仁史「清末・民国初期における一在地有力者と地方政治――上海県の《郷土史料》に即して」（『東洋学報』第八〇巻第二号、一九九八年）
――「清末・民国初期上海県農村部における在地有力者と郷土教育――『陳行郷土志』とその背景」（『史学雑誌』第一〇八編第一二号、一九九九年）
塩出浩和「第二次広州政府期の広州市政――特に一九二一年の改革について」（『アジア発展研究』第一号、一九九二年）
――「広東省における自治要求運動と県長民選――一九二〇－一九二一年」（『アジア研究』第三八巻第三号、一九九二年）
――「第二次広州政府期（一九二〇－二一年）の広東省議会と広東省憲法」『アジア発展研究』第二号、一九九四年）
――「広東商団事件――第三次広州政権と市民的自治の分裂」（『東洋学報』第八一巻第二号、一九九九年）
篠崎香織「シンガポール華人商業会議所の設立（一九〇六年）とその背景――移民による出身国での安全確保と出身国との関係強化」（『アジア研究』第五〇巻第四号、二〇〇四年）
――「ペナン華人商業会議所の設立（一九〇三年）とその背景――前国民国家期における越境する人々と国家との関係」（『アジア経済』第四六巻第四号、二〇〇五年）

朱　徳蘭『長崎華商貿易の史的研究』（芙蓉書房出版、一九九七年）
徐　小潔「日貨排斥運動と日本人――辰丸事件を中心に」（神戸大学国際文化学会編『国際文化学』第九号別冊、二〇〇三年）
蕭　橘『清朝末期の孔教運動』（中国書店、二〇〇四年）
新保敦子「中華民国時期における近代学制の地方浸透と私塾」（狹間直樹編『中国国民革命の研究』京都大学人文科学研究所、一九九二年）
菅野　正「辰丸事件と在日中国人の動向」（『奈良大学紀要』第一一号、一九八二年一一月）
――『清末日中関係史の研究』（汲古書院、二〇〇二年）
G・W・スキナー『中国農村の市場・社会構造』（法律文化社、一九七九年）
――『東南アジアの華僑社会――タイにおける進出・適応の歴史』（東洋書店、一九九五年）
杉原　薫『アジア間貿易の形成と構造』（ミネルヴァ書房、一九九六年）
須永徳武「植民地期台湾の商工会議所と植民地性」（『アジア太平洋討究』第二二号、二〇一四年）
洲脇一郎「華僑社会の形成と神戸・大阪の近代――幇・会館・買弁」（大阪歴史学会『ヒストリア』一六二号、一九九八年）
曽田三郎「商会の設立」（『歴史学研究』四二二号、一九七五年）
――「清末の産業行政をめぐる分権化と集権化」（横山英・曽田三郎編『中国の近代化と政治的統合』渓水社、一九八六年）
園田節子『南北アメリカ華民と近代中国――一九世紀トランスナショナル・マイグレーション』（東京大学出版会、二〇〇九年）
高田幸男「清末江蘇の教育界と地域エリート」（日本上海史研究会『中国近代の国家と社会』同会、一九九九年）
田中恭子『国家と移民――東南アジア華人世界の変容』（名古屋大学出版会、二〇〇二年）
中華会館編『落地生根――神戸華僑と神阪中華会館の百年』（研文出版社、二〇〇〇年）
陳　天璽『華人ディアスポラ』（明石書店、二〇〇一年）
陳　東華「長崎華僑の歴史」『長崎市史』第三巻【近代編】（長崎市、二〇一四年）
陳徳仁・安井三吉『孫文と神戸――辛亥革命から九〇年』（神戸新聞総合出版センター、二〇〇二年）

陳　来幸「虞洽卿について」（京都大学人文科学研究所共同研究報告『五四運動の研究』第二函第五分冊、同朋舎、一九八三年）
――「上海各路商界聯合会について（一九一九―一九二三）」（『神戸大学史学年報』第三号、一九八八年）
――「〝五四〟運動後上海商界之革新潮流（一九一九―一九二三）」（章開沅・朱英編『対外経済関係與中国近代化』華中師範大学出版社、一九九〇年）
――「中華民国初期における全国商会連合会について」（『富山国際大学紀要』第二巻、一九九二年）
――「一九一五年商会法の成立について――近代中国ブルジョアジー評価への一視角」（『富山国際大学紀要』第三巻、一九九三年）
――「清末民初の商会と中国社会」（『現代中国』第七〇号、一九九六年）
――「民国初期における商会の改組と商民統合」（『人文論集』第三三巻第四号、一九九八年）
――「通過中華総商会網絡論日本大正時期的阪神華僑與日中関係」（『華僑華人歴史研究』、二〇〇〇年四期）
――「長江デルタにおける商会と地域社会」森時彦編『中国近代の都市と農村』（京都大学人文科学研究所、二〇〇一年）
――「辛亥革命時期華商会網絡的起点与其作用（中文）」中国史学会編『辛亥革命與二〇世紀的中国』（中）（中央文献出版社、二〇〇二年）
――「広東における商人団体の再編について――広州市商会を中心として」（『東洋史研究』第六一巻第二号、二〇〇二年）
――「海外華商會網絡與環太平洋地區華僑社會」（張存武・湯熙勇主編『海外華族研究論集第一巻：移民、華商與経貿』華僑協会総会出版、二〇〇二年）
――『中国近代における商会の研究』神戸大学博士論文、二〇〇二年
――「僑郷における国産品製造工業への華商資本の転化について――二〇世紀初頭神戸広東系貿易商社同孚泰の系譜を中心に」（張啓雄主編『東北亜僑社網絡與近代中国』中華民国海外華人研究学会、二〇〇二年）
――「二〇世紀初期的抵制美貨和抵制日貨運動與日本神阪地区的華僑」（黄賢強主編『文明抗争――近代中国與海外華人論集』（新加坡国立大学漢学論叢二、香港教育図書公司、二〇〇五年）

――――「辛亥革命時期的日本華僑与日本経済史研究的新趨――東亜貿易結構与移民趨勢的変化向」国務院僑務弁公室政法司編『海外華僑与辛亥革命』世界知識出版社（二〇一二年）
栃木利夫・坂野良吉『中国国民革命』（法政大学出版局、一九九八年）
波形昭一編著『近代アジアの日本人経済団体』（同文舘出版、一九九七年）
波形昭一・堀越芳昭編著『近代日本の経済官僚』（日本経済評論社、二〇〇〇年）
仁井田陞『中国の社会とギルド』（岩波書店、一九五一年）
根岸　佶『支那ギルドの研究』（斯文書院、一九三二年）
――――『中國社會に於ける指導層――中國耆老紳士の研究』（平和書房、一九四七年）
――――『上海のギルド』（日本評論社、一九五一年）
箱田恵子「清末領事派遣論――一八六〇、一八七〇年代を中心に」（『東洋史研究』第六〇巻第四号、二〇〇二年）
――――「清朝在外公館の設立について――常駐使節派遣の決定とその意味を中心に」（『史林』第八六巻第二号、二〇〇三年）
――――『外交官の誕生』（名古屋大学出版会、二〇一二年）
波多野善大「商団事件の背景――一九二四年における広州の現実」（『愛知学院大学文学部紀要』四、一九七四年）
濱下武志『華僑・華人と中華網』（岩波書店、二〇一三年）
原不二夫『マラヤ華僑と中国――帰属意識転換過程の研究』（龍溪書舎、二〇〇一年）
費　孝通『中国農村の細密画』（研文出版、一九八五年）
――――『江南農村の工業化』（研文出版、一九八八年）
久末亮一『香港「帝国の時代」のゲートウェイ』（名古屋大学出版会、二〇一二年）
深町英夫『近代中国における政党・社会・国家』（中央大学出版部、一九九九年）
夫馬　進『中国善会善堂史研究』（同朋舎、一九九七年）
古田和子『上海ネットワークと近代東アジア』（東京大学出版会、二〇〇〇年）
帆刈浩之『越境する身体の社会史』（風響社、二〇一五年）
堀田暁生・西口忠編『大阪川口居留地の研究』（思文閣出版社、一九九五年）

松重充浩「国民革命期における東北在地有力者層のナショナリズム——奉天総商会の動向を中心に（シンポジウム 世界の「構造化」と東アジア）」（『史学研究』二一六号、一九九七年）
松島宣広「フィリピンにおける中国人社会——中華総商会の役割を中心として」（『ソシオロジカ』第三五巻第一／二号、二〇一一年）
松田吉郎「清代後期広東広州府の倉庫と善堂」（『東洋学報』第六九巻第一・二号、一九八八年）
松本貴典編『戦前期日本の貿易と組織間関係——情報・調整・協調』（新評論、一九九六年）
松本武彦「対日ボイコットと在日華僑——第二辰丸事件をめぐって」（辛亥革命研究会編『中国近現代史論集菊池貴晴先生追悼論集』汲古書院、一九八五年）
宮田道昭『中国の開港と沿海市場』（東方書店、二〇〇六年）
三石善吉「商団事件と黄埔軍校——黄埔軍官学校の発展（その二）」（『筑波法政』八、一九八五年）
村上 衛『海の近代中国——福建人の活動とイギリス・清朝』（名古屋大学出版会、二〇一三年）
持田洋平「シンガポール華人社会の「近代」の始まりに関する一考察——林文慶と辮髪切除活動を中心に」（『華僑華人研究』第九号、二〇一二年）
本野英一『伝統中国商業秩序の崩壊——不平等条約体制と「英語を話す中国人」』（名古屋大学出版社、二〇〇四年）
森 時彦『中国近代綿業史の研究』（東洋史研究叢刊五八、京都大学学術出版会、二〇〇一年）
——編『中国近代の都市と農村』（京都大学人文科学研究所研究報告、京都大学人文科学研究所、二〇〇一年）
森 紀子『転換期における中国儒教運動』（京都大学学術出版会、二〇〇五年）
森正夫編『江南デルタ市鎮研究』（名古屋大学出版、一九九二年）
守 政毅「華人ネットワーク組織のブリッジ機能と華人企業の経営ダイナミズム——シンガポール中華総商会（SCCCI）をめぐって」（『九州経済学会年報』四二、二〇〇四年）
——「華商のネットワーキング活動と華人ネットワーク組織のブリッジ機能——華人ビジネス・ネットワークの構築から華人企業のダイナミックな企業展開へ」（『国際ビジネス研究学会年報』一〇、二〇〇四年）
——「華人ビジネスネットワークの連結機能——香港中華総商会を中心に」（『立命館経営学』第五〇巻第六号、二〇一二年）

安井三吉『帝国日本と華僑』（青木書店、二〇〇五年）
柳沢　遊『日本人の植民地経験――大連日本人商工業者の歴史』（青木書店、一九九九年）
柳沢遊・木村健二編著『戦時下アジアの日本経済団体』（日本経済評論社、二〇〇四年）
山岡由佳『長崎華商経営の史的研究――近代中国商人の経営と帳簿』（ミネルヴァ書房、一九九五年）
山下清海『東南アジア華人社会と中国僑郷』（古今書院、二〇〇二年）
楊　立強「中国商会史研究について」（『近きに在りて』第一八号、一九九〇年）
横山宏章『孫中山の革命と政治指導』（研文出版、一九八七年）
吉澤誠一郎『愛国主義の創成』（岩波書店、二〇〇三年）．
劉　世龍『中国の工業化と清末の産業行政』（渓水社、二〇〇二年）
廖　赤陽『長崎華商と東アジア交易網の形成』（汲古書院、二〇〇〇年）
林　満紅「華商と多重国籍――商業的リスクの軽減手段として（一八九五－一九三五）」（『アジア太平洋討究』第三号、二〇〇一年）
和田正広・翁其銀『上海鼎記号と長崎泰益号』（中国書店、二〇〇四年）
和田正広・黒木國泰編著『華僑ネットワークと九州』（中国書店、二〇〇六年）

中国語文献（ピンイン順）

敖　光旭「辛亥革命時期的広東商団」（中国史学会編『辛亥革命與二〇世紀的中国』中、中央文献出版社、二〇〇二年）
陳　海忠『近代商会與地方金融――以汕頭為中心的研究』（広東人民出版社、二〇一一年）
――「民国商人、商会與政権力量――基於汕頭商会檔案中一個商人與商会訴訟案例的討論」（『汕頭大学学報（人文社会科学版）』第二七巻第三期、二〇一一年）
陳　建華「論商会的法律性質」（『安徽広播電視大学学報』二〇〇九年第一期）
陳錫祺編『孫中山年譜長編（上冊）』（中華書局、一九九一年）
陳　雪芳「淪陥時期的天津商会」華中師範大学修士論文、二〇〇九年
程紅主編・北京市工商業聯合会編『北京市工商業聯合会簡史』（北京出版社、二〇一一年）

程　光裕「林義順的革命志業」『辛亥革命與南洋華人研討会論文集』（政治大学国際関係研究中心、一九八六年）
従翰香主編『近代冀魯豫郷村』（中国社会科学出版社、一九九五年）
鄧　晶「近代漢口総商会研究（一九一六―一九三一）」華中師範大学修士論文、二〇一二年
范鋭敏・劉凱「論我国商会的法律地位」（『社会科学』二〇〇二年第四期）
方憲堂主編『上海近代民族巻烟工業』（上海社会科学院出版社、一九八九年）
馮　筱才「中国商会史研究之回顧與反思」（『歴史研究』二〇〇一年第五期）
――「近世中国商会的常態與変態――以一九二〇年代的杭州総商会為例」（『浙江社会科学』二〇〇三年第五期）
――『北伐前後的商民運動（一九二四―一九三〇）』（台湾商務印書館、二〇〇四年）
――『在商言商――政治変局中的江浙商人』（上海社会科学院出版社、二〇〇四年）
――『政商中国――虞洽卿與他的時代』（社会科学文献出版社、二〇一三年）
馮　自由『華僑革命開国史』『華僑與辛亥革命』（中国社会科学出版社、一九八一年）
付　海晏「民初商事公斷處：商事裁判與調處――以蘇州商事公斷處為個案研究」華中師範大学修士論文、二〇〇一年
――『変動社会中的法律秩序――一九二九―一九四九年鄂東民事訴訟案例研究』華中師範大学博士論文、二〇〇四年
葛　宝森『保定商会研究（一九〇七―一九四五）』河北大学博士論文、二〇一一年
葛宝森・李昌「中国商会史研究新進展述評」（『理論月刊』二〇一一年第二期）
何　敬芳「中国商会之立法初探」（『消費導刊』二〇〇九年一五期）
胡　光明「論早期天津商会的性質與作用」（『近代史研究』一九八六年第四期）
黄　昆福『馬華商会史』（馬来西亜商会聯合会、一九七四年）
黄孟復主編『中華全国工商業聯合会五〇年大事記（一九五三―二〇〇三）』（中華工商聯合出版社、二〇〇三年）
黄　賢強「新馬華人聯合抵制美国貨――論二〇世紀初的一个社会運動」（『海華与東南亜研究』第一巻第三期、二〇〇一年七月）
――『海外華人的抗争――対美抵制運動史実與史料』（新加坡亜洲研究学会、二〇〇一年）
――編『文明抗争――近代中国與海外華人論集』（新加坡国立大学漢学論叢二、香港教育図書公司、二〇〇五年）
黄滋生・何思兵『菲律賓華僑史』（広東高等教育出版社、一九八七年）

蒋　霞「近代広西商会述論」広西師範大学修士論文、二〇〇〇年
金　婷「北洋政府時期的青島商会研究（一九一二－一九二九）」中国海洋大学修士論文、二〇一三年
黎全恩・丁果等『加拿大華僑移民史（一八五八－一九六六）』（人民出版社、二〇一三年）
李　達嘉「上海商人的政治意識和政治参與」（『中央研究院近代史研究所集刊』第二二期、上冊、一九九三年）
――『商人與政治――以上海為中心的探討（一八九五－一九一四）』台湾大学博士論文、一九九四年
――「国権與商利――晩清上海商人的民族意識」（『「世変、群体與個人」第一届全国歴史学学術討論会論文集』一九九五年）
――「上海商會領導層更迭問題的再思考」（『中央研究院近代史研究所集刊』第四九期、二〇〇五年）
――「上海的中小商人組織――馬路商界聯合会」（『新史學』第一九卷第三期、二〇〇八年）
李　恩涵『晩清的收回礦権運動』（中央研究院近代史研究所専刊（八）、一九六三年）
――「中美收回粤漢鐵路権交渉――晩清收回鉄路利権運動的研究之一」（『中央研究院近代史研究所集刊』第一期、一九六九年）
李　培徳『商会與近代中国政治変遷』（香港大学出版社、二〇〇九年）
――編著『近代中国的商会網路及社会功能』（香港大学出版社、二〇〇九年）
李学民・黄昆章『印尼華僑史』（広東高等教育出版、一九八七年）
李学民・陳翼華共訳『三宝壟歴史――自三保時代至華人公館的撤銷（一四一六－一九三一）』（暨南大学華僑研究所、一九八四年（原著 *Riwajat Semarang: Dari djamannja Sam Po sampe terhapoesnja Kong Koan 1416-1931*, の出版は一九三三年）
李　銀麗「試論淪陥時期的漢口市商会」華中師範大学修士論文、二〇〇八年
李　盈慧『華僑政策與海外民族主義（一九一二－一九四九）』（台湾：国史館、一九九七年）
――『抗日與附日――華僑、國民政府、汪政権』（台北：水牛図書、二〇〇三年）
廖赤陽編『大潮涌動――改革開放与留学日本』（社会科学文献出版社、二〇一〇年）
――「以〝新華僑〟為主体的日本中華総商会」（『華僑華人歴史研究』二〇一二年第四期）
――編『跨超疆界――留学生与新華僑』（社会科学文献出版社、二〇一五年）

林　満紅「印尼華商、台商與日本政府之間——台茶東南亜貿易網絡的拓展（一八九五―一九一九）」（湯熙勇主編『中国海洋発展史論文集』第七輯、中央研究院中山人文社会科学研究所、一九九九年）

林遠輝・張応龍『新加坡馬来西亜華僑史』（広東高等教育出版社、一九九一年）

劉　伯驥『美国華僑史』（黎明文化事業公司、一九七六年）

劉　宏「新加坡中華総商会與亜洲華商網絡的制度化」（『歴史研究』二〇〇〇年第一期）

——「東南亜華人社団與跨国社会和商業網絡——兼論客属與非客属之異同」（徐正光主編『第四届国際客家学検討会論文集』中央研究院民族学研究所、二〇〇〇年）

劉　華光『商会的性質、演変與制度安排』（中国社会科学出版社、二〇〇九年）

劉　石吉『明清時代江南市鎮研究』（中国社会科学出版、一九八七年）

呂　順長『清末浙江与日本』（上海古籍出版社、二〇〇一年）

馬敏・朱英『伝統与近代的二重奏——晩清蘇州商会個案研究』（巴蜀書社、一九九三年）

馬　敏『過渡形態——中国早期資産階級構成之謎』（中国社会科学出版社、一九九四年）

——『官商之間』（天津人民出版社、一九九五年）

——『商人精神的嬗変——近代中国商人観念研究』（華中師範大学出版社、二〇〇一年）

——「略論辛亥前後商人司法意識的変遷」（中国史学会編『辛亥革命與二〇世紀的中国』中、中央文献出版社、二〇〇二年）

馬敏・付海晏「近二〇年来的中国商会史研究（一九九〇―二〇〇九）」（『近代史研究』二〇一〇年第二期）

馬敏・朱英『辛亥時期蘇州商会研究』（華中師範大学出版社、二〇一一年）

彭　南生「二〇世紀二〇年代上海馬路商界聯合会的組織生態」（『華中師范大学学報（人文社会科学版）』二〇一〇年〇六期）

——『行会制度的近代命運』（人民出版、二〇〇三年）

喬　兆紅「一九二〇年代的商民協会與商民運動」中山大学歴史系博士論文、二〇〇三年

邱　捷『孫中山領導的革命運動與清末民初的広東』（広東人民出版社、一九九六年）

——「商団事変再検討——従商人団体的角度」（経済組織與市場発展国際学術討論会提出論文）

邱　澎生『十八、十九世紀蘇州城的新興工商業団体』（国立台湾大学文史叢刊之八六、国立台湾大学出版委員会、一九九〇

年）
——『商人団体與社会変遷——清代蘇州的会館公所與商会』台湾大学博士論文、一九九五年
——「公産與法人——綜論會館・公所與商会制度」（朱英・鄭成林主編『商会與近代中国』二〇〇五年所収）
——『当法律遇上経済——明清中国的商業法律』（五南図書出版、二〇〇八年）
阮　忠仁『清末民初農工商機構的設立——政府與経済現代化関係之検討（一九〇三－一九一六）』（国立台湾師範大学歴史研究所専刊一九、一九八八年）
桑　兵『清末新知識界的社団與活動』（三聯書店、一九九三年）
宋　美雲『近代天津商会』（天津社会科学院出版社、二〇〇二年）
宋　旺相（Song Ong Siang）著・葉書徳訳『新加坡華人百年史』（新加坡中華総商会出版、一九九三年、英文原著：*One Hundred Years' History of the Chinese in Singapore*, 1923）
孫　利霞「成都市商会研究」四川大学修士論文、二〇〇八年
唐伝泗・徐鼎新「対中国早期民族資産階級若干問題的探討」（『近代中国資産階級研究（続輯）』復旦大学出版社、一九八六年）
唐志堯編『新加坡華僑志』（華僑文化出版社、一九六〇年）
汪　林茂「中国民族資産階級完全形成和覚悟的標志——論一九〇七年的各省商会大会」（『史学月刊』一九九二年第五期）
王　笛「関於清末商会統計的商権」（『中国近代経済史研究資料』七）
王　紅梅『商会與中国法制近代化』（南京師範大学出版社、二〇一一年）
王鶴鳴・施立業『安徽近代経済軌跡』（安徽人民出版社、一九九一年）
王　家倹「清末民初我国警察制度現代化的歴程（一九〇一－一九二八年）」（台湾商務印書館、一九八四年）
王　奇生『党員、党権與党争——一九二四－一九四九年中国国民党的組織形態』（上海書店出版社、二〇〇三年）
王　樹槐『中国現代化的区域研究——（一八六〇－一九一六）江蘇省』（中央研究院近代史研究所専刊四八、一九八四年）
王　肇宏「広州商団事件——時代背景及起因之研究」（『中正嶺学術研究集刊』一四、一九九五年）
呉　龍雲『遭遇幇群——檳城華人社会的跨幇組織研究』新（加坡国立大学中文系：八方文化、二〇〇九年）
呉倫霓霞・莫世祥「粤港商人與民初革命運動」（『近代史研究』一九九三年五期）

夏　晨茹「清末民国時期新疆商会研究」新疆大学修士論文、二〇〇七年

夏東元編『鄭観応集』上・下（上海人民出版社、一九八八年）

徐　鼎新「中国商会研究綜述」（『歴史研究』一九八六年六期）

徐鼎新・銭小明『上海総商会史』（上海社会科学院出版社、一九九一年）

徐　鼎新「旧中国商会潮源」（『中国社会経済史研究』一九九三年一期）

許　瓊丰「十九世紀末至二十世紀初的神戸華僑研究――以呉錦堂為中心的考察」中国文化大学史学研究所碩士論文、二〇〇〇年

顔清湟著・李恩涵譯『星馬華人與辛亥革命』（聯経出版公司、一九八一年）

閻　立「《大清国籍条例》制定過程之考証」（『史林』二〇一二年第一期）

厳　中平『中国棉紡織史稿』（科学出版社、一九六三年）

楊　進発「新旧中華総商会的対立――一九一二―一九一四年新加坡華人社会領導層的闘争」（『新加坡中華総商会八十周年紀年特刊』一九八六年）

楊　麗祝「二辰丸事件之交渉与抵制日貨運動」（『嘉義農専学報』第九期、一九八三年）

楊　茂玲「戦後広州市商会研究（一九四六―一九四九）」暨南大學修士論文、二〇〇六年

姚　会元「上海近代商会在穩定金融中的作用」（『学術月刊』二〇〇〇年第五期）

応　莉雅『天津商会組織網路研究（一九〇三―一九二八）』（厦門大学出版社、二〇〇六年）

――「近十年来国内商会史研究的突破和反思」（『中国社会経済史研究』二〇〇四年第三期）

虞　和平「中華全国商会連合会的成立與中国資産階級完整形態的形成」（『歴史檔案』一九八六年四期）

――「論清末民初中美商会的互訪和合作」（『近代史研究』一九八八年第三期）

――「近代商会的法人社団性質」（『歴史研究』一九九〇年五期）

――「商会與中国資産階級的〝自為〟化問題」（『近代史研究』一九九一年三期）

――『商会与中国早期現代化』（上海人民出版社、一九九三年）

袁　丁『晩清僑務與中外交渉』（西北大学出版社、一九九四年）

――「清政府與泰国中華総商会」（『東南亜』二〇〇〇年第二期）

袁丁・陳麗園・鍾雲栄『民国政府対僑匯的管制』（南方出版伝媒／広東人民出版社、二〇一四年）
章　開沅『開拓者的足跡―張謇伝稿』（中華書局、一九八六年）
章　開沅・朱英編『対外経済関係與中国近代化』（華中師範大学出版社、一九九〇年）
張　存武『光緒卅一年中美工約風潮』（中央研究院近代史研究所専刊一三、一九六六年）
――「菲華商聯総会之成立與演変」（『華僑華人研究』第三期、中華民国海外華人研究学会、一九九五年）
張　芳霖『市場環境與制度変遷――以清末至民国南昌商人與商会組織為視角』（人民出版社、二〇一三年）
張　桓忠『上海総商会研究（一九〇二―一九一九）』（知書房出版、一九九六年）
張鉄軍・景君学・楊国昌『当代中国商会研究』（甘粛文化出版社、二〇〇六年）
張暁輝・楊茂玲「民族資産階級歴史転折期的官商関係回顧」（『商業時代』二〇〇六年第一三期）
張　学軍『直隷商会與直隷社会変遷（一九〇三―一九二八）』（西南交通大学出版社、二〇〇二年）
張学軍・孫炳芳『直隷商会與郷村社会経済（一九〇三―一九二七）』（人民出版社、二〇一〇年）
張　学恕『中国長江下游経済発展史』（東南大学出版社、一九九〇年）
張　亦工「商民協会初探」（『歴史研究』一九九二年三期）
張応龍編『広東華僑與中外関係』（南方出版伝媒、広東人民出版社、二〇一四年）
張　玉法『清季的立憲団体』（中央研究院近代史研究所専刊二八、一九七一年）
張　志東「近代中国商会與政府関係的研究――角度、模式與問題的再探討」（『天津社会科学』一九九八年第六期）
――「〝九・一八〟事変後上海市商会的民主抗日動向――兼談商会與国民政府的関係」（『華中師範大学学報』一九九九年第三八巻第四期）
趙　婧「杭州市商会研究（一九四五―一九四九）」杭州師範大学修士論文、二〇一三年
――「清末民初商事仲裁制度研究」（中国史学会編『辛亥革命與二〇世紀的中国』中、中央文献出版社、二〇〇二年）
趙祐志著・林満紅主編・翁佳音副主編『日拠時期台湾商工会的発展（一八九五―一九三七）』（稲郷出版社、一九九八年）
鄒　明貴「近代福州商会研究」福建師範大学修士論文、二〇〇八年
朱　東芹『衝突與融合――菲華商聯總會與戰後菲華社會的發展』（廈門大學出版社、二〇〇五年）
朱　英「辛亥革命時期的孫中山與資產階級」（『近代史研究』一九八七年第三期）

――「清末商会與辛亥革命」（『華中師範大学報』一九八八年第五期）
――「清末蘇州商会歴史特点初探」（『歴史研究』一九九〇年第一期）
――『辛亥革命時期新式商人社団的研究』（中国人民大学出版社、一九九一年）
――『晩清経済政策與改革措施』（華中師範大学出版社、一九九六年）
――『転型時期的社会與国家――以近代中国商会為主体的歴史透視』（華中師範大学出版社、一九九七年）
――「論民元臨時工商会議」（『近代史研究』一九九八年第三期）
――「再論国民党対商会的整頓改組」（『華中師範大学学報（人文社会科学版）』第四二巻第五期、二〇〇三年）
朱英・鄭成林主編『商会與近代中国』（華中師範大学、二〇〇五年）
朱　英『近代中国商会、行会及商団新論』（中国人民大学出版社、二〇〇八年）
――『商民運動研究（一九二四－一九三〇）』（北京大学出版社、二〇一一年）
荘　国土『中国封建政府的華僑政策』（厦門大学出版、一九八九年）
左　海軍「淪陥時期的保定商会」河北大学修士論文、二〇一一年

英語文献（アルファベット順）

Parks M. Coble Jr., *The Shanghai Capitalists and the Nationalist Government, 1927- 1937*, Harvard University Press, 1980
Lloyd E. Eastman, *The Abortive Revolution: China Under Nationalist Rule, 1927-1937*, Harvard University Press, 1974
Mark Elvin & G. William Skinner eds.,*The Chinese City between Two Worlds*, Stanford University Press, 1974
Joseph W. Esherick & Mary Backus Rankin, *Chinese Local Elites and Patterns of Dominance*, Berkeley, University of California Press, 1990
Joseph Fewsmith, *Party, State, and Local Elites in Republican China: Merchant Organizations and Politics in Shanghai, 1890-1930*. University of Hawaii Press, 1985
Linda Grove, *A Chinese Economic Revolution: Rural Entrepreneurship in the Twentieth Century*, Rowman & Littlefield Pub Inc., 2006

Liu Hong, "Chinese Business Association and Socioeconomic Interactions between Singapore and Malaysia: a Case Study of Cross-Border Networking" in *Indonesia and the Malay World*, Vol.27, No.79, 1999

C.F. Remer, *A Study of Chinese Boycotts, with Special Reference to Their Economic Effectiveness*, Johns Hopkins Press, 1933

William Rowe, *Hankow: Conflict and Community in a Chinese City, 1796-1895*, Stanford University Press, 1989

Sikko Visscher, *The Business of Politics and Ethnicity: a History of the Singapore Chinese Chamber of Commerce and Industry*（Singapore: NUS Press; International Institute for Asian Studies, 2007）

Edgar Wickberg, *The Chinese in Philippine Life 1850-1898*, Ateneo de Manila University Press, 2000

Wong Kwok-Chu, *The Chinese in the Philippine Economy 1898-1941*, Ateneo de Manila University Press,1999

Wong Sin-Kiong,"The Tatsu Maru Incident and the Anti-Japanese Boycott of 1908: A Study of Conflicting Interpretations", *Chinese Culture* Vol.XXXIV, No.3, September, 1993

———, "Mobilizing a Social Movement In China : Propaganda of the 1905 Boycott Campaign"『漢学研究』第19巻特刊（二〇〇一年六月）

新聞・雑誌・官報・事典など（書名の五十音順）

『朝日新聞』『華商聯合報』『華商聯合会報』『広東公報』『広東商民』『嚮導』『広州民国日報』『神戸中華総商会月報』『神戸又新日報』『崑新両県続補合志』『上海総商会月報』『蕭山県志稿』『商務官報』『新加坡中華総商会月報』『申報』『中央政治会議広州分会月報』『中華全国商会聯合会会報』『中国工商』『中国実業雑誌』『党声旬刊』『東方雑誌』『南洋群島商業研究会雑誌』『日華実業』『日本外交文書』『平陽県志』『宝山県続志』『香港華商総会月刊』『横浜中華商務総会月報』

華僑華人百科全書編集委員会『華僑華人百科全書』（中国華僑出版社、一九九五年～二〇〇一年）

可児弘明・斯波義信・游仲勲編『華僑・華人事典』（弘文堂、二〇〇二年）

広東省中山図書館『広東近現代人物詞典』広東科技出版社、一九九二年

周南京主編『世界華僑華人詞典』（北京大学出版社、一九九三年）

東亜同文会編『中国省別全誌』（原名：支那省別全誌（一九一七―一九二〇年）、南天書局、一九八八年）
『中国年鑑（第一回）』（商務印書館、一九二四年）
中国社会科学院近代史研究所『民国人物伝』第三巻（中華書局、一九八一年）
潘翎主編『海外華人百科全書』（三聯書店、一九九八年）

資　料（日本語　書名の五十音順）

外務省外交史料館
『各国商業会議所関係雑件（支那の部）』（ファイル 3-3-5-5-4）
『実業同方会章程草案』（ファイル 3-4-1-14 所収）
東亜同文会『辰丸事件ボーイコット情況報告　第一回香港之部』（ファイル 3-3-8-1『清国に於て日本商品同盟排斥一件』所収）
東亜同文会特派員報告『ボーイコット視察第二回報告書　広東及其他南清諸港之部』（同右『清国に於て日本商品同盟排斥一件』所収）
『日清両国実業家の連絡機関設立一件』（ファイル 3-4-1-14）
実業部工商訪問局『大阪神戸華僑貿易調査』（実業部工商訪問局、一九三一年）
大阪市役所産業部『大阪在留支那貿易商及其の取引事情』（大阪市役所産業部調査課、一九二八年）
神戸税関『神戸在留華商及其の取引事情』（神戸税関、一九三二年）
神戸商工会議所百年史編集部会編『神戸商工会議所百年史』（神戸商工会議所、一九八二年）
大阪市産業部『事変下の川口華商』（一九三九年）
神戸商工会議所貿易課「事変後関於神戸之華僑及日本居留華僑之現勢」（『僑声』第一巻第四期、一九三九年）
日本商工会議所『商工業一〇〇』（日本商工会議所、一九七八年）
農商務省商務局『対清貿易ノ趨勢及取引事情』（一九一〇年）

東京商工会議所『東京商工会議所百年史』（東京商工会議所、一九七九年）
外務省欧亜局第三課『南洋と華僑』（一九三九年）
東京大学東洋文化研究所附属東洋学文献センター『仁井田陞博士輯北京工商ギルド資料集』一―六（東洋学文献センター叢刊二三、二五、二八、三〇、三三、三九輯）（一九七五、七六、七六、七九、八〇、八三年）
農商務省商工局『日清貿易事情』（農商務省商工局、一九〇四年）
神戸中華商務総会『日本神戸中華商務総会公擬章程』（一九〇九年）【神戸華僑歴史博物館蔵】
貿易局『阪神在留ノ華商ト其ノ貿易事情』（一九三八年）
満鉄東亞経済調査局編『比律賓に於ける華僑』（満鉄東亞経済調査局、一九三九年）
満鉄東亞経済調査局編『マレーシア・ビルマに於ける華僑』（復刻版）（青史社、一九八六年）
臨時産業調査局『満州に於ける商会』（一九三五年）

資　料（中国語　書名のピンイン順）

第二檔案館『広州国民政府檔案』商会・商民協会関連ファイル
広州市檔案館商会関係
上海市檔案館商会関係
蘇州市檔案館商会関係
中央研究院近代史檔案館外務部清檔
中央研究院近代史檔案館・国史館外交部檔案
中国国民党党史委員会『五部檔案』
姜錫東・許平洲・梁松濤主編『保定商會檔案彙編』八巻二〇冊（河北大学出版社、二〇一二年）
広東省商業庁『広東商業誌（上）』（一九九二年）
広州総市両商会合編『広東商業年鑑』（一九三一年）
梁閬秋編『広東商運沿革史』（一九三四年）

『広州商業年鑑（民国廿一年）』（広州市商会、一九三三年六月）
『広州年鑑』
呉剣傑主編『湖北諮議局文献史料彙編』（武漢大学出版、一九九一年）
「江門市工商聯簡史」（江門市政協文史資料研究委員会編『江門文史』一九輯）
江蘇蘇属地方自治籌弁処編『江蘇自治公報類編（宣統三年）』巻一-三、近代中国史料叢刊三編五三輯、（文海出版、二〇〇六年）
黄葦・夏林根編『近代上海地区方志経済史料選輯（一八四〇-一九四九）』（上海人民出版、一九八四年）
無錫市工商業聯合会・無錫市档案館・無錫市比較研究諮詢事務所編『近代無錫商会資料選編（一九〇五-一九四九）』（二〇〇五年）
唐文治『茹経堂文集』（沈雲龍主編『近代中国資料叢刊（続編第四輯三一-三四）』（文海出版、一九七四年）
上海市工商業聯合会編『上海総商会議事録』（上海古籍出版社、二〇〇六年）
上海市工商業聯合会・復旦大学歴史系編（呉景平主編）『上海総商会組織史資料匯編』上・下、（上海古籍出版社、二〇〇四年）
『商業特刊』（広東全省商会代表大会大事記、一九二八年）
広州市商会『市商会周年特刊』（市商会、一九四七年）
『石碼鎮商会概況』（一九四八年）
華中師範大学歴史研究所・蘇州市檔案館合編『蘇州商会檔案叢編』第一輯（一九〇五-一九一一）、第二輯（一九一二-一九一九）、第三輯（一九一九-一九二七）、第四輯（一九二八-一九三七）、第五輯（一九三八-一九四五）、第六輯（一九四五-一九四九）、（華中師範大学出版社、一九九一～〇〇年）
華中師範大学中国近代史研究所・蘇州市檔案館合編『蘇州商団檔案彙編』上・下、（巴蜀書社、二〇〇七年）
天津市檔案館・天津社会科学院歴史研究所・天津市工商業聯合会編『天津商会檔案匯編』一九〇三-一九一一、一九一二-一九二八、一九二八-一九三七、一九三七-一九四五、一九四五-一九四九、一九〇三-一九五〇、全一〇冊、（天津人民出版社、一九八九～一九九八年）
夏東元編『鄭観応集』（上海人民出版社、一九八八年）

中国第二歴史檔案館編『中國國民党第一・二次全国代表大會會議史料』(江蘇古籍出版社、一九八六年)
黄紹年編『中国国民党商民運動経過』(原本一九二七年発行)近代中国資料叢書刊第三編　六〇-五九一、(文海出版、一九九〇年)
『中国資本主義工商業的社会主義改造(広東巻)』(中共党史出版社、一九九四年)
『中華民国史檔案資料匯編』三輯(江蘇古籍出版社、一九九一年)
中央研究院近代史研究所『中日関係史料——通商与税務(禁運附)』(一九七四年)
中山市地方志編纂委員会『中山市史』上(広東人民出版社、一九九七年)
厦門華僑志編纂委員会編『厦門華僑志』(鷺江出版社、一九九一年)
厦門市档案館、厦門総商会編『厦門商会檔案史料選編』(鷺江出版社、一九九三年)
存萃学社編集『一九二四年広州商団事件』(崇文書店、一九七四年)

中華総商会記念特刊行類(中国語　地域別　年代順)

『香港中華廠商聯合会史略』(新厦開幕慶典特刊、一九六四年)
『香港潮州商会六十周年紀念特刊』(一九八一年)
『僑港新会商会八十週年紀念特刊』(一九八九年)
『旅港南海商会八十周年会慶紀念特刊』(一九九二年)
『香港中華総商会九十週年特刊』(一九九五年)
『華商会所百周年紀念特刊』(一九九七年)
『旅港福建商会八十周年紀念特刊』(一九九七年)

『新嘉坡中華総商会特刊』(新嘉坡中華総商会、一九三一年)
『新嘉坡中華総商会国貨展覧特刊』新嘉坡中華総商会
『新嘉坡中華総商会第二届国貨展覧推銷大会特刊』(新嘉坡中華総商会、一九三六年)
『新加坡中華総商会七十五周年紀念特刊』(一九八一年)

『新加坡中華総商会八十周年紀年特刊』（一九八六年）
『檳州中華総商会鑽禧紀念特刊』（一九七八年）
『峇珠吧轄中華商会鑽禧紀念特刊』
『公元一九〇三年−一九九三年関丹中華商会九十週年紀念特刊』（関丹中華商会、一九九三年）
『古晋中華総商会八十周年紀念特刊』（一九九〇年）
『吉蘭丹中華総商会五十四週年紀念刊』（一九六六年）
『吉蘭丹中華総商会八十週年暨拡建落成開幕双慶特刊』（一九九二年）
『馬来西亜中華大会堂総会六周年紀念特刊』（一九九八年）
『馬六甲中華総商会慶祝成立七十五週年鑽禧紀念特刊』（一九九〇年）
『霹靂中華総商会鑽禧紀念特刊一九〇七−一九八二』（吡叻中華総商会、一九八二年）
『柔佛州中華総会四十週年紀念特刊』（一九八七年）
『汶莱斯市中華商会成立四十六周年暨新大厦落成開幕双慶特刊』（一九九三年）
『沙巴州亜庇中華総商会八十週年紀念特刊』（一九九一年）
『砂労越中華商会聯合会大十届常年代表大会特刊』（一九七四年）
『詩巫中華総商会成立十周年紀念新大厦落成開幕双慶紀念特刊』
『雪蘭莪中華大会堂慶祝五十四週年記念特刊』（編輯委員会、一九七七年）
『菲律賓岷里拉中華商会三十周年紀念刊』（寧明・黄暁滄編著、一九三六年）
『菲華商聯総会成立五十週年金禧祈念特刊一九五四−二〇〇四（菲中建交三十週年紀年一九七五−二〇〇五）』上・下（二〇〇六年）
『暹羅中華総商会紀年刊』（暹羅中華総商会、一九二九年）
『泰国華僑社団史集』（郭廸乾、雲昌潮、林謙編、中興文化出版社、一九六〇年）
『泰国中華総商会成立八十五周年暨新大厦落成掲幕紀念特刊』（一九九五年）

『越南華僑商業年鑑』（南越中華總商會、一九五三年）

あとがき

思い返せば、私が中国近代史研究の道に進んでからすでに三七年の月日が経過した。大阪外国語大学英語科松田武先生の歴史ゼミの卒論で取り組んだのはワシントン体制と米中関係であった。当時は上滑りの議論でしか分析できなかったが、一九二〇年代の中国ナショナリズムの高揚についてもっと深く知りたいと思い、大学院は東洋史に進むことに決めた。その思いから神戸大学大学院文学研究科に入学したのは、一九七九年のことであった。「文革」がおわり、中国が大きく開放政策へと舵をきった頃である。東洋史研究室の岩見宏先生、伊藤道治先生、伊藤秀一先生は、東洋史の基礎のない私を温かく受け入れ、我慢強く育ててくださった。山田敬三先生には広い意味での中国学を教わった。博士論文の完成を励ましていただき、四〇代なかばでなんとか無事に提出できたのは神戸大学の森紀子先生や安井三吉先生、佐々木衛先生、緒形康先生のおかげである。

指導教官であった伊藤秀一先生は、同期で机を並べた林原文子先生とともに、京都大学人文科学研究所の狭間直樹先生の研究班に参加するようにと背中を推してくださった。班員として参加させていただいた歴代の森時彦班長、石川禎浩班長、村上衛班長には大変お世話になった。現在に至るまで、私にとって人文研の研究班は、直接刺激を受ける道場で有り続けている。近辺の大学に在籍する先生方や院生たちと忌憚のない意見を交わしあう、成長の場であった。ここでの報告はどの学会発表よりも緊張したことを覚えている。一つ学年が先輩の岩井茂樹先生と江田憲治先生には長年にわたってお付き合いいただいた。素晴らしい同学や学兄を得てつくづく幸運であったと思う。いまひとつの知的刺激を得られたのは関西を中心に結成されていた中国現代史研究会であった。年に一回の泊まり込みの総会など、敷居が低く、誰にでもオープンな研究会であった。ここでは西村成雄先生や、菊池一隆先生、金子肇先生、水羽信夫先生、貴志俊彦先生など、諸先輩や友人、後輩たちを得ることができた。

その後、修士二年目の夏に、短期間ではあったが上海師範大学（現華東師範大学）に留学する機会を得た。日中国交正常化後、全国に率先して中国の天津市と友好都市協定を結んだ神戸の土地柄が影響したのだろう。神戸大学は直前に正式な代表団を組織して中国各地の諸機関、諸大学を歴訪したときく。その際に約束した大学間交流の先鋒隊としての上海師範大学への短期留学派遣であった。改革開放後初めて受け入れた留学生として、〇〇〇一番の図書館証を発行してもらい、せっせと資料収集に集中したことを思いだす。わずか三ヵ月ほどの滞在ではあったが、沢山の学恩と出会いにめぐまれた。渡米の帰りに京都に立ち寄った際に開かれた中国研究者との会合でその直前に京都で知り合っていた華中師範大学の章開沅先生は、私の上海滞在中に陳旭麓先生のお宅に連れて行ってくださり、留学期間を終えた帰国前に北京の伯母の家に行ったときには、北京大学の陳慶華先生のお宅にも一緒におともさせてくださった。章開沅先生のお口添えがあって上海滞在中には湯志鈞先生からは絶大な研究上の支援をいただいた。上海図書館や社会科学院図書館に連れて行ってくださっては、貴重な資料を閲覧する便を図ってくださった。記憶の糸を手繰り寄せると、康有為・梁啓超研究の大家であった湯先生を近藤邦康先生が神戸にお連れしたときに、私もお伴して康有為の須磨での亡命先の居宅「長懶園」に伺ったことがあった。その時はまだ鴻山俊雄先生もお元気でいらっしゃった。『神戸大阪の華僑――在日華僑百年史』の著者である。当時、将来自分が日本の華僑史研究の道に歩み出すとは予想もしていなかったので、その時の記憶があいまいなままであることをとても残念に思う。

買弁資本論がとくに盛んなりし文革時期の名残りであろうか。それとも、一九二四年の広東商団事件以来の新しい「伝統的」歴史観からか。当時の日本の中国近代史の研究動向は明らかに中国歴史学界の主流の影響を受けていた。革命史や労働運動史が盛んで、近代経済界のリーダーには打倒あるいは交渉対象としての存在感しかなく、なかでも買弁には「媚外（外国に媚びる存在）」の悪いイメージしかなかった。修士論文でテーマとして扱ったのは上海租界の主要道路の路名に冠された最初の華人で、オランダ銀行買弁であった虞洽卿についてであった。滞在中に虞の故郷寧波慈渓県の龍山鎮を訪れた。子供たちが裸足でかけていたことを思い出す。現在の旧上海租界中心部南北を貫くチベット路はかつて虞洽卿路とよばれていた時代がある。私の知っている神戸の華僑社会で買弁という職業に就いていた人々やその一族は、尊敬こそされ、批判される存在ではなかった。その矛盾の正体をつきつめたかった。きわめて単純な動機ではあったが、私は近代中国の経済界の人々や組織の動向について正確な理解を得たいと考えた。華商の一家に育った私個人の実体験と、教科書で学ぶ近代中国の商界のイメージがあまりにもかけ離れていたからである。中国でもちょうどその頃から買弁に対する固定的な解釈から解放されようとしていた。上海では上海史の劉恵吾先生と経済史の丁日初先生のご指導を仰いだ。ほとんど一対一の講義形態。貴重な経験であった。さらに二年近くを費やして修正を加え、悪戦苦闘のすえ完成した修士論文『虞洽卿について』は幸いにも狭間研究班の論文集『五四運動の研究』第二函（同朋舎、一九八二年）の第五分冊として出版されることとなった。

博士後期課程に進んだ頃には、上海経済界の頂点に上り詰めた虞洽卿が会長職に就いていた上海総商会に関心が向いていた。上海で入手したその機関紙『上海総商会月報』の内容が豊富で、研究対象としてもさらなる史料の発掘に展望がもてたからである。全国各地に存在する商会・総商会の成り立ち、全国商会聯合会の役割や動向とその特色について総合的に研究したいと思うようになった。当時は各地商会の檔案中料の整理も公刊も進んでおらず、かろうじて『申報』が閲覧しやすい環境が整ってきていた。

その頃には家庭の事情で金沢に暮らすようになっていた。金沢では、西川正夫、喜久子両先生に大変お世話になった。同じ合同宿舎で夫婦ともども家族付き合いをさせていただいた。また、当時金沢大学経済学部におられた内山雅生先生には自由に研究室まで使わせていただいたことを心から感謝する。研究環境が万全ではなかった当時、『申報』をじっくり読む時間と空間を与えられたことは大変に有り難いことであった。その後、二人の娘に恵まれ、子育てに明け暮れながらも研究を細々と続けられたのは、周りのみなさんの協力があってのこと。家族の仕事の都合で、約一年三ヵ月のアメリカ生活の時期をはさむが、一三年近く北陸で過ごした時代も今となっては懐かしい思い出となっている。生まれてこのかた華僑をはじめとする外国人が多く住む神戸でしか生活したことがなかった私が、しごく平均的に保守的な風土の日本社会のなかで生活できたことはとてもいい体験となった。

一九九〇年に、縁あって富山に新設された富山国際大学人文学部に赴任することになり、同僚たちにも恵まれ、刺激を受けつつ一年に一本は紀要に商会関係の論文を発表するようになった。そして、上の娘が小学校に上がる一九九四年の四月にあわせ、幸運にも神戸商科大学商経学部に助教授として転任することができた。先に夫が金沢から大阪の母校に戻り、家族は別居生活を強いられていた。そして、私の新設大学での奉職も丸四年目を迎えていたので、金沢を離れることに心残りはなかった。ただ、研究・教育と子育ての日々の生活に追われ、素晴らしい立山の絶景や富山の銘酒を充分に堪能する余裕がなかったことが今思えば心残りである。教壇に立って日の浅い若い華僑教員を、教員らしく育ててくれた富山国際大学の学生たちに感謝する。

神戸に戻れば、何よりも週に一度の京大人文研の研究会にも復帰できるし、子供たちに私の母校である神戸中華同文学校での教育を受けさせてあげることができることが嬉しかった。そして、神戸では安井三吉先生の神戸華僑華人研究会と中村哲夫先生が主宰する孫文研究会が待ち受けていた。神戸中華総商会会長で神戸華僑歴史博物館の創設館長陳徳仁先生と孫文記念館館長の山口一郎先生とは、末席ながらも研究会の現場で交流させていただいたことを幸運に思う。研究の刺激がいっきに倍増した感があった。ただ、中国現代史研究会には徐々に足が向かなくなったことを悔いている。神戸に戻った三月から一年を経ずして阪神淡路大震災が襲った。色々大変なことがあったが、職場の教職員や学生、そして家族の全員が無事であったことが何よりであった。

何かをしないわけにはいけない気持ちが誰にもあったように思う。震災の記憶を記録として残そうとの安井三吉先生の呼びかけに応じ、当時神戸華僑華人研究会の事務局を担当していた過放先生とともに各華僑団体に対して訪問調査を行った。被災地の大学として、神戸商科大学と神戸大学が共同調査報告書『阪神大震災と神戸華僑』としてそれらの訪問記録をまとめることとなった。このときの私たちの経験と華僑社会との信頼関係が、その後安井先生を中心に中華会館編『落地生根——神戸華僑と神阪中華会館の百年』をまとめることに繋がったのかもしれない。その際にも、史料に残らない貴重な話を古老から聞き取ることを学んだ。私にとって震災は、歴史学における聞き取り調査の有効性と、史料を残していくことの重要性に気付かせてくれたように思う。

ちょうど同じ頃、京都大学人文研に赴任してきた籠谷直人先生は、日本経済史研究者としていちはやく神戸華僑の役割に注目したことでも知られる。人文研の研究会で知り合って以降、一緒に神戸華商を訪問したり、史料を発掘したり、這いつくばって研究に従事する国史研究者の楽しみと妙味とをともに学ばせていただいた。爾来生涯の友となった。学恩に心から感謝している。国境を越えた繋がりを研究面で大事にする籠谷先生を通じ、本当に多くの歴史研究者と親しい交わりを持つことができた。同様に、大阪外大の後輩ではあったが積極的に領域を超えた学者との交流にきわめて積極的であった貴志俊彦先生からも研究の幅を広げる機会を何度も提供していただいた。フィリピンや金門の調査に入れたのもここのおかげである。華僑研究では許淑真先生、大里浩秋先生に大変お世話になった。勤務先の同僚として学生の指導に共にあたってくれた太田出先生と園田節子先生には多くの支えをいただいた。心から感謝している。

子育てに一段落した頃から中国で開かれる国際学会にぼちぼち参加するようになったが、私にとって画期的であったのは一九九九年に招聘を受けて参加した台湾での海外華人研究学会であった。ルーツを台湾にもつ三世の華僑でありながら、最初の出国の時に中国パスポートをもって以来、四二歳になるまで一度も故郷の台湾に行ったことがなかったからである。面倒な手続きをいとわず、最初に声をかけてくださった中央研究院近代史研究所の張啓雄先生には特別な思いを持っている。爾来、近代史研究では陳三井先生、黄福慶先生、劉石吉先生、林満紅先生、唐啓華先生、李達嘉先生、邱澎生、徐興慶先生、華僑研究・客家研究では故戴國煇先生、張存武先生、湯熙勇先生、朱徳蘭先生、陳鴻瑜先生、夏誠華先生、張維安先生、李盈慧先生、江柏煒先生、劉序楓先生、王恩美先生、台湾史研究では黄富三先生、許雪姫先生、謝国興先生、鍾淑敏先生、林玉茹先生、何義麟先生など、本当に多くの先生がたと親しくおつきあいをさせていただいた。みなさんとの交流のなかで、私や私の家族にとって不思議にも空白であり続けた台湾アイデンティティが少しずつ埋まっていったように思う。この本は、二〇一四年の夏休みに中央研究院台湾史研究所で客員研究員として滞在した際にようやく最後の仕上げにとりかかれた賜物である。

大陸中国の研究者グループでは、章開沅先生指導下の私と同世代の中堅研究者たちが勢ぞろいで活躍している。私の最初の上海での留学生活の頃、まさか将来商会研究で彼らと交流することになろうとは想像もしていなかった。章先生門下の虞和平先生、馬敏先生、朱英先生や、彭南生先生、莫世祥先生、王笛先生、鄭成林先生、付海晏先生、魏文享先生に加え、華東師範大学の茅海建先生、馮筱才先生、広東の歴史学界では邱捷先生、桑兵先生、華僑研究では周南京先生、荘国土先生、張応龍先生、袁丁先生、華人研究者として私と同様の外縁世界の立ち位置にある黄賢強先生、蔡志祥先生、李培徳先生、劉宏先生、祖運輝先生とは共通するメンタリティーで繋がっていると私は思っている。おそらく彼らもそう感じてくれているであろうと期待している。北米では王霊智先生、グッドマン先生との長い期間にわたる交流が、私を支えてくれたことに感謝する。辛亥革命一〇〇周年の記念行事で神戸に招聘したデュアラ先生とはなぜか昔からの友達のような親しみを覚えた。米国におけるインド系中国研究者としての周縁性がそのように思わせるのか。これも勝手な思い込みであろうことはわかっているつもりだ。日本や韓国でお世話になった諸先輩や同期の友人たち、後輩たち、巣立っていった学生たちの名前は一人ひとり書くことは控えようと思う。みなさんに感謝しつつ、ご教示ご批判を仰ぎたいと思う。私にとっての二つの研究の軸である商会研究はこの著書の刊行で一区切りをつけ、もう一つの軸である華僑研究をまとめたあかつきには、改めて謝意を述べようと思う。

この研究は、神戸大学に提出した博士論文『中国近代における商会の研究』（二〇〇二年）と平成一五－一七年度に受けた科学研究費基盤研究(C)「中華総商会ネットワークの史的展開に関する研究」の成果をもとに作成し、平成二七年度科学研究費助成事業研究成果公開促進費の助成を受けて出版に至ったものである。京都大学学術出版会の國方栄二様には出版に至るまで大変お世話になりました。

最後になりましたが、記して感謝の気持ちを伝えたく思います。

二〇一五年一〇月

著　者

索　引

事項索引

[さ]

[た]

[な]

［は］

［ま］

［や］

［ら］

［た］

［な］

［は］

［ま］

［や］

［ら］

Chinese Chambers of Commerce in the first half of twentieth century
(English Summary)

Laixing CHEN

Introduction

The primary concern of this paper is to reveal how Chinese Business Network as a whole was reinforced and strengthened by the institutional supports in the late nineteenth and early of twentieth. The treaty of Nanking, 1842, abolished the restriction of Sino-foreign trade to Canton and to the licensed Cohong monopoly there and China inaugurated state-to-state diplomatic relations. Ports and maritime trades began to be opened to Western merchants. Qing government officially admitted its people to emigrate. New Chinese immigrants emerged in Southeast Asia, as a result of the coincidence between the boom of Chinese emigration and the labor demands of colonial governments. New Chinese immigrants flocked to the mines and plantation, and further to the trading ports. Activated international trade and the rapid increase of the new immigrants brought about big social changes in those areas, which prepared the basic conditions under which the newly born network of the Chinese Chamber of Commerce (CCC) expanded its field and strengthened its mechanisms. Most of the first Chinese Consolidated Benevolent Associations and many of the Chinese schools were established in this period. At the same time, newly arrived Chinese began to shape their own new communities in several ports in the Asia-Pacific Rim Area, such as Kobe, Yokohama, Victoria, San Francisco and Melbourne etc.,

which enabled the network to expand its range and increase its functions.

At the beginning of the twentieth century when the system of the CCC was originally formed in 1904, the Qing government had regarded the CCC abroad as its important players at its periphery. The Ministry of Commerce and envoys dispatched to foreign countries had to protect and create relations with Chinese merchants abroad, since they had already developed into the substantial forces.

This paper deals with the problem of the continuity of the Chinese societies inside and outside of China. Making clear what CCC abroad and domestically have in common could be a convincing explanation of its characteristics, which differ from other nations' Chamber networks. The acquisition of community leadership by the local elites and the authoritative power, which is usually endorsed by the Government through the institutionalized method of distribution of governmental seals and of the approval of the organization, can be an important factor to be discussed.

1. History and Background of the Establishment of Chinese Chambers of Commerce in Southeast Asia, East Asia and America

The system of chamber of commerce has its origin in the Europe. It was first introduced via Japan in the early twentieth century. It soon prevailed throughout the country. Moreover, it had rapidly developed into a global quasi-institutional network as ever existed. As shown in Figure 1-2 and 1-3 in Chapter1, it took no longer than 15 years to show the wide range of distribution.

The first Chinese Chamber of Commerce Brief Act of 1904 proclaimed in

article 25; "Chambers of Commerce should be created as soon as possible. In the commercial cities in Southeast Asia, Japan and the United States of America where Chinese merchants gathered, General Chambers of Commerce and ordinary Chambers of Commerce should also be established". When the system of CCC was basically formulated, Chinese merchants overseas were already the targets of Qing Government's mobilization efforts.

In a former study, I pointed out that the publication of *Huashang Lianhe Bao* (*HLB*) , *the Chinese Federation Review*, in 1909 was closely related to the establishment of the Chinese Merchant Bank, Zhongguo Huashang Bank. More important here is that the necessary funds were collected through the network of the newly born Chinese General Chamber of Commerce abroad. The CGCC had to be the units of stock holders. Shareholders were to be Chinese nationals. The leading groups of this campaign were the Shanghai General Chamber of Commerce and the Singapore CGCC. Officials from these two Chambers and a few bankers from Shanghai visited every trading port in Southeast Asia where Chinese communities had just been established and began a campaign for raising capital.

Almost at the same time, a new Nationality Law, which the Dutch colonial government implemented in the Dutch East Indies caused anti-government sentiments among the Chinese there. The Nationality Law, based upon the birth-place principle, was strongly rejected by the Chinese. This movement urged the Chinese in Dutch East Indies to ally with Chinese in other countries and pressure the Qing government to enact Chinese Nationality Law based upon genealogy. Nationalism became a main concern at that time especially in the East India under Dutch rule.

When the Shanghai bankers' group for collecting funds was visiting

Southeast Asia in the summer of 1908, seventeen CGCCs had already been established. Ten out of the seventeen were in Dutch East India.

In eleven years from 1905 to 1915, at least 58 CGCCs were established abroad. Eleven Chambers were set up in the year 1910. Twenty-six Chambers were created in three years from 1908 to 1910. This period could be regarded as the first peak of activity of the network of CCC just after it was formed. It also coincided with the publication of the first Chinese magazine for the Chinese merchants and intellectuals overseas, the *HLB*, mentioned above. Republican Revolution of 1911 filled with racialist's vigor came after this. It shows why nationalism was of such importance at that time. In a sense, the setup of the Chamber system enhanced the sentiment of nationalism responding and exchanging each other with the shared information conveyed in Chinese.

Chinese merchants in Selangor, Malay Peninsula, established the Commercial Bureau in 1905. They re-organized it in 1907 into a CGCC. Some engaged in agriculture, some in commerce and others worked in the factories. They thought they had no other way to get together except by establishing a Chamber of Commerce. Perek of Malaya also came under the rule of the British Empire just before this. Chinese here were engaged in the tin mining and were divided into a Fujian group and a Guangdong group. There had been animosity between the two groups for a long time. "Their conflicts were alleviated by getting together to collaborate in forming the Chinese General Chamber of Commerce." The Perek CGCC was thus established in the second lunar month of 1909. A press reporter for the *HLB* explained that to overcome the conflicts between Chinese groups of different dialects and then to get them together to collaborate with each other is the

very purpose and responsibility the Chinese Chambers of Commerce should have.

Let us look at the case in the cities under French rule. Although Chinese in Vietnam had been badly treated, they had not organized themselves together before. In the third lunar month of March of 1909, Chinese merchants held a meeting to decide collecting funds. Groups from Fujian, Guangzhao, Chaozhou, Kejia, Qiongzhou in Saigon and Cholon got together and talked about organizing a CGCC. Chinese in Nam Dinh, Northern Vietnam, also elected a chairman and applied to establish a CGCC in the fourth lunar month of 1909. The letter of application said, "A great number of Chinese came to settle in Vietnam because it is closely connected with Guangdong and Yunnan provinces. Nam Dinh is the gate of entry and exit. After mutual trading began, Chinese merchants and foreign merchants gathered. They are not well organized and seldom communicate with each other, though. If it were not for the chance to establish a Chinese Chamber of Commerce, we would not be allied together."

The Kobe CGCC was established in May of 1909. The Chinese in Kobe were from Guangdong, Fujian and San Jiang area. They were roughly divided into three groups by their different dialects. When they applied to establish the Chamber of Commerce, they objected to the Ministry of Commerce's request for them to elect one chairman and one vice-chairman. Instead, they preferred a balancing mechanism of their own creation. Finally they elected one chairman and two vice chairmen as Nagasaki did.

There were a great many Chinese of Guangdong origin in San Francisco. Eight Big Huiguans, benevolent associations for our countrymen, had engaged in autonomous control over Chinese before the Zhonghua Huiguan, the

Chinese Consolidated Benevolent Association, was organized in 1901 integrating them. Zhonghua Huiguan was also in charge of the embarkation tax. At the beginning of 1909, the San Francisco CGCC was officially established. The CGCC was also organized in Honolulu in 1914. In trading ports like Vladivostok in Russia, Incheon in Korea, Sydney and Melbourne in Australia, Sulu in the Philippines, and commercially and politically important cities like Seoul and Wonsan in Korea, Reunion under French rule and Cuba, the Chinese General Chambers of Commerce were established one after another. We can safely conclude that the network of Chinese Chamber of Commerce abroad was created in the Pacific Rim and some coastal cities at the east side of the American Continent.

Concluding remarks to this section are as follows: 1) The main motivation of the establishment of the CGCC for the side of overseas Chinese was to overcome and eliminate the gap between the different dialect groups. Chinese overseas tried to create associations where every Chinese could cooperate and affiliate with each other. 2) The new policy pushed forward by the late Qing government to protect overseas Chinese was positively accepted and responded to by them, especially in Dutch East India where there were no consuls yet. The new Nationality Law announced to be enacted there stimulated Chinese nationalism and they rushed to get in contact with the Qing government directly. 3) In the late nineteenth century, new waves of Chinese immigrants gathered overseas, which brought about big social changes in Chinese societies abroad. New types of Chinese schools appeared, where the students were required to have Chinese identities and a revived sense of Chineseness by worshiping Confucius came about. As a matter of fact, *the HLB*, published in 1909 for two years and delivered mostly

to Chinese societies through the newly born CGCC, played an important role in dispensing the news. We can safely assert that all these factors prepared the outbreak and the success of the Republican Revolution, which was strongly supported by the overseas Chinese. 4) The network of the Chinese General Chambers of Commerce spread from the Russian coastal province in the North to Melbourne in the South, from the Reunion in the Indian sea in the West to New York in the East. It could be called the first quasi-institutionalized Chinese Business Network.

2. Main Functions of the Chinese General Chamber of Commerce Abroad

The first Chinese Chamber of Commerce Brief Act of 1904 was revised a couple of times. The revisions were made in 1915 and 1929 on its structure and membership. The purpose of the Chamber of Commerce was commonly described as follows: 1) deepening mutual understandings, 2) collecting and making commercial surveys, 3) assisting the Government with its commercial and industrial policies, 4) issuing various proofs on the products, 5) unification of the styles of commercial books, 6) exercising commercial arbitrations, 7) maintaining commercial order and merchants' ethics by up-keeping the property of bankrupt businesses for creditors and so on. As a matter of fact, the purposes are more or less in common with Chambers of Commerce in other countries.

Let us consider what is unique in the Chinese system in the following paragraphs.

(1) Source of Authority

In order to make my contention clear, let me focus on the aspects of authorized power of official seals called *guanfang*. Chinese official seals were finely classified. There were different kinds of different shapes, like *guanfang*, *tiaoji*, *tuji*, *qianji*, *yin*, etc.. The most authoritative was a rectangular seal called *guanfang*, which was usually only used by a minister in the Ministry. The *guanfang* of the General Chamber of Commerce was distributed directly by the Ministry of Commerce, while *tuji* for the ordinary county Chambers were made by themselves even at random.

Moreover, when we take the manner of the way of exchanging official letters into account, we can see from the Detailed Enforcement Regulations for the Chamber of Commerce Law that the rank of the chairman of the CGCC abroad was as high as that of a consul general.

The abolishment of the traditional system of civil service examination system in 1905 made it possible for many promising youngsters to get into other fields of success. Gathering in and rising to the top of the Chambers of Commerce, which were officially announced to be established in every county in 1904 by the Government, became one of the new and most anticipative social escalators. Those who acquired a considerably high position through the civil service examination system were only qualified to be the leaders of the Chambers of Commerce in the beginning.

There existed a good reason on the side of the Government to give a chairman of a Chambers of Commerce the right to use an authoritative official seal. By giving away a traditional set of ruling mechanism, the Government could gather a great amount of donations from merchants.

Merchants' eagerness to succeed in new fields and the Government's willingness to raise money met together, and the system worked effectively.

Similar to Japanese system, Chinese Chamber system is considered to be a mixture of European system and Anglo-American style. In the European continent, Chambers existed as government offices. British and US Chambers were operated privately under noncompulsory participation rule. Japanese Chambers were operated by membership fees, but were more or less supported by the Government subsidies. Chinese Chamber was seldom supported by the Government but it was such authoritative as to always kick up troubles whenever the presidential election season had come. In this sense, for the publicity-minded Chinese merchants with empty official ranks, the conceptual links to the state were traditionally very strong. That's why the style of the bestowal of official seals worked efficiently. Being a president of the Chamber meant everything for them.

(2) Administrative Function

Chinese General Chambers of Commerce abroad were more administratively rigid and omnipotent than those of inside the country, since they did not have alternative civil services.

There were so many Chinese societies abroad where people had difficulty in gaining access to the consulate. People often had a kind of illusion that semiofficial organizations, like Chinese Chambers of Commerce, could cope with all that they expected. The Chambers were expected to assume almighty duties and responsibilities. Thus, under particular conditions, the authority and the responsibilities of the Chinese General Chambers of

Commerce propagated ceaselessly, to the extent that they came to have huge social and political power. While the domestic Chambers of Commerce ceased operations for a while after the 1949 Revolution, some overseas Chambers, like Singapore CGCC, Thai CGCC and Hong Kong CGCC, survived even until now.

Because of the specific reasons mentioned above, Chinese Chambers of Commerce abroad had to deal with solving of civil cases, in addition to the usual functions they should have. If a member filed an appeal with the CGCC against a person or organization, the Chamber needed to carry out the necessary procedures on his behalf. In such cases, the Chamber needed to make an official document and send it to the local government of the filer's hometown to solve the problem. Sometimes cooperation with the officials needed to be engaged in the inquiry.

Article 14 of the Manila Chinese General Chamber of Commerce Act enacted in 1906 says, "Once this Chamber of Commerce was granted the *guanfang* through the Ministry of Commerce, if one of its members comes to file a case involving trouble with his family or relatives in his homeland, the Chamber of Commerce should proceed with the necessary steps to convey his will to the local government in his homeland and be engaged in the inquiry in collaboration with the local officials." This means the Chinese General Chambers of Commerce abroad had the function to be concerned more with administrative matters than the domestic Chambers of Commerce.

In addition, they could open more official channels according to the importance of the matter. In the case of Manila CGCC, it clearly stipulates five different ranks for bridging government offices. Recipients of the official documents and letters were classified as belonging to the Ministry of

Commerce, Director General of the provincial government, Governor of the regional government, *fu* and *dao*, Director of the county, *xian* and *zhou*, Chairman of General Chamber of Commerce, domestic and abroad in the East. Namely, being a bridge between the official government and civil society was one of the main functions of the CGCC abroad.

Article 4 says, "This Chamber is composed of Chinese merchants, so it should communicate with Chambers of Commerce in every county in China proper and Chambers of Commerce scattered around the world. We should try to protect ourselves by exchanging information." Chinese General Chambers of Commerce in other countries were the fifth recipients of official letters. From this, it can be argued that there existed a semiofficial or quasi-institutional mechanism in the network of Chinese Chambers of Commerce. This is the second important function of the Chinese Chambers of Commerce abroad.

(3) Issuing Passport: Protection

Let us deepen this argument using the issuing passports as an example. Chinese passports carried home by overseas Chinese were originally issued by the Chinese General Chambers of Commerce abroad. The Bureau of Protecting Chinese Merchants, was once established in Amoy and Guangzhou for the purpose of keeping the life and the property of overseas Chinese who came home and registered safe. Local officials also sent blank passports to the CGCC or All China Benevolent Association. Soon, the function of the Bureau of Protecting Chinese Merchants in Amoy was involved in and integrated into the Amoy General Chamber of Commerce.

After the Republican government was established, it began thinking that passports should be issued by the Consuls and Consul Generals. The Ministry of Foreign Affairs and the Ministry of Industry and Commerce executed the "Overseas Chinese Visiting Home Passport Issuing Act" composed of 6 clauses and the "Consul Issuing Passport Act" made up of 4 articles.

Overseas Chinese Visiting Home Passport Issuing Act is as follows:

1) In the areas in which Chinese consuls are established, Chinese who needs a passport should go to the CCC and fill in the form with his name, age, place of origin and occupation. The CCC will then forward it to the consul. Then the passport will be issued.
2) In the areas in which Chinese consul are not established, Chinese who needs a passport should go to the CCC to fill in the form with his name, age, place of origin and occupation and ask the CCC to issue a letter of introduction with an official seal of guanfang. The applicant should bring this to the consul general or consul at a nearby port to get a passport. If there is a consul in a nearby port but he does not pass through the port or if there is any entry restriction reason like entry port is different or the anchoring time of the boat is too short, he can ask the CCC to send a letter to the consul. Then he can wait for any chance until the consul issues a passport.
3) In the areas in which consuls are established but the CCC are not set up, an applicant should fill in the form for himself with his name, age, place of origin and occupation, then ask an earnest and wealthy merchant to visit the consul on his behalf to carry out the necessary procedures.

4) In the areas in which both consuls and CCC are not established, Chinese who needs a passport should visit the nearest CCC and then proceed according to clause No.1 and No.2. If there is a consul nearby and no CCC, the applicant should carry out the procedures according to clause No.3.
5) The procedure fee should be one Chinese silver Yuan.
6) When a Chinese merchant possessing a passport arrives at a port, he should show it to the official of the immigration office.

The Ministry of Foreign Affairs had already advocated that the system for applying for and issuing of passports should be unified under the control of the consuls. However, the newly prescribed Act still made much of guaranteeing function by the CCC. In order to get a passport, one should go to the CCC to fill in the form or one needed a letter of introduction issued by the CCC. If there was no CCC nearby, one needed to ask an "earnest and wealthy" merchant to act for him.

Thus, the Chinese government could only rule over its people through intermediary associations. The prevailing custom of the issuing of passports by the CCC should be traced back to the domestic custom. We might see the problem of issuing passports from the viewpoint of historical continuance.

The Solo (Surakaruta) CGCC, on the island of Java, once issued merchant's certificate. According to the procedures, merchants needed to bring two photos to the Solo CGCC and fill in the necessary form five days beforehand. One photo was sealed on the merchant's certificate and the other on the original register to keep in the Chamber of Commerce. In addition, one needed two signatures by Chamber members or shopkeepers to

guarantee the application form. Those who had committed commercial crimes, like arrogation or bankruptcy with bad loans, were not qualified to receive certificates. When a merchant with a certificate arrived at a port in China, he had to visit the Chamber of Commerce in that area to register. He needed to hand in the certificate and have it stamped there. If one suffered from any cheating or bulling by corrupt officials or got involved in trouble, one could bring the certificate and appeal to the local government or the Chamber of Commerce for help.

We can conclude here that at the beginning of the Republican era, the system of controlling and protecting overseas Chinese was on the way to being institutionalized. Chinese passports at that time needed to be guaranteed by the CCC abroad or earnest and wealthy merchants there.

3. The Origin of Chinese Merchant Network

Let me go back to the origin of Chinese merchant network which was later strengthened by the quasi-institutionalized Chamber system from the viewpoint of magazines and center the discussion on the structural feature of it. Shanghai, Singapore and Japan were important.

(1) Distribution of *Huashang Lianhe Bao* (*HLB*) , *Chinese Federation Review*

The first General Chamber of Commerce was established in 1904 in Shanghai. The first conference was held to discuss on commercial law in Shanghai in 1907 under the leadership of Li Yunshu of Ningbo origin, the

third chairman of the Shanghai GCC. Representatives of the CCC from all over the country and several Chinese societies abroad got together and agreed to organize Huashang Lianhehui, the Chinese Merchant Association,.

It was Li Yunshu who asked his younger brother Li Zhengwu and his friends Zhou Xiongfu, Chen Genchu, Chen Junyi to visit Guangzhou and Singapore and then to Southeast Asia to raise capital, for the purpose of establishing a large-scale Chinese Merchant Bank. They left Shanghai on May 14 in 1908. They spent as many as 300 days and visited 20 cities. They planned to gather 10 million Chinese Yuan and made a rule that the stock holders should be Chinese. The uniqueness of the way of raising funds was that the authority approving the stocks needed to be any Chinese Chamber of Commerce.

We can see the original signatures signed by the representatives of those Chinese General Chambers of Commerce in Vol. 6 of *HLB*. Figure 2- 1 cited in Chapter 2, is the list of the names of the Chambers and the amount of stocks they officially agreed to purchase as promoters. By March of 1909, 5.7 million Yuan was agreed to be funded by 14 CGCC, and 2 million more was promised to be provided.

Table 2-1 is the list of the bases of distribution of this magazine abroad, which appeared on the last page in every issue of *HLB*. When the delegation was sent, Chinese nationalism stimulated by the new Nationality law was at its peak among those in the East Indies under Dutch rule. That's why we can see so many distribution bases here. Twenty-one out of thirty-three were in this area.

(2) Japan as an Important Hub

In terms of magazine distribution, Japan was another active area. Zhou Xiongfu, a friend of Li Yunshu, played an important role. He was also born in Ningbo, belonged to a Ningbo group in Shanghai, and worked for a Western trading company in Yokohama from 1896. Later he went to Kobe and was working for Sassoon Company as a manager. In 1900, he established his own trading company, and engaged in trade between Shanghai and Kobe. By 1908, he was back home in Shanghai and was asked by Li Yunshu to begin an advertising campaign to establish a Chinese Merchant Bank.

At that time, Chinese in Japan had not established CGCCs except Nagasaki. Shen Mingjiu of Sanyu-hao in Table 2-1 was a Chinese merchant in Nagasaki, who belonged to a *Sanjiang* group. *Sanjiang* means three "Jiang"s. It is considered to have been made up of merchants from Zhejiang, Jiangsu, Jiangxi and Anhui provinces. The core of this group was Ningbo and Shanghai merchants. Li Guangtai of Dongyuan-hao in Kobe was also a Chinese merchant in the Sanjiang group. Guo Waifeng in the Yokohama Russo-Asian Bank was also a leader of Sanjiang group in Yokohama.

We can conclude that the semi-institutionalized network of Chinese Chambers of Commerce provided by the Government was strongly supported by the mutual understanding functions of the publication of *HLB*. The mechanism of the distribution of this magazine was originally provided by the network and activities of Shanghai merchant group. The whole movement was closely connected with the foundation of the China Merchant Bank. Every CCC already established was required to be a source of funding.

The *HLB* was only published for two years, 1909-1910. The function of it

was later substituted by the *Zhonghua Quanguo Shanghui Lianhehui Bao, the All China Chambers of Commerce Federation Journal*, published in 1913 under the leadership of the Shanghai General Chamber of Commerce.

Concluding remarks to this section are as follows: 1) The core of the Chinese merchant network closely connected with the Chinese Merchant Bank and the *HLB* magazine was in Shanghai. 2) The network mainly expanded to two directions. One was a southbound extension via Singapore stretching to the East Indies. The other was an eastbound extension to the trading ports in Japan. 3) The Sanjiang group played a crucial role in the Japan- Shanghai network at that time.

Conclusion

In the latter half of the nineteenth century, a rapid increase of Chinese immigrants brought about a structural change in the Chinese societies abroad. This enabled the newly established network of the Chinese Chambers of Commerce to become more activated. The establishment of the Chinese Consolidated Benevolent Associations and new types of Chinese schools along with the publication of magazines in Chinese like *Huashang Lianhe Bao*, contributed to creating new Chinese by infusing Chinese nationalism.

Under the leadership of the Ministry of Commerce and the consuls, Chinese General Chambers of Commerce were established in Southeast Asia, Japan, Korea, the Russian Coastal Province, North and Central America and Australia one after another. The purpose of establishing the CGCC for the side of Chinese merchants was to alleviate the conflicts between different

dialect groups and urge cooperation with each other. This purpose was almost the same as that of the domestic GCC, but different from the purpose of the usual Chambers of Commerce inside the country.

The functions of the CGCC abroad were not only concerned with commercial matters but also concerned with more administrative matters, such as succession and the issuing of identification cards because the chairman of the CGCC had the authoritative power to use an official seal, *guanfang*. Civil cases often needed to be solved by the CGCC abroad in cooperation with the officials of the members' homelands. The CGCC abroad also issued passports or merchants' certificates. They even guaranteed the status of applicants for consulates. The CGCC had a tendency to be more authoritative than the domestic Chambers of Commerce.

At the beginning, the network of the CGCC stretched from Shanghai to Japan and Southeast Asia, which was strengthened by the publication of *HLB* magazine. The network was also strengthened by the circulation of other magazine written in Chinese like *the All China Chambers of Commerce Federation Journal*.

Quasi-official or half-institutionalized business network was thus provided by the Government at the beginning of the twentieth century as the system of the Chinese Chamber of Commerce. It ensured Chinese merchants circumstances in which they could be engaged in business activities with the least anxiety. They were provided the information of other countries and their homeland, the service of interpretation, the identification card to protect them, the commercial arbitration and so on. It functioned as an indispensable business infrastructure through which they expanded their field of activities. In this sense, it can be regarded as the mechanism to have strengthened the

flexibility of Chinese business.

Overseas Chinese studies tend to be linked too tight with area studies or concentrated too much on how Chinese overseas contributed to the Chinese government or to the revolution. What I have examined so far is to provide another angle of vision. To make clear what kind of infrastructure the Chinese businessmen created and enjoyed and what the role of Government was in it is my concern. In this sense, legitimacy of Chinese merchant ethics proved to work efficiently penetrating the national border. The system of Chinese Chamber of Commerce supported it.

My analysis in this study revealed that Japan was also important in the beginning of the twentieth century not only as her rival from whom to introduce modern system but also as the partner of increasing trade and the source of information. Chinese in Japan, especially those from Sanjiang district played crucial roles. Shanghai was then key point of this articulated Sanjiang group network.

ABBREVIATIONS

CCC	Chinese Chamber of Commerce
CGCC	Chinese General Chamber of Commerce
GCC	General Chamber of Commerce
HLB	*Huashang Lianhe Bao* (*the Chinese Federation Review*)

中国近代的总商会制度——息息相连的华人世界（中文概要）

前　言

20 世纪初期刚成立的中国商会，通过法制的完善，逐渐具备了半制度性华商网络机制的功能。历史上第一次出现的华商会网络不仅包罗了中国国内的华商，也给环太平洋地区的各地海外华人社会提供了相互联系与沟通的方式。从此以后，作为华商之间商业往来的基础设施，商会制度发挥了至少半世纪的独特作用。

中华人民共和国成立后不久的 1950 年代即对国内工商业者实行社会主义改造。由民间商人组成的经济团体－－商会宣告停止活动，商会也从此被工商业联合会所替代。然而，成立于海外传统华人社会的一些中华总商会即使在艰难的环境之下，离开了中国政府的保护与羁绊，但得以继续生存达百年之久。1990 年代以来，在这些富于生命力的海外中华总商会的号召之下，各地华商开始隔年会聚一堂，举办世界华商会议，至今为止已成功举办了 12 届。改革开放后，中国大陆工商界的形势激变。1980 年代后期以来，各地的工商业联合会挂起昔年用过的商会的牌子，积极地加入异军突起的华商会议网络，过去断绝往来的国内外华商网络也东山再起，并方兴未艾。为了解今后中国国内社会和海外华人社会之间的互动关系应如何发展，我们有必要再次谦虚地回顾中国近代的商会制度。进而共同探寻如何能在民间工商业者和政府之间构筑理想关系，这是研究商会制度的重要意义。

1990 年代以后，有关各地个别商会的研究和史料的发掘有了持续不断的发展。商会仍是学者和学子们的热门研究领域之一，并持续热潮中。然而，关于延伸到海外的总商会研究尚属不多。至于从国际比较的观点和制度的层面出发，分析国内外华商会的研究方面，可以说还很缺少。笔者自 1980 年代开始注意研究商会的重要性，同时在进行华侨华人史研究的过程中，也注意到世界各地华人社

会当中，中华总商会起到的多方面的关键作用。笔者还特别注意通过商会制度的发展，看近代中日两国之间社会文化经济的交流和相互的影响。日本的近代化在很多领域上影响了中国的改革和知识分子的觉醒。总而言之，本文要阐明的重点有如下几点；（1）中国近代商会制度的特色、（2）国内商会和海外中华总商会功能的共同点和不同点、（3）从商会法修订过程看商人和国家之间关系的变迁，进而阐述商界的民族主义。

一、清末民初的商会制度 —— 原型素描

1．分布

（1）国内

1904 年商会简明章程公布后，商会瞬时遍布各地。民初 1915 年制定的修正商会法规定一县至多两会，仅限增设跨领域的镇商会一会，共三会为限。有县制的行政省区均有一县以上的商会。1918 年的统计显示全国省区已成立大约 1400 所商会。除了以少数民族占大多数的土司、土县、宗、旗等行政区以外，接受传统中华式省县统治的大部分地区几乎已经成立了商会。除了统计不完全的南方几省以外的二〇个省区，全国行政省区成立商会之县比率平均达到 77.3%。再观经济先进地区的长江下游省份比率，江苏达 100%、浙江达 88%、安徽达 93%。

虽然商会遍布全国各地，但是，实际上明显存在着由经济势力背景而产生的实力差距。全国商会联合会成立初期，曾发生过商会南北之间的斗争。北五省坚决主张联合会会址应该设在北京。以上海为主的南方商会作了最大限度的让步，结果最后双方同意「总事务所」设在上海，各省和海外侨埠设「事务所」。此外，运营全国商会联合会的经费等决定由各省分担。联合会决定各省分甲、乙、丙三等，各以 4 比 3 比 2 的比率分摊经费。甲等和乙等集中在沿海省份以及长江流域。京津、江浙、广东、湖北、四川属于有强劲话语权的甲等省份。大约在 1920 年代以后，由于前往关东以北的移民骤增，加之奉天军阀的活跃，使得东北地区的商界踊跃抬头，在 1925 年的全国商会联合会即选出了当地商会长为商

联会会长。

（2）海外

从 1918 年第七次农商部统计的〈外洋各埠中华商会累年比较表〉和〈外洋各埠中华商会详表〉中，可以看出中华总商会的分布情形。東海以北，日本有 4 所、俄国沿海州有 5 所、日本統治下朝鲜半岛有 7 所、美洲有 4 所，东海以南，暹罗有 1 所、荷属东印度有 17 所、英属香港有 1 所、葡属澳门有 1 所、澳州有 3 所、英属马来亚緬甸等 10 所，非洲东岸东方的法属留尼安 1 所，美属檀香山和菲律宾共 4 所，总计记载了 58 所中华总商会。

1907 年 11 月，在预备立宪公会、上海商务总会、商学公会三团体的共同发起之下在，上海举办各省商会大会。海外有 5 地区 66 代表参加。各地商民商会同意组织华商联合会。5 年后 1912 年全国商会联合会第一次召开发起大会之后，正式大会的召开接连不断，1914 年第一次、1916 年第二次、1918 年第三次、1922 年第四次、1925 年第五次大会。

清末法制尚未完善时期，并没有近代所谓国境的概念，也没有国籍的概念。商会简明章程也把海外商务总会和分会与国内商会混为一谈。1909 年国籍法制定后，据民国初期 1915 年公布的修正商会法第 6 条，规定会员资格必须是持有中华民国国籍的男子。至于海外中华商会会员的资格，商会法本法中却无记载，仅在施行细则第 17 条有规定。可以说，海外商会及华商在整个体制里缩减了其影响力。

虽然在 1912 年召开的全国商会联合会发起会议中，有 6 名海外华商会出席。但是，在 1914 年的第一次会议和 1915 年的临时大会则仅仅 1 名新加坡代表出席，1916 年第二次会议更是没有海外代表。在 1918 年召开的第三次大会有 1 名大阪商会代表出席，当时围绕选举会长权利的问题发生了争论。当初华侨分日本、美洲、南洋、欧洲四个地区各给 10 权，最后制定下来的选举规则第 4 条，规定各国分别 10 权（各商会 1 权）。于 1925 年举办的第五次大会，有一名神户商会和两名朝鲜商会代表出席了会议。可见，民国政府成立以后，出席全国商联会大会的海外代表虽人数不多，但名目上确实保住了一定的地位。

2. 组织

（1）级别

1904 年商部制定的商会简明章程要求各地县城和商埠的商人以保护商业、保证商情通畅为目的，积极开设商会。商务繁盛地区设商务总会，次要之地设商务分会（第三款）。由于各地纷纷申请设商会，两年后又公布了「附则 6 条」，规定一县商务分会不得超过两会。申请分会未果的商会，只能作为商务分（事务）所，隶属上级分会。这样，中国的商会从成立一开始便有严密的阶级性。这种类似行政系统的阶级性在海外其他国家的商会制度是罕见的。

于 1914 年 9 月公布，后来被修正的民国政府第一次商会法在两个方面受到了商界的反对。

第一，新商会法企图废除总商会名义，将全部商会一律称为商会，并且要加以限制一县仅能设一会。第二，新商会法要求以省为单位每省另外组织省商会联合会，以便自上而下的统治。1915 年 4 月召开的全国商会联合会临时大会，其目的在于向政府要求修正商会法。政府和商界双方通过反复的交涉，最终得出了 1915 年 12 月公布修正商会法的结论。第一，在修正后的 15 年法中留下总商会的名义，关于商会的设立，政府让步到一县允许设两会，再加上跨领域地区的一商会，最多三会为限。第二，删掉各省商会联合会，另外以明文规定全国商会联合会的条款。由此可以看出，民国政府成立之后，商界一方面要求维持清末以来传统总商会、商会、分所的级别，另一方面反对新政府对商人采取和行政系统完全一致的管理体制，即自上而下的中央 - 省 - 县。如果将上而下的方向性称之为统治的话，那么聚集于商会的商人则要维持下而上的民主渠道。正如商会联合会临时大会为了修正商会法而召开一样，当有必要之时，商会就成为讨论时局、反映意见的平台，发挥着民主的作用。

（2）大城市到小商镇

无论是分会或分所，从有商人聚会实体的最末端商会来看，我们可以看到大约在施坚雅（G. William Skinner）所描绘的中间市场镇（Intermediate

Market Town）会有一个商会。比如，确实存在过分所的吴江县练塘镇，1914 年时约有 1600 户，与人口约 3000 人的直隶省大名县龙王镇等都相当于中间市场圈的中心商镇。位于长江江口的崇明岛内有内崇商会，在民国初期正式被认定为县商会正事务所，而位于对岸的外沙商会被取消自称商会的资格成为分事务所。历史虽久却被降低资格为分所的外沙商会曾对上海事务所埋怨，「新商会会长因公私事繁兼相隔太远照顾不及」。即使商会有大有小，但我们不能忽视这些商人经常聚会讨论之所的存在意义。由于商会规模大小不一，因此会员负担的会费也不尽相同。例如，清末上海总商会和江苏省吴江县江震商会的会费竟有 80 倍的差距。一般而言，大城市的商会由大公司或是同业公会所的代表来构成，是倾向于贵族性的组织。然而对于普遍存在于城镇里的商会，便不是当地商人不敢迈进门槛的地方，而是相当切合的公共领域。在海外的中华商会也正是如此。

3．性质

当初，清朝末期的商务总会总理由商部直接颁发木制金属镶边的「关防」。正因为关防是部长级才能用到的最高级别的官印，当商会长等于是授予了至尊的权威。分会的会长只能使用到「图记」。而且图记只是发给样本，需要每个商会自己去照样刻印。分所只能发到「戳記」的图案，同样需要自己去刻印，形式、大小不一。官印亦有如此的级别。尤其是关防，背后更是有政府官厅的保护，具有魔力。1914 年的第一次商会法施行细则第 6 条规定，每个商会要刻印某某商会，不能用关防两字。全国商界对此表明了极大的不满。结果，在 1916 年 2 月修订后公布的新商会法施行细则 18 条明文，以旧关防和图记交换为条件，农商部终于对总商会和全国商会联合会颁发了「关防」，给商会颁发了「钤记」。

商会在交换公文的形式（行文程式）上也很坚持自己的地位。民国成立后，袁世凯曾下过大总统令，要求商会对知县的公文书必须遵循对上级官厅使用的「呈」与「令」。但是这个命令也不得不被迫作出让步，被改为继续使用清朝时期的「公函」形式。

官方给予商会的权威不仅表现在官印的颁发和行文程式的规矩上。正式注册

的商号必须取得登记号码和会员证明书。到远方做买卖的商人，按照一定的手续，在所属商会申请，能领到商会护照。海外商会的功能里，应该特别注意「商照」。

这样，商会虽受政府「委托」补助商政，但同时也自认为是民间「义务团体」。他们拘泥于与清末制度同种的级别与权威，为的是保持体面。他们总体上虽不愿意受统治和管理，而在商会自己的大组织里，却俨然寻求着金字塔式的秩序。

聚集于商会的会董干事们，身上被授予地方精英的美誉。这背后存在着清末民初中国社会特有的条件。1904 年商会简明章程被公布后的第二年，历史悠久的维持社会规范的科举制度宣告撤废。商会因此成为传统男性在社会上能取得成功和名誉的另一阶梯。这是中国商会不同于海外众多商业会议所之处，也是使之被赋予超大权威性的理由之一。

中国的商会制度，第一，保持以总商会为顶点，贯彻社会内部传统的师兄关系，第二，在对抗上而下的国家统治时，需优先自身统一的论理之下，将全国商会联合会作为常设机关法定化，来强化商界势力的向心力，第三，在充实和强化与海外侨埠互动的网络功能等方面，有不同于其他欧美国家商业会议所制度的机构性特色。

二、中华总商会网络的起点与其扩张

1. 华商联合的起点和民族主义的兴起

海外中华总商会的互联机制的起点可追溯到 1907 年 11 月华商联合会的发起。1906 年底上海商务总会第三期选出了宁波人李云书为总理。在李云书任期的最后一段事件，上海商务总会接受全国预备立宪公会的要求，和上海商学公会共同在上海市内召开讨论商法草案的会议。1907 年 11 月，与会代表共同商议达成了自己起草商法典草案的决议。这时，21 所国内商务总会和 6 所海外中华商务总会的代表齐聚一堂，当场决定以 80 多所商会的名义号召商界全体成立一全

国性的联合组织。华商联合会发起组织后，1909 年 3 月在上海出版《华商联合报》，1910 年后继的《华商联合会报》也陆续出版。它相当于还未成立的华商联合会的机关报，同时也是一份以中文传递各地华侨社会信息的华商报。它的目的在于为筹建华商联合会预作舆论宣传。联合报主编是陈頣寿（君贻）和金贤宷（雪塍）。与此同时，以李云书为首的上海金融界，也正构思筹款成立绝大规模的中国华商银行，以对抗外商银行。这两个要求催动了上海金融界中心人物携带「华商联合会简章」和「中国华商银行股份有限公司集股章程（30 条）」，组团前往南洋游说劝诱华商入股的计划。

以李云书为首的上海金融界中心人物正要组团向海外华商招股的时候，荷属印度地区的华人社会掀起了一股民族感情高扬的浪潮。荷兰政府准备制定国籍法，将出生在荷属印度的华人看作为荷兰臣民，引发了华人社会对祖国的民族主义情绪。

2．华商网络向南洋和日本的伸展

李云书派其弟李征五和挚友周熊甫（原在日本经商）、以及华商联合报主编陈君贻 1908 年 5 月离开上海，路经广州、香港，先到达新加坡。请去年到上海参加过商法会议的林文庆、林竹斋等当地精英华人做中介人，准备前往荷属印度爪哇岛去游说。林竹斋（新加坡中华商务总会坐办）还亲自陪同上海团，8 月离开新加坡，走遍巴达维亚、慕月、萬隆、日惹、梭罗、三宝垄、泗水、望加锡、安班瀾、峇釐陵等地。后来，李征五单独到仰光、霹雳、槟城、吉隆坡、坤甸等地，第二年年初，他又专程到吕宋和香港，前后一共花了三百天，跑遍了 20 个城市，总共获取了 570 万元的认股同意。中国华商银行以中国人为股东资格，并且规定以（中华）商务总会为认股单位。因此，不少荷属印度地区的华侨趁此机会纷纷集议成立商会。1908 年 8 月之前在荷属印度地区已经成立商务总会的 10 个华侨社会都同意以商会单位认股。

如果说，新加坡中华商务总会作为华商会网络向南洋一带的伸展起了据点性的作用，那么，在上海的以宁波人为主并往日本方面的三江帮的互动机制也从此

开始启动。上海对于华商会网络向日本更直接的伸展起了关键的作用。1909 年创刊的《华商联合报》记载的分发处的地点即是此说的重要佐证。1909 年 4 月份共 33 处分发据点中，25 处是荷属地区的商会、学堂、报馆等。还有吉隆坡和仰光中华商务总会。其余的 6 处中 5 处分别是日本东京、横滨、神户、长崎的三江帮的个人。唯一已经成立中华商务总会的长崎一处也包含在内。最后的一处法国巴黎通运公司是湖州丝业商家出生的张人杰（静江）开办的商店。虽然在辛亥革命前夕由于种种原因，中国华商银行的成立没有实现，但在日本，华商银行正筹备在神户设分行，宁波人吴锦堂将为主持人之说也确实在日本的报纸上被报道过。

三、海外中华总商会的功能与作用

1. 中华总商会的主要功能：非正式但具有行政性质的半官方功能

海外中华总商会，除了实行商业调查、出面调停商业案件、发行产地证明等纯经济功能以外，有时还干预调停遗产继承的纠纷等民事案件。海外商会的职权范围要比国内商会总商会广泛很多。比如，海外中华总商会不仅发行「商照」，同时为了补助使领馆的机能，还给当地的华侨发行保证侨民身份的保荐书，以便领事馆发行护照。有时还具有代理使领馆发行护照的代办功能。特别在早期的时候，海外侨社的侨领们，受国内商会法的影响，使用有官方权威的「关防」，发挥了祖国中央政府和一般侨民之间的桥梁作用。

另一方面，因为商会本身具有官府与民间组织两个面貌，所以能很快融入当地社会，会长也由当地的名人承担。快速扎根于主流华侨社会的中华总商会自然会担负起代行官府职责的机能。这一点即中华总商会在华侨社会当中倾向于具有全能性，可能和国内一般只管商务的商会不一样，而且与国内除了商会以外还有竞争激烈的政界、报界、学界等同时并存的情况也不同。这也是海外中华总商会的特点之一。

虽说是中国的商会制度往外延伸到了华侨居住地，但海外各地的中华总商

会，各自为了代代继承和维持其公共场所的产权，一般也会在当地政府的法令下进行正式的登记手续。这样，无论国内改朝换代，海外的商会却会连绵不断地发挥侨社中的向心力作用。

反过来说，清末民初时期的中国政府给海外侨居地的华商即中华总商会，提供了实质上有同等社会功能的「准行政」性质。与此同时，这个机制也给华商的生意往来和信息的沟通提供了便利。商会的机制是，在制度的层面强化了华商商业行为和移民行动跨越国家时不可缺的基础设施。

2. 商会法的变迁和其对海外商会的强制力

民初 1914 年 9 月公布的第一次商会法（ 3 章 60 条）在二战之前被作过两次大修正。第一次修改为 9 章 43 条的修正商会法，于 1915 年 12 月公布。这时候，商会作为新兴民间团体，积极向政府反馈了商界的要求。政府对此作了恢复「总」商会名义、取消各省商会联合会、以明文规定全国商会联合会的法定职能并成立总事务所等的让步。海外商会在施行细则（1916 年 2 月发布）被规定称之为中华总商会，保持了清末以来「关防」的使用权，海外总商会长仅对公使用「禀」形式以外，与总领事以下各级官员有对等使用「公函」的权限（17 条）。海外商会在继承华商联合会的宗旨而成立的法定团体全国商会联合会也保持了一定的发言权。

第二次的大修改是 1929 年 8 月。中国国民党掌权，党国制度确定后，南京政府同国民党成了指导民众运动的先知，国家对商人和商务的方针即党务反映在修改后的商会法里。会员入会单位改为同业公会会员和商店会员（第 2 条），封锁了商人以个人资格参与商会活动的渠道。会员资格里还加进「有反革命行为」者无资格一句。运营方式由总理协理制改为委员制。「中华总商会」一律改称为旅外「华商商会」。从此以后，总商会的「总」字一概被删掉，随之国内出现了市商会、县商会等的称呼。随着第一次世界大战以后国内工业的兴起，大革命时期的国民党积极提倡制造和使用国货，号召振兴国际贸易。并且提出理想的革命商人形象。「革命的商人」具体来说是指专心致志从事国际贸易等的商人，必须

明确表态，要做有助于国家利益的贡献。南京国民政府成立后公布的 1929 年商会法中对此有明文记载。

清末民初在海外各地奠定了基础的中华总商会，并不是完全跟随国内政治格局的变化和法律的修改，而即时进行改称和修订章程的手续。比如新加坡、香港中华总商会、神户中华总商会等不少商会长期以来喜欢用民国时期落实固定下来的「中华总商会」之称，这些现象和海外商会的当地化不无关系。然而，通过 1930 年代菲律濱岷里拉中華商会、大阪华商商会等个别商会章程的修改过程和内容，我们也可以看到一些商会还是很忠实地施行商会名称更改和商会章程修改的。

总的来说，海外的社团受到的是当地政府和当地法制的直接影响，。因此海外华商会与中国国内的法制和政局的变化，两者的关系越来越淡化是历史发展的必然趋势。

四、结论

1. 兼论国家和商人

本书试图着重解剖身置于国内外不同地区的华商却共同享有商会制度的实际情况。第五章以分析商会最普及的长江下游地区在清末民初时期的商会改组情况，探讨商会在当时的地方民间社会发挥的作用。第六章的论述对象是华南地区，以广州市商会为主，主要注目的时间是从 1929 年商会法的公布到国民政府统治时期的 1930 年代为止，其特色表现在与南洋地区中华总商会建立的密切关系。国内不同地区的商会尚且存在地方固有的特色，更何况国外商会，更具有因地制宜的固有特色。在同一时期也展现如此多样化的华商社会，随着时代的变化，反映出商人和国家之间关系的变化，商会制度也随变化而变化。在本书论述的过程中笔者特别想强调的是商人世界的爱国主义。这是本书的特色之一。

清朝末期，和外商接触比较早的沿海城市的国内商人，眼见外商打入通商口岸，划分租借极尽荣华，被刺激觉醒而产生「商战」意识。在海外处于不平等待

遇之下的华商也迅速地醒悟过来并意识到。第三章所描述的是发生于 1905 年的历史上第一次抵制美货运动和 1908 年二辰丸号事件引发的抵制日货运动。这两次抵制运动发生的主要原因在于华人「义愤」的激起。他们认为自己民族的自尊心被美国排华法案和日本政府对清朝政府傲慢的态度伤害了。抵制外货运动的主力是商人。南洋、日本等海外不同地区的华商开始携手并共进，促使海外华商联手的最大契机是 1907 年荷兰政府对荷属印度的华人居民采取国籍法令的转变。这些地区的华商通过刚成立的华商会网络，以共通语言撰写的《华商联合报》互相交换信息，反映意见，呼吁对荷兰要施行生地主义为主的国籍法采取对抗政策。其目的在于最终组成联合阵线，逼清朝政府制定以血统为本的国籍法。

关于商人和国家的关系，我们可以从 1908 年的抵制日货运动中神户华商面临的问题来解读其复杂的一面。其实，由于清政府官衙拘留日方二辰丸号而实际蒙受损失的大部分是神户华商的货主。关于赔偿二辰丸号所受的损失，中日两方谈了很久，但对于神户华商损失部分，最后以不了了之而告终。神户规模不小的华商也因此而倒闭。政府这般的处理方式促使留日华商采取坚决的态度。此后，有的华商积极加入日本国籍以免非国民而遭受的障碍。有的放弃从事出口日本产品的地位，纷纷离开日本回国起业，从而转变为制造国货的民族资本家。也就是说，国家对于留日华商作为日船的货主受损失的部分，借口其身份的模棱，置之不理，没有作出即时应对。从而留日华侨也似乎利用其暧昧的身份，进行了自行处理。这就是神户中华商务总会成立前夕的神户华商的情况。不少华商认为，以往仅以出身地为主的公所集议的方式已经不符合时代的要求，为了能大声地跟当地政府或自己政府讲话，必须组织有权威并在海外各地通行的半官方性质的中华商务总会。这就是 1909 年神户中华商务总会成立的背景。

第四章深入讨论中华民国成立以后，政府外交部和工商部部门在海外使领馆工作中达成的共识及民国成立给国内外商会制度的改编带来了什么？ 领馆官员认为商务调查和户籍管理极为重要。因为以正确的户籍为基础，使领馆发行证明和保护侨民是他们最首要的任务。当时亚洲间贸易中，中日间的贸易总额有长足性的发展。对于留日华侨来说，辛亥革命成功，即时组织中华民国侨商统一联合会，支持新政府当是必走之路。

2. 兼论中日关系

中国近代历史颇受日本影响。除了语言、法律、政治制度、教育制度以外，新政时期从日本引进的东西也举不胜举。商会制度的基本框架也是其引进之一。近年来亚洲经济史的研究成果也强调自辛亥时期以后，中日两国之间的贸易存在相互不可轻视的重要性。正因为此，19 世纪后半期以来，众多华商东渡经商，长崎、横滨、神户、函馆等地形成了早期的华侨社会。目前为止，关于海外商会的议题多由研究华侨华人史的学者提出，其中讨论南洋地区的较为普遍。敝文之所以要拘泥于中日关系和日本地区的中华总商会，是因为在分析商会制度的整体时，日本因素起的作用不容忽略。笔者认为，留日华侨人数虽不算太多，但在分析商会以及其背后进行的东亚商业活动的大背景时，理解日本以及中日关系的趋势是极为重要的。中国近代商界的舆论，南方的上海地区发展尤为。它和中央政治有一段距离，和外商来往频繁密切，因此向来有成为全国商界自律机制中心的传统。清末商法草案的会议地点、华商联合报馆设在上海，民初全国商会联合会成立于上海、总事务所也设于上海。虽然海外关系没有华南地区的个别总商会密切，但是 19 世纪末 20 世纪初期兴起的以日本为主东北亚的三江帮和北帮华商的作用推动了上海商界的决策。《华商联合报》的分发处的分布和日本、朝鲜、俄国沿海州地区中华总商会的迅速成立足以说明日本的重要性。清末民初以来，日本是很多政治家和商人的逃亡首选地，同时日本也是中方派出留学生最多的国家。在沿海各口岸华商最集中的神户，首先成立了中华民国华商统一联合会，接济新政府。在民初工商会议的议题中，对日本加以注意、提醒效仿日本的手段做法也有很多。总而言之，在分析海外商会时，日本因素是绝对不容忽视的。故本书致力于阐述中日间经济贸易关系发展的趋势和动向，以及各帮华商居中发挥的作用，进而揭示中华总商会在此所扮演的角色。这一点或许也是本书立足观点之另一特色吧。

著者紹介

陳　來幸（ちん　らいこう　Laixing CHEN）

兵庫県立大学経済学部教授
神戸大学大学院文化学研究科博士課程修了。博士（文学）。
専門は中国近代史、アジア経済史、華僑華人史

主な著作

「虞洽卿について」（京都大学人文科学研究所共同研究報告『五四運動の研究』第2函第5分冊 同朋舎、1983年）、「清末民初の商会と中国社会」（『現代中国』第70号、1996年）、『落地生根——神戸華僑と神阪中華会館の百年』（共著、中華会館編、研文出版、2000年）、「辛亥革命時期華商会網絡的起点与其作用」（中国史学会編『辛亥革命与20世紀的中国』、中央文献出版社、2002年）、「広東における商人団体の再編について——広州市商会を中心として」（『東洋史研究』第61巻第2號、2002年）、「戦後日本における華僑社会の再建と構造変化」（小林道彦･中西寛編『歴史の桎梏を越えて』、千倉書房、2010年）、「在日台湾人アイデンティティの脱日本化——戦後神戸・大阪における華僑社会変容の諸契機」（貴志俊彦編著『近代アジアの自画像と他者』、京都大学学術出版会、地域研究のフロンティア1、2011年）、「「池袋チャイナタウン」構想に「待った」」（園田茂人編『日中関係史 1972-2012 III社会・文化』、東京大学出版会、2012年）、「開港上海における貿易構造の変化と華商——砂糖と海産物を中心に」（森時彦編『長江流域社会の歴史景観』、京都大学人文科学研究所、2013年）

近代中国の総商会制度
——繋がる華人の世界

2016年2月29日　初版第一刷発行

著　者　陳　來　幸
発行人　末　原　達　郎
発行所　京都大学学術出版会
京都市左京区吉田近衛町69番地
京都大学吉田南構内(〒606-8315)
電　話（075）761-6182
FAX（075）761-6190
URL http://www.kyoto-up.or.jp
振　替　01000-8-64677

ISBN978-4-87698-895-2
Printed in Japan

印刷・製本　亜細亜印刷株式会社
定価はカバーに表示してあります